Ines Maria Eckermann

Ich brauche nicht mehr

Ines Maria Eckermann

Ich brauche NICHT mehr

Konsumgelassenheit erlangen und nachhaltig glücklich werden

Tectum Verlag

Ines Maria Eckermann
Ich brauche nicht mehr
Konsumgelassenheit erlangen und nachhaltig glücklich werden

ISBN 978-3-8288-4173-4
E-PDF 978-3-8288-7049-9
E-Pub 978-3-8288-7050-5

Druck und Bindung: gugler GmbH
Printed in Austria

FSC
www.fsc.org
MIX
Papier aus verantwortungsvollen Quellen
FSC® C005108

greenprint*
klimapositiv gedruckt

CERTIFIED
cradletocradle
SILVER

Höchster Standard für Ökoeffektivität.
Cradle to Cradle™ zertifizierte
Druckprodukte innovated by gugler*.
Bindung ausgenommen

Gedruckt nach der Richtlinie „Druckerzeugnisse" des Österreichischen
Umweltzeichens. gugler*print, Melk, UWZ-Nr. 609, www.gugler.at

Besuchen Sie uns im Internet:
www.tectum-verlag.de

Bibliografische Informationen der Deutschen Nationalbibliothek
Die Deutsche Nationalbibliothek verzeichnet diese Publikation
in der Deutschen Nationalbibliografie; detaillierte bibliografische
Angaben sind im Internet über http://dnb.d-nb.de abrufbar.

Inhalt

Bevor es losgeht …

Danke, Ivo und Toni, Petra und Gianni, dass ihr mich während der vielen durchtippten Abende beherbergt, mit Tee, Gemüse und Keksen, mit frischer Motivation und Inspiration gefüttert habt. Danke, Charlotte, dass du dich wie immer tapfer durch mein Textchaos gefräst hast. Und danke, dass ihr so seid, wie ihr seid. Schön, dass es euch gibt.

Herzlichen Dank auch an meine Interviewpartner für die guten Gespräche:

Prof. Dr. Corinna Peifer
Professorin für Psychologie, Ruhr-Universität Bochum
(Kapitel 1 → Dem Glück auf die Sprünge helfen)

Prof. Dr. Alexander Filipović
Professor am Stiftungslehrstuhl für Medienethik, Hochschule für Philosophie München
(Kapitel 3 → Die Kultur des Glücks)

Prof. Dr. Rüdiger Hossiep
Wirtschafts- und Personalpsychologe, Ruhr-Universität Bochum
(Kapitel 4 → Psychologie auf der Überholspur)

Sabine Klein
Expertin für Ernährungsfragen bei der Verbraucherzentrale NRW
(Kapitel 4 → Nachhaltig lecker)

Nunu Kaller
Journalistin, Autorin und Konsumentensprecherin bei Greenpeace Austria
(Kapitel 6 → Schluss mit frustig: Ich kauf nix mehr!)

Vorwort

Ines Maria Eckermann ist mit diesem Buch etwas ganz Besonderes gelungen: Sie schafft es, einen wirklich breiten und interessanten Überblick über die Auswirkungen unseres heutigen Konsums aufzufächern, eine Fülle an Alternativen anzubieten und das Ganze auch noch mit einem immens wichtigen Aspekt zu versehen: Unsere Kultur des Shoppens macht nicht glücklich. Sie macht also nicht nur unsere Umwelt kaputt, sondern auch uns selbst.

Auf diesen Zusammenhang wurde bereits mehrfach hingewiesen, doch noch nie so ausführlich und gut erklärt wie in diesem Buch. Trotz all der Hiobsbotschaften rund um Ressourcenverbrauch und Umweltzerstörung hinterlässt einen dieses Buch motiviert: Eckermann schafft es, eine derartige Auswahl an Alternativen zu unserem heutigen Konsum aufzuzeigen, dass man ganz motiviert gleich starten will. Und darin liegt der große Knackpunkt: Verhaltensweisen umzustellen funktioniert nur, wenn diese Umstellung auch Spaß macht. Etwas, was mir keinen Spaß macht, integriere ich nicht oder nur unter viel höherer Anstrengung und Selbstüberwindung in meinen Alltag.

Ein wichtiges Buch, ein Buch, das von allen, denen sowohl ihr eigenes Glück als auch das ihrer Umwelt am Herzen liegt, gelesen werden sollte.

Nunu Kaller – Bloggerin, Autorin und
Konsumentensprecherin bei Greenpeace AT

Kapitel 1

Glück

Wie alles begann

Alles begann in einer Zeit, in der die Menschen sich jeden Morgen schwungvoll einen unförmigen Stofflappen um den Körper wickelten und Sandalen statt Sneakers trugen. In der ein abenteuerlicher Mix aus Gerstengraupen, geriebenem Ziegenkäse und Wein ein beliebtes Erfrischungsgetränk war und Männer mit Äpfeln nach ihrer Angebeteten warfen, um ihr Interesse zu bekunden. In der das Wort *Idiot* jemanden beschrieb, der *kein* Politiker oder Beamter war. Eine Zeit, in der es mit *agorazein*[1] ein eigenes Wort für das zerstreute Rumhängen auf dem Marktplatz gab, Sport am liebsten nackt betrieben wurde und Menschen andere Menschen einkaufen konnten wie einen Bund Möhren. Sagen wir es so: Es waren andere Zeiten.

Zwischen der pflichtschuldigen Ehrerbietung gegenüber den Göttern und dem nächsten Teller Bohneneintopf blieb in der Antike genügend Zeit für die dringenden Fragen des Lebens: Wer bin ich? Was soll das alles? Wo führt es hin? Und warum hat der Typ dahinten gerade einen Apfel nach mir geworfen? Als Antwort auf diese Fragen entwickelte sich bald ein Beruf, der heute eher als Bezeichnung für einen Langzeitstudenten mit bedenklichem Trinkverhalten dient: Es war die Ära der großen Philosophen. Sie erklärten den Menschen die Welt und versuchten, mit ihnen Antworten auf ihre Fragen zu finden, nach dem Sinn, den fliegenden Äpfeln – und dem Glück.

Das Glück ohne Toga und ohne Feta

In der Antike war das Leben kurz und viele verbrachten es in Sklaverei. Zu Zeiten von Platon und Aristoteles gab es in Athen mehr Sklaven als wahlberechtigte Bürger.[2] Auch einige der bis heute gefeierten Philosophen buckelten erst als Sklaven, bevor sie mit ihren Theorien Karriere machten. Sie kannten Unterdrückung und das Gefühl, wie eine Sache behandelt zu werden. Und dennoch gelang es ihnen, das Glück zu finden. Ohne solide Schulbildung, ohne eine herrschaftliche Villa oder prächtige Kleider. Einfach durch die Macht ihrer Gedanken. Wenn Sklaven und Menschen, die ein ausgedientes Weinfass ihr Zuhause nannten, glücklich sein konnten, warum fällt es uns dann heute so schwer?

Nun müssen wir nicht gleich unser Glück mit blindem Aktionismus anlocken, uns Feta in den Merlot bröckeln und mit wehender Toga über den Marktplatz radeln. Wir können uns auch einfach ein paar Ideen von den antiken Philosophen abschauen.

Von wegen Zufall: Die Schicksalsgöttin

Im antiken Götterhimmel gab es für fast alle Aufgaben einen Spezialisten: Demeter sorgte für fruchtbare Felder und reiche Ernte. Dionysos war für den Wein zuständig – mit oder ohne Ziegenkäse. Und Tyche teilte den Menschen ihr Schicksal zu. In der griechischen Mythologie geschah der Zufall ganz und gar nicht zufällig – alles war von Tyche genau so geplant. Als die Römer den griechischen Götterhimmel importierten, tauften sie Tyche in Fortuna um. In ikonografischen Darstellungen tragen die griechische Schicksalsgöttin und ihre römische Zwillingsschwester meist recht elegant ein überquellendes Füllhorn im Arm.[3] Denn für die meisten Götter galt das Motto: Nicht kleckern – klotzen. Aber Tyche verschwendete sich nicht blind an die Menschen: Mal beschenkte sie sie reich, manchmal wütete sie sich mit blinder Gewalt durch ein vorher schön sortiertes Leben – ganz nach Gutdünken. Deshalb ist sie auf vielen Bildern mit zwei hübschen Flügeln oder einem Steuerrad ausgestattet, Symbole dafür, dass die Göttin eine echte Diva war, die sich ihre gelegentlichen Launen leisten konnte. Tyche stand für die glückliche Fügung genauso wie für Pech und unvorhergesehenes Elend. Und sie war unberechenbar.

Entweder haben wir Glück oder wir haben Pech – ganz so, wie Tyche es will. Was sie sich für uns ausgedacht hat, können wir nicht ändern. Wir sollen uns das Bein brechen? Schon machen wir einen unbedachten Schritt die Treppe hinunter, und nach einigem Poltern und Schreien erfüllt sich schmerzhaft unser Schicksal. Und wenn Tyche es gut mit uns meint? Dann haben wir die dicksten Kartoffeln und die zufriedenste Ehefrau in der ganzen Stadt. Mal freuen wir uns, mal hinken wir für Wochen. Gegen Tyche kommen wir nicht an. Weil in der Antike mit logischen und wissenschaftlichen Erklärungen für die meisten Veränderungen, Schicksalsschläge und plötzlichen Ereignisse noch nicht allzu viel los war, wurde eben die divenhafte Schicksalsgöttin verantwortlich gemacht.[4]

Über die Jahrhunderte entwickelte sich aus ihrem Namen der Begriff des Glück-Habens. Ihrem Namen wurde die Vorsilbe *eu-* vorangestellt. Diese Vorsilbe nutzen wir noch heute: Sie macht aus Stress den guten, motivierenden Eustress, aus dem Euphemismus das Schönfärben eines sonst eher unschönen Sachverhalts, und in dem Wort Euphorie schwingt die gute Laune mit. Aus der Tyche macht das *eu-* das gute Schicksal, das Glück-Haben.[5] Auch heute noch glauben manche an eine höhere Schicksalsmacht. Mit Glücksbringern und Talismanen versuchen sie, den Zufall zu bezirzen – gerade so, als würde sich eine Diva tatsächlich für ausgediente Hufeisen interessieren.

Geld oder Leben: Der Kynismus

Er schlief mal hier, mal da, meist unter freiem Himmel. Bei Regen suchte er unter dem Dach der öffentlichen Säulenhalle Unterschlupf. Oder in einem ausgedienten Weinfass.[6] Er soll nicht mehr als einen einfachen Wollmantel, einen Rucksack mit etwas Brot und Wein und ein paar kümmerlichen Habseligkeiten sein Eigen genannt haben.[7] Gegen Diogenes wirken heutige digitale Nomaden, die nur mit einem Rucksack und einem Laptop um die Welt reisen, wie im materiellen Luxus schwelgende Krösusse. Freiwillig lebte er in Armut – und rühmte sich damit in der Öffentlichkeit. Wenn man so will, war er der erste Minimalismus-Blogger: Er sprach gern darüber, was er nicht hatte, erklärte, warum er es nicht hatte, und wollte dadurch andere zu einem sparsamen Leben ermuntern.

„Als er einen Knaben aus den Händen trinken sah, warf er die Schale aus seinem Quersack heraus und sagte: Das Kind hat mich durch Genügsamkeit besiegt", schrieb der Philosophiehistoriker Diogenes Laertius im dritten Jahrhundert über seinen Namensvetter.[8] Für den nachnamenlosen Diogenes war zu viel zu besitzen ein Zeichen für einen miesen Charakter. Auch was Anstand und die gesellschaftlichen Gepflogenheiten anging, zeigte er sich sparsam. So soll er seinem Sexualtrieb freiesten Lauf gelassen und sich selbst Erleichterung verschafft haben, wann und wo ihm danach war, auch mitten auf dem Marktplatz.[9] Normen und Zwänge mochte er gar nicht. So wurde der gesellschaftliche Tabubruch das Hobby des antiken Minimalisten.[10] Seine widerspenstige Art, seine gelegentlich polemischen, oft taktlosen und immer schnörkellosen Reden brachten ihm bald den Spitznamen *kynikos,* der Hundeartige, ein.[11] Daher rührt auch der Name seiner Philosophie: Kynismus.

Was ihn für viele zu einer nervtötend kläffenden Töle machte, war seine Hetze gegen das Filetstück der hellenistischen Seele: gegen das Hochhalten des Geldes, des Reichtums, der Ehre.[12] Mit glühender Leidenschaft widersprach Diogenes dem sonst üppigen, auf Überfluss ausgelegten Lebensstil seiner Zeitgenossen. Das Lebensglück vom Geld zu entkoppeln ist im Land der Sklaven ein unschlagbares Verkaufsargument für seine Philosophie. Diogenes und seine Mitstreiter lieferten eine kostenfreie Alternative zum Streben nach schnödem Mammon, nach Macht und Ruhm. Da er und seine philosophischen Mitstreiter sehr reiselustig waren, breitete sich ihr Ideal der Genügsamkeit schnell aus. So sorgten sie für einen niedrigschwelligen Zugang zur Philosophie und regten die Massen an, sich mit dem guten Leben und dem Glück zu beschäftigen.[13]

Die Kyniker erinnerten an heutige Kabarettisten, denn sie spickten ihre Lehren oft mit derben Witzen, einer gehörigen Portion Polemik und plastischen Beispielen aus dem Alltag.[14] Während die zur selben Zeit durch das Land ziehenden Sophisten aus heutiger Sicht ein kleines Kunststück vollbrachten und sich für das Philosophieren bezahlen ließen, nahmen die kynischen Wanderprediger kein Geld für ihre Lehren. Auch Dank ernteten eher selten, da sie ihre Unterweisungen oft auch ungefragt unter die Leute brachten. Aber wer Genügsamkeit predigt, braucht auch kein Gehalt.

Bei Diogenes ging dies weit über die materiellen Dinge hinaus. Auch das Ansehen und der Respekt vor den Mächtigen waren ihm zuwider. Als Alexander der Große die Stadt besuchte, wollte er sich etwas Bewunderung bei dem berühmten Philosophen abholen. Als er Diogenes entdeckte, der müßig auf dem Marktplatz den Tag verbrachte, versprach er ihm großzügig: „Bitte mich, um was du nur willst.“ Doch Diogenes interessierte sich weder für Geschenke noch für die Gunst der makedonischen Berühmtheit. Und so erwiderte er schlicht: „Ja dann, geh mir doch aus der Sonne!“[15]

Diogenes lehnte alles ab, was sein Glück ins Wanken bringen konnte: die launische Tyche; Geld, das mal da ist, mal fehlt – und fast immer ungerecht verteilt ist; auch Lust und Genuss, die sogar für die Armen erreichbar waren, hatten für ihn nicht viel mit Glück zu tun. Stattdessen mahnte er zu Gelassenheit, manchmal sogar zur Wut gegenüber den Dingen, der Lust und gegenüber allen äußeren Einflüssen. Diogenes und die Kyniker machten sich ihr Glück einfach selbst, ohne auf das Schicksal, die Götter oder das große Geld zu warten. Da er die Menschen kannte, zeigte Diogenes sich allerdings geduldig mit seinen zeitgenössischen Gewohnheitstieren: Er glaubte nicht daran, dass Genügsamkeit ein angeborener Charakterzug sei. Wir müssten sie erst verstehen und üben, so, wie wir ein Instrument spielen lernen. „Überhaupt geschehe im ganzen Leben nichts ohne ordentliche Übung; diese sei imstande, alles zu besiegen", soll er gesagt haben.[16] Als Belohnung für das regelmäßige Üben versprach Diogenes nichts weniger als das Glück: „Die Menschen müssten also notwendig glücklich leben, wenn sie statt unnützer Beschäftigungen der Natur gemäße wählten. Nur ihre Unverständigkeit macht sie unglücklich."[17] Für ihn war Glück Kopfsache.

Mehr Spaß: Der Hedonismus

Grimmige Menschen und betont lustresistente Populisten beschreiben uns heute gern als Spaßgesellschaft. Dabei haben wir den Spaß gar nicht erfunden. Die Menschen in der Antike wussten, wie man es richtig krachen lässt. Bis heute sind sie für ihre wilden Partys bekannt. Bis heute wird ein ausgewachsenes Fressgelage als Gruß an den römischen Feldherrn und großzügigen Gastgeber Lucius Licinius Lucullus, als lukullisch bezeichnet. Und wer zu fein ist, das Wort „Spaßgesellschaft" zu bemühen, wirft der Jugend vor, dem Hedonismus anheimgefallen zu sein – einer Philosophie, die bereits in der Antike verbreitet war. Das Vergnügen, die *hedone,* gibt dem Hedonismus seinen Namen. Für die Hedonisten liegt der Sinn des Lebens darin, Spaß zu haben und Leid zu vermeiden. Was wir riechen, schmecken, sehen, fühlen ist entscheidend für unser Glück. Was unser Verstand unterdessen macht, ist vergleichsweise bedeutungslos, wichtig ist nur, dass er nicht dazwischenfunkt, wenn wir einen draufmachen. Vereinfacht ausgedrückt orientiert sich der Hedonismus an folgenden fünf Grundüberzeugungen:

1) Nur unsere Gefühle sind wahr

Aristipp, einer der bekanntesten Hedonisten der Antike, war skeptisch. Grundsätzlich, gegenüber allem. Das einzig Sichere für ihn waren Wahrnehmungen und Empfindungen.[18] Alles andere galt ihm als Einbildung. Oder war zumindest unwichtig.

2) Es gibt zwei Arten von Gefühlen

Nämlich gute und schlechte. Beide Gefühlskategorien sind Bewegungen der Seele: Während Schmerz und emotionales Leid unsere Seele heftig, ruppig, fast brutal bewegen, sorgen Freude und Genuss für sanfte, ruhige Bewegung. Sacht wiegen wir unsere Seele im Schwelgen. Zwischen Extremen gibt es einen Bereich der Ruhe, in dem die Seele stillsteht. Er liegt irgendwo zwischen Leid und Lust.[19]

3) Lust ist besser als Frust

Alle Wesen, ob Mensch oder Tier, streben nach guten und meiden schlechte Empfindungen. Da Lust und Spaß am weitesten vom Schmerz entfernt sind, ermutigt der Hedonismus seine Anhänger dazu, das Vergnügen zum höchsten Gut in ihrem Leben zu erklären.[20] Alles andere, was wir sonst noch so vom Leben wollen, ist bloß Mittel zum Zweck: Freunde, Reichtum oder Klugheit sind alle nur Werkzeuge, um mit ihnen Spaß zu haben.[21] Wie wir am besten nach Lust suchen, dazu haben die Hedonisten allerdings wenig gesagt. Sie nahmen an, dass jeder selbst am besten weiß, was ihm Spaß macht.[22] Klar war: Wer immer nur Maß hält, der verpasst was.

4) Die Intensität ist egal

Schmerz und Vergnügen sind absolut. Entweder tut etwas weh oder es tut nicht weh. Wir können nicht gleichzeitig Spaß haben und keinen Spaß haben. Es gilt: entweder – oder, ja oder nein. Die Hedonisten unterscheiden also nicht zwischen verschiedenen Qualitäten von Gefühlen. Nur wie häufig beides, gute Gefühle und schlechte, auftauchen, lässt sich sicher bestimmen.[23]

5) Gefühle sind vergänglich

Für Aristipp lag das Glück darin, dass unsere Seele nur sanfte Bewegungen erlebt.[24] Dass sie irgendwann völlige Ruhe erreichen könne, hielt er für unrealistisch. Dafür wuseln zu oft wild gewordene Gefühle, Leidenschaften, Triebe und trübe Gedanken durch unseren Geist. Gleichzeitig glaubte er auch, dass „die Bewegung der Seele mit der Zeit" nachlässt.[25] Dass er damit richtig lag, sehen wir heute auch an Hirnscans: Selbst wenn jemand Heroin nimmt, ist er nicht für immer auf dem Trip. Früher oder später lässt auch das stärkste Gefühl nach. Wir müssen also nicht alle Gefühle ersticken, um glücklich zu sein. Wir müssen nicht wahllos Glücksmomente sammeln und immer Neues, immer mehr erleben und genießen.

In Sachen Lust waren die Hedonisten nicht wählerisch. Hauptsache, es ging schnell und war leicht verdaulich. Wie emotionales Fast Food. Maximales Vergnügen bei minimalem Einsatz. Aristipp bezeichnet diejenigen als glücklich, die nicht viel brauchen und sich über kleine Dinge freuen, die leicht zu erreichen sind.[26] Und sicher zog Aristipp auch Freude aus seiner heißblütigen Kabbelei mit Diogenes, mit dem er eine offen ausgetragene Hassliebe pflegte.[27] Die sonst so eloquenten Philosophen hauten sich gepfefferte Worte um die Ohren, als hätten sie den Grundstein für die Talkshowkultur der 1990er-Jahre legen wollen. Ganz wie die beiden

Philosophen passten auch deren Lehren nicht so recht zusammen. Die Kyrenaiker, wie die Chef-Hedonisten der Antike auch genannt wurden, trugen zwar einen ähnlichen Namen wie Diogenes' Kyniker. Dennoch hatten ihre Glückstheorien auf den ersten Blick kaum etwas gemeinsam: Bei Aristipp ging das Glück durch den Magen, während es bei Diogenes erst durch den Kopf musste.

Doch wenn es um Macht, Geld und edles Essen ging, konnten sich die Streithähne durchaus einigen. Wie Diogenes hatte auch Aristipp Vorbehalte gegen den maßlosen Konsum, dem ihre Mitmenschen nur zu gern frönten. Als jemand Aristipp vorwarf, die Philosophen gingen fast nur bei den Reichen ein und aus, gab er zurück, die Ärzte würden ja auch zu den Kranken gehen – und doch wolle niemand eher Kranker als Arzt sein. Aristipp wollte lieber Unwissenheit heilen als reich sein.[28] Er wollte sich nicht von seinen wohlhabenden Geldgebern abhängig machen, denn Abhängigkeit, da war er sich sicher, bedeutet Leid, und Leid ist schlecht. Wer sich geistig freistrampelt, muss sich nicht für Geld abrackern.[29] Lust gibt es auch für geringen Einsatz. Deshalb war für ihn die Selbstgenügsamkeit einer der höchsten Werte in seiner Ethik: Sie befreit den Menschen und führt ihn zur Herrschaft über sich selbst.[30] Ein Hedonist ist niemandes Sklave. Auch nicht des Geldes.[31]

Sich allzu viele Gedanken über die Zukunft zu machen, fand Aristipp überflüssig. Wichtiger schien es ihm, die Sinne zu schulen, um noch mehr Spaß zu haben.[32] Für die Kyrenaiker war Glück ein Gefühl – und zwar ein ziemlich gutes. Heute würden sie damit sicher gut ankommen, in der Antike standen sie mit ihrer Theorie dagegen recht allein da.[33] Sie brauchten weder Tugenden noch viel Geld oder Ehre, um glücklich zu werden – sie waren es einfach. Ein paar aus der Luft gefischte Äpfel und zwei, drei Becher Ziegenkäsewein reichten schon.

Strategisch genießen: Der Epikureismus

Wenn wir heute das Wort Hedonismus hören, denken wir an dicke Männer, die in wallenden Roben auf riesigen Sofas lümmeln und sich von einer schönen Dienerin Trauben direkt in den Mund baumeln lassen. Wir denken an Völlerei, bis die guten Speisen wieder denselben Weg hinaus nehmen, auf dem sie zuvor hinuntergestopft wurden. Heimlich denken wir vielleicht auch an wilde Orgien und zügellose Gelage. Und sicher haben manche Menschen es – heute wie damals – genau so gemacht. Doch die Grundidee des Hedonismus hat mit sinnloser Gier nach Lust und Genuss wenig zu tun. Zumindest nicht bei Epikur. Oft wird er auch zu den Hedonisten gezählt. Doch so richtig mag er nicht zu ihnen passen. Denn bei ihm muss der Bauch nicht erst kurz vorm Bersten stehen, bevor er den Teller wegschiebt.

Epikur folgte den Kyrenaikern in ihrer Idee, dass Spaß gut und Leid schlecht sei. Auch heute noch scheinen die meisten von uns damit einverstanden zu sein. Doch während es für wahre Hedonisten nichts Größeres als die fühlbare Lust gibt, war Epikur etwas filigraner unterwegs. Für ihn war Lust weniger der Schwips aus dem Weinkrug als vielmehr die Lebenslust. Lust war für ihn größer, tiefer und länger als die spontan aufploppende und mindestens genauso schnell wieder verebbende Lust der Hedonisten. Für ihn gehörte auch etwas zur Lust, das er *Ataraxia* nannte: die ruhige Gelassenheit der Seele. Sie stellt sich ein, wenn wir die wichtigen Fragen des Lebens für uns geklärt haben, die nach dem Sinn, den fliegenden Äpfeln – und dem Glück.

Für Epikur gab es einen entscheidenden Unterschied zwischen der schnell verfliegenden Lust der Hedonisten und der Lust als doch eher dauerhafter Zustand. Diesen Zustand beschrieb Epikur als waches Dasein, also etwas, das wir heute vielleicht als Achtsamkeit bezeichnen würden. Er verstand darunter das völlige Aufgehen im Moment. Im Gegensatz zu Aristipps emotionalem Fast Food gönnte sich Epikur ein mentales Fünf-Gänge-Menü: gewissenhaft geplant, kunstvoll gefertigt und so köstlich, dass man auch Wochen später noch davon sprechen wird. Das ist zwar nicht so leicht zu erreichen wie das schnell verschlingbare Glückshäppchen – aber es hält länger an.[34]

„Denn nicht Trinkgelage und ununterbrochenes Schwärmen und nicht Genuß von Knaben und Frauen und von Fischen und allem anderen, was ein reich besetzter Tisch bietet, erzeugt das lustvolle Leben", erklärt Epikur. Viel lustvoller sei es, unseren Geist zu erforschen und zu schauen, warum wir wollen, was wir wollen. Dadurch könnten wir schlechte Gedanken und Illusionen vertreiben, die Leid in unserer Seele verursachen.[35] Deshalb riet er zu einem strategischen Genuss: Das erste Glas Wein sorgt für gute Stimmung. Das würde sich Epikur noch mit Schwung einschenken. Beim vierten und fünften Becher würde er sich allerdings durch seinen Schwips zu seinem Verstand durchwühlen wollen. Denn Epikur bezieht gute und schlechte Gefühle aufeinander, als sei es eine Rechenaufgabe:[36] Für den leichten Rausch und den guten Geschmack von Glas eins gibt es fünf Pluspunkte, für die Freude an Becher zwei gibt es noch zwei Punkte. Becher drei bis fünf aber sorgen für genauso viel Spaß wie peinliches Rumgelalle, mit dem uns die Freunde noch einige Tage aufziehen werden. Also null Punkte dafür. Der Abend war lustig und hat uns sieben Pluspunkte eingebracht. Doch wenn wir am nächsten Morgen die Augen aufschlagen hämmert uns der Kater gegen die Augenhöhlen. Zehn Minuspunkte dafür. Und unversehens ist das Saufgelage gar nichts Gutes mehr, sondern der direkte Weg zum Leid – auch wenn es sich erst später durch unser Hirn zu bohren versucht.

Epikur war ein alter Stratege. Sein Glück war deutlich komplexer als der lustorientierte Hedonismus. So glaubte er auch, dass es nicht möglich sei, „lustvoll zu leben, ohne dass man vernunftmäßig, schön und gerecht lebt, noch vernunftgemäß, schön und gerecht ohne lustvoll zu leben."[37] Immer nur brav zu sein, mache keinen Spaß.[38] Aber nur stumpfsinnig nach Spaß zu gieren, mache auch nicht glücklich. Spaß gilt ihm als der Lohn fürs Denken. Hierin unterscheidet sich Epikur von den selbst ernannten Hedonisten, die sich auf dem Oktoberfest oder am Ballermann nur so tummeln – im passenden Outfit und mit den entsprechenden Promillewerten im Blut. Statt nach besinnungsloser Lust suchte Epikur nach heiterer Gelassenheit, der *Ataraxia*.[39] Sie war für ihn das größte Glück im Leben.

Das Ziel der Ziele: Der Eudämonismus

Während wir uns unter Hedonismus noch ganz gut etwas vorstellen können, stehen die meisten von uns bei der *Eudaimonia* ganz schön auf dem Schlauch. Bis heute ist es den Sprachwissenschaftlern nicht gelungen, sich eine passende Übersetzung auszudenken. Manche versuchen es mit Glückseligkeit, andere mit Glück, und der Rest nimmt einfach das altgriechische Wort und fühlt sich damit sehr gebildet. Was bedeutet es also? Wörtlich übersetzt meint es, von einem guten *(eu-)* Geist *(daimon)* beseelt zu sein.[40] Dieser Geist ist jedoch kein flüchtiger Bekannter, der dann und wann zu einer Stippvisite vorbeischaut – er ist Dauergast. Anders als die hedonistische Lust bleibt die Eudaimonia im Idealfall ein ganzes Leben lang bei uns. Sie ist nichts anderes als ein gelungenes Leben.[41]

Einer der Hauptverfechter dieser Idee war ein Philosoph namens Aristoteles. Er wirkte einige Jahrhunderte vor unserer Zeitrechnung. Seinem Denken lag die Idee zugrunde, dass fast alles, was wir tun, einem übergeordneten Ziel folgt. Wir gehen arbeiten, um Geld zu verdienen. Wir bauen ein Haus, um darin zu wohnen. Oder wir werfen mit Äpfeln nach Frauen, damit sie wissen, dass wir sie mögen. Das allerletzte, oberste Ziel, das hinter allem steht, ist die Eudaimonia. Damit macht Aristoteles das Glück zum Sinn des Lebens. Alles, was wir tun, machen wir, um glücklich zu werden.

Mit dem Glück der Hedonisten hat das kaum noch etwas zu tun. Während es Lust fast zu Nulltarif gibt, setzt Aristoteles seiner Eudaimonia einiges voraus: Wir müssen aus gutem Hause kommen, viele Kinder und Enkel haben, gute Freundschaften pflegen, schön, reich und gesund sein – und ein Mann sein.[42] Und das ist nur ein Teil der Liste. Manchmal mag es uns noch heute so vorkommen, als wollten uns die Medien ein ähnliches Glück verkaufen, eines, das nur den Schönen und Gesunden, nur den reichen weißen Männern zugänglich ist. Doch so elitär Aristoteles auch klingen mag, er hat sich dabei etwas gedacht: Wer sich den ganzen Tag abrackern muss, um Geld zu verdienen, wem ständig etwas weh tut oder wer sich immer wieder um seine verzogenen Gören kümmern muss, findet keine Ruhe. Um die Eudaimonia zu entwickeln, müssen wir Zeit zum Nachdenken finden: über unsere Ziele, unser Verhalten und unseren Gefühlshaushalt. Dafür ist eine ganze Reihe von Tugenden nötig. Wir sollen tapfer, fromm, besonnen und vernünftig sein. Tugenden helfen uns dabei, uns gut zu verhalten und mit unseren Gefühlen klarzukommen, die sich immer wieder in unser Bewusstsein drängen.

Ein Mensch, der alle Tugenden gesammelt hat, der hat nur angenehme Erinnerungen, weil er sich nicht über seine vergangenen Handlungen ärgern muss. Weil er immer besonnen bleibt, muss er nie Strafe dafür zahlen, einen Polizisten beleidigt zu haben. Seine Tapferkeit hält ihn genauso von unnötigen Risiken ab wie vom ängstlichen Rumsitzen. Weil er weiß, was er kann und dass er mit fast allen Widrigkeiten des Lebens zurechtkommt, kann er sich auch auf eine angenehme Zukunft freuen.[43] Die Tugenden helfen uns dabei, uns nicht von schlechten Gefühlen überrollen zu lassen. Und als kleines Extra bekommen wir zu jedem tugendhaften Verhalten etwas Freude gratis dazu. So können wir ein gutes Leben leben.

Immer mit der Ruhe: Die Stoa

Ihren Namen verdanken die Stoiker der Säulenhalle auf der Agora in Athen, der Stoa, durch die sie beim Philosophieren liefen. Zu ihnen gehörten Menschen aus allen Schichten, vom mittellosen Sklaven bis zum reichen Bürger. Sogar Frauen, die in der Philosophiegeschichte von ihren männlichen Kollegen sonst eher weit in den Hintergrund gedrängt wurden, waren in der Stoa willkommen. Gemeinsam entwickelten sie eine Philosophie, die sich bald von Griechenland über ganz Europa ausbreitete. Sie standen für Ruhe und Gelassenheit und für ein gutes Leben, das allen offenstand. So war der Stoiker Epiktet der Sohn einer Sklavin und diente lange selbst als Leibeigener. Er hatte eine Behinderung, blieb kinderlos und war bis zu seinem Tod bettelarm, obwohl er es als Philosoph zu einigem Ruhm gebracht hatte.[44] Dennoch galt er bei seinen Zeitgenossen als auffallend ausgeglichener und glücklicher Mensch.[45]

Für ihr Glück brauchten die Stoiker weder die Lust der Kyrenaiker noch die edle Abstammung, die Gesundheit oder den Reichtum, den Aristoteles für seine

Eudaimonia voraussetzte. Für sie war Glück eine Frage der Einstellung und der harten Arbeit am eigenen Geist. Die Stoiker hatten erkannt, dass unsere Gefühle uns durchgehend stressen: Wir machen uns Sorgen um die Schulnoten der Kinder, ärgern uns über die überzogene Rechnung des Klempners oder haben Angst vor dem Zahnarzttermin nächste Woche – alles Gedanken, die uns nicht guttun. Und sie helfen uns auch nicht weiter. Es ist wie in einem Lied, das mir seit meiner Kindheit im Kopf herumschwirrt: „In jedem Leben gibt es Probleme. Wenn du dir darüber Sorgen machst, verdoppelst du sie. Also mach dir keine Sorgen. Sei glücklich", rät Bobby McFerrin in seinem Reggae-Klassiker „Don't worry, be happy".[46] Leichter gesagt als getan, denn wir sind es gewohnt, uns ständig um alles Mögliche Sorgen zu machen. Aber McFerrin hat recht: Es ändert nichts am Problem, wenn wir uns damit stressen. Im Gegenteil: Wenn wir uns nicht von schlechten Gefühlen überrollen lassen, können wir besser denken und womöglich eine gute Lösung finden.

Deshalb liegt das Glück für die Stoiker im ruhigen Gleichmut der Seele: in der *Apatheia*. Im Unterschied zu dem, was wir heute unter Apathie verstehen, ging es den Stoikern nicht darum, dass wir nur noch teilnahmslos vor uns hinvegetieren sollen. Glück war für sie das, was wir heute noch als stoische Ruhe bezeichnen. Wenn jemand eine solche Ruhe ausstrahlt, dann können seine Kinder kreischend auf ihm herumkrabbeln, ihn in den runden Bauch piken und ihm mit Lippenstift Herzchen auf die Tapete malen. Es stört ihn alles nicht. Er bleibt gelassen – und freut sich weiter seines Lebens. Denn Apatheia ist kein Abstumpfen, es ist ein intensives Leben. Jeden Tag. Ein Stoiker nimmt jeden Moment wahr, als sei es der letzte, in all seiner Fülle. Denn er ist das Wichtigste, was wir haben. So schrieb der Stoiker Seneca: „Niemand darf mir da einen Tag rauben; es kann mir ja doch niemand etwas geben, was solchen Verlust ausgliche."[47] Einen kompletten Lebenstag mit Autofahren, Arbeiten und Fernsehen zu verbringen wäre für ihn keine Option gewesen. Ein Tag, an dem wir uns nicht frei gefühlt haben, an dem wir nur wie eine Marionette von A nach B gewabert sind, ist ein verlorener Tag – und den gibt uns niemand mehr zurück. Kein Gehalt der Welt kann einen verlorenen Lebenstag ausgleichen. Statt auf unsere Aufgaben, unsere To-do-Listen und unsere Ängste sollten wir uns lieber auf uns selbst konzentrieren, auf das, was wirklich in uns vorgeht: „In sich selbst soll mein Geist sich versenken, sich selbst soll er bilden, nichts Fremdes treibe er, nichts, was vor den Richter gehört; willkommen sei mir die Ruhe, die von Staats- und Privatangelegenheiten nichts wissen will."[48] Innere Ruhe ist für ihn das höchste Ziel im Leben.

Um die Seelenruhe zu erlangen, sortieren Stoiker die Welt systematisch. Dafür haben sie zwei verschiedene Ordnungssysteme. Mit dem ersten schauen sie, womit sie es überhaupt zu tun haben:

1) Können wir ändern.
2) Liegt nicht in unserer Macht.

Im zweiten Schritt geht es darum zu erkennen, welchen Wert die Dinge haben:

1) gut
2) schlecht
3) egal

Diese Label funktionieren für alles, was uns begegnet: Menschen, äußere Umstände, Gedanken, Gefühle. Wenn wir erkennen, woran wir wirklich etwas ändern können und was wir einfach akzeptieren müssen, lebt es sich leichter. „Und wenn es den nicht in unserer Gewalt stehenden angehört, so halte dir sogleich vor Augen: ‚Es geht mich nichts an'", riet Epiktet.[49] Wir müssen uns nicht mehr mental daran abarbeiten, dass wir keine Lust haben, eine Steuererklärung zu machen. Wir sehen es einfach als gegeben an, als eine einfache Tatsache wie die, dass wir durch Kuchenessen nicht abnehmen. Wenn wir nicht vorhaben, deswegen eine Revolution anzuzetteln, müssen wir es einfach hinnehmen und dürfen uns nicht weiter darüber aufregen. Verinnerlichen wir dies, „so wird dich niemand jemals zwingen, niemand hindern, du wirst mit niemand unzufrieden sein, wirst nichts gegen deinen Willen tun, es wird niemand dir schaden, du wirst keinen Feind haben: es wird dich gar nichts Schädliches treffen",[50] fasste Epiktet zusammen. Zu einer solchen Überzeugung kann der Mensch sich einfach entschließen. Wer ab und zu versucht, sein Leben mit etwas Abstand zu betrachten, kann sich einen Überblick darüber verschaffen, was er ändern kann und was nicht.

Haben wir diesen ersten Schritt in der Beurteilung getan, schauen wir, ob es gut, schlecht oder neutral ist. Gut ist alles, was vernünftig ist, wie Gerechtigkeit, Tapferkeit oder Besonnenheit.[51] Schlecht ist alles, was uns oder andere stört, wie Uneinsichtigkeit, Gier oder Ungerechtigkeit. Und dann gibt es da noch die neutralen Dinge, die *Adiaphora*. Zu ihnen gehört das, was uns weder nützt noch schadet, wie Schönheit und Hässlichkeit, Stärke und Schwäche, Armut und Reichtum sowie Lust und Unlust.[52] Sie alle können zwar manchmal ganz praktisch sein, aber selten machen sie wirklich einen Unterschied. Der Muskelprotz kann vielleicht ein Gurkenglas besonders gut aufschrauben. Ob er es allerdings ebenso leicht schafft, mit seinen groben Kraftsportlerhänden einen Faden in das Nadelöhr zu fädeln, ist fraglich. Deshalb sind manche Eigenschaften weder gut noch schlecht – sondern einfach nur egal. Dasselbe gilt für den Reichtum. Zwar kann Wohlstand einerseits ein angenehmes Leben ermöglichen, andererseits jedoch auch Neid, Missgunst und die Angst vor dessen Verlust schüren. Chrysipp definiert die Adiaphora deshalb als Dinge, die irgendwo zwischen gut und schlecht liegen oder beides sind, Dinge, die weder zu unserem Glück noch zu unserem Unglück beitragen und weder gute noch schlechte Gefühle auslösen.[53] Das Glück der Stoiker besteht darin, nur Ziele zu haben, die uns glücklich machen. Alles, was schlecht oder egal ist, können wir einfach sein lassen. Das ist nicht nur sehr bequem – sondern auch vernünftig.

Beim Bohneneintopf allzu oft nachzuschöpfen, war für die Stoiker daher keine Option. Bauchschmerzen machen aus einer guten Mahlzeit einen quälenden Klumpen im Magen. Also halten wir lieber Maß. Auch anderen schlechten Gefühlen und Gedanken kann die stoische Sichtweise vorbeugen. Wenn wir versuchen, mehr Verständnis und Nachsicht mit unseren Mitmenschen zu üben, müssen wir uns nicht mehr über sie ärgern oder wütend auf sie sein. Wir müssen ihre Beleidigungen nicht auf uns beziehen. Wie andere denken, was sie sagen oder tun, liegt nicht in unserer Macht. So bestand für die Stoiker das glückliche Leben in einem beruhigten Geist, der sich über nichts und niemanden ärgern muss.

Egal welche dieser Theorien uns am nächsten liegt, wenn wir glücklich sein möchten, müssen wir uns mindestens einmal in unserem Leben mit den großen Fragen beschäftigen: Wo komme ich her? Wo führt das hin? Und brauche ich für mein Glück wirklich Wein mit Ziegenkäsebröckchen?

Glück für Leute von heute

Je älter wir werden, desto schneller scheint die Zeit zu vergehen.[54] Kaum haben wir uns umgesehen, sind wir achtzehn, dürfen Auto fahren und allein eine Wohnung mieten. Nur ein paar Mal schlafen, schon haben wir einen neuen Job. Ein paar durchtanzte Nächte, ein paar Vormittage an Gräbern und einige Nächte in inniger Zweisamkeit – und schon sind wir dreißig, vierzig, fünfzig … Unser Leben scheint nicht erst an seinem Ende an uns vorbeizurasen. Nur allzu leicht lassen wir uns mitreißen von dem fieberhaften Strom der Ereignisse. Wir schöpfen aus dem Vollen, nehmen alles mit: die Höhen, die Tiefen, die Durststrecken. Und in all dem Gewusel begegnen sie uns allen irgendwann: der Stress, das Ausgebranntsein, das Weitermachen ohne weitermachen zu wollen. Es gibt Abende, da wollen wir einfach nur auf die Couch mit einem Glas Rotwein. Oder sinken irgendwo zwischen entspannt und ausgelaugt auf die Yogamatte in Shavasana zusammen, als stellten wir uns tot. Der wahre Luxus unserer Zeit scheint, etwas Ruhe und Frieden zu finden. Einfach mal mit uns und unserer Welt im Reinen zu sein. Und vielleicht sogar glücklich. Denn wenn wir für einen Moment den Kopf aus dem Alltagsrauschen ziehen, drängen sich die Fragen auf: Wie wollen wir unsere Zeit am liebsten verbringen? Wie sieht ein gutes Leben aus? Und wo ist es zu finden? Auf der Yogamatte? Auf dem Boden der Weinflasche? Oder auf dem Fahrersitz eines Porsches?

In der Antike halfen die Philosophen ihren Zeitgenossen bei diesen Fragen auf die Sprünge. Sie waren Welterklärer, Psychologen und Seelsorger in einem und zeigten den Menschen, wie sie ein gutes Leben führen können. Sie wussten zwar nicht, wie sich ein Porsche bei 180 Sachen auf der Autobahn anfühlt. Trotzdem konnten sie ihren Mitmenschen Hinweise geben, wie ein glückliches Leben aussehen könnte. Auch wenn sich die Welt seither sehr verändert hat, wir Jeans statt Toga tragen und sich unsere Welt mit aberwitziger Geschwindigkeit immer neu zu erfinden scheint, ist unsere Sehnsucht nach dem Glück noch genauso stark. Manch einer hatte Glück, andere hoffen noch auf ein Happy End und manche von uns bleiben für immer Suchende.

Die Anarchie der Begriffe

Irgendwann haben wir uns alle auf die Suche gemacht. Doch so richtig weiß kaum jemand, wohin die Reise geht. Da kann es passieren, dass zwei Menschen miteinander über Glück reden – und beide etwas völlig anderes meinen. Längst haben die Medienmacher und Marketingstrategen bemerkt, dass sie mit dem Label „Glück“ einen Nerv treffen. Ob Selbsthilferatgeber, Duftkerze oder Reisedokumentation: Wenn Glück draufsteht, verkauft es sich, dass die Kassen nur so piepen. Der in Deutschland marktführende Online-Händler führt allein über 30.000 Bücher zum Thema Glück. Insgesamt hat er über 200.000 Artikel im Sortiment, die etwas mit Glück zu tun haben. Ein Ratgeber und ein Schweinchen-Schlüsselanhänger versprechen beide mehr Glück. Meist haben das Schweinchenglück und das Ratgeberglück allerdings nur sehr wenig gemein. Es ist so, als würden eine Pommesbude und ein Sternerestaurant beide mit dem Slogan „Hier gibt es etwas zu essen" werben. Nahrung servieren beide, doch der eine macht solide satt, der andere steht für luxuriöse Leckereien. Essen ist nicht gleich Essen und Glück nicht gleich Glück. So verschieden wie Kroketten und Erdapfel-Espuma sind auch manche Glücksbegriffe. Wir alle haben unsere eigene Definition von Glück – und doch ähneln sich viele Ideen in ihren Grundzügen.

Glück ist der überlebte Fallschirmsprung

Wenn ein Fallschirmsprungfrischling nach dem ersten Sprung sagt: „Ich war so glücklich, als ich wieder auf dem Boden gelandet bin", meint er den Kick. Das Glück des frischgebackenen Fallschirmspringers besteht aus einem Cocktail aus Hormonen, die sein Gehirn mit Euphorie überschwemmen. Es ist die Freude seines Körpers darüber, dass er trotz des Sturzes aus mehreren Kilometern Höhe auf magische Weise überlebt hat und der Stress endlich vorbei ist.[55] Einen ähnlichen Kick erleben wir meist, wenn wir an unsere Grenzen gehen: mit Sport, Sex, Drogen, Geschwindigkeit. Immer wieder tauchen im Internet Fotos und Videos von jungen Menschen auf, die ohne jede Sicherung auf die Spitzen der höchsten Gebäude klettern und dort ein Foto von sich und der atemberaubenden Kulisse machen. Sie suchen das Glück an der Grenze zum Absturz. Der Kick und der Fall liegen bei diesem Sport leider oft nah beieinander. Denn wer nur jenseits der Sicherheit glücklich sein kann, bleibt es oft nicht lange.

Glück ist Zufall

„Zuerst hatten wir kein Glück und dann kam auch noch Pech dazu", sagte der Fußballspieler Jürgen Wegmann nach einem verpatzten Spiel. Darüber schmunzeln die Fußballfans bis heute. Denn was Wegmann da gesagt hat, ist, wie fachkundige Grundschüler sagen würden, doppelt gemoppelt: Pech ist das Gegenteil von Glück. Aber nicht von irgendeinem Glück, sondern vom Zufallsglück. Der glückliche Zufall lässt sich von nichts und niemandem beeinflussen. Wenn wir einen 50-Euro-Schein auf der Straße finden oder als millionster Kunde in unserem Stammsupermarkt mit Konfetti und Geschenken überschüttet werden, dann passiert all das zufällig. Es ist genau wie beim Pech: Wir können nichts dafür. Es passiert uns einfach – und es ist gut.

Glück ist das Happy End

Einige Fußballfans tragen bei jedem Spiel ihrer Mannschaft dieselben Socken – weil es Glück bringt. Der Gott des Fußballs soll durch die immer würziger riechende Wolle bestochen werden, dass er den Ball in die richtige Richtung rollen lässt. Und die Eins in der Mathearbeit? Die gab es dafür, dass Finn sich ein kleines Glücksschweinchen auf den Tisch neben seine Klausurbögen gestellt hat. Das Glück belohnt uns dafür, dass wir es mit einem Talisman, mit Hufeisen und Kleeblättern anlocken, so glauben manche. Mit den richtigen Glücksbringern werden die Prüfungsfragen schon die richtigen und wird die andere Mannschaft nicht auf der Höhe sein.

Glücksbringer sollen uns Kraft geben, damit wir die Herausforderung durchstehen und an uns glauben. Und sie sollen ein gutes Gelingen anziehen, das Happy End herbeiführen. Wie die bestandene Matheprüfung. Darauf kann Finn stolz sein, schließlich ist es seine Leistung. Oder nicht? War es vielleicht doch das Schweinchen, das ihm die richtigen Antworten zugeflüstert hat? Denn selten ist klar, wen der Glücksbringer beeindrucken soll. Die eigene Intelligenz? Den Matheolymp? Den Zufall? Oder die Mathelehrerin? Und welche Gottheit begeistert sich für muffelnde Socken? Klar ist: Durch Talismane versuchen wir, dem Zufall und dem, was wir nicht beeinflussen können, ein Schnippchen zu schlagen – und geben dabei die Verantwortung und den Ruhm für den Ausgang der Geschichte ab.

Doch auch ohne Hasenpfote und Schornsteinfeger haben wir manchmal Glück: wenn der herannahende Kontrolleur doch ausgestiegen ist, bevor er merken konnte, dass wir kein Ticket haben, oder wenn der Laptop, den wir seit Monaten kaufen wollen, genau dann reduziert ist, wenn wir ihn endlich mit nach Hause nehmen wollen. Dann ist die Sache für uns gut ausgegangen.

Glück ist eine Belohnung

Etwas anspruchsvoller ist das Bestechen anderer Götter. Denn um ins Jenseits zu kommen und dort am besten der ewigen Verdammnis zu entgehen, müssen wir schon etwas mehr tun, als Kraftsteine oder Schornsteinfegerpüppchen mit uns herumzutragen. Ewiges Glück bekommt der Gläubige erst geschenkt, wenn er sich sein ganzes Leben über an die Regeln gehalten hat. Ob das Leben also von Glück gekrönt war, können nur die Toten beurteilen.

Glück ist eine Ware

Wenn wir den neuen Job bekommen, die neue Wohnung eingerichtet, das neue Outfit gekauft haben, dann können wir endlich glücklich sein. Das hoffen wir zumindest. Je teurer der Gegenstand, desto mehr Glück scheint er zu versprechen. Aber irgendwie ist es dann doch nie genug. Das neue Sofa lässt die Vorhänge alt aussehen und die neuen Schuhe verlangen nach einer passenden Hose. Das Glück, das uns Dinge bringen, ist kurz. Wir kaufen keine Überlegenheit oder Zufriedenheit – und auch kein Glück. Wir kaufen neue Wünsche. Glück ist eine verschwommene Fata Morgana irgendwo am Horizont. Es ist das Erreichen unserer selbst gesetzten Ziele, auf die wir zurennen wie auf eine Oase in der Wüste. Und wenn wir dort sind, wollen wir in nichts als Luxus baden, uns reich beschenken für unsere Entbehrungen und die harte Arbeit. Wir wollen unsere Gläser heben und all denen gönnerhaft zuprosten, die noch immer durch die Wüste stapfen.

Glück ist ein gutes Gefühl

Freude ist ein Zustand, in dem wir vor lauter guten Gefühlen völlig verzückt sind. Freude kommt selten einfach so vorbei. Meist ist sie die Reaktion auf etwas, was uns passiert. Entweder hat sich etwas Schönes ereignet: Unsere beste Freundin hat uns in mühevoller Handarbeit ein Fotoalbum mit all unseren schönsten Erinnerungen zusammengeklebt, oder wir können die Sonne blutrot im Meer versinken sehen, während wir abends nach Hause fahren. In solchen Momenten freuen wir uns. Auch wenn wir einen Flow erleben, ganz im Moment aufgehen,[56] empfinden wir eine befriedigende Freude über das, was wir gerade tun. Meist bekommen das andere direkt mit, weil wir lächeln, lachen oder jemanden innig herzen. Freude kann tief gehen und weit reichen. Denn wir können Freude aufwärmen wie das Essen vom Vortag: Wenn wir uns an etwas erinnern, über das wir uns gefreut haben, kommt die Freude direkt noch einmal so schön und warm zu uns zurück.

Glück ist eine Symphonie

Vor allem Psychologen und Soziologen sprechen lieber von subjektivem Wohlbefinden oder Lebenszufriedenheit als von Glück. Für ihre Fragebögen ist das Wort Glück zu ungenau, da sich jeder Mensch etwas anderes unter Glück vorstellt. Deshalb lassen sie ihre Probanden häufig einschätzen, wie zufrieden sie mit bestimmten Bereichen ihres Lebens sind – und nicht etwa, wie glücklich. Die Forscher glauben, dass unser Wohlbefinden und unsere Lebenszufriedenheit von vielen äußeren Faktoren beeinflusst werden: wie gesund wir sind, welchen Beruf wir haben, wie viel Geld auf unserem Konto herumliegt oder fehlt, ob wir gute Freunde haben oder unsere Ehe ein Scherbenhaufen ist.[57] Glück ist für die Forscher all das: eine Symphonie aus allem, was uns umgibt und ausmacht.

Glück ist ein Maßstab

In den letzten Jahrzehnten hat es sich zu einem echten Trendthema entwickelt: Neben den Philosophen, die seit Jahrtausenden danach suchen, forschen nun auch Psychologen, Soziologen, Ärzte und Wirtschaftswissenschaftler nach dem Glück. Sie bringen neue Ideen mit ins Spiel und trauen sich häufig auch aus ihren Laboren und Schreibstuben heraus, um die Menschen auf der Straße danach auszufragen, wie sie ihr Leben gestalten, was ihnen wichtig ist und wie glücklich sie sich fühlen. Ab und zu locken Neurologen auch Probanden in eines ihrer Geräte, um einen Blick in ihre Gehirne zu werfen. Anhand der neurochemischen Vorgänge verstehen wir mehr und mehr, wie Glück aussieht. Zumindest erkennen wir bunt aufleuchtende Hirnregionen, wenn die Probanden sich an etwas Schönes erinnern oder etwas essen dürfen, das sie lieben.

Mit diesen auf Fragebögen, Apparaten und bildgebenden Verfahren gestützten Ansätzen scheint Glück objektiv und messbar geworden zu sein. Auch mancher Beitrag in einem populärwissenschaftlichen Magazin oder in einer Fachzeitschrift stellt es so dar. Doch eigentlich zeigen die Forschungsergebnisse nur, welche Faktoren für viele Menschen dazu führen, dass sie sich ganz subjektiv glücklich fühlen. Daraus lässt sich weder ableiten, dass Fallschirmspringen bei jedem Menschen einen Kick auslöst, noch dass Haustiere alle Menschen glücklich machen. Wer Höhenangst oder eine Tierhaarallergie hat, dem treiben der bloße Anblick von pelzigen Lebewesen oder die in luftiger Höhe geöffnete Tür einer Propellermaschine eher Angstschweiß auf die Stirn als Glück ins Gemüt. Dennoch können uns die Ergebnisse der wissenschaftlichen Forschung eine Idee davon geben, wie wir ein glücklicheres Leben gestalten könnten. Wir müssen nur ausprobieren, ob die Erfahrungen der Versuchspersonen auch für uns funktionieren. Aber nicht alles, was wir im Fernsehen oder im Internet sehen oder lesen, muss gleich zu unserem Maßstab werden. Und auch wenn die Statistik sagt, dass die Menschen in Dänemark die glücklichsten auf diesem Planeten sind, müssen wir nicht gleich die Umzugskisten packen. Wir könnten auch einfach von den Dänen lernen.

Glück ist eine Rechenaufgabe

Es gibt Menschen, die sich gern Listen machen, um ihre Gedanken zu sortieren. So loten sie das Für und Wider bei anstehenden Entscheidungen aus oder, wo ihre Prioritäten im Leben liegen. Auch einige Wissenschaftler scheinen zu dieser Sorte von Menschen zu gehören: Sie nehmen an, dass sich Glück in gewissem Sinne aufschlüsseln lässt. Gemeinsam mit den Testpersonen in ihren Studien erforschen sie, wie weit unsere Vorstellung eines perfekten Lebens von der Realität entfernt ist. Je ähnlicher sich Wunsch und Wirklichkeit sind, desto glücklicher sind wir mit unserem Leben. Wenn dann noch die Bilanz stimmt, können wir uns glücklich schätzen. Haben wir häufiger gute Laune und sind aufrichtig zufrieden mit unserem Leben, anstatt dass wir herumquengeln und unglücklich sind, so läuft es wirklich gut für uns.[58] Je häufiger wir Sinn in dem sehen, was wir tun, und je ausgeglichener wir sind, desto größer ist unser Glück. So wie sich eine Depression von der Traurigkeit darin unterscheidet, wie lange sie uns begleitet, so erwächst aus der Zufriedenheit das Glück, je öfter und je länger sie bei uns bleibt.

Der Psychologe Ed Diener entwickelte 1984 einen Fragebogen, mit dem er die Lebenszufriedenheit seiner Probanden herausfinden wollte. Darin fragte er vor allem zwei Bereiche ab: 1) die allgemeine Lage im Gefühlshaushalt und 2) die Zufriedenheit mit bestimmten Lebensbereichen wie Arbeit, Ehe, Gesundheit und Erfüllung.[59] Mit nur fünf Fragen erforschen Psychologen das Glück der Menschen:[60]

1) „In den meisten Bereichen entspricht mein Leben meinen Idealvorstellungen."
2) „Meine Lebensbedingungen sind ausgezeichnet."
3) „Ich bin mit meinem Leben zufrieden."
4) „Bisher habe ich die wesentlichen Dinge erreicht, die ich mir für mein Leben wünsche."
5) „Wenn ich mein Leben noch einmal leben könnte, würde ich kaum etwas ändern."

Für jede Frage können die Befragten null bis sieben Punkte vergeben. Wer insgesamt null Punkte erreicht, fühlt sich elend, wer auf 35 Punkte kommt, ist extrem glücklich.[61] Eine hoffentlich zweistellige Zahl drückt aus, wie glücklich wir gerade sind. Natürlich ist das eine sehr vereinfachte Darstellung für ein so komplexes Konzept wie das Glück. Und doch kann uns die Zahl einen Eindruck davon geben, wie es um uns bestellt ist und ob wir vielleicht etwas an unserem Leben ändern wollen. Wer diesen Test regelmäßig mit sich selbst macht, kann vielleicht auch erkennen, ob sich die Zahl über die Monate und Jahre verändert, und prüfen, ob nach der Hochzeit oder dem Jobwechsel, nach dem Kauf eines neuen Autos oder dem ersten Kind eine andere Zahl unter dem Strich steht.

Glück ist eine aufgeräumte Seele

Glück ist nicht nur für jeden etwas anderes – es ist auch Ansichtssache. Genauer: Einstellungssache. Anders als das Zufallsglück gibt es auch ein Glück, das auf unserer geistigen Haltung basiert. Der Psychologe Albert Ellis war großer Fan von dieser Art des Glücks – und von den Stoikern. Wie seine stoischen Vorbilder riet er dazu, unsere Gefühle und Gedanken fein säuberlich zu sortieren und zu schauen, welche gut für uns sind und auf welche wir verzichten können. „Wann immer wir einen Widerspruch entdecken zwischen dem, was wir zu glauben meinen, und den Gefühlen, die wir tatsächlich erleben, sollten wir nach etwas anderem Ausschau halten: Wir sollten nach den zugrunde liegenden Ideen suchen, die besser zu unseren Handlungen und Gefühlen passen."[62] Ellis empfiehlt uns, die wahren Gründe zu erforschen, die uns etwas fühlen oder tun lassen. Er war der Meinung, dass wir uns einfach gegen unangenehme Gedanken und Gefühle entscheiden können. Sogar gegen Gewohnheiten. Wenn wir einmal eingesehen haben, dass sie uns nicht guttun, können wir sie nach und nach loslassen und uns von ihnen verabschieden oder sie durch bessere ersetzen. Jemand ist unglücklich, weil er sich nutzlos und hässlich fühlt? Schluss damit! Wir sind nicht dazu verdammt, so zu empfinden, wie wir es gerade tun. Unsere Gefühlswelt ist kein ungeschriebenes Gesetz.

Ganz wie seine stoischen Helden nahm Ellis an, dass wir nicht die Opfer äußerer Umstände oder eines vorgezeichneten Schicksals sind. Wir selbst haben es in der Hand – oder im Kopf. „Wir nehmen an, dass, wann immer Menschen sich über etwas sehr empören, es nicht die Sache als solche ist, die diese Gefühle der Ängstlichkeit, der Depression oder der Wertlosigkeit auslösen. Denn meist sind es unsere Überzeugungen."[63] Die Welt ist nicht gemein zu uns – wir sind höchstens gemein zu uns selbst. Ein Unbekannter macht ungefragt einen Kommentar über die Ausmaße unseres Hinterteils? Das sagt weniger über unsere Figur aus als über den unhöflichen Kerl, der uns seine Meinung aufdrängt. Wir müssen nicht alles glauben, was andere uns erzählen. Wir können auch einfach mit uns zufrieden sein. Das ist o. k., fand Ellis.

Für Ellis ist Glück ein geordneter Kopf. Wie ein Aufräumexperte rät er uns, erst einmal alles aus unserem Gefühlsschrank hervorzukramen und auf einen großen Stapel zu werfen. Dann wird ausgemistet: Jeder Gedanke bekommt ein kleines Etikett: entweder „rational und vernünftig" oder „irrational und dumm".[64] Mit etwas Übung erkennen wir schnell, wenn sich etwas Dummes in unseren Kopf geschlichen hat – und können es freundlich, aber bestimmt vor die Tür setzen.

Denn warum sollten wir einem Rüpel die Tür aufmachen und ihm dann noch Pantoffeln und Schnittchen reichen? Raus damit!

Die mentale Kernsanierung beruht für Ellis auf einem ebenso simplen wie einleuchtenden Entschluss: „Du hast die Macht, Glück zu erreichen – wenn du dich dafür entscheidest, sie zu nutzen. Du hast auch die Möglichkeit, dich selbst unglücklich zu machen – falls du dich dazu entschließt. Wie entscheidest du dich also?“[65] Wir können unsere Ideen über uns und unser Leben verändern, wenn wir es zulassen und uns nicht an die ihnen zugrunde liegenden Gedanken klammern. Indem wir uns unseren Ängsten und unseren düsteren Grübeleien stellen, können wir sie allmählich überwinden. Denn wenn wir unser Leben vernünftig einschätzen und nur die guten Gedanken wirklich zu uns durchdringen lassen, können wir unsere Sicht auf die Dinge verändern – und glücklich werden.

Glück kann also ein Gefühl sein oder eine Einstellung. Oder beides. Glück kann zufällig zu Besuch kommen oder von uns bewusst angelockt werden. Egal wie wir Glück verstehen: Wir wollen, dass es so oft und so lange bei uns bleibt, wie es nur geht. Ob wir nun auf der Yogamatte, im Suff oder im Porsche zum Glück gelangen, hängt letztlich auch davon ab, was wir für Glück halten.

Wenn das Glück keine Kraft mehr hat

Manchmal geraten wir unter die Räder unseres eigenen Lebens. Dann scheint die Sonne für uns gar nicht mehr aufzugehen. Uns ist, als hülle eine dunkle Wolke uns ein, als sei die Luft zu zäh, um unsere Lunge richtig zu füllen. Irgendwann sind wir in unserem Kern durchgefroren, als könnte uns nie wieder warm sein. Als sei das Leben längst aus uns gewichen und hätte nur noch eine formlose Hülle zurückgelassen, die sich, schwer wie eine Maschine, durch den Alltag schleppt – vielleicht funktionstüchtig, aber im Inneren leer. Wir nehmen die Welt wahr, doch sobald sie unsere Augen passiert hat, löst sie sich in Wohlgefallen auf. Es ist für uns, als sei sie gar nicht da. Als sei alles, was wir sehen können, die dunkle Wolke um uns herum.

Wenn sich die Wolken nicht mehr lichten

Traurigkeit überfällt uns alle ab und zu. Sie ist ein normales Gefühl. Sie ist menschlich und alltäglich. Wir alle waren schon mal traurig, und wir werden es wieder sein: wenn wir uns in einer schwierigen Situation gefangen fühlen, wenn sich alles gegen uns verschworen zu haben scheint, wenn wir zu viel gearbeitet und zu wenig geschlafen haben oder wenn wir in jemanden verliebt sind, der unsere Gefühle nicht erwidert. Wir sind traurig über etwas. Spätestens wenn sich daran etwas ändert, verschwindet auch die Traurigkeit.

Depression ist chronische Traurigkeit, ein Unglücklichsein, das es sich in unserer Seele gemütlich macht, sich auf unsere Brust setzt und uns nicht atmen lässt. Sie ist überall. Depression ist eine emotionale Erkrankung, die unser Denken, unsere Wahrnehmung trübt. Sie überzeugt uns davon, auch das letzte bisschen Freude loszulassen und traurig über einfach alles zu sein. Während sich das Unglücklichsein nach einem miesen Arbeitstag oft mit Ausweinen und einer Familienpackung Eis, einer festen Umarmung von jenem Menschen, den wir lieben, oder einem kühlen Bier auf der Couch vertreiben lässt, ist die Depression viel hartnäckiger. Sie ist kein gelegentlicher Gast, der uns dann und wann wahnsinnig macht, aber uns letztlich, wenn er wieder gegangen ist, gestärkt zurücklässt. Depression ist der kaltherzige Mitbewohner, der immer aus seinem Zimmer kommt, wenn wir gerade durchatmen wollen. Er verschlingt unsere Energie und Neugier auf das Leben zum Frühstück und spült unsere Motivation zum Nachtisch achtlos mit hinunter.

Wenn wir mal einen Tag, vielleicht auch einige Zeit traurig sind, müssen wir uns noch keine großen Sorgen machen. Wenn die Traurigkeit aber nicht mehr gehen will, sollten wir uns Hilfe suchen, damit die Sonne zumindest ab und zu wieder aufgehen kann. Traurigkeit und Depression sind nicht dasselbe, aber sie haben eines gemeinsam: Sie vermauern den Weg zum Glück. Denn obwohl Gedanken nichts wiegen, können wir an ihrer Last zerbrechen.

10 Gründe, um unglücklich zu sein

Um das Unglück wie eine dunkle Wolke aus unserer Seele herauszulüften, müssen wir erst einmal den Spalt finden, durch den es in unser Leben kriechen konnte.

1) Schicksalsschlag und Trauer

Nach einem schweren Schicksalsschlag oder nachdem ein geliebter Mensch gestorben ist, erleben viele Menschen eine Zeit tiefer Trauer und Traurigkeit. Sie können nicht schlafen, haben keinen Appetit, und irgendwie macht nichts mehr Spaß. Für einige Zeit scheint das Glück völlig aus ihrem Leben gewichen zu sein. Wenn es gar nicht mehr zurückkehren will, verwandelt sich die Traurigkeit allmählich in eine Depression.

2) Stress und Überforderung

Wenn wir ständig Überstunden machen, die Kinder aus der Schule abholen und später zum Sport und zum Geigenunterricht fahren müssen; wenn wir die perfekte Ehefrau und Geliebte sein, Sport treiben und mit der linken Hand vollendet den Haushalt schmeißen wollen – wenn sich an verschiedenen Orten in unserem Alltag der Stress nur so anhäuft, kann uns das irgendwann gehörig überfordern. Übersteigen die ständig auf uns einprasselnden Anforderungen unsere Reserven, holt der Stress bald das Unglück ins Haus. Forscher nehmen an, dass eine hohe Konzentration des Stresshormons Cortisol in unserem Blut das Glückshormon Serotonin in Bedrängnis bringt.[66] So kann sich Stress mit der Zeit in tiefe Traurigkeit oder sogar in eine Depression verwandeln.

3) Schlechte Ernährung

Wenn wir uns strikt an die P-Diät halten und uns nur von Pizza, Pommes und Pasta ernähren, hat das Folgen. Eine nährstoffarme und kalorienreiche Ernährung schlägt sich nicht nur kiloschwer auf der Waage nieder, sondern sorgt auch für schlechte Stimmung. Fehlen uns bestimmte Vitamine, Mineralstoffe und Omega-3-Fettsäuren, kann das auf Dauer dazu führen, dass wir eine Depression entwickeln. Zugleich steht zu viel Zucker im Blut in Verdacht, unsere Laune zu trüben.[67]

4) Gesundheitliche Probleme

Ist unser Körper krank, macht es ihm unsere Psyche manchmal nach. Physische Leiden können unseren Alltag verändern und erschweren. Auch kann eine schlappe Schilddrüse der Grund für eine getrübte Stimmung sein, wenn sie nicht genügend Hormone produziert. In einigen Fällen ist es jedoch umgekehrt: Da Körper und Geist keine völlig voneinander getrennt arbeitende Systeme sind, kann Traurigkeit physisch krank machen. Andauernder Stress lockt beispielsweise Herzinfarkte und Schlaganfälle an.[68] Es ist nicht immer eindeutig, wer zuerst da war – die Traurigkeit oder die Krankheit –, aber sie verstehen sich prächtig.

5) Drogen

Es gibt Situationen, in denen ein starker Schnaps und einige Zigaretten wie ein Wundermittel gegen all unsere Probleme erscheinen. Doch während diese Methode vielleicht kurzzeitig Linderung verschafft, können Drogen unsere Laune dauerhaft nach unten ziehen. Erst locken solche Substanzen die Freude an, dann vertreiben sie das Glück. Doch nicht nur Drogen aus dem Supermarkt oder von der düsteren Straßenecke können Depressionen auslösen. Auch mancher Beipackzettel listet Depression unter den Nebenwirkungen auf. Das Mittel gegen Akne unterdrückt die Pickel genauso wie die Zufriedenheit, und Betablocker senken den Blutdruck genauso wie die Stimmung.

6) Leben in einer Großstadt

Viele Jugendliche haben kaum einen sehnlicheren Wunsch, als nach dem Schulabschluss endlich in die große weite Welt zu verschwinden. Für viele bedeutet das, die Enge der Kleinstadt gegen die Anonymität und das pulsierende Nachtleben der Metropolen zu tauschen. Als würde das turbulente Treiben um sie herum sie zu anderen, spannenderen Menschen machen. Studien zeigen jedoch, dass wir uns an den Großstädten bis zur Erschöpfung abarbeiten, dass wir dort nicht zur Ruhe kommen. Großstädter sind oft deutlich gestresster als ländlich lebende Menschen – und nicht selten sind sie auch unglücklicher.[69]

7) Einsamkeit

Wir Menschen sind soziale Wesen. Das heißt, wir brauchen einander. Vielleicht nicht durchgehend, vielleicht nicht morgens um sieben Uhr in der überfüllten U-Bahn oder in Massen am Strand beim Sommerurlaub. Dennoch: Wir verbringen unser Leben lieber im Rudel als in der Einsamkeit. Wenn wir uns ausgegrenzt und allein fühlen, setzt sich die Traurigkeit bald neben uns auf die sonst leere Couch. Das zeigt auch eine der größten Studien unserer Zeit: Über viele Jahrzehnte hinweg befragten Wissenschaftler der Harvard-Universität ihre Studienteilnehmer zu allen möglichen Bereichen ihres Lebens: Einkommen, Freunde und Gesundheit, Karriere, Familienstatus – und zu ihrem Glücksempfinden.[70] Dabei kamen sie zu einer deutlichen Erkenntnis: „Einsamkeit ist tödlich", erklärt Robert Waldinger, der an der Forschung beteiligt ist. „Sie ist so mächtig wie Alkohol und Rauchen."[71] Und genauso schädlich. Menschen, die sich in ihr soziales Umfeld gut eingebunden fühlen, leben länger – und sind glücklicher.

8) Niedriges Einkommen

Ein niedriges Einkommen kann negative Gefühle verstärken: Wenn wir uns nach einer Scheidung ein neues Leben aufbauen müssen, wenn wir krank sind oder einsam, betrübt uns unser schmaler Lohn besonders. Ein hohes Einkommen kann dagegen tatsächlich eine gewisse Zufriedenheit verschaffen – allerdings kein echtes Glück.[72] Das heißt nicht, dass wir uns Glück kaufen können. Es bedeutet, dass wir einen gewissen Lebensstandard erreichen wollen, um nicht unglücklich zu sein. Dabei geht es nicht darum, bestimmte Dinge kaufen zu können. Es geht vielmehr um das Gehalt als Indikator für Erfolg. Wir glauben, dass es in klaren, unmissverständlichen Zahlen auszudrücken vermag, dass wir wertvoll sind. Oder ganz und gar nichts wert.

9) Zu viele Optionen

Egal ob wir ein Auto oder einen Becher Joghurt kaufen wollen: Wir haben für fast alles, was wir kaufen können, zig Möglichkeiten, zwischen denen wir wählen dürfen – und wählen müssen. Je größer die Auswahl ist, desto unzufriedener sind wir am Ende mit unserer Wahl. Da wir jeden Tag eine Vielzahl von großen und kleinen Entscheidungen fällen, kann es sein, dass Freiheit manchmal überwältigend ist und wir damit unglücklich sind.

10) Social Media

Psychologen blicken seit einiger Zeit argwöhnisch auf die sozialen Medien. Sie vermuten, dass uns die auf Hochglanz polierte Medienwelt neidisch und dadurch unglücklich macht. Wir versuchen, uns mit den Idealbildern aus dem Instagram-Stream zu messen, und scheitern dabei. Das sorgt auf Dauer für miese Stimmung.

Während unser Lebensstandard in den vergangenen Jahrzehnten immer weiter gestiegen ist, scheint sich unser Glück mehr und mehr zu verdrücken. Wir haben immer mehr Dinge in unserem Leben, immer mehr Menschen in unserer digitalen Freundesliste. Verglichen mit früheren Zeiten ist das zunächst beeindruckend. Das Glück sieht das aber anders: Schätzungen zufolge leiden weltweit etwa 350 Millionen Menschen unter Depressionen; bis 2020 sollen Depressionen und mit Traurigkeit verbundene psychische Störungen weltweit die zweithäufigste Krankheit sein,[73] bis 2030 sogar die häufigste.[74] Allein in den USA nimmt sich durchschnittlich alle zwei Stunden und elf Minuten ein Mensch unter 25 Jahren das Leben. Fast jeder fünfte Teenager hat dort schon einmal eine depressive Episode erlebt.[75] Noch bevor sie erwachsen sind, haben sie das Verzweifeln an der Traurigkeit kennengelernt. Depression betrifft alle Geschlechter, Altersklassen und Schichten. Wir alle kennen das Unglück. Deshalb streben viele von uns danach, ihm zu entkommen – und nachhaltig glücklich zu werden.

Die Glückspille

Für Hirnforscher schließen sich Glück und Unglück nicht aus: Negative Gefühle finden eher in der rechten Hirnhälfte statt, gute in der linken. Rein theoretisch könnten wir zugleich traurig und fröhlich sein. Philosophen würden wohl die Melancholie als perfekte Mischung aus beidem ansehen: als Schwelgen in Bitternis und Genuss der Vergänglichkeit. Kein Mensch ist durchgehend euphorisch. Auch der glücklichste Mensch kennt schlechte Tage. Und vielleicht gibt es im Unglück kleine Inseln des Glücks. Wenn die guten Momente die schlechten überwiegen, halten wir uns für glücklich. Und erfolgreich.

Vor allem in jenem Land, das das Streben nach Glück in seiner Verfassung verbrieft hat und das Vom-Tellerwäscher-zum-Millionär-Ideal hochhält, sind Glück und Erfolg eng miteinander verbunden. Wer erfolgreich ist, ist glücklich. In den USA ist das Glück das Statussymbol der Erfolgreichen. Für den Soziologen Georg Kamphausen ist die amerikanische Gesellschaft eine, „in der es als öffentliche Pflicht gilt, so glücklich wie nur irgend möglich zu sein und die den Pessimismus nicht für eine philosophische Lebenshaltung, sondern für eine Krankheit" hält.[76] Gerissene Glückssuchende helfen ihrem Glück deshalb mit unlauteren Mitteln auf die Sprünge. Wie gegen eine Krankheit versuchen manche US-Amerikaner, mit Medikamenten ihr Unglück und ihre Traurigkeit in den Griff zu bekommen. So konsumiert jeder zehnte US-Amerikaner Antidepressiva,[77] Tendenz steigend.

Doch längst nicht alle von ihnen leiden tatsächlich an einer Depression. Viele hoffen auf einen Kick oder zumindest auf etwas mehr Ordnung im Getümmel ihrer Gedanken.[78] Manche Werbung versucht Mittel gegen Trübsal wie Hustensaft zu vermarkten: In den späten 1990er-Jahren galt Prozac als der „neue Goldstandard der Antidepressiva“.[79] Und 1997 hieß es: „Prozac ist deine erste Wahl – für erholsame Nächte und produktive Tage.“[80] Es geht nicht darum, dass es den Menschen besser geht – es geht darum, sich medikamentös den gesellschaftlichen Ansprüchen an Produktivität, Leistungsfähigkeit und Heiterkeit anzupassen. Davon schockiert, schreibt der Philosoph Ronald Dworkin: „Unhappiness becomes an engineering problem“ – Unglück wird zu einem Problem, an dessen Symptomen es herumzuschrauben gilt. Dworkin bezeichnet den Konsum von Antidepressiva ohne entsprechende Diagnose als „künstliches Glück“. So fühle sich der Konsument gut – jedoch ohne zu wissen, warum.[81] Dworkin kritisiert, dass eine wachsende Zahl von US-Amerikanern ihr Unglück wie eine Krankheit behandelt. Indem sie die Symptome ihres Unglücks betäuben, verharren sie in einem fahlen Zustand, ohne dem Auslöser für ihre Traurigkeit auf den Grund zu gehen. Sie sind glücklich – und wissen nicht, warum. Der überfordernde Job und der Partner, der sich eher wie das vierte Kind am Esstisch benimmt, als eine Stütze zu sein, bleiben genauso anstrengend wie immer. Es ist uns nur einfach etwas gleichgültiger.

Statt auch die leichteste Verstimmung direkt mit Pillen, Kippen oder Alkohol zu betäuben, könnten wir unsere Probleme erforschen: Wenn uns der Alltag überfordert, muss das nicht zwingend an uns liegen oder daran, dass wir den Aufgaben des Lebens nicht gewachsen sind. Vielleicht müssen wir unsere Lebensumstände einfach nur etwas anders arrangieren.

Es scheint, als hätten wir uns eine lebensfeindliche Umwelt geschaffen, in der Arbeit und Wirtschaft heimlich das Leben aus manch einem heraussaugen und ihn leer und lustlos zurücklassen – mit dem Stempel des Versagens auf der Stirn. Nicht umsonst verzeichnen die deutschen Krankenkassen einen kontinuierlichen Anstieg der Arbeitsunfähigkeitstage durch psychische Erkrankungen. Die häufigsten Erkrankungen, die zu einem Arbeitsausfall führen, sind Depressionen, Angststörungen, Belastungsreaktionen und Alkoholabhängigkeit. Viele kommen mit dem ständigen Zeitdruck nicht zurecht. Andere belastet der stark eingeschränkte Entscheidungsspielraum in ihrem Job.[82] Sie erleben die Welt als einen Ort, an dem sie funktionieren müssen und als Mensch gar nicht gefragt sind. So wird der Mensch zur Ware – und Waren müssen nicht glücklich sein.

Bassist oder Banker – Vom Glück und vom Sinn des Lebens

Es gibt Menschen, die immer einen Plan B in der Schublade haben. Nur für den Fall der Fälle. Wir verlieren unseren Job am selben Tag, an dem unsere Partnerin mit unserem besten Freund und dem Hund nach Honolulu durchbrennt. Unsere Existenz scheint in Scherben zu liegen. Doch mit einem Plan B kann sich eine solche Situation in eine echte Chance verwandeln. Endlich hindert uns nichts mehr daran, die Surfschule in Südfrankreich zu eröffnen, von der wir seit der zehnten Klasse träumen. Warum denn eigentlich nicht? Plan-A-Verfechter empfinden Plan-B-Liebhaber oft als übervorsichtig oder pessimistisch. Sie argwöhnen, Mr. und Mrs. Plan B hofften geradezu, dass Plan A sich in Wohlgefallen auflöst und dem anderen Projekt Platz macht. Sie unterstellen Selbstsabotage nur zu dem Zweck, Plan B durchzusetzen. Plan-B-Schmieder dagegen beruhigt ihr imaginäres Leben im Was-wäre-wenn-Universum. Wenn alle Stricke reißen, ist auch ein Plan-B-Mensch einige Zeit am Boden zerstört. Aber er weiß, dass es weitergeht. Und dass es gut sein wird – auch, wenn ihr Weg unerwartet abbiegt.

Der Unterschied zwischen denen, die einen Ersatzplan im Kofferraum haben, und denen, die lieber spontan reagieren, liegt nicht in ihrer Neigung zu positivem oder negativem Denken. Er liegt in ihrem Wunsch, sich bewusst Gedanken über ihre Ziele und ihren Lebensentwurf zu machen – und im Zweifelsfall die Richtung auch mal zu ändern. Philosophen wie Aristoteles bemühen für solche Fälle gern Beispiele aus der Seefahrt: Der Mensch ist wie ein Schiff auf rauer See. Immer wieder versucht das Leben, den Kahn mit meterhohen Wellen unterzukriegen, an Steinen zerschellen zu lassen und in Stromschnellen zu zerreißen. Der Wind bläst in die Segel unserer Gefühle und schickt uns auf eine wilde Irrfahrt durchs Leben.[83]

Den Wind können wir nicht ändern. Aber wir können unsere Segel anders setzen: Wir können unsere Freundin nicht davon abhalten, mit unserem Kumpel und dem geliebten Kläffer abzuhauen. Aber wenn das Schicksal hefige Böen in unsere Segel speit, nutzen wir den Schwung einfach, um dennoch zur Insel der Glückseligen zu reisen. Kreuzen nennen Segler es, wenn sie den Wind dazu gebrauchen, um gegen ihn zu segeln. Sie nutzen seinen Schwung, der sie eigentlich völlig aus der Bahn hätte werfen können, um ihrem Ziel entgegenzurasen. So pflügen sie sich durch das aufgewühlte Wasser – egal was das Meer für Überraschungen bereithält. Wer ab und zu darüber nachdenkt, wo er mit seiner Jolle hinsteuern will, der nimmt schneller Fahrt auf Richtung Glück. Statt ziellos im Chaos der Lebenswellen herumzudümpeln, hilft ein Plan B – oder überhaupt ein Plan – dabei, im Zweifelsfall auch gegen den Wind zu segeln. Und selbst wenn wir letztlich an einer anderen Küste landen, als geplant: Hauptsache, wir bleiben der Kapitän.

In der Glücksschmiede

Unser Glück wächst, je mehr Freiheit wir haben und je mehr wir über unser Leben selbst entscheiden können. Sei es im Beruf, in der Gesellschaft oder in der Politik, oder wenn wir die Pflanzen auf unserer Fensterbank in unserem Altersheimzimmer selbst auswählen dürfen – wir wollen uns selbst in der Verantwortung für unser Leben fühlen. Die Weltgesundheitsorganisation WHO glaubt, dass es auch zur Lebensqualität gehört, sich seine Ziele im Leben selbst auszusuchen, eigene Erwartungen zu entwickeln und eigene Maßstäbe zu setzen. Glück hat nach der offiziellen Definition viel damit zu tun, ob wir uns frei fühlen.[84] Wie wichtig die Freiheit, unser Leben selbst zu gestalten, für unser Glück ist, untersuchten Psychologinnen Ende der 1970er- und Anfang der 1980er-Jahre. Sie nahmen an, dass den Menschen nach ihrem Umzug in ein Altersheim viele Entscheidungen aus der Hand genommen werden. Deshalb unterteilten sie ihre Probanden in zwei Gruppen. In der einen Gruppe durften die Menschen ihre Möbel so stellen, wie sie wollten. Sie durften kommen und gehen, wann, wohin und mit wem sie wollten. Zusätzlich zu all diesen für uns sonst so gewöhnlichen Freiheiten bekamen sie jeweils eine Zimmerpflanze geschenkt, um die sie sich selbst kümmern sollten. Den Probanden der zweiten Gruppe erklärten die Forscherinnen, dass ihnen alles abgenommen werde, sie sich um nichts Sorgen machen müssten, und auch für ihr grünendes Geschenk im Blumentopf sei gesorgt: Die Pfleger gossen die Pflanze für sie. Diese Bewohner lebten also weiter wie vor der Studie, nur mit einem pflanzlichen Mitbewohner mehr.

Während der Studie blühten die Menschen der ersten Gruppe richtig auf – gemeinsam mit ihren Blumen. Sie waren gesünder und zufriedener. Auch anderthalb Jahre nach diesem Experiment ging es ihnen deutlich besser als den Senioren der zweiten Gruppe. Damit zeigten die Forscherinnen, dass Glück Freiheit braucht. Immer wieder stellen Wissenschaftler fest, dass Menschen, die viel Entscheidungsspielraum in ihrem Leben haben, glücklicher sind.[85] Wir wollen selbst entscheiden, wo wir unsere Zimmerpflanzen hinstellen, wann wir welche Aufgabe erledigen, ob wir im T-Shirt oder im Anzug zur Arbeit gehen.

Wir wollen uns unseren Alltag und unser Leben so einrichten, dass es uns, unseren Bedürfnissen und Vorlieben entspricht. Wir wollen frei sein, Freude und vielleicht sogar Glück in unserem Job empfinden, frei sein bei den Menschen, mit denen wir uns umgeben, und mit dem, was wir in unserer Freizeit machen. Psychologen nehmen an, dass wir am glücklichsten sind, wenn wir uns selbst als Auslöser unserer Freude sehen.[86] Wer glaubt, dass sein Tun keinen Sinn und keinen Effekt hat, dass äußere Umstände ihm immer wieder den Weg verstellen, wird bald resignieren. Frustriert wird er erst gar nicht versuchen, seine Träume zu verfolgen, und darauf warten, dass ihm das Glück von allein in den Schoß fällt. Wenn wir uns dagegen am Steuer unseres eigenen Schicksals sehen, gehen wir an Herausforderungen ganz anders heran und setzen uns ambitioniertere Ziele, als wenn wir das Gefühl haben, wie ferngesteuert herumzuirren.[87] Wir sind der Kapitän, wir sagen, wo es langgeht – es ist schließlich unser Leben.

Die Träume, die wir haben

Das größte Problem, das sich zwischen uns und unsere Träume stellen kann, sind wir selbst. Denn selten sind es äußere Umstände und Sachzwänge, die uns aufhalten. Viel öfter sind es diffuse Ängste und irrationale Bedenken, die uns zögern lassen. Und manchmal ist es auch unsere Ahnungslosigkeit, wo wir überhaupt hinwollen. Wenn wir selbst eine andere Vorstellung von unserer Zukunft haben als die Menschen um uns herum, beschleichen uns manchmal Zweifel. Ein klassisches Beispiel dafür: Mutti sieht den einzigen Spross der Familie gern als anständigen Bankangestellten. Der Sprössling selbst möchte sich aber lieber als Berufsmusiker versuchen. Schon breitet sich Unzufriedenheit in der dicken Luft aus. Denn Mutter und Sohn haben eine völlig unterschiedliche Vorstellung davon, wie ein gutes Leben aussieht.

Der Grund dafür sind unterschiedliche Werte: Die Mutter sehnt sich nach Sicherheit und Stabilität und nimmt an, dass es auch dem Sohnemann guttun würde, wenn er diese Werte hochhielte. Sie legt ihm beharrlich eine solide Lehre zum Bankkaufmann nahe, damit dieses Ziel in greifbare Nähe rückt. Der junge Mann hingegen hat andere Ideale: Er lebt für die Musik und möchte sich mit seinen Songs ausdrücken. Ihm ist die kreative Entfaltung wichtig, und so sucht er sein Glück auf den Saiten seines Basses. Ein Job in einer Bank, mit Anzug und geregelten Arbeitszeiten, erscheint ihm nicht nur aus jugendlicher Rebellion heraus die schlimmste aller möglichen Welten zu sein.

Würde er einfach auf seine Mutter hören, hätte er keine Mühe mit der Wahl seines Weges. Es wäre nur nicht seiner. Und auch wenn manche Mutter das nur zu gern für ihren Nachwuchs tun würde: Jeder muss seinen Weg selbst gehen. Außerdem ist es fraglich, ob das Leben so viel einfacher ist, wenn wir unseren Lebensentwurf einfach von anderen kopieren. Findet wirklich jeder mit einem beschwingten „Das macht man halt so" auf den Lippen zwischen Gartenarbeit, samstäglichen Autoliebkosungen und den Chauffeurdiensten für die allwöchentlichen Klavierstunden der Kinder sein Glück? Manch einer bestimmt. Aber sicher nicht jeder. Die Gretchenfrage ist: Wessen Werte wollen wir leben und welche Ziele wollen wir erreichen? Die unserer Eltern oder Lehrer, die unserer Freunde oder die, die uns die Werbung entgegenschreit – oder doch lieber unsere eigenen?

Zwischen den Stühlen

Dass uns der Wunsch, zu gefallen und dazuzugehören, in die Wiege gelegt wurde,[88] macht die individuelle Wertesuche nicht gerade leichter. Denn wer sich etwas abseits von der sicheren Bank niederlässt, der geht immer das Risiko ein, dass er sich nicht nur zwischen die Stühle setzt, sondern vielleicht irgendwann sogar daneben liegt. Deshalb erfordert Anderssein immer auch Mut. Der lässt sich leichter aufbringen, wenn wir uns eines bewusst machen: Auf jedem Lebensweg, auch auf den schön planierten, türmen sich irgendwann Hindernisse auf, lassen tiefe Täler an der Wahl des Pfades zweifeln und zehren beschwerliche Anstiege an unseren Kräften. Verheddern wir uns im Dickicht des Lebens, erscheint uns der ausgetretene Pfad der Massen plötzlich wie eine mit Gold gepflasterte Schnellstraße. Natürlich muss es da viel schwieriger erscheinen, sich seinen eigenen Weg zu bahnen.

In der Antike hatten die Philosophen mehr Angst vor ausgelatschten Wegen als vor gelegentlichen Pannen auf dem Trampelpfad. Seneca fürchtete, dass unser Glück auf der Hauptstraße schnell von der Masse zertreten würde.[89] Lieber sollen wir unsere Seele durchsuchen und schauen, wer wir sind und was wir wirklich wollen. Immer wieder. Denn wer mit 16 Jahren Bassist werden will, will mit Mitte 30 vielleicht doch Banker sein. Für die Riege der Philosophen war eine Richtungsänderung keine Niederlage und eine überschaubare Phase der Unzufriedenheit noch nicht das Ende des Glücks. Im Gegenteil: Sie waren eine Chance, den Staub von der Toga zu klopfen und zu überdenken, ob wir diese Straße weiter entlangstapfen wollen. Denn das Glück wohnt nicht nur auf den Berggipfeln – es gedeiht vor allem am Wegesrand.

Der Sinn des Lebens

„Wer bin ich und wohin geh ich" ist und bleibt ein philosophischer Klassiker, den jeder Mensch mindestens einmal in seinem Leben für sich beantworten sollte. Für Aristoteles war der Fall klar: Das Glück ist das, was allem übergeordnet ist. Egal was wir tun, wir machen wir es, um glücklich zu werden. So wird Glück zum Sinn des Lebens. Doch Sinn und Ziel sind sehr verschiedene Dinge: Ein Ziel ist das Ergebnis einer Handlung, der Sinn hingegen steht über allem. Ein Haus zu kaufen, um darin ein gutes Leben zu haben, ist ein Ziel. Darin glücklich zu sein ist dagegen der Sinn des Ganzen. Ziele sind immer nur Mittel zum Zweck, die idealerweise auf das Sinnkonto einzahlen. Wir können aber auch Ziele haben, die bewusst oder unbewusst nichts mit unserem Sinn zu tun haben. Wir können glücklich werden wollen und gleichzeitig das Ziel haben, einen guten Job in der Bank zu bekommen, damit unsere Mutter glücklich ist – auch wenn wir dafür unser eigenes Glück aufs Spiel setzen.

Genauso können Menschen Ziele haben und dennoch keinen Sinn in ihrem Leben sehen. Sie können auf den nächsten BMW hinarbeiten und dennoch ihr Leben als leer empfinden – trotz einer vollen Garage. Der Sinn ist der Grund, warum wir die Ziele erreichen wollen und an dem wir unsere Ziele ausrichten.[90] Wie sinnvoll wir unser Leben finden, ist direkt mit unserem Stresslevel verbunden, mit unserer psychischen Gesundheit und dem Gefühl, dass wir etwas Wertvolles mit unserer Zeit anstellen. Sinn schafft Identität. Es gibt psychologische Modelle, nach denen wir nicht jeden Tag Sinn erleben müssen. Sinnlosigkeit ist nicht lebensbedrohlich, und wir müssen nicht jeden einzelnen Tag glücklich sein. Wer allerdings häufig keinen Sinn in seinem Tun sieht, kommt zu schlechteren Ergebnissen und hat eine schlechtere psychische und gesundheitliche Verfassung als Menschen, die ihr Leben häufig als sinnvoll wahrnehmen.[91] Wir atmen, essen und schlafen auch ohne Sinn, wir gehen zur Arbeit und in die Kneipe. Wir funktionieren. Wer keinen Sinn sieht, der kann schon leben – aber dessen Leben hat eben keinen Sinn.

Dem Glück auf die Sprünge helfen – Experten-tipps für positives Denken

Für manche Menschen ist das Glas immer halb voll. Für andere ist es stets halb leer. Sind die einen dadurch dauergrinsende Schwärmer und die anderen mürrische Griesgrame, die ihre Mundwinkel mit aller Gewalt in den Boden rammen wollen? Die Wahrheit ist: Die einen sind Menschen, die aus ihrem Glas trinken, bis nur noch die Hälfte drin ist. Und die anderen schenken gerade etwas in ihr Glas ein, genau bis zur Hälfte. Beide haben dieselbe Menge des Getränks vor sich, nur sind die Halb-leer-Menschen bereits erfrischt – oder angetrunken –, und die Halb-voll-Menschen müssen noch kurz warten, bis ihr Glas den gewünschten Füllstand aufweist. Wenn wir es nüchtern betrachten, sollten wir eher die Menschen mit dem halb geleerten Glas beglückwünschen. Sie haben bereits brav für ihren Flüssigkeitshaushalt gesorgt. Wir sehen also: Das mit den halben Gläsern ist keine Frage der Einstellung, sondern der sprachlichen Spitzfindigkeit. Es ist nicht immer nötig, einen moralischen Aufkleber an alles zu kleben: Manchmal ist es einfach nur ein Glas. Genauso wenig sind wir immer nur optimistisch oder durchgehend miesepetrig. Wenn wir dennoch gern ein bisschen mehr in unserem Glas haben möchten, können wir durch ein paar Tricks lernen, positiver zu denken – und mehr Glück im Alltag zu erleben.

13 Tricks für positives Denken

1) Realitätsabgleich vornehmen

Mal wieder Stau. Mal wieder zu spät auf der Arbeit. Das für das schnelle Frühstück im Büro vorbereitete Müsli steht noch auf dem Küchentisch und wird sich bis zum Abend in eine kleine Stinkbombe verwandelt haben. Und dann hagelt es schlechtes Feedback für unseren akribisch vorbereiteten Vortrag: An manchen Tagen wollen wir einfach nur die Boxhandschuhe rausholen oder uns eine Höhle unter dem Schreibtisch bauen und auf Nimmerwiedersehen darin verschwinden. „In Stressphasen geraten wir schnell in den Sog negativer Gedanken“, erklärt Psychologin Corinna Peifer. Sie erforscht, wie Menschen ein gutes und zufriedenes Leben führen können. „In solchen Situationen kann es helfen, diese Gedanken auseinanderzunehmen und zu schauen, wie realistisch sie überhaupt sind. Wenn ich beispielsweise Angst habe, dass mir auf einem Flug etwas passiert, sehe ich anhand von Statistiken schnell, dass es nur eine sehr kleine Wahrscheinlichkeit gibt, dass mir wirklich etwas zustößt." Wenn wir der Realität etwas Raum in unseren Gedanken lassen, klammern wir uns irgendwann nicht mehr so an unsere Horrorszenarien.

2) Das Gute im Schlechten sehen

Wie es so schön heißt, hat jede Münze zwei Seiten. Auch mal die andere Seite anzuschauen, nennen Psychologen „Reframing". Dabei setzen wir einen Sachverhalt in einen anderen Rahmen (engl. *frame*). „Wenn wir uns regelmäßig Zeit dafür nehmen, Dinge positiv umzudeuten, dann sehen wir die Dinge irgendwann automatisch positiver", so Peifer. „Wenn der Ärger verraucht ist, kann man mal darüber nachdenken, welche guten Seiten die Sache hatte." Denn fast alles, was uns den ganzen Tag so passiert, hat auch seine guten Seiten. „Wenn wir beispielsweise den Bus verpasst haben, dann gibt uns das vielleicht die Motivation, endlich mal mit dem Rad zu fahren oder uns die Zeit zu nehmen, uns vor dem nächsten Bus noch einen Cappuccino zu gönnen." Wenn wir so an unseren Alltag herangehen, ist unsere Tasse bald öfter halb voll.

3) Sich einfach mal nicht darüber ärgern

Stress und Grübelei entstehen auch, wenn wir eher zu negativem Denken neigen – und daran können wir arbeiten. „Wenn ich merke, dass ich gerade negativ denke, dann sollte ich mir das bewusst machen und mir anschauen, warum ich mich ärgere, und mich fragen: ‚War es das wirklich wert?'", erklärt Peifer. Dass es das meistens nicht wert ist, war dem stoischen Philosophen Epiktet schon vor Tausenden von Jahren klar: „Nicht die Tatsachen selbst beunruhigen die Menschen, sondern die Meinungen darüber",[92] war sich Epiktet sicher. Ein Stau ist an und für sich weder gut noch schlecht. Er ist einfach nur eine lange Schlange von Autos, die in der Gegend herumstehen. Es hängt allein von uns und unserer Bewertung ab, ob wir ihn gut oder schlecht finden. Ob wir uns über ihn ärgern und über den dreisten Typen fluchen, der über den Seitenstreifen ein paar Kilometer gutmachen will. Oder ob wir die Zeit für etwas Schönes nutzen, es vielleicht sogar genießen, unser Hörbuch weiterzuhören oder einfach unseren Gedanken nachzuhängen. Mit diesem einfachen Satz lehrt uns Epiktet: Gefühle müssen kein Schicksal sein. Wir sind nicht ihre Sklaven. Wir können an ihnen arbeiten – und so irgendwann zu der sprichwörtlichen stoischen Ruhe gelangen.

Denn wenn etwas Schlechtes passiert ist, ändert sich das nicht durch unsere schlechte Laune. Passiert ist passiert. „Sich drüber zu ärgern, macht es nur schlimmer", erklärt Peifer. „Dann habe ich zusätzlich zu dem negativen Ereignis und dessen Folgen auch noch Zeit vergeudet, in der ich hätte glücklich sein können." Nicht umsonst heißt es *sich* ärgern – denn wir ärgern uns selbst. Es ist nicht die Welt, nicht der blöde Kollege oder die rote Ampel. Nein, wir ärgern uns. Epiktet hatte keine Lust, seinen Mitmenschen oder äußeren Umständen so viel Macht über sein Glück zu geben. Er entschied sich dagegen, dass sie ihn ärgern können. Also ärgerte er sich einfach nicht – und war stattdessen glücklich.

4) Wartezeiten zum Durchatmen nutzen

Wenn das Leben uns zum Warten zwingt, können wir ihm dankbar sein. Im Grunde ist es so, als würde uns unser Chef zwingen, Urlaub zu machen. Wir warten darauf, dass die Ampel grün wird, warten auf den Sommer, die perfekte Gelegenheit, das nächste Gehalt oder auf die Bahn: Unser Alltag überschüttet uns reich mit Gelegenheiten, positives Denken zu lernen. Statt das Unabänderliche zu beklagen und uns ausgiebig vom Stress überrollen zu lassen, können wir die Lücken im Ablauf als kleine Inseln der Ruhe erleben. Wir sind es gewohnt, dass alles schnell gehen muss: Das Essen kommt fix und fertig aus dem Drive-in und ist schneller verschlungen als zubereitet. Wir schreiben E-Mails, während wir uns die Haare schneiden lassen oder auf unsere kleine Nichte aufpassen. Unser Tag ist durchgetaktet, als seien wir seelenlose Maschinen. Alles gleichzeitig. Alles immer schneller. Alles ohne Pause. Bis unser Auto plötzlich zum Stehen kommt. Mitten auf der Autobahn. Stau. Endlich …

In einer Welt, in der Zeit der wahre Luxus ist, können wir die kleinen Zwangspausen lieben lernen. Wenn die Bahn verspätet ist, kommen wir nicht schneller an, wenn wir deswegen in Selbstmitleid zerfließen. Denn da ist er endlich: der perfekte Moment, um mal wieder in dem Buch zu schmökern, das am Boden unserer Tasche Krümel sammelt. Oder um unsere Mutter anzurufen. Oder die Freundin. Sie freut sich sicher. Und wir uns auch.

5) Einfach mal abschalten

Meist wimmelt es in unserem Kalender nur so vor Terminen. Die Kinder grapschen mit ihren kleinen Händen ständig nach unserer Aufmerksamkeit. Und Sport machen wollten wir doch eigentlich auch mal wieder. Unser Alltag ist ein Balanceakt, allerdings einer ohne Netz und doppelten Boden, einer zwischen Alles-Hinkriegen und Umkippen. Damit der Alltag uns nicht von den Füßen haut, sollten wir ihm dann und wann ein paar Minuten abluchsen, die nur uns gehören. Nicht dem Chef, nicht dem Nachwuchs, nicht unserem Liebsten. Uns.

Fünf Minuten gibt jeder noch so stressige Alltag her: für eine Dusche, die wir ganz bewusst wahrnehmen, bei der wir das warme Wasser und das Prasseln der Tropfen, den Geruch von Shampoo und Duschgel genießen. Auch eine kurze Meditation ist drin, wenn wir uns fünf Minuten Ich-Zeit gönnen. Wer mehr Zeit für sich erübrigen kann, findet sicher schon etwas, was Spaß macht. Wichtig ist nur: Unser Alltag braucht Inseln der Entspannung, sonst verlieren wir das Gleichgewicht.

6) Nein sagen lernen

Um solche Oasen der Ruhe in unser Leben zu säen, braucht es etwas Mut. Denn dafür müssen wir lernen, Nein zu sagen. Auch wenn wir Angst haben, für einen übellaunigen Halb-leer-Menschen gehalten zu werden: Nein kann das befreiendste Wort in unserem Sprachschatz sein. Wir müssen nicht auf allen Partys tanzen. Das können wir auch gar nicht. Die einzigen Menschen, die uns ein Nein wirklich übel nehmen, sind wir selbst. Wenn wir aufhören, uns ständig uns selbst gegenüber verpflichtet zu fühlen, können wir mehr Freiräume für das schaffen, was wir wirklich tun wollen.

7) Zeit gewinnen

Zeit ist Geld, sagen manche. Und manchmal ist Geld Zeit. Und Zeit ist der Schlüssel zum Glück. Wissenschaftler fanden heraus, dass Zeit sparen glücklich macht: Investieren wir in eine Putzkraft, in Apps, die uns Arbeit abnehmen, oder zahlen wir mehr für etwas, nur um keine Zeit in die langwierige Suche stecken zu müssen – all das hilft unserem Glück auf die Sprünge.[93] Viele von uns haben erkannt, dass unsere Zeit nicht mit Geld aufgewogen werden kann. Alles, was uns mehr Freizeit beschert, sorgt für mehr Zufriedenheit.

8) Den Nutzen in schlechten Gefühlen sehen

„Positives Denken ist nicht alles – die negativen Gefühle sind genauso wichtig wie die positiven", erklärt Peifer. „Bedrohliche Situationen schnell wahrzunehmen war evolutionär wichtig, um zu überleben und Kampf oder Flucht einzuleiten. Und wenn wir unzufrieden sind, schafft das die Motivation, Dinge zu verändern." Im nächsten Schritt sollten wir allerdings lieber auf die Lösung blicken als auf das, was nicht läuft. Statt des Problems können wir auch unsere eigenen Stärken bewundern, mit denen wir die Situation lösen können. „Ganz wichtig ist dabei, dass wir kein schlechtes Gewissen haben, wenn wir mal negative Gefühle haben", ergänzt

Peifer. Eine schwierige Situation zu überwinden macht uns auf Dauer stärker – und fördert so letzten Endes auch das positive Denken.

9) Andere einweihen

Wir haben es alle längst geahnt: Unsere Freunde sind Superhelden. Sie sind gut getarnt im Alltagsoutfit, denn ein wehendes Cape und die Unterwäsche über dem Business-Kostümchen sähe merkwürdig aus. Während manche Superhelden sich mit den Klassikern begnügen und böse Mächte und zwielichtige Schurken zur Strecke bringen, bekämpfen unsere Supermänner und -frauen unseren Stress. Wenn wir unsere negativen Gedanken, unsere Grübeleien und Bedenken mit ihnen teilen, sorgt das für Erleichterung – und für Erleuchtung: Wer über seine Sorgen spricht, bringt Struktur in den Wirrwarr im Kopf. Allein das entlastet schon. „Manchmal kann es sogar lustig sein, wenn man jemandem von der ärgerlichen Situation erzählt", sagt Peifer. Denn Humor hilft, öfter positiv zu denken.

10) Erfolge feiern, Niederlagen einordnen

„In der Psychologie gibt es das Konzept der Kausalattribution", erklärt Peifer. Das bedeutet, dass wir unsere Erfolge uns selbst zuschreiben, die Misserfolge dagegen eher auf die Umstände schieben. „Bei einem Misserfolg in einer Klausur sollte man sich zum Beispiel sagen: ‚Ich hatte einfach nicht genug Zeit zum Lernen' oder ‚Ich hatte einen schlechten Tag'. Das ist besser, als zu denken, dass ich einfach nicht schlau genug bin." Mit diesem Trick denken wir positiver über uns selbst.

11) Ein Glückstagebuch führen

„Liebes Tagebuch …" – wer diesen Satz einmal die Woche schreibt und darunter ein paar Dinge auflistet, die ihn in der vergangenen Woche gefreut haben, ist auf einem guten Weg. Nehmen wir uns vor, abends ab und zu aufzuschreiben, was uns glücklich macht und wofür wir dankbar sind, so überlegen wir schon tagsüber, was wir abends unserem Büchlein anvertrauen könnten. So konzentriert sich der Tagebuchschreibende stärker auf das Positive.[94] „Wenn wir das etwa einmal wöchentlich machen,[95] dann überlegen wir uns schon im Alltag, was wir in unser Tagebuch schreiben könnten, und führen schöne Momente vielleicht sogar absichtlich herbei, um sie dann aufschreiben zu können", erklärt Peifer die Wirkung dieser Übung. Außerdem: „Wenn ich es aufschreibe, dann freue ich mich gleich noch mal." Und an einem schlechten Tag können wir das Büchlein hervorzaubern, um zu sehen, dass es doch eigentlich ganz gut für uns läuft.

12) Aktiv entspannen

Wenn der Tag anstrengend war, helfen einfache Mittel zur Entspannung – Meditation oder ein Treffen mit Freunden – dabei, Stress abzubauen und trotz Arbeit glücklich zu werden. Vor allem Ausdauersportarten wie Laufen wirken wie ein Wundermittel gegen Stress, da während der Bewegung Stresshormone wie Cortisol abgebaut werden.[96] Beim Laufen verfliegt die Anspannung eines stressigen Arbeitstags im Vorbeirennen.

13) Anderen eine Freude machen

Wer anderen eine Freude macht, fällt selbst hinein: Das konnten Psychologen mit verschiedenen Tests feststellen. „Allein der Gedanke daran, anderen eine Freude zu bereiten, macht signifikant glücklicher", so Peifer. Um die Wirkung von Geschenken herauszufinden, gaben Forscher ihren Probanden einen kleinen Geldbetrag. Die einen durften sich selbst etwas kaufen, die anderen sollten ein Geschenk für jemand anderen besorgen. Dabei zeigte sich, dass die Schenker viel glücklicher waren als diejenigen, die das Geld für sich allein ausgeben sollten.[97] „Das können wir leicht umsetzen. Es wirkt sogar schon, wenn man jemandem auf der Straße mit einem Euro aushilft."[98] Dabei zeigt eine gute Tat pro Woche schon eine deutliche Wirkung. „Wichtig ist dabei, dass wir unterschiedliche gute Taten vollbringen.[99] Dann wirkt es am besten."

Natürlich brauchen all diese Tricks etwas Übung. Wir werden nicht von heute auf morgen aufhören, uns über den Stau oder die tyrannische Chefin zu ärgern. Aber wir können es versuchen. Mit kleinen, besonnenen Schlückchen. Bis unser Glas halb leer ist. Oder wieder halb voll.

Kapitel 2

Pleonexia

Pleo-was?

Als ich ein Kind war, zogen wir neben eine Familie, die eine kleine Kneipe hatte. Neben Gyros gab es dort auch einen Spielautomaten, der mit Piepen und Blinken den Jackpot versprach. Als ich einmal mit meinen Eltern in der Kneipe zu Besuch war, fiel mir vor allem die schummrige Nische links neben der Theke auf. Die Fliesen wurden dort von einem dicken, dunkelgrünen Teppich überwuchert. Ganz allein in der Ecke saß auf einem Barhocker ein untersetzter Mann in einer beigen Jacke. Sein Schopf war auf ein wirres, clownhaftes Kränzchen zusammengeschrumpft, als hätte ihn ein Teil seiner Locken zusammen mit seinen besten Jahren und seiner Lebensfreude verlassen.

Fast mechanisch fischte er eine Münze nach der anderen aus seinem ranzigen Leder-Portemonnaie und schob sie, ohne hinzusehen, in den Schlitz des Automaten. Sein Blick blieb starr auf die fiepende Kiste an der Kneipenwand gerichtet. Der Mann schien genau zu wissen, auf welchen der leuchtenden Knöpfe er drücken musste. Gedudel. Ein wilder Wust aus Kirschen, Zitronen und Zahlen wirbelte über die Anzeige. Dann war der Automat für einen kurzen Moment still, als würde er sich von seiner Raserei erholen müssen. Und wieder griff der Mann zu seinem Geldbeutel. Eine neue Münze. Wieder Gedudel. Wieder Obstsalat mit Zahlen. Wieder nichts. Wieder kein Gewinn. Sein Kopf sank mit jeder Münze etwas weiter zwischen seine Schultern, als wollte er sich heimlich dem Boden nähern, um schließlich darin zu versinken.

Ich verstand weder, wie dieses Spiel funktionierte, noch, warum der Mann etwas spielte, das ihn offensichtlich traurig machte. Das war das erste Mal, dass ich einen solchen Automaten bewusst wahrgenommen hatte. Und das erste Mal, dass ich einen Menschen dabei beobachtete, wie er selbst zu einem Teil einer Maschine wurde. Der Automat brauchte nur kurz zu piepen, schon fütterte der Mann ihn mit frischem Geld.

Zu Hause fragte ich meinen Vater, was der Mann da gemacht hatte. Der Erklärungsversuch meines Vaters war, dass der Mann vermutlich spielsüchtig sei. Für mich als 10-Jährige war die Sucht nach Spielen sehr nachvollziehbar. Nur: Mir machte das Spielen Spaß. Erst Jahre später verstand ich wirklich, was eine Sucht war und warum das Spielen für den Mann mit den Clownshaaren nicht dasselbe war wie für mich als Kind. Für ihn war das Spiel kein schöner Zeitvertreib. Für ihn war es die Hoffnung auf den Jackpot, auf ein drittes, viertes Bier und vielleicht auch auf ein besseres Leben. Oder zumindest darauf, seinen Einsatz zurückzubekommen. Das Spielen war sein engster, vielleicht einziger Freund – und zugleich sein größter Feind. Die Sucht nach rotierenden Kirschen und Zitronen hatte ihn zum Sklaven einer Maschine gemacht und aus einem leblosen Gerät ein gierig blinkendes Monster.

Die Szene faszinierte mich so sehr, dass ich sie über 20 Jahre später immer noch wie einen Film vor mir sehen kann. Die Sucht sticht aus meiner Erinnerung an diese Szene so beißend hervor wie der Geruch von kaltem Rauch und Schuldgefühlen aus dem dunkelgrünen Teppich neben dem Tresen. Der Wunsch, auf Knopfdruck reich zu werden, erscheint mir heute ebenso naiv wie beklemmend. Seine Sucht hatte den Mann in einer vagen Hoffnung eingesperrt.

In das Mitgefühl meiner Erinnerung mischt sich der Drang, den Mann durch unbeteiligte Ratschläge reparieren zu wollen. Aber da ist noch etwas: der dumpfe Verdacht, dass in jedem von uns, irgendwo in einer zwielichtigen Ecke, hinter dem Tresen unseres Bewusstseins, ein gedrungener Mann in einer beigen Jacke sitzt, der auf das große Glück hofft. Der eine hofft, dass der neue Job den Jackpot bringt; die andere, dass mit dem schicken, neuen Kleid der perfekte Auftritt und schließlich der Traummann im Einkaufstäschchen landen. Die neueste Mode muss nur kurz in der Werbung aufblinken, und schon füttern wir den Markt mit frischem Geld. Wie ferngesteuert sehnt sich der gedrungene Mann in unseren Kopf nach mehr und immer mehr. Nach mehr Geld, mehr Prestige, nach mehr Glück. Dagegen wirkt der Mann, der damals vor dem Spielautomaten saß, fast schon bescheiden.

Philosophen nennen diesen Mann, der Münze um Münze in unser Unterbewusstsein einwirft, *Pleonexia*. Sie ist das Mehr-haben-wollen, die Sucht nach Neuem, Zusätzlichem. Sie ist es, die uns dem Materialismus in die Arme treibt – und unser Glück vergessen oder womöglich am falschen Ende suchen lässt, immer in der vagen Hoffnung, dass mit der nächsten Münze alles besser wird. Oder zumindest anders.

Missgunst, Gier und Todsünden

Schauen wir uns den kleinen Mann namens Pleonexia aus der Nähe an. Das Wort ist ein verlorenes Juwel unseres Wortschatzes: In wenigen kurzen Silben drückt es den Antrieb vieler unserer Taten aus. Es setzt sich zusammen aus den altgriechischen Worten *pleon* (mehr) und *echein* (haben)[100] – also mehr haben. Dabei verweist es auf zwei leicht unterschiedliche Ideen:

1) Wunsch nach mehr: Seinem Ursprung nach ist die Pleonexia die generelle Neigung, mehr von allem haben zu wollen.[101] Sie ist die klassische Variante des Mehr-haben-Wollens, die vergleichsweise wertfrei ist. Sie bezieht sich zunächst nur auf uns und unsere eigenen Besitzwünsche.

2) Habsucht und Missgunst: Die zweite Variante der Pleonexia ist das Mehr-haben-Wollen auf Kosten anderer. Einfach nur mehr zu haben, als wir früher hatten, reicht nicht. Die Gier will nicht nur generell mehr, sie will mehr als andere haben.[102] Für Aristoteles ist diese Form der Pleonexia eine Spielart der Ungerechtigkeit.[103]

Ob Pleonexia nur der Wunsch nach Dingen ist, die uns gar nicht zustehen, oder der tatsächliche Besitz davon, darüber waren sich die antiken Philosophen uneinig.[104] Einig waren sie sich jedoch darin: Pleonexia giert nach mehr, als wir verdient haben.[105] Gerecht wäre es, wenn wir für unseren Besitz, unsere Fähigkeiten oder moralische Wertschätzung immer auch eine Gegenleistung erbringen. Etwa dafür zu arbeiten, zu üben oder sich in einem Ehrenamt für andere einzusetzen. Wenn wir dafür nichts tun wollen, dann steht es uns auch nicht zu. Wenn wir eine Münze in einen Automaten werfen, wollen wir mehr herausbekommen, als wir reingesteckt haben – und so der Gerechtigkeit ein Schnippchen schlagen.

Psychologen sprechen vor allem dann von Gier, wenn sich die Pleonexia in Geld oder materielle Güter verliebt hat. Da sie so weit verbreitet ist, hat die Gier nach Geld sogar einen eigenen Namen bekommen: *Philargyria*. Wörtlich übersetzt ist sie die Liebe zum Geld. Während die Philargyria ganz verzückt vom

Mammon ist, begnügt sich die Pleonexia nicht mit Geld allein. Sie ist viel größer und hungriger. Sie will mehr. Von allem.

Unsicher sind sich Forscher darüber, ob wir auch nach nicht materiellen Dingen gierig sein können. Dass viele Menschen dann und wann Gier empfinden, scheint dagegen unstrittig. Um herauszufinden, wonach wir gierig sind, haben Psychologen 163 Menschen befragt, in welchen Situationen sie gelegentlich Gier empfunden haben:

- 11 Prozent von ihnen gaben an, gierig nach Erfolg zu sein.
- 5 Prozent gierten nach Erfahrungen, wie Reisen oder sozialen Erfahrungen.
- 12 Prozent empfanden sich als gierig nach Nahrung und gutem oder üppigem Essen.
- 46 Prozent gestanden, gierig nach materiellen Dingen zu sein, nach Kleidung, Büchern, Autos oder Ähnlichem.
- 32 Prozent spürten einen starken Drang nach etwas Immateriellen, wie danach, zu rauchen, nach mehr Freizeit, besseren Noten oder Liebe.[106]
- 22 Prozent der Befragten waren gierig nach Geld.

Gier kann sich auf nahezu alle Bereiche unseres Lebens beziehen – auf alles, von dem es, zumindest theoretisch, noch mehr gibt.

Egoismus für eine gute Gesellschaft

Historiker glauben, dass Geld schon immer für Ansehen gesorgt hat. Auch deshalb können viele von uns davon einfach nicht genug bekommen. Aristoteles setzte seiner Form des Glücks, der Eudaimonia, neben allerlei anderem wie einem guten Elternhaus oder einer stattlichen Figur auch einen gewissen Wohlstand voraus. Der muss jedoch auf rechtmäßige Weise erworben werden, etwa durch Arbeit oder eine Erbschaft. Für Aristoteles gilt es als Pleonexia, wenn jemand mehr von dem haben möchte, was Glück verspricht, ohne es sich verdient zu haben.[107]

Die christliche Weltanschauung schließt sich für Aristoteles in diesem Punkt an: In der Bibel wird Pleonexia mit Habgier übersetzt. Sie gehört zu den sieben Todsünden.[108] Sie gilt als schlechte Charaktereigenschaft, die dazu führt, dass Menschen sich böse verhalten und sündigen. Zum Beispiel stehlen. Die Pleonexia giert nach Ruhm, Macht und Ehre und nimmt dabei in Kauf, dass andere dadurch zwangsläufig weniger haben. Pleonexia und Selbstsucht sind Geschwister, die gemeinsam plündernd und brandschatzend durch unser Leben ziehen, immer auf der fast schon hysterischen Suche nach mehr und nach Neuem.[109]

Der Staatstheoretiker und Philosoph Thomas Hobbes fürchtete schon im 17. Jahrhundert, dass Pleonexia, Machtgier und Habsucht natürliche Anlagen des Menschen seien. Die Gesellschaft und wirtschaftliche Konkurrenz entzündeten an ihnen ein Inferno aus Krieg, Tod und Zerstörung.[110] Ein knappes Jahrhundert später schlägt der Ökonom und Moralphilosoph Adam Smith eine ganz andere Richtung ein: Für ihn sind Eigennutz, Habsucht und Gier weder ungerecht noch schlecht. Gier sei nicht nur vorteilhaft für die Gierigen, sondern für die gesamte Gesellschaft. Vernünftige Menschen nehmen so viel sie können. Glauben wir Smith, ist die individuelle Freiheit auch gerade in dieser Hinsicht eines der höchsten Güter unserer Gesellschaft.

Wer sich an diesem Wert orientiert, sollte seinen eigenen Vorteil im Auge behalten. Davon hat die gesamte Gesellschaft etwas, erklärte Smith 1776.[111] Gier sei der Motor des Wachstums. Ohne Gier kann die Saat des Kapitalismus nicht aufgehen. Viele Philosophen, Soziologen und Ökonomen folgten dem schottischen Philosophen auf diesem Pfad. Anders als noch in der Antike gelten Gier, Habsucht und Pleonexia seit Smith als der fruchtbare Nährboden des Kapitalismus. Für Smith und seine Nachfahren liegt im Eigennutz die eigentliche Motivation all unseres Handelns. Pleonexia ist für sie daher nicht etwa schlecht, böse oder moralisch zweifelhaft. Gier ist vielmehr gesellschaftlich anerkannt. Gier macht unsere Wirtschaft stark. Gier ist gut. Solange unser Bildungssystem vor allem auf die Ausbildung zu guten Arbeitskräften, nicht aber zu moralisch gefestigten oder sogar glücklichen Menschen ausgerichtet ist, scheint Smiths Idee auch heute noch weiterzuleben. Solange wir uns abstrampeln, um die nächste Karrierestufe zu erreichen und den dickeren Gehaltscheck zu bekommen, befeuern wir das System immer weiter. Und mit ihm die ungezähmte Pleonexia.

Ein Bademantel ist nicht genug

Heute erweisen wir uns als brave Schüler Smiths: Wir kaufen ohne Rücksicht auf Verluste. Der Soziologe Zygmunt Bauman glaubt, dass unser Wunsch, immer mehr zu besitzen, mehr zu erleben, tief in unserer Wirtschaft und unserer Gesellschaft verwurzelt ist. Die meisten Menschen versprechen sich Glück davon, nimmt Bauman an. Wir wollen anderen mit unserem Reichtum und unseren Leistungen imponieren. Wir wollen der ganzen Welt zeigen, dass wir überlegen sind.[112] Für Bauman leben wir heute in einer Traumwelt, in der wir niemals genug besitzen können. Jeder Kauf führt nicht etwa dazu, dass wir uns sicher fühlen, ausgeglichener oder zufriedener – er verunsichert uns: Wir haben Angst, unsere Habe zu verlieren, befürchten, uns für das falsche Ding entschieden und etwas verpasst zu haben.[113] Wir verwechseln das wahre Glück mit dem Warenglück. Die moderne Wirtschaft füttert diese Angst mit neuen Produkten. Sie produziert keine Güter, die unsere Bedürfnisse befrieden sollen – sie produziert neue Wünsche.[114]

Wem die Wünsche vor dem Geld ausgegangen sind, der findet Hilfe im Zeitungskiosk: Der wirtschaftsliberalen Zeitung „Financial Times" liegt ein Magazin bei, das den vielsagenden Titel „How to Spend It" trägt. Das Hochglanzheftchen erklärt wohlhabenden Menschen, wie sie ihr Geld am besten in die dauerhungrige Wirtschaft investieren können. Bauman sieht in diesem Magazin einen Beweis dafür, dass viele Menschen Luxusgüter und Prestige mit Glück verwechseln – oder wenigstens mit der Hoffnung auf Glück.[115]

Umfragen zeigen: Die meisten von uns wollen reich sein. Das lernen wir nicht nur aus psychologischen Studien, sondern auch, wenn wir uns einmal im Freundes- und Bekanntenkreis umsehen. Die Regierungen der meisten Länder unterstützen uns darin, immer mehr Sachen haben zu wollen. Diesem Wunsch opfern wir bereitwillig unsere Umwelt, um den Luxus auf einer immer öder werdenden Erde auszubreiten. Und wir stellen den materiellen Wohlstand allzu oft über ideelle Werte wie Liebe, Selbstentfaltung oder Spiritualität.[116] Während wir reicher werden, wird unser Leben immer ärmer.

Diese Gier nach Neuem drückt sich für Bauman in dem fast schon neurotischen Zwang aus, jede einzelne Entscheidung ständig infrage zu stellen.[117] Wir haben Angst, dass unser Erfolg den Aufwand nicht wert war, Angst, dass uns das, was wir erreichen oder kaufen, am Ende gar nicht glücklich macht.[118] Wir leben, als ahnten wir in der hintersten Ecke unseres Verstandes, dass etwas falsch läuft. So, als ahnten wir, dass all das gekaufte Zeug vielleicht niemals genug sein wird – um uns glücklich zu machen.

Durch die Pleonexia wollen wir etwas im Leben erreichen. Wir glauben, dass wir mit dem Abschluss in der Tasche und zwei Kilo mehr Muskelmasse pro Oberarm endlich glücklich sein werden. Doch allzu oft wird diese Hoffnung enttäuscht. Der Grund dafür ist etwas, das Konsumforscher den Diderot-Effekt nennen. Dem US-amerikanischen Sozialwissenschaftler Grant McCracken kam der Begriff Ende der 1980er-Jahre in den Sinn, nachdem er einen Essay des französischen Philosophen Denis Diderot von 1772 gelesen hatte.[119] Diderot lebte, wie viele seiner Gilde, ein eher karges Leben. Er hatte kein üppiges Einkommen, und was am Ende des Monats übrig blieb, investierte er in Bücher. Verzückt von der literarischen Vielfalt seiner so zusammengeklaubten Bibliothek, bot Katharina die Große ihm eine immense Summe für seine Sammlung. Von seinem plötzlichen Reichtum kaufte er sich einen tiefroten Morgenrock, der indes viel zu schick für die aktuelle Einrichtung seines Hauses war: „Mein alter Hausrock und der ganze Plunder, mit dem ich mich eingerichtet hatte – wie gut passte eins zum anderen!“[120] Der neue Bademantel stellte seine gesamte spartanische Existenz infrage. Er ließ ein Leben, mit dem er vorher völlig zufrieden war, plötzlich schäbig aussehen.

Der Diderot-Effekt beschreibt, wie ein neuer Gegenstand die Harmonie unserer Habe völlig auf den Kopf stellen kann. Wenn sich zwischen unsere ausgeleierten Jogginghosen und löchrigen Oversize-T-Shirts plötzlich ein Paar Designerschuhe verirrt hat, scheint sich der Rest unserer Habe beschämt hinter dem neuen Gegenstand verstecken zu wollen. Wegen des einen, viel schöneren Gegenstandes ziehen wir alles in Zweifel, was uns bereits lange gute Dienste geleistet hat. Wir wollen alles ersetzen, wollen noch mehr einkaufen, um alles an das kostbare neue Kleinod anzupassen – so, wie es Diderot mit seinem Morgenmantel erging. Eine Pleonexia-Kettenreaktion führt zum Super-GAU auf unserem Konto und in unserem Kopf.

Ein Wettrennen in die falsche Richtung

Dass sich einige der frühsten Schriftstücke der Menschheit bereits mit unserer unbändigen Gier nach mehr befassen, spricht Bände. Der Kulturphilosoph Egon Friedell kennt sich in der Antike aus wie nur wenige andere. Er ist überzeugt, dass die Pleonexia der markanteste psychologische Grundzug der griechischen Antike ist: „Der psychologische Grundzug des Zeitalters ist, wenn man ihn mit einem einzigen Worte bezeichnen wollte, das, was der Grieche ‚Pleonexie‘ nennt, das ‚Mehrhabenwollen‘, die Begehrlichkeit und Überheblichkeit, Herrschsucht und Selbstsucht, die sich unter anderem in einer fast hysterischen Neuerungssucht äußert.“[121] Das Epizentrum der Pleonexia: Athen. Die Athener waren stets darauf bedacht, ihren Besitz zu vergrößern. Kleon unterstellte den Athenern, „Sklaven des Außerordentlichen und Verächter des Gewöhnlichen“ zu sein. Andere Quellen besagen, dass die Athener rastlos wirkten, viel auf Reisen waren. Sie gönnten sich kaum einen Augenblick Ruhe, um ihre Erfolge zu genießen und nach getaner Arbeit abzuschalten. Sie waren stets auf der Jagd nach Neuem. Für viele Griechen wurde das Geld zum Selbstzweck, nicht bloßes Mittel zum Zweck. Und auch

Aristoteles stellte fest, dass viele seiner Zeitgenossen ihr Leben aus freien Stücken der Pleonexia widmeten – und sich damit zum Sklaven ihrer Wünsche machten.[122]

Sobald ein Wunsch erfüllt und verblüht ist, wächst direkt ein neuer nach. Für den Stoiker Epiktet lässt die Pleonexia alle Dämme brechen: „Wenn du die Ansprüche für den Fuß übersteigst, wird aus dem Schuh ein vergoldeter, dann ein purpurner, ein gestrickter. Wenn das Maß einmal überschritten ist, so ist keine Schranke mehr."[123] Wer einmal in die Pleonexia einwilligt, findet bald – wenn ihm nicht der Geldbeutel Grenzen setzt – kein Halten mehr.

Der Wissenschaftsjournalist Ulrich Schnabel vermutet, dass die Pleonexia in der Evolution des Menschen begründet liegt: „Denn jede Spezies tut gut daran, nach Möglichkeit ihre Lage zu verbessern: Wer die ergiebigsten Futterplätze oder die sichersten Brutplätze findet, hat die höchsten Überlebenschancen. Beim Menschen jedoch erstreckt sich dieser Drang nicht nur auf die Stillung der einfachen Überlebensbedürfnisse, sondern auf nahezu alle Aspekte seiner Existenz. Ja, Homo sapiens kann geradezu als Spezies definiert werden, die immer neue Wünsche und Wege zu ihrer Befriedigung entwickelt."[124] In der Antike wie heute scheint es kaum einen markanteren Charakterzug des Menschen zu geben als die Pleonexia. Wir leiden an chronischer Unzufriedenheit.

Knopf im Kopf – Wo das Glück entsteht

Auch Nager kennen das Gefühl, dass es ab und zu auch mal etwas mehr sein darf. 1954 erforschten die Psychologen James Olds und Peter Milner, was Ratten dazu antreibt, etwas zu tun oder etwas zu lassen. Dafür pflanzten sie den Nagern Elektroden in ihr limbisches System ein. So konnten die Forscher gezielt Stromstöße in die Hirnregion schießen, die mit Emotionen wie Angst oder Freude und der Entstehung von Trieben in Verbindung steht. Danach setzten sie die Ratten mit ihren verkabelten Teufelshörnchen in eine sogenannte Skinner-Box: eine reizarme Kiste, mit der Bio- und Neuropsychologen das Lernverhalten und andere Verhaltensweisen von Tieren erforschen. In der Skinner-Box der beiden Forscher fanden die Ratten neben Futter- und Wasserspendern einen großen Knopf. Drückte die Ratte auf diesen Knopf, versetzte sie sich damit selbst einen leichten Stromstoß in ihr Gehirn.[125]

Was grausam klingt, machte den Ratten ganz offensichtlich Freude: Viele von ihnen zogen den Stromschlag dem Futter vor. Einige Ratten versetzten sich bis zu

2.000 Mal in der Stunde einen solchen Schlag. Sie konnten einfach nicht genug bekommen und wollten mehr und mehr, wollten immer wieder dieses Gefühl spüren. Sie ließen erst von dem Knopf ab, als sie völlig erschöpft und entkräftet zusammenbrachen.[126] Milner und Olds nannten ihre Entdeckung *Pleasure Centre* (Lustzentrum). Im Deutschen kennen wir es heute als Belohnungszentrum. Manches Boulevard-Magazin spricht auch von Glückszentrum.

Das limbische System ist der Ort, an dem Ereignisse ihre emotionale Farbe bekommen. Es bewertet, ob ein Erlebnis uns glücklich oder traurig, wütend oder betroffen macht. Das Belohnungssystem sorgt dabei für das gute Gefühl, das wir haben, wenn wir etwas Gutes essen, an Schokolade riechen, wenn wir unser Lieblingslied hören oder Sex haben. Wenn wir an einem leckeren Drink nippen, ein interessantes, anregendes Gespräch führen, eine schwierige Aufgabe oder eine Stresssituation gemeistert haben, belohnt uns das Belohnungszentrum mit einem Schwung Neurotransmittern, die dieses Gefühl in uns auslösen.[127] „Glück und Erfolg liegen, zumindest neurobiologisch gesehen, nicht weit voneinander entfernt.“[128] Das Belohnungszentrum sorgt für den Spaß am Lernen, daran, Neues zu entdecken. Das scheint schon der griechische Philosoph Epikur geahnt zu haben, als er sagte: „Lernen und Genuss sind gleichzeitig.“[129]

Das Belohnungszentrum hängt das Etikett „Das war besser als erwartet“ an das Erlebnis. Und weil uns das so gut gefallen hat, merken wir uns die Situation und wollen sie immer wieder herbeiführen. Was die Ratten mit dem Knopf in ihrem Hirn auslösen, ist nicht die ewige Zufriedenheit oder das langfristige Glück. Die Forscher selbst sprachen von *pleasure* und nicht etwa von *happiness* oder *well-being* – also von *Lust* statt *Glück* oder *Wohlbefinden*. Wir brauchen das Belohnungszentrum, um überhaupt etwas tun zu wollen. Wenn mit diesem Hirnareal etwas nicht stimmt, sind wir lethargisch und völlig lustlos. Dann sind wir zwar die Pleonexia los, haben aber auch jede Freude am Leben verloren. Der Knopf löste einen Kick aus. Eben dieser Kick ist es, der uns zum Komplizen der Pleonexia macht. Denn unser Gehirn belohnt uns nicht nur, wenn wir etwas Neues lernen, sondern auch, wenn wir etwas Neues kaufen.

Die Abkürzung zum Kick

Unser Gehirn frohlockt, wenn wir die Herausforderungen des Lebens meistern.[130] Doch unfairerweise belohnt es uns noch mehr, wenn wir uns diese Belohnung mit Drogen erschleichen. Denn sie helfen dem Belohnungszentrum richtig auf die Sprünge. Suchtforscher nehmen an, dass beispielsweise Kokain 20 Mal stärker wirkt als eine angenehme menschliche Begegnung. Kein Wunder, dass manch einer davon nicht genug bekommen kann. Früher oder später gewöhnt sich das Gehirn jedoch an die Droge. Irgendwann weiß es, was passiert, wenn wir uns das weiße Pulver durch die Nase geschnieft haben. „Ach, das schon wieder", denkt sich unser Belohnungszentrum, „kenn ich schon." Zusätzliches Dopamin schüttet es nur aus, wenn etwas Neues, Aufregendes passiert. Oder wenn wir uns noch mehr Pulver in die Schleimhaut schnupfen. Auch die Schokolade, die früher noch so gut geschmeckt hat, bringt keinen Kick mehr. Auch unser Lieblingsessen, Sex oder Sport werden irgendwann fad.

Zur selben Zeit wird das Gehirn immer sensibler für den Suchtstoff. Etwa so wie bei einem Schoko-Junkie auf Diät: Sobald der Büronachbar ein Fitzelchen Schokolade aus dem Papierchen pfriemelt, steigt dem Ausgezehrten der süße Geruch der Verführung so lustvoll in die Nase, dass er das ganze Abnehmprojekt augenblicklich infrage stellt. Kurz: Für alles, was früher Spaß gemacht hat, stumpft das Gehirn ab, während es für die Droge immer sensibler wird. Nur noch der Suchtstoff macht Spaß, alles andere ist langweilig und längst schal. Was uns süchtig macht, warum und wie schnell dies geschieht, ist von Mensch zu Mensch ganz unterschiedlich. Wenn die Eltern abhängig waren, regelmäßig tranken, rauchten oder andere Drogen nahmen, ist dem Kind die Sucht meist schon mit in die Wiege gelegt: Kinder von Süchtigen haben aufgrund ihrer Gene ein drei- bis viermal höheres Risiko, selbst süchtig zu werden. Die Sucht zeigt sich oft an einer Reihe von Symptomen:

- Interessenverlust
- sozialer Rückzug und freiwillige Isolation
- Stimmungsschwankungen
- Gleichgültigkeit
- ängstliche Unruhe
- Schlafstörungen

Klar ist: Auch wenn Drogen für einen extremen Kick sorgen, bringen sie das Unglück in unser Leben. Wir ziehen es vor, Zeit mit unserem Rausch statt mit unseren Freunden zu verbringen. Oder wir finden die Freunde eher langweilig, bis alle so richtig schön berauscht und gelöst sind. Wenn sich der Stoff dann ausschleicht, kommt die Ernüchterung: Der graue Alltag kriecht uns kalt in die Glieder. Die Stimmung kann unmittelbar von Gleichgültigkeit in rasende Unzufriedenheit umschlagen. Dann schlagen wir emotional um uns. Erst der Suchtstoff sorgt wieder für Ruhe. Oder für Ekstase. Für den Sturm nach der Ruhe und die Ruhe nach dem Sturm. Sucht ist Mehr-haben-Wollen in seiner rohsten Form.

Drogen, Sklaven und der Knopf im Kopf

Aristoteles glaubte, dass sich manch einer durch die Pleonexia wie ein Sklave dem Geld und dem Streben nach Ruhm unterwirft.[131] Denn wie das gute Gefühl die Ratte zum Sklaven des Knopfes macht, macht der Wohlstand uns zum Sklaven des Geldes. Wieder und wieder werfen wir Münzen in Spielautomaten, suchen Jobs, in denen wir uns abmühen. Wie bei einer Drogensucht vernachlässigen wir Freunde und Verwandte, um noch mehr Münzen zu sammeln, um noch mehr zu konsumieren. Wir werfen Münze um Münze in den Automaten und drücken immer wieder den Knopf – bis zur Erschöpfung.

Von Ratten und Menschen – und Chips

Es gibt Dinge auf diesem Planeten, von denen wir einfach nicht genug bekommen. Von Ferien zum Beispiel, von Kaffee oder Kartoffelchips. Wer sich selbst schon einmal vorgenommen hat, nur ein, zwei Hände voll Chips zu genießen, und sich wenig später doch durch den gesamten Beutel geknuspert hat, kennt das Problem: Zwischen Genuss und Getriebensein verläuft ein schmaler Grat – und er ist gesprenkelt mit Chipskrümeln.

Hedonic hyperphagia nennen Pharmakologie, Toxikologie und Lebensmittelchemiker das, was sich wörtlich als hedonistisches Überfressen übersetzen lässt. Es handelt sich um eine Essstörung, bei der das natürliche Sättigungsgefühl vom chronischen Wunsch nach mehr verdrängt wird. Was früher einfach nur lecker war, ist heute fast schon eine Sucht.

Vermutlich nach einer durchchipsten Nacht beschlossen ein paar Wissenschaftler, die Wirkung von salzigen und fettigen Snacks auf Ratten zu untersuchen. Dafür teilten die Forscher sie in drei Gruppen auf. Gruppe 1 war die Chips-Gruppe; sie durfte so viele Chips essen, wie sie wollte. Gruppe 2 fand Nahrung in ihrem Napf, die im Verhältnis von Fett und Kohlenhydraten den Chips entsprach, jedoch aus gewöhnlicher, für Chips-Freunde eher uninteressanter Nahrung bestand. Gruppe 3 bekam ausschließlich normales Rattenfutter, 100 Prozent chipsfrei.

Nachdem die Ratten einige Zeit ihre Köpfe in die Näpfe gesteckt hatten, untersuchten die Forscher die Aktivität ihrer Gehirne mit einem sogenannten manganverstärkten Magnetresonanztomografen, kurz MRT.[132] Mit diesem Gerät konnten die Wissenschaftler beobachten, dass das Belohnungszentrum bei allen drei Gruppen auf Futter reagierte. Normales Futter ließ die Ratten jedoch eher kalt. Das mit Fett aufgepeppte Futter machte den Ratten etwas mehr Spaß als das langweilige, fettarme Trockenfutter. Aber obwohl das fettige Futter dieselbe Nährstoffzusammensetzung hatte wie Chips, konnte es die Ratten nicht ansatzweise so begeistern. Denn bei den mit Chips gefütterten Nagern zeigte das Belohnungszentrum ein kleines Feuerwerk: Der fettig-knusprige Snack löste eine deutliche Aktivität in den Arealen aus, die mit Euphorie und Sucht in Verbindung gebracht werden.[133] Die Chips machten die Ratten nicht satt und zufrieden, sondern gaben ihnen einen richtigen Kick.[134] Das Gehirn belohnte die Tierchen mit einem intensiven Hormon-Cocktail für ihren kulinarischen Exzess. So lernten die Ratten: Chips sind gut. Lecker! Mehr Chips! Durch diesen Mechanismus futterten die Ratten auch weiter, wenn sie längst satt waren.[135] Und uns Menschen geht es genauso.

Die krümelige Spur

Menschen und Ratten können gleichermaßen der Hedonic hyperphagia, dem chronischen Überfressen, anheimfallen. Durch sie leiden die Betroffenen unter einem nie abebbenden Hungergefühl.[136] Neben Fett scheint auch Zucker einen solchen Effekt auf das Belohnungszentrum zu haben. Seit den 1970er-Jahren mehren sich die Indizien für eine suchtähnliche Wirkung von Zucker.[137] Vor allem die Kartoffelstärke scheint Chips zum Suchtstoff zu machen: Sie geht schnell ins Blut und lässt den Blutzucker rasant ansteigen. Durch komplexe Vorgänge in unserem Körper können wir von Lebensmitteln, die das auslösen, einfach nicht genug bekommen.[138] In einer Chipstüte kommen das Fett vom Frittieren, der Zucker der Kartoffelstärke und zusätzlich noch Salz aus der raffinierten Würzung in einer nahezu unwiderstehlichen Kombination zusammen. Das Verhältnis von 50 Prozent Kohlenhydraten und 35 Prozent Fett ist nicht nur für Ratten der optimale Mix. Schnell knabbern die Tierchen mehr als die Hälfte ihres täglichen Energiebedarfs. Auch wir Menschen können uns bei diesem Verhältnis nicht zurückhalten:[139] Wenn Schokolade, Kuchen und Flips zur Hälfte aus Kohlenhydraten und einem guten Drittel aus Fett bestehen, futtern wir, bis wir uns nur noch auf den Rücken plumpsen lassen wollen, um unseren Zucker-und-Fett-Rausch auszuschlafen.

Je öfter wir in die Tüte greifen, desto mehr Chips wollen wir. Denn als sich der moderne Mensch entwickelte, war Nahrung, die zugleich fett, zucker- und salzreich war, Mangelware. Fett, Zucker und Salz sind für die meisten Lebewesen überlebenswichtig. Deshalb möchte uns unser Belohnungszentrum davon überzeugen, derartige Mahlzeiten öfter zu essen. Für unser Gehirn sind Chips der kulinarische Jackpot. Lebensmitteldesigner verführen den Küchenchef in unserem Kopf mit ihren Snack-Kreationen dazu, immer wieder herzhaft zuzugreifen – auch wenn wir längst satt sind.

Durch cleveres Marketing und immer ausgefeiltere Rezepturen haben sich die US-Amerikaner 2017 dazu verführen lassen, mehrere Milliarden Dollar in Chips zu investieren. Und damit in eine nationale Epidemie: Übergewicht. Die Hedonic hyperphagia, die dauerhungrige Schwester der Pleonexia, treibt uns Lebensmittel in den Magen, die ebenso kalorienreich wie nährstoffarm sind.[140] In den letzten Jahren beobachten Experten, dass sogar Kinder an den Folgen leiden. Durch die fett- und zuckerreiche Ernährung haben Senioren längst kein Monopol mehr auf Altersdiabetes und Herz-Kreislauf-Erkrankungen. So kann die Pleonexia zu einem ernsten Risiko für Leib und Leben werden – egal ob wir Mensch oder Maus sind.

Antike Antworten auf moderne Marotten

In der Antike entstand eine philosophische Strömung, die den Spaß in die Hyperphagie bringt: der Hedonismus. Anders als wir heute vermuten, ging es den Hedonisten jedoch nicht um ungezügelte Lust, Völlerei und den allgemeinen Exzess. Während mancher Philosoph das Glück als das höchste Ziel des Lebens betrachtete, nahmen andere wie Eudoxos an, dass alle Lebewesen nach Lust streben. Jedes Wesen wisse von ganz allein, was das Beste für es sei.[141] Alles, was keinen Spaß bereite oder sogar Unbehagen verursache, sollten wir meiden. Lust sei das letzte Ziel des Strebens. Aus diesem Gut leite sich alles andere ab, denn wenn die Lust zu etwas anderem hinzukomme, werde dessen Wert gesteigert.[142] So richtig zügellos ist der Hedonismus in seinen Ursprüngen nicht. Aristipp und seine Anhänger lehnten unbedachte Völlerei und die exzessive Suche nach Spaß ab.

Anders, als wir es vielleicht vermuten, versuchten sich auch die Hedonisten von der Pleonexia fernzuhalten. Die Beobachtung seiner Zeitgenossen zeigte Aristipp, dass Menschen, die übermäßig viel essen und zugleich entweder gar keinen oder viel zu viel Sport machen, meistens keine gute Gesundheit haben.[143] Um maximal viel Freude zu erleben, sei es deshalb wichtig, Schmerz und Leid vorzubeugen.[144] In seiner Ursprungsform unterscheidet sich der Hedonismus deutlich von der zügel- und rücksichtslosen Vergnügungssucht, aus der die heutige Spaßgesellschaft hervorgewuchert ist. Denn echte Hedonisten genießen strategisch: Ein Glas Rotwein steigert die Freude und den Genuss. Doch wenn wir es übertreiben, kassieren wir dafür womöglich einen ausgewachsenen Kater. Entsprechend reißen sich die Hedonisten am Riemen. Zu viel Wein und zu viel Essen macht eben doch nicht so viel Spaß – sogar den Hedonisten nicht.

In den 1970er-Jahren unterfütterten Mediziner den strategischen Genuss der antiken Hedonisten mit wissenschaftlichen Befunden. Sie stellten einen Zusammenhang zwischen der sonst nur von Alkoholikern bekannten Leberzirrhose, die die Leber langsam zerfrisst und vernarbt, und dem übermäßigen Konsum von fettigen und zuckrigen Lebensmitteln her.[145] Blindlings in die Chipstüte zu greifen und Chip um Chip hervorzurascheln, bringt uns demnach kiloweise hedonistische Minuspunkte ein. Chips verderben durch die Pleonexia, durch die Sucht nach mehr und immer mehr. Übergewicht, Diabetes und Gelbsucht sind für das Glück ein echter Trennungsgrund. Damit es uns nicht wieder verlässt, essen und essen wir weiter. Wenn der Zucker-und-Fett-Rausch unser Hirn überflutet, erleben wir immer wieder winzige Augenblicke des Glücks. Doch es ist ein Glück mit Stimmungsschwankungen und immer kürzerer Halbwertszeit. Das Glück ist weder knatschsüß noch trieft es vor Fett.

Dauerhaftes Glück auf Knopfdruck?

Der versteckte Haken bei der Chipsschleife – essen, kurzer Kick, weiteressen – ist, dass sie uns unsere Freiheit nimmt. Wir haben nicht die Chipstüte fest im Griff, sondern sie uns. „Ein Übel ist der Zwang", schrieb der Philosoph Epikur 300 Jahre vor unserer Zeitrechnung, „aber es besteht kein Zwang, unter Zwang zu leben."[146] Zwar war er selbst ein großer Freund des Genusses, vor allem Käse hatte es ihm angetan. Genuss war für ihn jedoch Schwelgen und nicht Völlen. Perfekt designte Snack-Foods, die das unwiderstehliche Verhältnis zwischen Zucker und Fett treffen, kannte er noch nicht. Dass unser Gehirn bei der Täuschung mitspielt und uns vorgaukelt, wir müssten unseren Bauch bis zum Rand und noch weiter vollstopfen, konnte Epikur noch nicht ahnen. Dennoch behält er gestern wie heute recht: Ob wir unser Leben als Sklaven von Zucker und Fett verbringen wollen, ist unsere eigene Entscheidung. Wenn wir die Packung jedes Mal leer essen müssen, mag das einem Zwang gleichen. Aber niemand zwingt uns, Chips einzukaufen und sie vor uns auf dem Couchtisch zu drapieren, garniert mit einer Prise Pleonexia.

„Aber es ist doch so lecker, ich kann einfach nicht aufhören. Mein Magen braucht das", mag es jetzt in manchem schreien. Auch darauf hat Epikur eine knackige Antwort: „Nicht der Bauch ist unersättlich, wie die Leute meinen, sondern die falsche Vorstellung von dem unbegrenzten Anfüllen des Bauches."[147] Darin ist er sich mit vielen asiatischen Traditionen einig: Vom Ayurveda bis zum Konfuzianismus galt das maßvolle Essen als Weg zu Glück und Gesundheit. Bis heute gilt *Hara Hachi Bu* den Japanern als Schlüssel zum guten Leben bis ins hohe Alter. Damit bezeichnen sie die Angewohnheit, sich nur zu 80 Prozent satt zu essen.[148] Im Ayurveda sind es sogar nur 75 Prozent, und die Chinesen schlagen schmale 70 vor.[149] Die *Pleonexia* und das Essen über den Hunger hinaus haben in diesen Kulturen keinen Platz. Zumindest nicht im Magen.

Traditionen wie diese suchen nach einem Glück, das dauerhaft ist und nicht auf ständigem Konsum basiert. Damit greifen sie wissenschaftlichen Ergebnissen voraus: Forscher stellten fest, dass unser Gehirn gar nicht dazu in der Lage ist, ständig Glücksmomente zu erleben. Unser Gehirn reguliert extreme Freude und tiefe Trauer über kurz oder lang – und wir landen glückstechnisch schnell wieder dort, wo wir gestartet sind. Denn das Dopamin, das beim Chipsessen unser Belohnungssystem zum Jubeln bringt, hat einen Gegenspieler: das körpereigene Opioidpeptid Enkephalin. Es reguliert die Erregung des *Nucleus accumbens*. Hedonostasis nennen Forscher das: „Hedonostasis ist der Grund, warum Lust flüchtig ist und düstere Stimmungen vorbeigehen", schreibt der Physiologe Scott Turner.[150] Auf das Chipshoch folgt bald die Ernüchterung, und so knabbern wir bei der nächsten Gelegenheit wieder hemmungslos drauflos – ohne je das Glück auf dem Boden der Chips-Tüte zu entdecken.

Im Hamsterrad des Glücks

Rotkäppchen ließ sich von einem fremden Wolf anquatschen und machte damit die Großmutter zu einer Mahlzeit für ein sprechendes Raubtier. Pechmarie hatte Schwierigkeiten, den Hintern von der Couch zu bekommen. Und Schneewittchen war zu gutgläubig gegenüber Menschen, die ihr Accessoires oder Obst schenkten. Die meisten Märchen versuchen, uns etwas beizubringen: wie wir uns verhalten sollen, um ein gutes Leben zu führen – und nicht gekocht zu werden oder den Bauch mit Steinen gefüllt zu bekommen. Auch das Märchen „Vom Fischer und seiner Frau" will uns zeigen, wie wir moralisch in die Irre dümpeln können, wenn wir ohne Sinn und Verstand drauflosleben.

Alles fängt damit an, dass der Fischer tat, was ein Fischer nun mal tun muss – nämlich fischen. Eines schönen Tages zog er einen Fisch aus dem Wasser, der anders war als die anderen: Er konnte sprechen und verkündete sogleich, kein gewöhnlicher Fisch, sondern ein verwunschener Prinz zu sein, der ungern mit Zitronen garniert zu einer warmen Mahlzeit verarbeitet werden möchte. Der Fischer konnte diesen Wunsch durchaus nachvollziehen und ließ den Fischprinzen wieder ziehen.

Wieder zu Hause, fragte ihn seine Frau, ob er etwas gefangen habe. Das habe er nicht, erklärte der Fischer, stattdessen erzählte er die Geschichte vom schuppigen Prinzen. Seine Frau war brüskiert, dass der Mann den Fisch einfach hatte wegschwimmen lassen, ohne sich im Gegenzug etwas von diesem zu wünschen. „Was sollt' ich mir wünschen?", fragte der Fischer, der offensichtlich recht genügsam war. Seine Frau hatte dagegen eine ganze Reihe von Ideen, zum Beispiel ein etwas schickeres Eigenheim. Durchaus nachvollziehbar, denn zu diesem Zeitpunkt lebten der Fischer und seine Frau in einem Topf oder, wie die plattdeutsche Version des Märchens es nennt, in einem Pisspott, also einem Nachttopf. Die Frau schlug ihrem Mann daher vor, den Fisch noch einmal herbeizurufen und sich von ihm etwas zu wünschen.

Also zog der Mann an den See. Er rief den Fisch. Dieser hörte ihn mit seinen verwunschenen Prinzenohren sofort, kam herangeschwommen und fragte nach seinem Begehren. Der Fischer erklärte, dass seine Frau ihm aufgetragen habe, um eine Hütte zu bitten. Lässig wie ein Fisch nur sein kann, antwortet dieser: „Geh nur hin, sie hat sie schon." Also ging der Fischer nach Hause, wo seine Frau bereits freudig auf ihn wartete, um ihm das schöne neue Heim inklusive Garten und Hühner zu zeigen. „Ja", sagte der Mann, „so soll's bleiben, nun wollen wir recht vergnügt leben." Doch da hatte er sich zu früh gefreut: Seine Frau fand bereits nach wenigen Tagen auch die neue Hütte zu klein, zu schäbig, zu gewöhnlich. Wieder schickte sie ihn, wieder bat er den Fisch, wieder war dieser völlig tiefenentspannt, und wieder war die Frau froh und gesättigt – allerdings nur für kurze Zeit.

Nach der Hütte wollte sie ein Haus, dann ein Schloss aus Marmor und Kristall, und schließlich wollte sie Königin über die Ländereien rings um ihren Palast werden. Dem Fischer, der eigentlich auch mit dem Topf zufrieden gewesen war, gefiel das gar nicht, und dennoch ging er wieder und wieder zum Fisch. Mit jedem Wunsch verfärbte sich das Wasser des Sees mehr, wurde dick, trüb und schwarz. Gärend warf das schlammige Wasser schließlich Blasen und wurde vor Fäulnis ganz schaumig. Das Wetter wurde düsterer, die Blätter fielen von den Bäumen, und alles rings um den See deutete auf Weltuntergang hin, zumindest aber auf Gewitter. Unterdessen wollte die Frau erst Königin, dann Kaiserin werden, dann Päpstin, und immer erfüllte der Fisch den Wunsch mit viel Liebe zum Detail. Doch auch das reichte der Frau nicht. Und so schickte sie den Fischer ein letztes Mal, um endlich Göttin zu werden. Dann könnte sie sich ihre Fantasien endlich selbst erfüllen. Erneut rief der Fischer den Fisch und teilte brav den Wunsch mit. Wieder erfüllte der Fisch das Begehren – nur diesmal anders, als die Frau es sich gedacht hatte. Und so sagte er zum Fischer: „Geh nur hin, sie sitzt schon wieder im alten Topfe."

Die Interpretation des etwas abrupten Endes kann vielfältig sein. Meist deuten Literaturwissenschaftler das Märchen als eine Botschaft gegen das Mehr-haben-Wollen: Ein echter Gott ist genügsam und braucht nichts; er wäre mit einem Leben in einem Topf absolut zufrieden – und hätte keine weiteren Wünsche mehr. Mit der Erfüllung des letzten Wunsches hatte der Fisch die Pleonexia der Frau einfach weggehext. Denn die Gier der Frau nach Status, Macht und Geld war nicht nur unerschöpflich, sondern auch die Quelle von Ungleichheit und Ungerechtigkeit: Während sich die Frau ein schönes Leben zurechtwünschte, zwang ihre Terrorherrschaft die Natur um sie herum in die Knie. Der unersättlichen Fischersfrau ist es jedenfalls zu wünschen, dass ihr die Rückkehr zum Ausgangspunkt etwas Ruhe von der Gier gebracht hat, die ihr so oft den Schlaf geraubt hatte.

Von Tortenschlachten und Bauchweh

Auch die modernen Wirtschaftswissenschaften beschäftigen sich mit den Fischersfrauen unserer Zeit und kommen zu dem Schluss, dass die unersättliche Pleonexia uns früher oder später auf den Magen schlagen wird. „Das erste Stück Torte stiftet einen hohen Nutzen", schreibt der Ökonom Bruno Frey. „Das zweite ist auch noch willkommen, bringt aber deutlich weniger Zusatznutzen als das erste Stück. Mit dem fünften Stück sind im Normalfall der Hunger und die Lust definitiv gestillt."[151] Einfach nur mehr macht zwar mehr als satt. Wirklich befriedigend ist es aber selten. Das zeigt sich auch daran, dass der Lebensstandard in der westlichen Welt stetig steigt, die Menschen aber nicht im gleichen Maße glücklicher werden.[152] Ihnen geht es genauso wie vorher – sie haben einfach nur mehr Geld und Luxus.

„Wem genug zu wenig ist, dem ist nichts genug", soll Epikur einst gesagt haben. Damit schrumpft er die Geschichte vom Fischer, seiner Frau und ihrer unstillbaren Pleonexia auf einen einzigen, einfachen Satz zusammen. Er und seine antiken Kollegen waren sich darin einig: Glück und mehr haben zu wollen passen nicht zusammen. Aristoteles zum Beispiel nahm an, dass alles, was wir tun, immer auch einem Zweck dient: Kaum einer geht jeden Morgen ins Büro, nur weil der Kaffee da so gut ist, sondern hauptsächlich, weil es dort Geld zu holen gibt. Das Geld verdienen wir, um uns vielleicht irgendwann ein Häuschen im Grünen kaufen zu können. Und auch das Haus bauen wir nicht nur, weil wir so viel Spaß am Steinestapeln haben, sondern weil wir eine schöne Bleibe haben wollen. Hinter allem, was wir tun, vermutet Aristoteles eine unendliche Kette von Teilzielen. Diese Teilziele motivieren uns. Sie treiben uns durchs Leben – und manchmal schubsen sie uns auch der Pleonexia in die Arme. Doch es gibt eine Sache, die wir allein um ihrer selbst willen wollen: das Glück. Es steht am Ende der scheinbar unendlichen Kette von Zwecken, Teilzielen und neuen Wünschen. Es ist das letzte und höchste Ziel unseres Lebens. Das Glück beendet die Pleonexia – und die Pleonexia das Glück.

Das Glück lässt sich nicht durch noch mehr Zeug steigern, denn es hat bereits alles, was gut ist.[153] Aristoteles war überzeugt: Das Glück ist sich selbst genug.[154] Doch solange wir eine Leere spüren, die wir mit mehr und mehr stopfen wollen, bleiben wir auf der rastlosen Suche nach dem Glück. Das Problem dabei: Die Gehaltserhöhung, der fünfte Porsche und sogar der Sechser im Lotto machen uns nicht glücklicher. Zumindest nicht lange. Psychologen gehen davon aus, dass jeder Mensch ein immer gleiches Glücksniveau hat. Etwas Unangenehmes passiert? Nach ein paar miesen Wochen, vielleicht Monaten kommen wir wieder da an, wo wir gestartet sind. Natürlich gibt es Ereignisse, von denen sich der Betroffene nie erholt, etwa wenn sein Kind stirbt.[155] Doch bei weniger dramatischen Vorfällen gilt: Im Schnitt dauert es drei Monate,[156] dann hat der Verlust des Jobs und sogar der Verlust unseres Augenlichts kaum noch einen Effekt auf unser Glücksniveau.[157] Psychologen nennen das hedonistische Anpassung: Wenn das Schicksal zuschlägt, bleibt unser Glückslevel im Durchschnitt trotzdem gleich.[158] Das hat etwas sehr Tröstliches. Doch es gibt auch eine Kehrseite: Auch wenn uns etwas sehr Gutes zustößt, kommen wir früher oder später zurück zu unserem Ausgangspunkt. Hedonistische Tretmühle (*hedonic treadmill*) nannten die Psychologen Philip Brickman und Donald Campbell 1971 dieses Phänomen.[159] Egal wie emsig wir uns im Hamsterrad abrackern, wir werden nie glücklicher sein, als unsere innere Haltung es hergibt. Egal ob wir Fischersfrauen oder Königinnen sind.

Aber es gibt Hoffnung: Der Psychologe und Nobelpreisträger Daniel Kahneman fand heraus, dass Campbell und Brickman ihre Forschungsergebnisse schlampig ausgewertet und die Begriffe Glück, Lebenszufriedenheit und subjektives Wohlbefinden beliebig durcheinandergeworfen hatten – und dass ihre Ergebnisse damit zweifelhaft sind.[160] Kahneman glaubt daran, dass unser Glücksniveau nicht in Stein gemeißelt ist. Und noch etwas macht Hoffnung: Er stellt fest, dass der Ausgangspunkt, der sogenannte Set Point, keineswegs neutral ist: 80 Prozent aller Menschen fühlen sich die meiste Zeit sehr wohl mit ihrem Leben.[161] Der Punkt, an den Menschen nach besonders schönen oder besonders unschönen Erlebnissen zurückkehren, ist bei den meisten Menschen ein guter.[162] Und er unterscheidet sich von Mensch zu Mensch.[163] Das tut er aber auch von Lebensphase zu Lebensphase: Der Psychologe Ed Diener geht davon aus, dass unsere Psyche so komplex ist wie das Leben selbst. Mit der Welt muss sich meist auch der Mensch ändern – und mit ihm manchmal auch das Glücksniveau. Deshalb glaubt Diener, dass wir in unserem Leben eine ganze Reihe verschiedener Set Points erleben.[164]

Aus „oh, là, là“ wird „gäääհn!“

Von vielem versprechen wir uns mehr Glück, als es uns später tatsächlich bringt. Zum Beispiel davon, einen Uniabschluss zu machen, einen Marathon zu laufen oder endlich unsere Schulden zurückzuzahlen. Wenn wir unsere Ziele erreichen, wird der dafür betriebene Aufwand leider selten 1 : 1 in Glück aufgewogen. Beispielsweise sind reiche Menschen im Durchschnitt nur minimal glücklicher als arme, schöne kaum mehr als Knautschgesichter. Selbst Gesundheit hat nur einen winzigen Effekt[165] – zumindest, wenn wir den Statistiken glauben. Klar, es gibt immer Menschen, die extrem viel glücklicher oder unglücklicher sind als andere. Aber auch sie krabbeln früher oder später zurück auf ihre Tretmühle.

Die Idee, dass Lust und Freude bald der schalen Langeweile weichen können, mengte Walter Benjamin beiläufig unter einige Zeilen über saftiges Obst: Der Autor und Fruchtfreund gab sich gern ausgiebigen Beschreibungen von sinnlichen Genüssen hin. So schildert er über Seiten hinweg, wie er sich gierig durch ein paar Hände voll frischer, vor Saft überfließender Feigen pflügt. Aber auch Benjamin sah „die restlose Verwandlung von Genuss in Gewohnheit, von Gewohnheit in Laster.“[166] Aus gut wird irgendwann zu viel. Das ist bei Feigen so – und offenbar auch bei unserer Ehefrau oder unserem Gatten. Eine deutsche Langzeitstudie zeigte nämlich, dass auch etwas Schönes, wie jemanden zu heiraten, den wir lieben, uns nur ein paar Monate glücklicher macht.[167] Der positive Effekt auf unsere Stimmung verfliegt, sobald wir uns an unser neues Leben in Zweisamkeit gewöhnt haben. Psychologen glauben, dass der Genuss und das Davon-gelangweilt-Sein sich abwechseln, dass wir immer zwischen Lust und Unlust, Glück und Unglück hin- und herschwanken. Irgendwann wird jeder Luxus zum Standard. Statt bewundert und verehrt zu werden, schrumpft das Objekt der Begierde irgendwann zum reinen Konsumgut zusammen. Irgendwann schlägt das Schwelgen in Überdruss um.[168] Und aus unserem sexy Schatz wird ein Mensch, der einem kühlen Blonden schönere Augen macht als uns.

Was hilft: Enthaltsamkeit. Wenn sie sich nicht schon von selbst eingestellt hat, können wir sie bewusst ansteuern. Das raten sogar Verhaltenstherapeuten. Denn verbotene Früchte waren schon immer die leckersten. Uns etwas zurückzunehmen und nicht bei jeder Gelegenheit zügellos zuzuschlagen, schont unsere Begeisterung: Wir behalten länger die Lust darauf.[169] „Man kann auf verschiedene Weise Verzicht üben: Es kann die nichtgegessene Sahnetorte sein oder der Entschluss, eine Aufgabe nicht zu übernehmen, obwohl sie mit lockenden Gratifikationen verbunden ist", schreibt der Psychologe Jürgen Margraf.[170] Wenn es nur im Sommer Erdbeeren gibt, können wir uns richtig auf ihren süßen Geschmack freuen. Eine saisonale Ernährung kann die Tretmühle ausbremsen.[171] Auf einen solch besonnenen Genuss können sich antike Philosophen und moderne Psychologen verständigen. Wir müssen uns also fragen: Wollen wir wie Hamster dem nächsten Leckerli nachrennen? Oder möchten wir ein glückliches Leben führen – wie Gott im Nachttopf?

FOMO – Verhungern an der Fülle

Würde Goethes Werther heute leiden, dann vermutlich nicht an verschmähter Liebe. Der junge Werther des 21. Jahrhunderts würde vermutlich an einem wunden Daumen leiden: Er würde sich durch Dating-Apps wischen, auf der rastlosen Suche nach der Einen, der einzig Richtigen. Oder nach dem nächsten möglichst kurzen Abenteuer. Für das Leiden des heutigen Werthers haben Psychologen vier Buchstaben gefunden: FOMO. *Fear of missing out* – oder: die Angst, etwas zu verpassen.

Kaum etwas macht uns heute mehr Angst, als etwas zu verpassen. Einen Begriff dafür zu haben, davon sind Philosophen seit Jahrhunderten überzeugt, könnte uns dabei helfen, das Phänomen und uns selbst besser zu verstehen. 1963 fasste die Schriftstellerin Sylvia Plath das damals noch namenlose Phänomen in „Die Glasglocke" in Worte. Ihr Roman handelt von einer jungen Frau in den 1950ern, die sich zwischen einem Leben als Hausfrau und Mutter und dem einer arbeitenden Frau entscheiden muss: „Ich sah, wie sich mein Leben vor mir verzweigte, ähnlich dem grünen Feigenbaum (…). Gleich dicken, purpurroten Feigen winkte und lockte von jeder Zweigspitze eine herrliche Zukunft. Eine der Feigen war ein Ehemann, ein glückliches Zuhause und Kinder, eine andere Feige war eine berühmte Dichterin, wieder eine andere war eine brillante Professorin (…), eine andere Feige war Constantin und Sokrates und Attila und ein Rudel weiterer Liebhaber mit seltsamen Namen und ausgefallenen Berufen (…). Ich sah mich in der Gabel dieses Feigenbaumes sitzen und verhungern, bloß weil ich mich nicht entscheiden konnte, welche Feige ich nehmen sollte. Ich wollte sie alle, aber eine von ihnen nehmen bedeutet, alle anderen verlieren. Und irgendwann sah sie die Feigen vor ihrem inneren Auge verderben, während sie gelähmt war von all den Möglichkeiten."[172]

Statt eine der Möglichkeiten zu wählen, versucht die Hauptfigur, die anstehende Entscheidung auf sich beruhen zu lassen. So scheinen manche von uns es auch heute noch handhaben zu wollen. Seit eine Verabredung sich per Smartphone in Sekunden absagen lässt, sind Treffen mit Freunden, Partnern oder Verwandten unverbindlicher geworden. Kommt eine bessere Gelegenheit daher, zögern wir nicht lange und verwerfen unseren ursprünglichen Plan. Wir scrollen und wischen uns unseren Weg durch die vielen Möglichkeiten der Social Media und die zahlreichen Apps für alle Lebenslagen. Immer auf der Suche nach etwas Besserem, nach mehr Matches, nach immer Neuem. FOMO ist gelebte Pleonexia, die uns immer hungriger werden lässt und niemals satt machen wird. Wir wollen unser Leben voll auskosten und unsere Lebenszeit gefühlt verlängern. Es ist, als würden wir Pizzateig immer wieder ausrollen, damit er noch größer wird, noch mehr Tomaten und Käse und köstlichen Belag fassen kann. Doch je mehr wir ihn walzen, desto dünner und löchriger wird er. Ganz wie der Pizzateig lässt sich auch unser Leben nicht unendlich ausdehnen. Bald schon reißt die Pleonexia ein neues Loch in den Teig unseres Lebens. Manchmal stopft das Mehr eben nicht die Löcher in der Seele, sondern macht das Leben nur noch flacher.

Mit mehr zum Unglück

Warum wir immer das Gefühl haben, dass irgendwo anders Besseres auf uns wartet, erklärte der Psychologe Barry Schwartz Anfang des neuen Jahrtausends. In *The Paradox of Choice* schreibt Schwartz, dass zu viel Auswahl dazu führt, dass wir mit unserer letztendlichen Wahl unzufrieden sind. Dass wir ängstlich werden, depressiv und zu allem Überfluss auch noch jede Menge Zeit verschwenden, mit Vergleichen, mit Grübeln und mit Unglücklich-Sein.[173] Wir fühlen uns um ein Stück vom Leben betrogen.

Und dennoch: Einen Freitagabend allein auf der Couch zu verbringen, scheint für viele, vor allem junge Menschen undenkbar. FOMO macht aus dem Sofa eine teflonbeschichtete Rutsche. Wir haben das Gefühl, dass wir unserem Leben Substanz vorenthalten oder Glück, das wir uns von bestimmten Events versprechen. FOMO ist Pleonexia, die in einem Paralleluniversum lebt. Wir möchten am liebsten an vielen Orten gleichzeitig sein, auf der Party, auf der gemütlichen Couch, in der Sauna und brav arbeitend am Schreibtisch. Wir wollen das Meiste aus unserer Lebenszeit herausholen und haben dabei die ganze Zeit das Gefühl, uns für das falsche Paralleluniversum entschieden zu haben. Und so hetzen wir von Termin zu Termin, von Verabredung zu Verabredung und leben in steter Unrast.

Um FOMO besser zu verstehen, haben Wissenschaftler Studierende jeden Abend Tagebuch schreiben lassen, haben ihnen fünfmal am Tag Fragen zu ihrem aktuellen Befinden auf ihr Smartphone geschickt und sie am Ende des Semesters zu ihrem persönlichen Glücksempfinden befragt. Damit wollten sie die Langzeitfolgen von FOMO erforschen. Sie fanden heraus, dass die Hälfte der befragten jungen Menschen mindestens einmal im Monat FOMO empfanden. Vor allem spät am Tag und spät in der Woche trat FOMO bei ihnen auf. Sie stellt sich aber auch gern dann ein, wenn sie eigentlich etwas anderes tun sollten, wie lernen oder arbeiten. Menschen, die ihre Aufgaben eher als Verpflichtung wahrnahmen und keinen Selbstzweck in den Tätigkeiten sahen, erlebten mehr FOMO.[174]

Studierende, die besonders stark unter FOMO litten, lieferten an der Uni schlechtere Leistungen ab und zeigten darüber hinaus negative Symptome: Müdigkeit, Stress und Schlafstörungen. Dieses Erleben fanden die Forscher gleich verteilt über alle Persönlichkeitstypen hinweg: Wir müssen weder extrem extrovertiert noch neurotisch sein, um ständig das Gefühl zu haben, gerade etwas zu verpassen. Auch woher wir von den besseren Alternativen erfahren, von Freunden oder aus dem hübsch aufpolierten Social-Media-Stream, scheint dabei keine Rolle zu spielen.[175] Andersherum sehen Forscher FOMO als einen der Auslöser für die Social-Media-Sucht.[176] Denn manch einer fürchtet, auch in der digitalen Welt etwas zu verpassen.

Die Evolution einer Angst

Für viele ist die Vorstellung, abgehängt zu werden oder nicht mehr auf dem Laufenden zu sein, fast unerträglich. Diese Angst scheint so alt wie die Menschheit zu sein. Schon der Evolutionsforscher Charles Darwin war überzeugt: Menschen sind soziale Wesen und brauchen einander. Von anderen ausgegrenzt zu werden ist eine der größten Katastrophen, die über einen Menschen hereinbrechen kann.[177] Ohne einander wären die frühen Menschen kaum überlebensfähig gewesen. Wer von der Gruppe ausgeschlossen wurde, war nicht nur traurig, sondern oft auch in Lebensgefahr. Auch heute noch scheinen andere Menschen wirklich wichtig für uns zu sein: Mit wie vielen Menschen wir regelmäßig in Kontakt stehen und wie innig diese Beziehungen sind, ist entscheidend für unsere Gesundheit, dafür, wie gut wir uns um uns selbst kümmern, und sogar dafür, wie früh wir sterben.[178] FOMO basiert auf einem der grundlegendsten menschlichen Bedürfnisse: auf dem Wusch, dazuzugehören.

Wir können nicht immer mit Freunden im Café sitzen und über das Leben philosophieren, denn manchmal müssen wir arbeiten, zum Zahnarzt gehen oder die Wohnung putzen. Um eine lästige, aber notwendige Aufgabe zu erledigen, verzichten wir auf eine Party, die Ausstellungseröffnung oder den Wochenendausflug mit den Freunden. FOMO geht Hand in Hand mit dem Gefühl, dass wir unsere eigentliche Tätigkeit gar nicht machen wollen und sie wie fremdbestimmt über uns ergehen lassen – während wir etwas viel Besseres verpassen.

Ökonomen sprechen bei solchen Abwägungen von Opportunitätskosten. Die Grundidee dabei: Im Leben gibt es nichts geschenkt. Für alles, was wir bekommen, müssen wir im Gegenzug auf etwas anderes verzichten. Wir wollen sonntags ausschlafen? Dafür müssen wir auf die frühen Schnäppchen auf dem Flohmarkt verzichten, zu dem wir eigentlich wollten. Wir wollen den teuren Sportwagen? Dann brauchen wir einen gut bezahlten Job. Und auch dafür sind meist Opfer nötig: Gut bezahlte Jobs fordern oft viel Arbeit. Viel Arbeit frisst sich in unsere Freizeit, und wer wenig Freizeit hat, der muss auf die Zeit mit Freunden und Familie verzichten.

Da das FOMO-Prinzip erst seit kurzer Zeit erforscht wird, haben Psychologen kaum erprobte Gegenmittel parat. Die recht vage Empfehlung ist: Richte deinen Fokus weniger auf den möglichen Verlust und konzentriere dich stattdessen auf das Jetzt.[179] Dabei handelt es sich jedoch eher um das Ziel als um die Methode, um dorthin zu gelangen. Aber mit einer Erkenntnis machen uns die Psychologen Hoffnung: FOMO lässt mit dem Alter nach.[180] Je mehr wir schon erlebt haben, desto weniger können wir noch verpassen. Und je mehr Lebenserfahrungen wir sammeln, desto besser können wir einschätzen, ob sich die Gelegenheit für ein Erlebnis vielleicht bald noch einmal ergibt, ob wir daran überhaupt wirklich Freude habe würden – oder ob wir tatsächlich etwas verpassen.

Kapitel 3

Marken, Medien, Materialismus

Wünsche, Wirren, Wirtschaftswandel

Das Popcorn raschelt. Ein paar Sitze weiter schlürft jemand lautstark die letzten Tropfen vom Boden seines Getränkebechers. Während wir gebannt auf die Leinwand vor uns starren, auf der sich fremde Leben in Überlebensgröße ausbreiten, flößen uns gerissene Manipulanten heimlich Wünsche ein. Wir wissen nicht, warum, aber irgendwie haben wir plötzlich wahnsinnige Lust auf Cola. Hat uns das Schlürfen des Nachbarn inspiriert? Ist es der Durst nach einem langen Tag? Wir wissen es nicht. Klar ist nur: Das süße Nass muss her. Denn während wir den Film gesehen haben, hat uns eine Werbeagentur für Sekundenbruchteile Werbebotschaften untergemogelt. So kurz, dass wir sie nicht bewusst wahrnehmen konnten. Unseren Durst hat der Aufruf „Drink Coke" trotzdem angeregt. So geht zumindest die Legende.

1957 behauptete der Marktforscher James Vicary, dass er die Umsätze von Cola und Popcorn um über 50 Prozent gesteigert habe, indem er sogenannte subliminale Botschaften wie „Trink Cola" oder „Iss Popcorn" heimlich unter die Bilderflut geschummelt habe. Doch in Wirklichkeit hatte Vicary gar nicht die Kinozuschauer manipuliert, sondern seine potenziellen Kunden: Das Ganze war ein Marketing-Gag, um seine schwächelnde Werbeagentur bekannter zu machen.[181]

Ganz so einfach, wie sich Vicary das zusammengelogen hat, scheint das Unterschieben unterschwelliger Reize nicht zu funktionieren.[182] In einer Studie untersuchten Wissenschaftler einen ganz ähnlichen Aufbau, nur dass sie anstelle von Cola für Eistee warben. Das Ergebnis: Die versteckte Werbung wirkte nur bei den Kinobesuchern, die durstig waren. Sie griffen eher zu der unter die Filmbilder gemengten Marke. Wer allerdings keinen Durst hatte, der bekam auch keine Lust, sich einen Eistee zu holen.[183] Eine andere Studie kam zu wieder anderen Ergebnissen: Nachdem die Probanden eine Folge der Zeichentrickserie *Die Simpsons* gesehen hatten, in der das Wort „durstig" zu hören war oder das Bild einer Cola-Dose für einige Millisekunden eingeblendet wurde, waren sie deutlich durstiger.[184]

Mit dieser Technik wollen sich manche Raucher oder Schokoliebhaber selbst austricksen: Durch unterschwellige Botschaften auf speziellen CDs wollen sie im Schlaf zu Nichtrauchern werden oder sich einen Ekel beim Anblick von Schokolade einflüstern lassen. Ob das wirklich funktioniert, darüber gehen die Erkenntnisse der Forscher auseinander.[185] Wie wir uns am besten dazu verleiten lassen, etwas zu wollen, ohne der Manipulation auf die Schliche zu kommen, ist bislang noch wenig untersucht worden.[186] Der erste, der sich damit wissenschaftlich beschäftigte, war der Psychologe Gregory Razran. 1940 fand er heraus, dass die Probanden einen Gegenstand toll fanden, wenn er ihnen zusammen mit einem positiven Gefühl vorgestellt wurde, und dass sie ihn eher ablehnten, wenn er samt einer negativen Emotion präsentiert wurde: Die Forscher zeigten ihren Probanden einige Aussagen, während sie entweder etwas Leckeres zu essen bekamen oder eklige Gerüche einatmen mussten. Wer bei der Gratisnahrung zuschlagen durfte, stimmte den Aussagen später deutlich mehr zu als die Gruppe, die dem Gestank ausgesetzt gewesen war.[187] Das zeigt: Wir sind nicht immer objektiv oder rational, wenn wir uns eine Meinung bilden. Wir sind viel bestechlicher, als wir denken.

Ich kauf mir die Welt, wie sie mir gefällt

Wie kurz der Weg vom Werbeplakat bis in den Laden sein kann, zeigt ein einfaches Schema. Das AIDA-Prinzip ist eine Abkürzung für die vier Schritte der Verführung:

Attention (Aufmerksamkeit)

Als Erstes sorgt Werbung dafür, dass wir auf sie und damit auf das Produkt aufmerksam werden. Mit knalligen Farben, eingängiger Musik, oft auch mit leicht bekleideten Schönheiten lockt sie unsere Aufmerksamkeit.

Interest (Interesse)

Nachdem wir auf das Produkt aufmerksam geworden sind, fangen wir an, uns dafür zu interessieren. Das Kleid aus dem Werbebanner am Bildrand unserer Lieblingswebsite ist uns ins Auge gefallen? Nur heute zum Sonderpreis? Interessant. Mal auf den Link klicken und schauen, wo wir dann landen. Knackige Slogans und überzeugende Botschaften wecken unser Interesse.

Desire (Verlangen)

Vom Interesse ist es nur ein kleiner Schritt, bis der Wunsch in uns aufkeimt, das Produkt besitzen zu wollen. Langsam wächst er im Stillen, in unserem Hinterkopf. Schneller wächst er, je öfter wir das Produkt sehen, mehr darüber erfahren und vielleicht sogar Freunde ein gutes Wort für es einlegen. Wir wollen, was uns die Werbung verspricht.

Action (Handeln)

Wenn der Wunsch groß genug und unser Geldbeutel ausreichend gefüllt ist, dann verwandeln wir den Wunsch in eine Handlung – und schlagen zu. Drei, zwei, eins: meins!

Das Modell ist über hundert Jahre alt und funktioniert noch heute. Der Werbestratege Elmo Lewis führte 1898 das AIDA-Prinzip ein, um Verkäufern ihr Handwerk theoretisch aufzuschlüsseln. Er fügte später noch den Schritt hinzu, dass die Werbung den Kunden in spe überzeugen müsse. Dafür soll die Werbung immer auf die entsprechende Zielgruppe zugeschnitten sein, damit wir den Kauf als vernünftig, vielleicht sogar als notwendig empfinden. Dieser Punkt floss auch in Weiterentwicklungen des AIDA-Modells ein: Beim AIDCAS-Prinzip schließen sich an Aufmerksamkeit (Attention), Interesse und den Wunsch (Desire) die Überzeugung (Conviction) und nach der Handlung (Action) die Befriedigung (Satisfaction) an. Ein alternatives Schema, das CAB-Modell, reduziert den Prozess auf nur drei Stationen:

Cognition (Wahrnehmung)

Erst lenkt die Werbung die Wahrnehmung auf ein Produkt. Es ist in etwa so, als hätte uns der hübsche junge Mann gerade zugezwinkert mit einem Blick, der sagt: Ja, ich bin tatsächlich zu haben. Zwinker, zwinker.

Affect (Emotion)

Durch die Werbung entsteht in uns ein Interesse an dem Produkt und bald auch der Wunsch, es besitzen zu wollen – schließlich hat die Werbung es uns direkt in unseren Gefühlshaushalt geflüstert. Nachdem der charmante Jüngling unser Interesse geweckt hat, spüren wir, wie sich die Wärme langsam in unseren Wangen ausbreitet. Unser Gefühlshaushalt macht einen kleinen Hopser, als hätten sich unsere Hormone verschluckt. Unser sonst so souveräner Gesichtsausdruck wird von einem verschmitzten Lächeln verdrängt: Hallo, schöner Mann!

Behaviour (Verhalten)

Und zack! – finden wir uns im Laden wieder und kaufen, was wir in der Werbung gesehen haben.[188] Oder lassen uns von dem adretten Fremden zu einem Kaffee verlocken. Manche Verführung beginnt mit einem schlichten und doch so betörenden Zwinkern – von einem Werbeplakat.

Das CAB-Modell zeigt, dass unsere Kaufentscheidungen weniger über unseren Verstand laufen, als dass sie aus unserem Bauch kommen. Werbung vermittelt den Charakter eines Produkts, zeigt, wie wir uns damit fühlen würden. Wenn der Verbraucher diese Informationen hat, soll sich in seinem Kopf ein Schalter umlegen: Die Werbung erregt Bedürfnisse, von denen wir noch gar nichts wussten. Sie zeigt uns eine Welt, die uns gefällt, besser noch: in der wir uns gefallen. Werbung packt uns bei den Emotionen und schleift uns ins Geschäft. Oder ins Internet. Und so wird der Informierte zum Kaufenden.

Längst hat sich das professionelle Anbohren unserer Gefühle zu einer ausgefeilten Wissenschaft gemausert. So machen emotionale Werbetricks sogar aus Wasser Gold. Getränkehersteller stilisieren Mineralwasser zum Trendgetränk: mit aufwendiger Werbung und der gelegentlichen Hilfe von erfrischten Stars und Influencern, die sich für die Marke verbürgen. Wasser – ein Getränk so aufregend wie seine Konsumenten. Verpackt in eine elegant gestaltete Flasche soll das wohltuende Nass zu einem Blickfang werden – und zu einer echten Investition. Denn nicht selten kostet Markenwasser ein Vielfaches von der Standardvariante aus der Leitung. Für den Preis einer kleinen Flasche Designerwasser bekommen wir gleich mehrere Badewannen voll Leitungswasser. Allerdings ohne Blicke fangende Trendflasche. Und ohne aufwendiges Marketing. Trotzdem zahlen wir gern – für ein gutes Gefühl. Statt einfach nur den Hahn aufzudrehen und zu trinken, was uns daraus entgegensprudelt, sind wir überzeugt, etwas für uns und unsere Gesundheit zu tun. Für unseren Lifestyle. Durch geschickte Werbung wird das einfachste aller Lebensmittel zu einem echten Luxusgut. Das ist die Kunst, die Alchemie des neuen Jahrtausends.

Zu viel ist zu viel

Die Werbung hat uns überzeugt: Wir brauchen dringend etwas von dem herzerfrischenden Wasser aus der Destille. Also ziehen wir zum nächsten Supermarkt und durchsuchen die Regalmeter auf der Suche nach dem begehrten Nass, das unsere Persönlichkeit perfekt bewässern wird. Dann stehen wir vor Hunderten kleiner, durchsichtiger Plastikflaschen und sehen das Wasser vor lauter Fläschchen nicht. *Consumer Confusion* (Kundenverwirrung) nennen Sozialpsychologen den Zustand, in dem der Kunde schlechte oder gar keine Entscheidungen trifft, weil er von den zahllosen Möglichkeiten völlig überwältigt ist.[189] Statt einfach beherzt ein Produkt auszuwählen, ins Regal zu greifen und beschwingt den Laden zu verlassen, bleiben wir reglos stehen. Wir sind unfähig, eine Entscheidung zu treffen – vor lauter Angst, aus den zahllosen Optionen die falsche zu wählen. Aus Angst, unsere Entscheidung könnte nicht richtig sein, bleiben wir vor dem Regal stehen wie ein schockstarres Reh, das die Scheinwerfer eines Autos auf sich zurasen sieht. Wir fühlen uns erdrückt, als sei das prall gefüllte Regal auf uns gestürzt und hätte uns mit all seinen Marmeladen und Aufstrichen in süß oder herzhaft, kalorien- oder preisreduziert erschlagen.

Häufig tritt Consumer Confusion auf, wenn der Verbraucher die Produkte nicht wirklich versteht oder die Dienstleistung nicht deuten kann.[190] Das ist bei relativ einfachen Waren wie Marmelade selten der Fall. Aber selbst hier kann eine überwältigende Auswahl diesen Zustand herbeiführen. In einem durchschnittlichen Supermarkt können Kunden aus über 18.000 verschiedenen Produkten auswählen, was sie mit nach Hause nehmen wollen.[191] Oft ist der Unterschied zwischen den Produkten nicht klar. Diese spezielle Form der Consumer Confusion nennen Konsumforscher auch *Choice Overload* (Auswahlüberlastung). Für Werbetreibende ist das ein echtes Problem, denn es droht die Gefahr, dass die Leute in dieser verwirrten Gemütsverfassung gar nichts kaufen. Der Fisch weiß einfach nicht, dass der Köder lecker ist: weil er den Wurm nicht erkennt oder weil so viele Würmer im Wasser baumeln, dass er sich nicht mehr sicher ist, ob er sich nicht versehentlich ins Erdreich verschwommen hat. Und wenn der Fisch doch angebissen hat? Dann ist er unzufrieden, denn umgehend ist er sich sicher, dass das keine gute Idee war. Der andere Wurm wäre bestimmt leckerer gewesen, denkt er, während er sich im Haken verbeißt. Sobald mehr als zwölf bis vierzehn Würmer in unserem Einkaufswasser rumdümpeln, verwirrt uns das.[192] Immer öfter wissen wir nicht, wo wir anbeißen sollen, denn Supermärkte werden immer größer, und im Internet gibt es sowieso alles. Dann kneifen wir unsere Schwanzflosse ein und wünschen uns heimlich den kleinen Tante-Emma-Laden zurück, bei dem es nur die Wahl zwischen Erdbeer- und Aprikosenmarmelade gab.

Doch es zeigt sich ein Hoffnungsschimmer am Horizont. Verwirrte Konsumenten müssen nicht überall in einer Flut von Optionen untergehen, denn beherzt greifen einige wenige Händler zum Rettungsring und werfen ihre gigantische Produktpalette über Bord. Statt 160 Joghurtsorten in 68 Geschmacksrichtungen, mit viel Fett oder wenig, mit fruchtigem Geschmack oder kleinen Müsliklumpen zum Hineinknicken, ohne Laktose oder mit Bauchschmerzen, gibt es in den Schrumpfmärkten nur die Wahl zwischen dem großen Topf oder dem kleinen Becher. Auch wirtschaftlich gesehen ist das gar nicht so dumm. Denn wie eine Untersuchung in der Schweiz ergab, machen Supermärkte mit nur 37 Prozent ihrer Joghurtsorten 80 Prozent ihres Joghurtumsatzes.[193] Wer mehr Sorten anbietet, verkauft also nicht mehr Becherchen. Darüber, dass Schweizer sich auch mit einer schmalen Auswahl begnügen können, hat der Schweizer Journalist und Moderator der ARD-Kultursendung „Titel Thesen Temperamente" Max Moor ein ganzes Buch geschrieben. „Was wir nicht haben, das brauchen Sie nicht" benennt Moor sein Buch – nach einem Aushang in einem Minisupermarkt. Die Idee zu dem Buch kam ihm, nachdem er in ein sächsisches Dörfchen gezogen war, um auf einem frisch erworbenen Bauernhof die ländliche Idylle zu erleben. Dabei entdeckte er das einfache Leben und dessen Vorzüge. Zum Beispiel winzige Supermärkte, also solche, die die Vorsilbe „Super" gar nicht verdient haben und sich auch gar nicht verdienen wollen. Was sie nicht im Sortiment haben, ist unnötiger Schnickschnack, Schickimicki für Städter. Doch in Wirklichkeit wollen auch Städter gar kein Schickimicki: Ein Markt, der nur sechs verschiedene Marmeladen feilbietet, verkauft meist mehr Gläser als einer mit 24 süßen Varianten.[194] Was Supermärkte so alles haben, brauchen wir nicht. Mit weniger gelangen wir schneller zu unserem Glück. Zumindest in Sachen Frühstück.

Sisyphos im Wunderland

Im Supermarkt geht vieles schneller. Vor allem wir selbst: Während die Kaufenden vor 15 Jahren noch genüsslich eine gute Dreiviertelstunde durch den Supermarkt flanierten, schaufeln wir heute alles Nötige in nur 23 Minuten in den Korb.[195] Und das, obwohl die Auswahl viel größer geworden ist. Was in den Regalen steht, an denen wir immer schneller vorbeischießen, legen die Einkäufer im Hintergrund fest. Oft treffen sie ihre Entscheidung danach, wie groß der Bonus ist, den die Lieferanten ihnen versprechen. Der Chef einer großen deutschen Supermarktkette versucht nun, mit einem eigenen, internen Bonussystem das Sortiment umzugestalten: Künftig verdienen die Einkäufer nicht mehr an den Versprechungen der Lieferanten, sondern bekommen etwas zusätzlich, wenn die Kunden mehr einkaufen. Dadurch könnte sich die überwältigende Vielfalt irgendwann zurechtschrumpfen. Große Versandhäuser haben bereits damit angefangen, ihr Angebot zu reduzieren.[196] Und siehe da: Wir sind weniger verwirrt, greifen wieder entschlossen zu, und der Händler spart Einkaufs- und Lagerkosten. So gewinnen alle – außer unserem Geldbeutel.

Doch nicht nur eine reduzierte Produktauswahl treibt uns mit vollen Händen an die Kasse. Seit das Internet zur Grundausstattung jedes Kinderzimmers gehört, hat die Werbung eine ganz neue Dimension für sich erschlossen. Wer im Netz unterwegs ist, macht sich oft auch ein bisschen nackt – meist ohne das zu wollen: Wir schauen uns gern Seiten mit Babynamen an? Wir suchen bei Amazon nach Büchern zur Schwangerschaft und haben vielleicht ein Babyfläschchen in unseren Warenkorb gelegt? Es ist nur eine Frage der Zeit, bis wie von Zauberhand am Bildrand auf einer ganz anderen Website Werbung für ein Hochstühlchen oder einen Babymarkt in unserer Nähe auftaucht. Mithilfe bestimmter Programme können Spezialisten unsere Schritte im Netz auswerten und für ihre Zwecke nutzen. Die Analysten können sehen, ob der Investmentbanker sich für Websites mit exklusiven Damenstrümpfen interessiert oder die Vierzehnjährige verdächtig oft nach Informationen zur Schwangerschaft sucht. Und bald schon flattern die passenden Angebote zu Lingerie und Milchpumpen ins Haus oder zumindest in den digitalen Briefkasten. Diese Entwicklung ist ebenso praktisch wie besorgniserregend.

Doch ebenso lange wie es Werbestrategen gibt, melden sich auch Kritiker zu Wort, die unserer Kauflust misstrauen. Konsumismus haben sie die Religion des Shoppings getauft. Der Begriff stammt vom lateinischen Wort *consumere* (verbrauchen) und beschreibt eine Weltanschauung, die den Konsum an die erste Stelle setzt. Ihre Wahlsprüche sind „Konsum first" und „Make Konsum great again". Konsumisten wollen ständig Neues und immer mehr haben, um ihre Bedürfnisse zu stillen.[197] Doch egal wie viel sie kaufen, es ist nie genug. Sie sind Anhänger der Pleonexia: Sie sind Pleonektiker. Mit einem „-er" drängt sich eine schärfere Kritik in das Wort: Als Konsumerismus bezeichnen Soziologen es, wenn Konsum und Glück allzu nahe zusammenrücken. Was Konsumeristen eigentlich kaufen wollen, sind nicht der handgeknüpfte Designerteppich mit dem flauschigen Bildnis von Frida Kahlo oder der Business-Anzug mit Nadelstreifen aus 22-karätigem Gold. Sie wollen sich Identität, Sinn und Glück kaufen. Mit ihren Käufen demonstrieren sie ihr Kennertum, ihren erlesenen Geschmack, ihren Scharfsinn. Sie kennen sich aus in der Welt des Luxus, und sie vermitteln den Eindruck, als seien ihre Entscheidungen vernünftiger, nur weil sie für ihre Einkäufe mehr Geld auf den Tresen gelegt haben. Doch egal ob Arm oder Reich: Vor der Werbung sind alle gleich. Alle lassen sich von den Versprechungen der Wirtschaft betören.

Schon 1899 kritisierte der Soziologe Thorstein Veblen, dass die US-amerikanische Oberschicht einem Geltungskonsum fröne: Sie kaufe Dinge, mit denen sie ihren Wohlstand deutlich nach außen tragen wolle.[198] Prestige statt Primärbedürfnis. Es geht ihnen nicht nur darum, die grundlegenden Bedürfnisse des Lebens zu befriedigen, sich ein bequemes und schönes Leben einzurichten. Es geht nicht um die Dinge als solche, sondern um unsere Eitelkeit. Die Dinge haben eine Funktion, aber keinen Wert: Sie zeigen anderen, dass wir es geschafft haben, dass wir erfolgreich, vielleicht sogar glücklich sind – zumindest erfolgreicher und glücklicher als andere. So richtig bequem sind die High Heels mit der roten Sohle zwar nicht, aber würden wir gemütlich durchs Leben schreiten wollen, hätten wir auf anderes Schuhwerk gesetzt. Mit dem, was wir kaufen, zeigen wir anderen, wer wir sind, oder zumindest, wer wir sein wollen. Wenn wir mit unseren Statussymbolen winken, kommen schnell Gleichgesinnte angerannt, denn Apple und Apple gesellt sich gern. Der Konsum wird zum charismatischen Anführer, zum Fixpunkt, zum Wegweiser, der immer dann spontan aus dem Boden zu wachsen scheint, wenn wir nicht wissen, wohin mit uns.

Warum gibt man uns nicht einfach eine Liste? Dann wüssten wir, was wir alles kaufen müssen, um endlich glücklich sein zu können. Nur: Am Ende macht es uns dann doch nicht glücklich und wir suchen weiter. Das Ganze erinnert etwas an den Mythos des Sisyphos: Die Götter bestraften ihn dafür, dass er den Tod besiegt hatte, indem er bis in alle Ewigkeit einen Felsblock einen Berg hinaufschaffen muss. Kurz bevor er oben ist, rumpelt der Klumpen knirschend und alles zermalmend zurück in die Tiefe, und Sisyphos muss wieder von ganz unten beginnen. Wie Sisyphos rollen wir den Konsumstein schnaufend den Shopping-Hügel hinauf, verschnaufen oben einen Moment, gönnen uns eine Sekunde der Freude und, wusch, kullert der Klumpen mit Karacho wieder den Hang hinab. Was bleibt uns anderes übrig, als mit einem Bündel Geldscheinen wedelnd hinterherzurennen, zurück ins Tal der Langeweile, des Mehr-haben-Wollens?

Was für den unbedarften Zuschauer am Fuß des Berges aussieht, als sei der gute Sisyphos auf seine alten Tage etwas wunderlich geworden, ist für diesen ein genussvolles Workout: Mit Begeisterung spannt er seinen Shopping-Muskel an, damit jeder bewundern kann, wie er den Stein kraftvoll gegen die Schwerkraft, gegen alle Widerstände des Lebens zu bewegen vermag. Doch meist sind die Umstehenden gar nicht so aufmerksam, wie er es sich während der Plackerei ausmalt. Entweder beobachten sie gerade einen anderen Steineroller, schauen sich betreten, die Hände in den leeren Taschen vergraben, auf ihre Füße oder bugsieren gerade mal wieder ihre eigene Barschaft in den Shopping-Tempel auf dem Berg.

Auch der Soziologe und Berufszyniker Zygmunt Bauman vermutete, dass wir uns in der Rolle des Shopping-Sisyphos nicht etwa quälen, sondern gefallen:

„Als Wert an sich, und zwar als den allerhöchsten, empfinden die meisten Menschen von heute statt dessen den Zustand des Auf-der-Suche-Seins, in dem sie, von unerfüllten Sehnsüchten getrieben, zu endloser Bemühung, Träumen und der Hoffnung auf deren Erfüllung verdammt sind – obwohl er ihnen keine Ruhe lässt und den letzten Nerv raubt.“[199] Tja, liebe Götter, die Strafe hat wohl nicht so viel gebracht. Wir mühen uns ab – und haben auch noch Spaß daran. Wir kaufen ein und wollen irgendwie doch nicht, dass wir alles haben. Der Mensch ist schon ein paradoxes Wesen.

Ist Sisyphos nun also glücklich oder nicht? In einem alten griechischen Sprichwort heißt es: „Das Schönste ist die Gerechtigkeit, das Beste die Gesundheit, das Erfreulichste aber, zu erlangen, was man möchte.“[200] Nur ist damit längst nicht sicher, dass wir dann nicht bald noch mehr finden, was wir auch noch haben möchten. Mit unserem Besitz wollen wir Bewunderer anlocken, wir wollen Zustimmung, Liebe, Neid. Wir wollen noch mehr wir selbst sein. Und irgendwie genießen wir den süßen Schmerz, das Wohlweh des Masochismus. Mancher setzt sich Ziele, die er niemals erreichen wird, einfach, weil sich der Stein so schön anfühlt – und weil die Aussicht auf dem Hügel so atemberaubend ist.

Genug ist zu wenig

Wir leben im Zeitalter des Luxus. Selten hatten die Menschen in Mitteleuropa einen so hohen Standard. In Deutschland gibt es in jedem Durchschnittshaushalt mehr als vier Smartphones und ein Auto. In Japan sitzt der Überfluss sogar auf dem stillen Örtchen. Dort mag sich manch einer ein Leben ohne Toilette, die Musik abspielt und einen filigranen Springbrunnen Richtung unseres Allerwertesten sprudeln lässt, gar nicht mehr vorstellen. Und in den USA gönnen sich Wohlhabende den Luxus, dass andere für sie alle möglichen Aufgaben des Alltags übernehmen: die passenden Nahrungsergänzungsmittel in kleine Tütchen abpacken, in der Schlange anstehen oder die Wäsche von der Reinigung holen. Selbst mit ihrem Hund müssen sie nicht mehr selber spazieren gehen. Mit dem nötigen Kleingeld ist die Welt bequem und einfach. Noch vor einigen Generationen hätten sich die Menschen den Lebensstandard, den wir heute genießen dürfen, kaum träumen lassen. Aber wenn wir immer mehr haben, werden wir dann nicht auch immer ein bisschen glücklicher?

Die Antwort ist „Ja" – und „Nein". Wenn das Bruttoinlandsprodukt steigt, die Gesellschaft mehr Wohlstand erreicht, so nimmt die Zufriedenheit der Bevölkerung zu. Das stellte der Ökonom Richard Easterlin Mitte der 1970er-Jahre fest, nachdem er die Bewohner verschiedener Länder über einen längeren Zeitraum untersucht hatte. Dafür wertete er 30 Umfragen aus 19 Ländern aus, die zwischen 1946 und 1970 erhoben wurden.[201] Das nach seinem Entdecker benannte Easterlin-Paradox wurde Jahre nach seiner Entdeckung überprüft und bestätigt: Geht es der Gesellschaft besser, werden die Menschen glücklicher – allerdings nur bis zu einem gewissen Punkt.[202] Die Forscher stellten fest: Wenn „grundlegende Bedürfnisse gestillt sind, führt mehr Reichtum nicht zu mehr Glück."[203] Dasselbe passiert, wenn es nicht nur der gesamten Wirtschaft, sondern auch uns selbst finanziell besser geht: Verdienen wir wenig, sorgt jede Gehaltserhöhung für ein bisschen mehr Glück – bis unser Lebensunterhalt gesichert ist. Dann macht mehr Geld für unser Glück keinen Unterschied mehr.[204] Und dieser Punkt ist schneller erreicht, als wir denken. Der Ökonom Richard Layard kam zu dem Ergebnis, dass die magische Grenze bei 15.000 bis 20.000 US-Dollar liegt.[205] Wer mehr verdient, kann sich zwar teure Möbel und ein schnittiges Auto kaufen, aber nicht mehr Glück.

Spätestens hier wird deutlich, warum die Pleonexia und das Glück nicht zusammenpassen. Und dennoch wollen viele von uns mehr als 20.000 Euro im Jahr verdienen. Epikur hat dafür eine einfache, aber einleuchtende Erklärung: „Nichts ist ausreichend für den, dem das Ausreichende zu wenig ist."[206] Oder wie wir heute sagen würden: Einige kriegen den Hals nicht voll. Je näher wir uns an das Glück herankaufen wollen, desto weiter entfernen wir uns von ihm. Das vermuten auch der Wirtschaftshistoriker Robert Skidelsky und sein Sohn und Philosoph Edward Skidelsky in ihrem Bestseller „Wie viel ist genug?". Sie filtern aus dem Easterlin-Paradox etwas heraus, das sie als „individuelle Irrationalität"[207] bezeichnen. Diese entsteht, „weil die Menschen das langfristige Glück, das Konsumgüter ihnen bringen, überschätzen und die Zufriedenheit durch Muße, Bildung, Freundschaft und andere immaterielle Dinge unterschätzen."[208] Wir rasen mit Vollgas in die falsche Richtung, während wir fest davon überzeug sind, dass wir die Karte richtig gelesen haben.

Ein weiteres Problem unserer von Pleonexia durchzogenen Wirtschaftsordnung sehen die Skidelskys in einer zweiten Irrationalität, die darin besteht, „dass es zwar rational ist, an der Spitze der Pyramide stehen zu wollen, aber nach der Logik des Statuswettbewerbs nicht alle oben stehen können."[209] Wir können nicht alle Chef sein. Und nur die wenigsten von uns werden zum Star – während alle anderen kleine Lichter bleiben. Das wäre eigentlich auch kein Problem, wenn da nicht die Pleonexia wäre. Wir glauben, dass wir glücklicher wären, wenn wir schon nach ein paar Gitarrenstunden zu Rockstars würden. Wahrscheinlicher ist allerdings, dass wir einfach durchschnittlich begabte Hobby-Klampfer sind und durch diese unrealistische Erwartung unglücklicher werden.[210] Nur Durchschnitt zu sein, nur normal viel zu können oder zu besitzen, widerspricht der Grundidee unserer Wirtschaft: Wir sollen gefälligst immer mehr wollen. Mehr als andere. Wir müssen Chefin sein oder Rockstar. Und nicht schon als kleine Lichter glücklich sein. „Vom Wachstumsstreben zum Streben nach dem Glück überzugehen, bedeutet, ein falsches Ideal durch ein anderes zu ersetzen",[211] schreiben die Skidelskys. Sie fürchten, dass das Wachstum zum Gott unserer Zeit geworden ist – und dass das Wachstumsdogma auch vor dem Glück nicht Halt macht. Sie fürchten, dass Glück zu einem weiteren Konsumgut verkommen könnte. Denn wenn Wachstum keine Grenzen kennt, sich rücksichtslos durch das pralle Leben metastasiert, zehrt es bald den aus, der es nährt.

Geld um jeden Preis

Während wir angestrengt darüber brüten, wie wir es an die Spitze schaffen, vergessen wir manchmal, wer die Steine für die Pyramide schleppen muss. Ist es uns wichtiger, viel Geld zu haben, unseren Lebensstandard ständig zu verbessern? Oder wollen wir uns im Job verwirklichen und unsere Ideen zur Rettung der Welt verfolgen? Was ist zum Beispiel mit den Menschen, die ihre Brötchen damit verdienen, Waffen herzustellen? Bei ihnen scheint klar, für was sie sich entschieden haben. Selbstbewusst panzern sie sich mit Ausflüchten: „Wenn ich es nicht mache, dann macht's ein anderer." Damit ist das Bauen von Panzern und Revolvern aber längst nicht gerechtfertigt, sondern nur gesagt, dass es neben ihnen noch mehr Menschen gibt, die kein Problem damit haben, Waffen herzustellen. Während wir Crystal-Meth-Köche dafür verurteilen, dass Menschen an ihrem aus Batteriesäure und anderen handelsüblichen Chemikalien zusammenbrauten Werk elend zugrunde gehen, zahlt unsere Wirtschaft Waffenherstellern opulente Gehälter dafür, dass ihre Produkte Menschen möglichst effizient ins Jenseits befördern.

Was vom Band deutscher Waffenhersteller läuft, steckt längst nicht nur in den Holstern holsteinischer Provinzpolizisten. Panzer und Schusswaffen aus Deutschland reisen oft in südlichere Gefilde. Zum Beispiel in den Jemen. Acht Millionen Jemeniten hungern, 22 Millionen benötigen humanitäre Hilfe. Und immer wieder tauchen dort Waffen aus Deutschland auf, obwohl die Bundesregierung offiziell einen Exportstopp verhängt hat.[212] Wie sie dort hingelangt sind, ist ungeklärt. Was dagegen klar ist: Solange Waffen hergestellt werden, können sie auch genutzt werden. Der Grund dafür konnte die alte Überzeugung sein, dass im Krieg und in der Liebe alles erlaubt sei. Nur hat das mit Liebe entsetzlich wenig zu tun.

Während im Jemen laut dem Kinderhilfswerk UNICEF alle zehn Minuten ein Kind an den Folgen des Krieges stirbt,[213] können die Waffenerfinder mit ihren Sprösslingen beim Abendbrot sitzen und von ihrem Tag erzählen. Als hätten sie den ganzen Tag niedliche Cupcakes mit Zuckerperlen verziert. Oder erzählen sie, dass sie nun endlich die Formel gefunden haben, damit ihr Panzer noch mehr Menschen mit nur einer Sprengladung töten kann? Hier wird auf brutale Weise deutlich, warum Aristoteles die Pleonexia für eine Form der Ungerechtigkeit hielt: Während das Produkt der Arbeit in manchen Ländern großes Unglück verursacht, leben andere ein gutes Leben in Frieden – mit einem guten Gehalt auf dem Konto. Wären sie mit 20.000 Dollar im Jahr zufrieden gewesen, wäre die Geschichte vielleicht anders verlaufen.

Die Küche, der Porsche und die Opfer der Umstände

Aber selbst wenn wir unsere moralischen Überzeugungen nicht an der Schwelle zum Büro ablegen, kann das stete Streben nach mehr uns aufreiben. „Ein Hamsterrad sieht von innen aus wie eine Karriereleiter“, geht ein modernes Sprichwort. Auf dem Weg nach ganz oben verlieren wir uns jedoch nicht selten im steten Kreisen um uns selbst und merken gar nicht, dass wir nicht vorankommen. Und dennoch rennen wir los, um ganz nach vorne zu kommen. Denn an der Spitze der Pyramide winken Ruhm und Reichtum. Ob dort auch ein reines Gewissen zu finden ist, ist eine andere Frage. Vater und Sohn Skidelsky stellen fest, dass unsere Wirtschaft keinen Sinn für Gefühlsduselei hat.[214] In der modernen Marktwirtschaft ist das Glück kein Faktor. Psychologie ist nur für Werbetreibende interessant; sie hat nur eine Berechtigung, wenn sie dem Wachstum dient.[215] Nur die gezielt platzierten Werbebotschaften sollen Gefühle wecken und diese wiederum der Pleonexia den immer dicker werdenden Bauch kraulen, damit genug uns immer noch zu wenig ist.

Die Sucht nach mehr begnügt sich heute wie damals nicht allein mit Materiellem. Sie giert auch nach Lust. Seneca nahm an, dass die Sinne und die Lüste uns unruhig machen: Nach dem Empfinden von Lust wird die Seele „auf das Vergangene zurückblicken und in Erinnerungen an die verflossenen Sinnenfreuden sich über die vergangenen freuen und begierig warten auf die zukünftigen; sie lasse ihre Hoffnung Gestalt gewinnen, lenke ihre Gedanken auf das Zukünftige, während ihr Leib sich mästet in der Gegenwart."[216] Seneca empfand Mitleid mit Menschen, die so denken.[217] Nie können sie einfach nur den Moment genießen. Sie sind immer getrieben, immer auf der Jagd nach dem nächsten Kick. Ständig haben sie Angst, etwas zu verpassen, womöglich nicht das beste Leben zu leben, zu wenig zu feiern oder zu viel zu arbeiten, zu wenige Liebespartner zu haben oder die falschen, sich doch für das schlechtere Auto entscheiden zu haben …

Schon in der Antike glaubten viele Menschen, dass ihnen das Glück ins Haus flattert, wenn sie alle selbst gesteckten Ziele und Wünsche erreicht haben.[218] Dass wir Glück und erfüllte Wünsche immer noch gern gleichsetzen, verzückt unsere Wirtschaft: Sie produziert keine Güter, die unsere Bedürfnisse befriedigen sollen, sie produziert neue Wünsche. Und sie macht uns zu deren Sklaven. Dass das für die Werbung und damit für die Wirtschaft so wunderbar funktioniert, liegt daran, dass Menschen dazu neigen, mit ihren Einschätzungen danebenzuliegen. „Nicht der Bauch ist unersättlich, wie die Leute meinen, sondern die falsche Vorstellung von dem unbegrenzten Anfüllen des Bauches",[219] erklärte Epikur. Unser Schrank ist also gar nicht zu leer – wir glauben einfach nur, wir hätten nichts anzuziehen. Wir deuten die Tatsachen so, dass wir weiter einkaufen können. Wir interpretieren die Welt, als wollten wir gar nicht genug haben.

Der stoische Philosoph Epiktet teilte unsere Welt und alles, was sie uns bringt, in zwei Kategorien: „Können wir beeinflussen" und „können wir nicht ändern."[220] Er war fest davon überzeugt: „In unserer Gewalt sind Meinungen, Trieb, Begierde und Abneigung, kurz alles, was unser eigenes Werk ist."[221] Dass wir uns von der Werbung einwickeln und so manipulieren lassen, dass wir ihre Aussagen für unsere eigene Meinung halten, wäre für ihn keine Ausrede. Wenn wir Werbung sehen, egal wie gut oder psychologisch ausgeklügelt sie ist, haben wir es immer noch in der Hand, ob wir die Dinge tatsächlich kaufen oder nicht. Selbst wenn wir ein Produkt nahezu unwiderstehlich finden, können wir uns überlegen, ob wir es wirklich brauchen, ob wir es uns wirklich leisten können und ob wir es morgen auch noch mögen werden. Zumindest sollte es theoretisch so sein. Wäre da nicht die Pleonexia. Sie macht uns zu heimlichen Untertanen des Konsums und zu Opfern der psychologischen Werbekriegsführung. Denn selbst wenn wir eigentlich schon alles haben, gibt es immer etwas, was wir noch nicht haben – und dringend wollen.

Wie oft uns Bedürfnisse ins Bewusstsein zwicken und wie wir damit umgehen, wollten der Psychologe Wilhelm Hofmann und sein Team herausfinden. Sie baten 208 Menschen, viele von ihnen Studenten, ihnen immer dann eine Textnachricht zu schicken, wenn ihnen ein Wunsch über den Weg lief. Sie hatten Lust auf einen Kaffee? Das Smartphone gezückt und Bescheid gesagt. Der Laptop aus der Anzeige im Lieblingsmagazin spricht uns an? Schnell eine Nachricht an die Forscher schicken. Am Ende des Experiments kamen 7.827 Wunschbenachrichtigungen zusammen. Darunter waren einfache körperliche Bedürfnisse wie Durst und die Dreifaltigkeit des Quengelns: Hunger, Pipi und kalt, aber auch der Klassiker der Bedürfnisse am Nachmittag: unser guter alter Freund Schlaf. Direkt nach diesen Grundbedürfnissen kam in der Auswertung aller Wunschbenachrichtigungen der Drang, Mails zu checken, im Internet zu surfen oder Zeitung zu lesen. Auf dem Laufenden zu bleiben ist uns fast so wichtig wie die Bedürfnisse, die uns am Leben erhalten. Materielle Wünsche kamen erst danach, also nach dem Verlangen zu duschen oder sich die Zähne zu putzen, Sport zu treiben oder etwas Alkoholisches zu trinken.[222] Für die Studienteilnehmer waren materielle Wünsche keine dringenden oder häufig auftauchenden Bedürfnisse. Das mag auch daran liegen, dass uns der Wunsch nach einem Auto oder einer prunkvollen Behausung nicht unbedingt spontan anspringt, sondern langsam, aber sicher in uns wächst.

Doch egal wohin sich die Bedürfnisse richten: Die Stoiker empfanden die meisten Wünsche, die über Essen, Trinken und Schlafen hinausgehen, übertrieben. Sie glaubten, dass wir von jedem Wunsch auch erwarten, dass er in Erfüllung geht. Wenn das nicht passiert, sind wir enttäuscht und unglücklich.[223] Ganz wie die Witze, in denen man sich etwas von einer guten Fee wünscht und diese den Wunsch allzu wörtlich nimmt, empfehlen die Stoiker, vorsichtig mit dem zu sein, was wir uns wünschen. Denn wenn wir etwas wollen, das wir nicht haben können, werden wir quengelig – und das macht auf Dauer unglücklich.

Doch selbst wenn wir alle unsere Wünsche erfüllen können, scheinen wir in Sorge zu sein. Denn wenn wir keine Wünsche mehr haben, haben wir vielleicht auch nichts mehr zu erwarten. Wenn wir nichts mehr zu konsumieren haben, haben wir nichts mehr zu erleben. Also müssen wir hungrig nach mehr bleiben, um das Leben nicht satt zu haben. Wir lassen uns von der Werbung und den vielen Ideen in den Medien mit neuen, prächtig glänzenden Wünschen füttern, um weiterhin aus dem Vollen schöpfen zu wollen. Vielleicht ist das Problem, dass wir an der falschen Stelle nach dem Schatz graben: Wir wollen immer mehr, um endlich glücklich sein zu können. Doch egal wie viel wir kaufen, nichts kann uns wirklich glücklich machen. Zumindest nicht lange. Vielleicht scheitert die Fantasie, Glück kaufen zu können, an der Realität.

Überholt vom nächsten Modell

Manchmal wollen wir zu hoch hinaus, und sei es nur beim Stapeln von frisch gespültem Geschirr. Wenn eine waghalsige Tasse vom Stil des in eine Thermoskanne gesteckten Kochlöffels rutscht und auf dem Boden zerschellt, gibt es nur zwei Dinge zu tun: Erstens: einsehen, dass wir unsere Stapeltechnik überdenken sollten. Und zweitens: die Scherben zusammenfegen und entsorgen. Denn sobald etwas zerbricht, verliert es seine Funktion und damit seinen Wert. Während wir heute für ein paar Euro eine neue Tasse bekommen, galt ein edles Teeservice in Japan lange als Symbol für Reichtum, Luxus und Wohlstand. Die aus luxuriösen Materialien geschaffenen Teeschälchen mussten perfekt sein. Macken oder Makel waren ein Zeichen von Schwäche.

Bis im Zen-Buddhismus des 16. Jahrhunderts die Idee des *Wabi-Sabi* entstand. Was nach grüner Meerrettichpaste klingt, ist in Wirklichkeit das Gegenteil von blindem Konsum: *Sabi* bedeutet so viel wie alt, mit einer Patina überzogen und reif. *Wabi* stand ursprünglich für Einsamkeit oder Elend. In Verbindung mit Sabi hat sich das Wort mit einer anderen Bedeutung aufgeladen, ist melancholischer geworden und bedeutet mittlerweile so viel wie Demut vor der Natur. Wabi-Sabi ist die Schönheit des Älterwerdens, die Bewunderung des Fehlerhaften und Gebrochenen. Wabi-Sabi ist eine Verbeugung vor der Perfektion des Unperfekten, vor dem, was vom Leben und der Zeit gezeichnet und veredelt worden ist. Eine Idee, die uns heute abhandengekommen zu sein scheint.

Aus Wabi-Sabi entstand die Tradition des *Kintsugi*: Eine traditionelle Methode, um Keramik und Porzellan zu reparieren. Risse und Brüche verwandeln sich durch Kintsugi in wahre Kunstwerke. Dafür werden die einzelnen Bruchstücke mit Harz-Lack geklebt und fehlende Stücke mit einer Masse aus demselben, *Urushi* genannten Harz aufgefüllt. Das Besondere daran ist nicht nur, dass durch Kintsugi Zerbrochenes seine Funktion behält, sondern dass Gold, Silber oder Platin in die Harzmasse eingearbeitet werden. So macht jeder Riss die Keramik wertvoller.

Das Funkeln in den perfekt-unperfekten Fugen zwischen den Scherben verleiht den mit Urushi veredelten Schälchen und Kannen einen einzigartigen Charakter. Es ist fast, als könnten wir das Leben durch die goldenen Adern fließen sehen.

Der Gedanke, dass etwas Kaputtes eine solche Schönheit entfalten kann, kommt uns im Alltag dagegen eher selten. Wer den Klempner ruft, vermutet sicher kein mit Gold angereichertes Harz im Koffer des Handwerkers. Eine defekte Waschmaschine verwandelt sich nicht in ein vergoldetes Kunstwerk. Sie wird Sperrmüll. Und eine löchrige Socke stopfen wir nicht mit Platinfäden. Wir stopfen sie gar nicht. Wir werfen sie weg.

Dieses Verhalten hat Kritiker und Naturschützer dazu gebracht, uns den Titel Wegwerfgesellschaft zu verleihen. Sobald etwas einen Riss hat, erscheint es nutzlos, und wir werfen es weg. Während mit Kintsugi Gegenstände, die Menschen durch ein ganzes Leben begleiteten, mit ihnen reifer und edler wurden, haben sie heute kaum noch eine Bedeutung. Wir leben in einem scheinbar unendlichen Kreislauf aus Kaufen, Nutzen, Entsorgen, Ersetzen. Dieser Strudel des Dauerkonsums hängt allerdings nicht nur mit dem menschlichen Hang zur Pleonexia zusammen: Unsere Wirtschaft hat einen entscheidenden Anteil daran.

Geplante Obsoleszenz

Während Oma von den ersten Babywindeln bis zu ganzen Rucksackladungen von Wäsche aus dem waschmaschinenfreien Studentenzimmer alles in ein und derselben Waschmaschine gewaschen hat, gehen die Geräte heute meist schon in die Knie, -bevor der Nachwuchs reif für die Grundschule ist. Experten sehen den Grund dafür darin, dass die Qualität der verbauten Teile in den letzten Jahren stark gesunken ist. Oma stopfte schmutzige Kleidung noch in eine Trommel, die in einen Spülbottich aus Metall eingebettet war. Heute sind die meisten Spülbottiche aus Plastik. Das ist billiger, aber die Plastikteile gehen leichter kaputt. Kleine Steinchen oder andere Teilchen, die sich heimlich in die Wäsche geschlichen haben, können ein Loch in den Bottich schlagen. Außerdem läuft das Kunststoffteil Gefahr, mit den vielen Spülgängen porös zu werden. Sorgt der Bottich für eine Überschwemmung rings um die Waschmaschine, könnte der immer minderwertiger werdende Heizstab der Maschine ein vorzeitiges Ende nehmen. Die Reparatur einer solchen Maschine kostet oft so viel, dass es meist wirtschaftlicher ist, eine neue zu kaufen. Deshalb sinkt die durchschnittliche Lebenserwartung einer Waschmaschine von 20 oder sogar 30 auf fünf bis zehn Jahre.

Das Konzept dahinter geht zurück auf den US-amerikanischen Immobilienmakler Bernard London. Er hatte sich 1932 eine Strategie überlegt, um die USA aus der Wirtschaftskrise zu manövrieren: die geplante Obsoleszenz. London wollte die Menschen in die Läden treiben, indem die Dinge vorsätzlich so konzipiert wurden, dass sie zu einem gewissen Zeitpunkt ihren Dienst versagten.[224] Er stellte fest, dass die Fabriken genug Arbeitskräfte und Ressourcen hatten, um Waren herzustellen. Das Problem war, dass die Menschen ihren Kaufappetit verloren hatten. Um sie wieder hungrig nach Neuem zu machen, sollten die Produkte einfach schneller altern und früher funktionsunfähig werden. Dann müssten sie ersetzt werden – und die Menschen würden frisches Geld in den nun wieder brummenden Markt stecken.

Schon bevor London seine Idee zu Papier brachte, setzt ein Kartell sie bereits um: In den 1920er-Jahren sprachen sich die Glühbirnenhersteller ab. Sie beschlossen, die Lebenszeit ihrer Produkte gezielt zu verkürzen. Deshalb geht unseren Lampen heute nach einigen Jahren das Licht aus. Dass das nicht sein muss, zeigt eine der ersten Glühbirnen überhaupt: Sie funzelt, mit nur zwei kurzen Unterbrechungen für Umzüge, bis heute seit über einem Jahrhundert mit vier Watt vor sich hin. Die lange Lebensdauer der Birne ruinierte den Herstellern das Geschäft. Osram, Philipps, General Electric, Tungsram und einige andere Unternehmen einigten sich 1924 auf das sogenannte Phoebuskartell. Damit legten sie eine Maximallebensdauer ihrer Produkte fest: 1.000 statt 2.500 Stunden. Wer dagegen verstieß, musste Strafe an das Kartell zahlen. Mit ihrem Beschluss leiteten sie die erste dokumentierte Schlacht für die geplante Obsoleszenz ein. Eine Verschwörungstheorie besagt, dass dieses Kartell nie verboten oder zerbröckelt sei, sondern bis heute weiterexistiere und Patente für deutlich langlebigere Modelle aufkaufe, um sie unter Verschluss zu halten. Überprüfen lässt sich das kaum. So oder so: Die dunklen Machenschaften hinter der Glühbirne werfen ein anderes Licht auf unsere heutige Marktwirtschaft.

Die geplante Schwachstelle in unseren Köpfen

Ebenfalls in den 1920er-Jahren, ebenfalls in der Wirtschaftskrise und ebenfalls zu dem Zweck, die Wirtschaft anzukurbeln, beschloss der damalige Präsident des Autokonzerns General Motors, Alfred Sloan, uns bei unserer natürlichen Tendenz zur Pleonexia zu packen. Um die Kauflust der Menschen zu pushen, erfand Sloan das, was wir heute als psychologisches Marketing bezeichnen würden. Seither müssen Dinge gar nicht erst kaputtgehen, damit wir sie ersetzen wollen. Er sorgte dafür, dass die Menschen ab und zu ein neues Auto kaufen möchten – auch wenn das alte sie noch sicher und bequem von A nach B bringen könnte. Sloan veranlasste, dass Cadillacs alle paar Jahre in neuen Trendfarben vom Band rollten. Die alten

Töne wurden zum unübersehbaren Zeichen dafür, dass die einst stolzen Besitzer von der Mode überholt wurden. Die ausrangierten Gebrauchtwagen wurden zum rollenden Grundstein der Wegwerfgesellschaft. Neue Formen und Farben der Karosserie weckten den Wunsch, das neue Modell zu besitzen. Ganz gleich, ob sich das, was unter Lack und Blech steckte, kaum weiterentwickelt hatte. Sloan bediente so das ästhetische Verlangen nach Neuem. Viel stärker fütterte sein Marketingstreich aber das Bedürfnis, einen gewissen sozialen Status nach außen zu tragen: Wer sich das neueste Modell leisten konnte, hatte es geschafft. Der hatte Geld und Geschmack – und Neider am Straßenrand.

Dieser Trick funktioniert bis heute und beschränkt sich keineswegs auf Automobile. Die Zeit, bis ein Smartphone oder Computer von seinem Nachfolgemodell abgelöst wird, wird immer kürzer. Früher dauerte es Jahrzehnte, bis ein neues Fernsehgerät auf den Markt kam, heute sind es nur wenige Monate, bis ein Smartphone seinen Vorgänger aus dem Regal schubst. Wenn wir mit dem Trend mithalten wollen oder uns sogar als Vorreiter sehen, dann müssen wir zugreifen, so schnell es geht. Und wenn uns das noch nicht überzeugt, helfen die Geräte selbst irgendwann nach: Nach einigen Jahren lassen sich neue Apps und Programme auf vielen älteren Geräten nicht mehr installieren. Die Software macht die Hardware unbrauchbar. Ob etwas veraltet ist, können wir nicht messen oder berechnen. Das Veralten passiert im Kopf. Und dahinter steht eine alte Bekannte: die Pleonexia.

Wenn sich die Technik weiterentwickelt, mischen sich die beiden Formen der geplanten Obsoleszenz: Eine DVD passt zwar in einen Video-Player – abspielen kann man sie damit aber nicht. Längst haben wir uns daran gewöhnt, dass Schallplatten von Kassetten, Kassetten von CDs, CDs von MP3 abgelöst werden. Und wir haben uns daran gewöhnt, immer schneller zu kaufen. Doch die Pleonexia gibt uns bei allem Eifer immer wieder das Gefühl, beim Tempo der Fortentwicklung nicht Schritt halten zu können. Was wäre aber, wenn wir aus dem Wettrennen einfach aussteigen – und uns ganz bewusst abhängen lassen? Oder wenn wir den Riss im Display unseres Smartphones mit den Augen des Wabi-Sabi betrachten? Wir müssen den Kratzer ja nicht gleich mit Goldharz auffüllen. Aber wir können jede Schramme als Trophäe betrachten und Dinge wieder wertschätzen. Auch wenn sie älter sind und Gebrauchsspuren haben. Denn wenn wir unseren Besitz so betrachten können, bringen Scherben wirklich Glück.

Mode für eine verbesserte Persönlichkeit

Tragen wir unseren Reichtum als Goldschmuck um den Hals oder als diamantene Manschettenknöpfe am Handgelenk, zeigen wir anderen: Wir haben Geld. Vielleicht sogar Stil – auch wenn beide nicht immer zwingend im Doppelpack auftreten. Wenn wir dagegen verschlissene Jeans, Flipflops und ein verwaschenes T-Shirt mit dem Porträt des rauchenden Bob Marley darauf zu unseren Lieblingsklamotten zählen, erzählt unser Aussehen eine ganz andere Geschichte. Fest steht: Kleider machen Leute. Wer wir sind und worauf wir im Leben Wert legen, zeigt sich auch an unserer Kleidung.

Die Wahl zwischen ausgelatschten Sneakern und frisch gefetteten Lackschuhen trägt jedoch nicht nur unsere Persönlichkeit und nicht selten auch unseren sozialen Status deutlich sichtbar nach außen. Sie zeigt auch, ob wir mit der Mode gehen – oder eben nicht. Seine Irritation darüber, dass wir auch der zweifelhaftesten Mode grinsend und mit den Geldbündeln nur so wedelnd hinterherrennen, schrieb sich der Dichter Erich Kästner in seinem scharf beobachteten Gedicht „Sogenannte Klassefrauen" aus der Seele: „Plötzlich färben sich die Klassefrauen, weil es Mode ist, die Nägel rot! Wenn es Mode wird, sie abzukauen oder mit dem Hammer blauzuhauen, tun sie's auch. Und freuen sich halbtot." Wir sind lieber halb tot als aus der Mode.

Lange Haare, Mittelscheitel und ein Hut mit breiter Krempe: Wer den aktuellen angesagten Look nachstylt, gehört dazu. Wir kennen uns aus, wir nagen am Zahn der Zeit. Durch Social Media und Modemagazine verwandeln sich junge Menschen reihenweise in bis zur Unscheinbarkeit uniformierte Modepuppen. Und das freiwillig. Dass sie dabei wie austauschbare Abziehbilder wirken, ist kein Zufall. Denn Mode heißt, vom Lateinischen *modus* abstammend, so viel wie Maß, Art oder Gemessenes.[225] Mode ist das Maß aller textilen Dinge. Sie gibt die Richtung vor, ist das Vorbild für unsere Schrankfüllung. Sie schreibt die Spielregeln und schreibt sie ständig neu: Pluderhose oder Hotpants, Leinentoga oder Ballonseide. Ob wir uns morgens die Minipli-Locken in Form zupfen oder einen schnurgeraden Scheitel ziehen: alles eine Frage der Mode. Sie spiegelt den Geist der jeweiligen Zeit wider.

Während sich Klassiker wie handgefertigte Halbschuhe, schlichte weiße Blusen oder Lederkoffer der Mode entziehen und zu fast jeder Zeit für guten Stil stehen, sind Moden flüchtig und schnelllebig. Sie zeigen voll Hohn auf all jene, die in einem vergangenen Trend so aufgegangen sind, dass sie den Absprung in den nachfolgenden verpasst haben. Wie der Phoenix aus der Asche lässt sich Mode bis zur Lächerlichkeit veralten, sie vernichtet sich selbst und erfindet sich wieder neu. Oder wärmt im Zweifelsfall einen alten Trend wieder auf. So schafft Mode es, dass wir vor einem proppenvollen Kleiderschrank stehen und nichts zum Anziehen haben. Jedenfalls nichts, das wir anziehen wollen.

Die Modeindustrie, das Marketing und unsere Mitschüler, Freunde und Kollegen trainieren uns darauf, uns mit einer eigentlich noch völlig tragbaren, aber etwas aus der Mode geratenen Garderobe unvollständig oder zumindest unwohl zu fühlen. Manch einer wird so wieder und wieder zum Kunden und verhält sich, um es mit Aristoteles' Worten zu sagen, dem Markt gegenüber völlig sklavenhaft.[226] Alle paar Monate müssen wir uns selbst komplett revolutionieren, um mithalten zu können – in einem Wettrennen ohne Ziel.

Früher war mehr Lametta – und weniger Ikea

Weil viele von uns gern mit der Mode gehen, haben Hersteller und Werbetreibende leichtes Spiel: Sie geben vor, wann etwas out ist – und wir holen uns Nachschub von dem, was gerade in sein soll. Als sei es ein Naturgesetz. Anbieter von Billigklamotten befriedigen das Bedürfnis nach schnell austauschbarer Kleidung. Sie ist günstig und hält meist nur so lange wie der Trend, der sie hervorgebracht hat. In kaum einem anderen Lebensbereich rotiert die Mode so schnell wie in unserer Garderobe.

Dass sie unersättlich ist und sich deshalb durch immer mehr Bereiche unseres Lebens frisst, merkte ich das erste Mal, als ich als frisch Pubertierende einige Tage lang an die Wand starrte: Mitte der 1990er kauften meine Eltern ein damals über 40 Jahre altes Haus. Um das neue Heim zeitgemäß einzurichten, schälten wir Modegeschichte von den Wänden. Die Vorbesitzer hatten in jedem Jahrzehnt der Mode Rechnung getragen und eine neue, modische Schicht Tapeten an die Wand geklebt. Mit Spachtel und lauwarmem Wasser machten wir eine Zeitreise in die Vergangenheit: schrille Farben mit Bordüren, wirre Paisleymuster über dicht an dicht gedrängten Blümchen, darunter geometrische Muster in Dunkelgrün und Orange. An unseren Wänden klebte der Geschmack vorangegangener Generationen.

Es waren fast dieselben Muster und Farben, die auch im Haus meiner Großeltern für einen modischen Anstrich sorgten. Doch während die Tapeten alle zehn Jahre durch neuere, noch wildere Muster ersetzt wurden, blieb der Rest der Wohnung immer gleich: Meine Großeltern heirateten wenige Jahre nach dem Krieg, zogen zusammen und richteten sich mit neuen Möbeln ein Zuhause für ihr gemeinsames Leben ein. Zwischen diesen Möbeln lernten sie sich immer besser kennen, brachten ihren Kindern laufen, sprechen und lesen bei, erlebten das Wirtschaftswunder, Kindstaufen und Hochzeiten, nahmen von Freunden und Verwandten Abschied und feierten über 120 Geburtstage zusammen. Alles am selben Küchentisch, der mit ihnen kurz nach dem Krieg in ihr kleines Haus eingezogen war. Über 60 Jahre lang lebten sie mit einem schlichten, ausziehbaren Esstisch, den meine Oma voll Scham vor den Blicken gelegentlicher Gäste unter einer handbestickten Decke versteckte. Über 60 Jahre verschüttete dieselbe Eiche-Rustikal-Stehlampe ihr klebriges Licht auf die Wohnzimmergarnitur. Dieselben Christbaumkugeln, sogar das Lametta wurde jahrelang aufgebügelt. Dasselbe Marienbild an der Wand, dasselbe Porzellan für den Kaffee. Nur die Menschen auf dem Sofa änderten sich. Manche kamen, andere gingen. Haare wurden grau, Brillen, Lupen und Hörgeräte tauchten irgendwann auf dem Couchtisch auf. Und doch schien es, als sei die Zeit im Haus meiner Großeltern stehen geblieben. Ihre Wohnung wehrte sich wie eine kleine Festung gegen den Druck der Mode. Ein Mini-Bollwerk, das sich bis heute tapfer dagegen sperrt, etwas wegzuwerfen, das noch gut ist. Auf dem man noch bequem sitzen kann. Aus dem man noch Getreidekaffee trinken kann.

Meine Großeltern waren noch nie bei Ikea. Und warum sollten sie auch? Sie haben ja schon Möbel. Ein, zwei Generationen weiter bügelt keiner mehr übers Lametta. Die Möbelhäuser haben genug Dekoration auf Lager. Einmal im Jahr druckt Ikea 203 Millionen Kataloge in 35 Sprachen für 52 Länder.[227] Möbel-Mode auf über 300 Seiten: Bettwäsche, Sessel und bedruckte Tassen in schwedisch-sachlichem Design für ein gemütliches Zuhause. Für ein modisches Zuhause. Und mit den hippen Vasen und Platzsets macht es sich auch die Pleonexia in unserer guten Stube gemütlich.

Schick in Paris und jung im Kopf

Unser Verlangen nach der hipsten Frisur, dem neuesten Smartphone und dem angesagtesten Auto ist unserem angeborenen Drang nach Neuem geschuldet. 2006 zeigten die Neurologen Nico Bunzeck und Emrah Düzel, dass die sogenannte *Substantia nigra* oder, genauer, die *Area ventralis*, eine Zellgruppe, in der Motivation und Belohnung verarbeitet werden, durch Neues angeregt wird.[228] Wir wollen das Neue, damit unser Gehirn uns dafür belohnt. Insofern scheint unser Bedürfnis nach Mode tatsächlich einem Naturgesetz zu entsprechen. Aber auch wenn die Mode-Industrie diesen Umstand nach Kräften ausnutzt, sind wir längst nicht dazu verdammt, mitzuspielen. Unserem Gehirn ist es egal ob wir etwas Neues anziehen, etwas Neues kaufen oder etwas Neues lernen. Die Belohnung gibt es immer – Hauptsache neu.

Statt alle paar Jahre unsere Couch auf den Sperrmüll zu werfen, könnten wir genauso gut eine neue Sprache lernen, mit dem Klavierspielen anfangen oder einen Tauchschein machen. Das mag vielleicht nicht so schnell gehen, der positive Effekt auf unser Gehirn ist jedoch deutlich nachhaltiger. Wenn wir unser Gehirn auch im Alter noch mit neuen Informationen füttern, ihm neue Fähigkeiten abverlangen, wenn wir uns mit Mitte fünfzig endlich für den Rock'n'Roll-Tanzkurs anmelden, den wir schon immer machen wollten, altert unser Gehirn langsamer.[229] Wir vergessen weniger. Und: Wir nehmen unser Alter eher als Bereicherung denn als Gefängnis wahr. Diese Wirkung hat kein Pullover der Welt.

Dass der Befreiungsschlag gegen die Sklaverei der Mode zu mehr Stil führen kann, beweisen Pariserinnen seit Jahrzehnten. In der Stadt, in der Prêt-à-porter und Haute Couture keine Widersprüche sind, ist Mode längst nicht immer Mode: Der besondere Charme der französischen Art sich zu kleiden, ist einfach: Qualität ist schick. Und zeitlos muss es sein. Keine Pariserin möchte riskieren, sich mit einem aus der Mode geratenen Outfit der Lächerlichkeit preiszugeben. Sie setzen auf Klassiker statt auf schnell verblühende Trends: flache Schuhe für die endlosen Wege der Metro, eine hochwertige Handtasche, die groß genug ist, einen Laptop, eine Wasserflasche und die schwarzen, handgemachten Pumps für das After-Work-Date zu fassen. Sie werten das schlichte Büro-Outfit im Handumdrehen zu einem Blickfang auf. Im Winter wärmt ein Kaschmirpulli, im Sommer sorgt eine weiße Bluse für die nötige Lüftung. Billige oder gebleichte Jeans sind dagegen ein No-Go: Sie sind schlecht für die Arbeiter, die sie herstellen, und für die Umwelt, gehen schneller kaputt – und sehen oft schlampig aus. Jedes Teil passt zu jedem anderen im Schrank. Alles klassisch, alles zeitlos. Den höheren Preis für die hochwertigeren Stücke gleicht die reduzierte Anzahl an Hosen und Blusen aus. Denn wenn alles zusammenpasst, brauchen wir weniger Kleidung, um gut gekleidet vor das Haus zu gehen. Hier und da einem Trend zu folgen, schadet kaum einem. Sich ungezügelt dem Neuen zu unterwerfen dagegen schon.

Mit Perfektion ins Unglück

Mehrstöckige Torten, die Fondant und Zuckerfigürchen in essbare Märchenschlösser oder Piratenschiffe verwandeln, zieren den Esstisch. Thematisch darauf perfekt abgestimmte Girlanden schmücken den Raum um das cremig-zuckrige Kunstwerk herum. Eine Horde kleiner Ästheten drängt sich kreischend und johlend um den Tisch. Die Geburtstagsfeier ist das soziale Event im Leben eines Kindes. Ein Tag zwischen Spielen und Geschenkpapier. Ein Tag im Zuckerrausch. Am nächsten Tag kommt dann die Abrechnung. Doch nicht etwa, weil ihnen Cola und Kinderpunsch einen Kater verpasst hätten, sondern weil die Feier in der Schule zu Zahlen zusammendestilliert wird: Wie viele Kinder waren da? Wie viele Geschenke gab es? Mehr als bei Paul? Der Geburtstag wird zum Barometer für die Kaufkraft von Verwandten und Freunden – und für Beliebtheit. Schon im Grundschulalter lernen wir: Wer reich beschenkt wird, gehört zu den Helden der Klasse. Dahinter zurückbleiben will niemand. Hat Tante Steffie uns etwa nicht lieb genug, um noch eine zweite Barbie springen zu lassen? Warum waren zu Emmas Geburtstag so viel mehr Kinder eingeladen? Und die waren im Freizeitpark – der perfekte Kindergeburtstag …

Wir gewöhnen uns schon früh an die Messlatten unserer Gesellschaft. Wir lernen schnell, dass wir wenig andere Optionen haben, als die perfekte Party zu schmeißen, die perfekten Geschenke zu bekommen – perfekt zu sein. Und wir lernen, diese Latte mit unseren kurzen Ärmchen so hoch zu legen, dass wir sie möglichst niemals erreichen. Der Vergleich vergräbt das Glück im Kinderzimmer, unter abgerissenen Girlanden, Geschenkverpackungen und neuem Spielzeug.

Sterben in Schönheit

Der Perfektionismus macht es sich schon in jungen Jahren in unserer Seele gemütlich. Wenn wir wachsen, wächst er mit uns und dehnt sich auf immer mehr Bereiche unseres Lebens aus. Gerade ehrgeizige Menschen bezeichnen sich oft als Perfektionisten. Sie wollen von allem nur das Beste: einen makellosen Körper, die perfekte Ehe, perfekte Kinder, die Traumkarriere. In den letzten Jahrzehnten lassen manche Medieninhalte den Perfektionismus in uns noch ein bisschen mehr auflodern. Sie versuchen, uns die Überzeugung unterzuschummeln, dass beim Menschen alles stimmen muss, damit er glücklich werden kann. Kaum etwas lässt uns schneller erschaudern als der Durchschnitt oder der Umstand, belanglos zu sein. Als sei diese Einstellung eine ehrenvolle Auszeichnung für ihre Arbeitsmoral und beachtliche Leistungsbereitschaft. Doch zwischen dem Streben nach Höchstleistungen und Perfektion verläuft ein schmaler Grat. Wir können unser Schaffen ernst nehmen und sehr Gutes leisten, ohne Perfektionisten zu sein.

Meist entspringt Perfektionismus auch gar nicht der Absicht, ein möglichst gutes Ergebnis zu erzielen, sondern dem Wunsch, den eigenen Wert zu erhöhen. Perfektionismus weidet sich an unseren Ängsten: an der Angst, zu versagen, nicht gut genug zu sein. Nicht geliebt zu werden, weil wir es einfach nicht wert sind. Deshalb können viele Perfektionisten es einfach nicht gut sein lassen. Sie wollen immer noch mehr und noch besser. Die Pleonexia richtet sich gegen sie selbst und frisst sie heimlich von innen auf. Wie Untersuchungen zeigen, sind Perfektionisten im Schnitt viel unglücklicher als weniger ambitionierte Menschen. Sie neigen zu Angst- und Essstörungen und zu Depressionen.[230] Der Perfektionismus erstickt jede Kreativität und, schlimmer, die Freude an dem, was wir tun. Nicht selten bringt er die Betroffenen gar nicht weiter. Studien zeigen, dass erfolgreiche Menschen meist gar nicht so perfektionistisch veranlagt sind.[231] Sie beißen sich nicht an Details fest. Perfektionisten stressen sich dagegen mit Kleinigkeiten, verzetteln sich. Von negativer Kritik lassen sie sich überrollen, gönnen es sich aber nie, sich über ein Lob oder einen Erfolg zu freuen. Sie freuen sich nur, dass sie diesmal nicht gescheitert sind. Perfektionisten neigen dazu, in Schwarz und Weiß zu denken: Entweder ist es perfekt oder es ist nichts wert. Es gibt nur Vollendung oder Versagen. Viel Platz für Glück lässt eine solch perfekte Welt nicht.

Wer erkennt, dass er sich damit keinen Gefallen tut, findet sich bald auf der Couch eines Therapeuten wieder. Und ist damit längst nicht allein. Psychiater und Psychologen behandeln immer mehr Menschen wegen Selbstwertproblemen. Die Patienten glauben, dass sie den überhöhten Erwartungen unserer Zeit nicht gewachsen sind. Wir gönnen uns kein bisschen Glück, bis wir endlich perfekt sind. Doch gerade das Gefühl, einen Wert zu haben, es wert zu sein, ist für das Glück entscheidend. Statt unsere vermeintlichen Macken als Teil von uns zu akzeptieren und vielleicht sogar zu mögen, blättern wir lieber durch Hochglanzmagazine und saugen gierig Bilder aus den Social Media auf. Vielleicht können wir dort ja lernen, wie wir endlich perfekt werden können. In Wahrheit finden wir dort nicht den Schlüssel zu Perfektion und Glück, sondern den Brandbeschleuniger für das sengende Feuer unserer Selbstzweifel. Der Psychologe Douglas Kenrick zeigte Probandinnen eine Reihe von hübschen weiblichen Models. Davor und danach sollten sie ihre Stimmung beschreiben. Selbst wenn die Frauen vorher beste Laune hatten, war es nach den Bildern der perfekten Körper damit vorbei. Wenn sich heterosexuelle Männer weibliche Models ansahen, bekamen sie zwar keine Komplexe, aber sie waren unzufriedener mit ihrer Partnerin.[232] Die retuschierten Idealbilder von jungen Frauen in Bikinis, die uns im Vorbeigehen von Plakaten entgegenlächeln, machen vielleicht nur einige an, aber sie machen alle unzufrieden.

Wie die Werbung den Mundgeruch vertrieb

Irgendwann wollen wir alle mal besser sein, als wir sind. Wir wollen uns ständig steigern, wollen zur besten Version unserer selbst werden. Dass wir an uns selbst wachsen wollen, ist an und für sich eine gute Sache. Doch genau hier packt uns die Werbung. Sie packt uns direkt bei unserem Drang zur Selbstoptimierung. Unser Hang zum Perfektionismus lässt das Geld in unseren Taschen geradezu verdampfen. So verkauft die Werbung Lösungen für Probleme, die sie selbst erfunden hat. Eine Gruppe von Werbestrategen überlegte sich einst, dass Mundgeruch Giftgas für unsere Freundschaften und vor allem für unser Liebesleben sei. Als Perfektionisten wollen wir aber gern attraktiv und anziehend wirken – und nicht mit dem ersten Wort die Menschen zu einer flacheren Atmung bewegen. Die Lösung kommt aus der Tube: Mit Zahnpaste verschwinden die fiesen Bakterien, die unseren Mund zu einer würzigen Herausforderung machen. „Gern geschehen", denken sich die Werbetreibenden. Mit den Zahnpastatuben verkaufen sie ein Mittel gegen Unsicherheit und Selbstzweifel. Denn ein paar Jahre zuvor putzte sich kaum jemand die Zähne. Erst seitdem wir uns dann und wann heimlich in die Hand hauchen, wächst die Nachfrage nach Produkten, die einen guten Duft im Mund, unter den Achseln und unter unseren Füßen garantieren.

Wir kaufen keine Tütensuppe, wir kaufen das wohlige Gefühl, das wir an Omas Küchentisch hatten. In der Werbung geht es dagegen oft einfach nur um Äußerlichkeiten. Unsere Shoppingcenter versprechen Glück, verkaufen aber keinen Sinn. Mode, Fitness und Make-up versprechen uns, beliebt und attraktiv zu sein, Freunde kaufen wir uns mit dem Lidschatten aber nicht. Und bei dem neuen Auto sitzt die Liebe unseres Lebens auch nicht automatisch auf dem Beifahrersitz. Wenn wir mit unserem Charakter nicht überzeugen, hilft all das Zeug nur kurzfristig. Eine fleckige Haut lässt sich länger überschminken als ein kümmerlicher Charakter.

Wer glaubt, dass mit dem edlen Parfum und den schicken Designerschuhen auch ein neues Selbstbild im Einkaufskorb landet, der macht sich zum Mastvieh der Werbetreibenden. Alles wird uns so verkauft, als hätte es die magische Fähigkeit, uns von jetzt auf gleich glücklich zu machen. Eigentlich will uns die Werbung gar keine Rasierer, keine Fahrradklingeln, die „Muh“ machen, oder Kapuzenpullis verkaufen – sondern Glück. Nüchtern betrachtet wissen wir, dass das Blödsinn ist. Und dennoch fallen wir drauf rein.

Warum habe ich kein Sixpack?

Wir leben in visuellen Zeiten. Unsere Medien protzen mit großformatigen Fotos. Aus den Social Media strahlen uns professionell bearbeitete Urlaubsfotos, Selfies und appetitliche Speisen entgegen. Das gute alte Fernsehen bekommt Konkurrenz durch Videoplattformen. Überall Bilder. Und wir können uns kaum sattsehen. Bilder sind leicht zu verdauende Kost. Ein Blick genügt, und schon können wir uns vergleichen: Können wir auch so strahlend lächeln wie die junge Frau vor dem Wasserfall? Haben wir auch so viele Ferraris in der Garage wie die Superreichen aus dem Reality-TV? Vermutlich haben wir einen oder zwei Sportwagen weniger. Die Chancen, dass uns das zumindest etwas wurmt, sind groß. Denn was für Hoffnungen und Wünsche wir haben, sogar wer wir sein wollen, hängt von dem ab, was wir um uns herum so sehen. Wenn wir ständig perfekt gestylte Menschen mit wunderschönen Gesichtern und durchtrainierten, schlanken Körpern sehen, glauben wir, dass wir auch so aussehen müssen. Um von anderen geschätzt zu werden. Und um glücklich zu sein.

Je mehr Fernsehen wir schauen, desto wichtiger sind uns die Meinungen anderer Menschen. Und desto leichter können wir uns mit einer Masse an anderen Menschen vergleichen. Deshalb vermuten Psychologen und Soziologen zunehmend, dass bestimmte TV-Programme tendenziell unglücklich machen. Aber nicht nur das Fernsehen, auch die leichte und vor allem bildreiche Kost aus dem Internet macht uns gieriger und unglücklicher zugleich. Vielleicht nutzen wir Facebook, Instagram und Co. auch als digitales Fotoalbum, mit dem wir uns selbst an unsere schönen Erlebnisse erinnern können. Es ist eine fein säuberlich kuratierte Auswahl an Bildern und Videos. Das peinliche Foto, auf dem sich unser Bäuchlein heimlich zwischen T-Shirt-Saum und Hosenbund in die Freiheit geschummelt hat, das bleibt schön auf unserer lokalen Festplatte liegen.

Wir möchten unseren digitalen Freunden zeigen, dass es uns gut geht. Mit unseren Fotos sagen wir ihnen: Das Leben hat uns reich beschenkt. Und irgendwie sagen wir es damit auch uns selbst. Dafür brauchen wir vor allem eines: Bilder. Das zeigt auch ein Blick in die graue, bilderlose Vergangenheit der Social Media: Vor Facebook gab es bereits LiveJournal, eine Plattform der frühen 2000er-Jahre mit einer strengen Datenschutzpolitik. Die Nutzer melden sich mit Pseudonymen an, Profilbilder gibt es nicht. Die User verstecken ihr reales Ich hinter einem Avatar. Das war zur Entstehungszeit von LiveJournal üblich – bis Facebook dem Internet ganz viele Gesichter schenkte. LiveJournal ist eine Art Onlinetagebuch, in dem die Menschen die Höhen und Tiefen ihres Lebens teilen. Ähnlich wie in Foren geben sich völlig fremde Menschen praktische Tipps und emotionale Hilfe. Werbung finden sie auf LiveJournal nicht. Auch leicht eingängige Bilder, die uns neidisch machen und zur Perfektion anstacheln könnten, suchen wir dort vergeblich.

Allerdings scheinen wir uns auch in der digitalen Welt lieber mit Menschen zu umgeben, die ein Gesicht, einen echten Namen und vielleicht sogar Urlaubsfotos bei sich haben. So lief Facebook LiveJournal schnell den Rang ab. Und das, obwohl manch einer all die Menschen, die sich auf Facebook unter der Kategorie „Freunde" finden, gar nicht kennt oder nicht mag. Im Schnitt hat jeder der rund 32 Millionen deutschen Facebook-Nutzer[233] 338 Freunde.[234] Freundschaft 2.0 folgt einer anderen Definition als Freundschaft vor der Geburt der sozialen Medien. Ein bisschen ist das Internet wie ein Kindergeburtstag: Wir messen unseren Wert als Mensch daran, wie viele Menschen mit uns feiern – und in der digitalen Welt zu uns stehen.

Das perfekte Ich in Pixeln

Wie beim Theater gibt es auch in unserem Leben ein Im-Rampenlicht-Stehen und ein Hinter-der-Bühne-Hocken. Beide Welten sind ein Teil von uns, und doch können sie unendlich weit auseinanderliegen. Im Kampf um digitale Herzchen und hochgereckte Daumen füllen wir unsere Profile mit akkurat aufgebügelten Fotos, als müssten wir nicht nur Unbekannte im Netz, sondern auch uns selbst davon überzeugen, wie schön unser Leben ist. Zumindest mit dem richtigen Bildbearbeitungsprogramm. Der Haken bei der Sache: Wir schauen uns nicht nur unsere eigenen Bilder an. Hauptsächlich sehen wir das, was andere posten. Deshalb beschäftigt etwas seit einigen Jahren die Psychologen, das sie Facebook-Depression nennen.[235] Je mehr wir posten, liken und scrollen, desto schneller schrumpelt unser Glück zu einem traurigen Klümpchen zusammen, für das wir uns selbst bestimmt kein Like mehr geben würden. Im realen Leben fühlen wir uns glücklicher, wenn wir unsere Freunde treffen. Die Begegnung mit unseren Cyber-Freunden hat den umgekehrten Effekt. Denn vieles, was wir von ihnen sehen, ist mehr als ein kurzes Hallo. Vieles ist Marketing, vieles schöner Schein. Während durch das Internet unsere Welt und unser Wissen unendlich groß zu werden scheinen, wird das Blickfeld manch eines anderen so klein, dass er nur noch sich selbst sehen kann.

Der Trend ist noch recht jung, sich bei jeder sich bietenden Gelegenheit selbst zu fotografieren. Mit dem immer gleichen Repertoire an Gesichtsausdrücken: egal ob vor dem Himalaya oder dem heimischen Badezimmerspiegel. Es erinnert an Kinder, die sich auf einem Karussell um sich selbst drehen und immer wieder nach den Eltern rufen: „Hier, schau mich an. Erfreue dich bis zur Besinnungslosigkeit an meiner Existenz.“ Die Welt rast am Karussell vorbei, viel zu schnell, um von den Augen eingefangen zu werden. Zu schnell, um jemand anderen als sich selbst zu sehen. Was zeigen all die Selfies? Hübsch retuschierte Mädchen mit einer Auswahl von drei, vielleicht vier Posen und Gesichtsausdrücken. Immer mit den neusten Klamotten. Sogar die Körperhaltung und ob die Tasche nun nonchalant in der Armbeuge baumelt oder direkt unter die Achsel geklemmt wird, scheint bestimmten Moden zu folgen. Wir scrollen uns durchs Netz, doch statt unendlicher Weiten finden wir nur eine überraschende Gleichförmigkeit. Aber statt uns zu langweilen, fühlen wir uns schlecht. Facebook-Depression eben. Wir glauben, wir müssten auch so aussehen wie die Fitness-Adonisse und Handtaschenbaumel-Mädchen. Und tun es doch nicht.

Kern der Facebook-Depression ist, dass unsere Erwartungen an uns selbst durch die Bilderflut in nahezu unerreichbare Höhen geschraubt werden. Uns beschleicht das Gefühl, dass auch von uns Perfektion erwartet wird. Als sei es eine soziale Norm. Als dürften wir an der Gesellschaft nicht teilnehmen, wenn wir nicht vollkommen sind. Das Problem daran ist, dass unser Glück darauf basiert, ob wir unsere Erwartungen an uns selbst erfüllen können. Wenn wir uns an den Idealbildern aus dem Internet, dem Fernsehen oder von den Werbeplakaten an der U-Bahn-Haltestelle messen, haben wir kaum eine Chance, mitzuhalten. Und auch unser Glück hat es dann verdammt schwer.

Oft können wir uns einfach nicht damit abfinden, nur gut zu sein. Irgendetwas in uns drängt uns, treibt uns geradezu, der Beste, Schönste oder Reichste sein zu wollen. Mit weniger als perfekt wollen wir uns einfach nicht abfinden. Doch unrealistische Ziele ziehen uns runter, ganz weit nach unten. Manchmal sogar bis in die Depression – hinab ins Unglück.

An manchen Tagen ermuntert der Instagram-Stream dazu, den eigenen Körper generalüberholen zu lassen. Dann denken wir – zumindest wenn wir noch sehr jung sind –, dass alle Frauen groß, blond und schlank sind. Und alle Männer einen durchtrainierten Bauch und volles Haar haben. Zumindest alle auf Instagram. Zumindest alle außer uns. Wer sich davon beeinflussen lässt, lädt sich ein verzerrtes Körperbild herunter, das wie ein Snapchat-Filter statt niedlicher Teddyöhrchen und Stupsnasen tiefgefurchte Falten und Fett über unser Foto legt. Frustriert zieht sich unser Hinter-der-Bühne-Ich auf die Couch zurück und tröstet sich mit einer großen Portion Eis.

Unterdessen postet unser Rampenlicht-Ich fleißig, wie wir es uns zu Hause kuschelig machen. Mit Eis. Auf dem Sofa. Und so füttern wir weiter eine Bilderwelt, die andere womöglich neidisch macht. Wir wollen aufregende, abenteuerliche Urlaube machen, wie die, denen wir auf Instagram folgen. Wollen auch so viel Witz haben wie die Kollegen auf Twitter. Und so ein Haus wie der Langweiler, mit dem wir uns in der neunten Klasse die Schulbank teilen mussten, das hätten wir auch gern. Wir wollen mehr, mehr, mehr. Mehr als wir jetzt haben. Mehr als wir jetzt sind. Mehr als andere.

Aber wenn wir doch wissen, dass wir uns und unserem Selbstwert keinen Gefallen tun, warum können wir dann nicht die Finger von den sozialen Medien lassen? Die Antwort ist das, was Experten einen hedonistischen Loop nennen: Unser Gehirn sucht ständig nach neuen Nachrichten und kleinen roten Zahlen neben den Symbolen unserer Social-Media-Apps. Wir sind darauf konditioniert, dass das Pingen, Brummen oder Aufleuchten des Smartphones eine kleine Belohnung für uns bereithält. Doch wie bei jeder anderen starken Gewohnheit nutzt sich auch das belohnende Gefühl einer neuen Nachricht oder eines „Gefällt mir" schnell ab. Wir brauchen immer mehr davon.

Mir doch egal, was du denkst

Während wir gedankenverloren durch die Social Media stöbern, beschleicht uns manchmal der Neid. Dann wollen wir auch so hübsch oder so oft im Urlaub, so reich, so durchtrainiert oder glücklich sein, wie die Menschen, die wir dort sehen. Und vielleicht wollen wir nicht nur genauso glücklich sein, sondern sogar etwas glücklicher als unsere Mitmenschen. Der Haken dabei: Wir schätzen uns selbst tendenziell eher unglücklicher ein als die Menschen in unserer Umgebung[236] – unabhängig davon, ob das zutrifft, und oft auch, ohne dass wir uns der Gründe für diese Einschätzung bewusst sind.

Doch eigentlich müssen wir uns gar nicht mit Perfektion stressen. Denn bislang ist es der Psychologie nicht gelungen, einen Nachweis für die These zu erbringen, dass schöne Menschen öfter oder intensiver glücklich sind als weniger attraktive. Das Streben nach Schönheit hat nicht das Glück zum Ziel, sondern lediglich die Bewunderung der Mitmenschen. Und wie sieht es mit Geld aus? Der Literaturkritiker Marcel Reich-Ranicki meinte jedenfalls: „Geld allein macht nicht glücklich, aber es ist besser, in einem Taxi zu weinen als in der Straßenbahn."[237] Müssen wir wirklich zwischen Extremen abwägen? Alles oder nichts? Vielleicht geht es weniger um das Maß an Dingen, sondern um deren Stellenwert für uns. Wenn wir das Gefühl haben, dass unserem Leben etwas fehlt, ist das selten ein neuer Lamborghini oder die Flasche Whisky für 500 Euro. Ob ein leeres Leben durch das unreflektierte Entsorgen des Kleiderschrankinhalts reicher wird, scheint genauso fraglich.

Ein Ausweg aus dieser Zwickmühle ist die protektive Selbsttransformation. So nennt es sich, wenn wir uns eher an schlechter gestellten Menschen orientieren, als den Blick stets nach oben zu richten. Dadurch sind wir optimistischer als diejenigen, die stets nach dem Maximum streben. Ein weiterer Ansatz ist es, einzusehen, dass wir aus dem Wettbewerb auch einfach aussteigen können. Wir wollen mehr verdienen, um mehr Zeug zu kaufen, mit dem wir andere beeindrucken können. Das ist der Kern der Werbung, der Wirtschaft und der Pleonexia, die immer noch wild in vielen pocht. Wir wetteifern mit Freunden und Fremden um die beste Kücheneinrichtung, den optimalen Gasgrill und den leistungsstärksten Laptop. Dabei übersehen wir, dass all die Wettkämpfe, in die wir uns mit anderen stürzen, ohne dass diese es überhaupt mitbekommen, gar keinen Wert haben. „Denn die Ehre liegt wohl eher in den Ehrenden als in dem Geehrten, vom Guten aber vermuten wir, dass es dem Menschen eigen ist und nicht leicht verlorengehen kann", schrieb schon Aristoteles.[238] Warum sollten wir anderen Menschen so viel Macht einräumen? Dass sie über uns richten? Darüber, ob wir nun o. k. sind oder nicht, ob hübsch genug, um geliebt zu werden? Wer sein Glück auf diesem Fundament baut, wird schon bald erste Risse in den tragenden Wänden erkennen. Ein glücklicher Mensch setzt eher auf das eigene Urteil und auf die kritische Selbstreflexion, als sich nach der Wertschätzung von Fremden zu sehnen.

Was heißt perfekt überhaupt? Es scheint in Bezug auf uns Menschen doch etwas willkürlich zu sein, was wir als perfekt bezeichnen. Können wir nicht auch das Schiefe, das Gebrochene, das Alte als perfekt betrachten? Perfekt ist die etwas matschige Ritterburg-Torte, die zwar mit zu wenig statischen Vorüberlegungen, aber mit umso mehr Liebe gebacken wurde. Vollkommen ist das leise Schnarchen, das vom anderen Kopfkissen herüberkriecht und uns jede Nacht daran erinnert, dass wir jemanden so gern haben, dass wir sogar im Schlaf Händchen halten möchten. Perfekt ist alles, was uns wirklich und wahrhaftig glücklich macht, ohne dass wir es retuschieren müssen.

XXL-Burger und Binge Watching

Porridge oder Pizza, Chia oder Cheeseburger? Das scheint die große Frage an manchen Küchentischen zu sein. Als müssten wir uns bei jeder Mahlzeit zwischen Erfolg und Niedergang unseres gesamten Lebens entscheiden. Während die einen mit dem letzten Kilo bis zur Instagram-fähigen Figur kämpfen, bringen andere gigantische Pizzen zur Strecke. Sie bilden ein zentnerschweres Gegengewicht zu den Anhängern von Ernährungstrends wie Vegan, Low-Carb oder Paleo. Sie zeigen den Besseressern den fettverschmierten Finger. XXL-Restaurants werben mit Portionen, die manchmal sogar zu groß sind, um von trainierten Familienportionsvertilgern bewältigt zu werden. Da wiegen knusprig panierte Schnitzel ein Kilo und werden dennoch mit Pommes und einem dekorativen Salatblatt serviert – und von nur einem Menschen verdrückt. Da wird ein Cheeseburger unter einem Tsunami aus geschmolzenem Käse begraben und hat den stolzen Durchmesser einer großen Pizza, damit zumindest das Essen mal über den eigenen Tellerrand schaut. In XXL-Tempeln lockt die Speisekarte mit einer Liter-Vase voll mit cremigem Milchshake und Vegetarierwitzen zum Nachtisch. Und die Gäste sind überzeugt: Der Preis ist erst gerechtfertigt, wenn er mit Bauchschmerzen gezahlt wird.

XXL und USA passen so gut zusammen wie Burger und Cola. Anfang des Jahrtausends kam die Idee der kolossalen Portionen aus Amerika nach Europa. Mittlerweile gibt es in Deutschland rund 200 Restaurants, die sich dem XXL-Trend verschrieben haben. Und viele andere bieten mindestens ein Gericht an, das den Ehrgeiz mancher Mägen wecken soll. Dabei ist das europäische XXL im Vergleich zu seinem amerikanischen Vorbild relativ bescheiden: Was in deutschen Schnellrestaurantketten als großes Getränk gilt, ist in den USA der Einsteigerschluck.

Gemächlich macht sich der Trend in Europa breit, mit ausgedehnteren Portionen. Viele Restaurants haben größere Gerichte in ihre Karte integriert, zeigte eine niederländische Studie bereits 2010. Auch die Packungen einiger Produkte im Supermarkt seien gewachsen, seit sie auf dem Markt erschienen sind. Groß- und Multipacks seien hinzugekommen.[239] Größere Packungen und Portionen treffen den Geschmack vieler. Zwar kommt noch etwas weniger auf den Teller als in den USA, aber die Gürtel werden heimlich etwas weiter gestellt. Die Berechnungen der Fast-Food-Ketten sind dabei recht ausgeklügelt. Zwar zahlen die Restaurants bei einigen Burgern ein paar Cent drauf, um sie zu einem günstigen Preis anbieten zu können. Aber fast jeder Burger-Freund gönnt dem Star seines Mahls zwei Freunde namens Pommes und Cola. Und während manche Burger unter ihrem

Einkaufspreis verkauft werden, kostet eine Becherfüllung nur ein paar Cent. Über die Theke gehen beide dennoch für ähnliche Preise.[240]

Der Deal ist für die Frittierbude allerdings deutlich besser als für uns. Für vergleichsweise wenig Geld bekommen wir überraschend viel Zucker. Das süße Geheimnis hinter den knusprigen Pommes sorgt immer wieder für Diskussionen in den Medien. Auf seiner Website beantwortet McDonald's Konsumentenfragen, wie die, ob die Pommes gezuckert seien. Die Antwort: McDonald's verwende keinen Zucker, um den Geschmack zu verbessern. Wer nun beruhigt weiter an seinen Fritten knabbert, verpasst das große Aber. Denn statt Haushaltszucker ummantelt Traubenzucker die Kartoffelstäbchen – für eine schöne goldene Farbe.[241] Das macht die Pommes schön anzusehen und lecker knusprig. Auch viele andere vermeintlich eher herzhafte Imbissgerichte enthalten Zucker. Die meisten Lebensmittel, die es auch im XXL-Format gibt, haben die optimale Mischung aus Zucker und Fett: Pommes, Pizza und Burger entfachen in unserem Gehirn ein wahres Feuerwerk der guten Gefühle. Die Evolution wollte, dass wir uns immer brav mit vielen Kalorien versorgen. Man weiß ja nie, wann der nächste Beerenbusch kommt oder die nächste Ratte erlegt werden kann. Ein Burger scheint da der heilige Gral der Energiedichte zu sein: Durchschnittlich bringt er um die 500 Kilokalorien mit. Und da er selten allein bleibt, schummelt sich schnell mehr als ein halber Tagesbedarf an Energie in eine einzige Mahlzeit. Doch neben Zucker und Fett geizt das Sparmenü oft mit wichtigen Vitaminen oder Ballaststoffen. Das menschliche Gehirn konnte bei seiner Entstehung nicht ahnen, dass es später die Bekanntschaft von Lebensmitteln machen würde, die zwar reich an Kalorien aber arm an Nährstoffen sind. Deshalb gibt es für mehr Vitamine im Essen auch keine zusätzliche Hormonbelohnung. Das Essen der Fast-Food-Ketten treibt uns dagegen die Mundwinkel nach oben. Sie haben das perfekte Rezept ausgetüftelt, um unsere Lust auf kohlenhydratreiches, fettiges Essen zu befriedigen. Je mehr wir davon auf einen Schlag kriegen können, desto mehr belohnt uns unser Gehirn. Mehr Burger, mehr Glück.

Dennoch bereitet der hohe Zuckergehalt eines gewöhnlichen Fast-Food-Menüs den Wissenschaftlern immer größere Sorgen. Seit Jahrzehnten warnen sie immer wieder, dass Zucker süchtig mache.[242] Und wo die Sucht ist, da ist das Unglück meist nicht fern. Bereits 2002 vermutete ein Forscherteam, dass eine zuckerreiche Ernährung mit der Entstehung von Depressionen in Zusammenhang stehen könnte.[243] Was wir uns zum Sparpreis servieren lassen, ist also eher ein Unhappy Meal als ein schneller Seelenstreichler.

Kleiner Preis, große Wirkung

Viele Schnellimbissketten haben erkannt, dass wir lieber essen, als dafür zu bezahlen. Psychologen stellen immer wieder fest, dass es uns eigentlich keinen Spaß macht, Geld auszugeben.[244] Deshalb versuchen die Anbieter uns mit fertig zusammengestellten Menüs das Sparen zu erleichtern. Wir fühlen uns als hervorragende Haushälter, wenn wir mehr Pommes für weniger Geld bekommen. Sollte das noch nicht reichen, verteilen sie Gutscheine oder schicken Coupons direkt auf unser Smartphone. XXL-Essen mit einem Preis in XS.

Der erste Rabatt-Coupon erblickte 1887 das Licht der Welt. Gegen den Gutschein gab es ein Gratis-Glas Coca-Cola in jeder Apotheke. Ein Jahr nachdem das Getränk erfunden wurde, schrieb Coca-Cola mit den ersten kostenfreien Schlucken Werbegeschichte. Vielleicht lag es daran, dass das Gebräu damals noch Kokain enthielt, vielleicht aber auch an der geschickten Idee des Coupons: Bis 1913 hatte Coca-Cola über acht Millionen Gratisgläser ausgeschenkt. Über 140 Jahre später ist Coca-Cola eine weltweit bekannte Marke, die die Werbewelt mit Erfindungen wie dem Coupon revolutioniert hat.

Coupons, Rabatt-Codes und Gutscheine tun so, als seien sie ein Dankeschön für den letzten Einkauf, tatsächlich sind sie ein Anreiz für den nächsten. Sie geben uns das Gefühl, ein Schnäppchen zu machen. In den USA hat sich das sogenannte *Couponing* zu einem Volkssport entwickelt: Manch einer sammelt Coupons, als gälte es das Leben, und kauft kaum noch etwas ein, ohne dafür einen Rabattzettel vorzulegen. Zwischen 40 und 80 Prozent der US-Amerikaner nutzen regelmäßig Coupons, um ihren Einkauf günstiger zu bekommen.[245] Der Trick der findigen Werbemacher geht auf. Denn viele Coupon-Junkies kaufen Dinge, die sie gar nicht brauchen. Hauptsache, sie bekommen es günstiger. Dabei übersehen sie oft, dass ein Produkt vielleicht ohnehin gerade im Angebot ist und dadurch ohne den Gutschein manchmal sogar günstiger wäre.[246] Was die vermeintlichen Sparfüchse und Pfennigfuchserinnen gar nicht zu bemerken scheinen: Rabatte nutzen in der Regel vor allem den Händlern. Mit ihnen wollen sie uns dazu bringen, etwas Neues auszuprobieren, etwas Altes zu ersetzen oder schlicht mehr einzukaufen, als wir ursprünglich geplant hatten. Unser Online-Einkaufswagen ist voll. Wir haben alles gefunden, was wir haben wollten. Plötzlich taucht auf dem Weg zur digitalen Kasse ein Gutscheincode auf: Wir bekommen 10 Prozent Nachlass. Aber erst wenn wir über 50 Euro ausgeben. Schnell fügen wir unserem Einkauf noch ein kleines Teil hinzu, damit wir den Vorteil nutzen können.

Der Gutschein verführt uns dazu, etwas zu kaufen, was wir sonst nicht gekauft hätten. Weil wir es uns entweder nicht leisten wollten oder weil wir es gar nicht brauchen. Dahinter steckt ein einfaches psychologisches Prinzip: Menschen lieben es, etwas zu sparen. Eine wissenschaftliche Untersuchung zeigte, dass, wenn Menschen einen Gutschein über zehn Dollar für ihren aktuellen Einkauf geschenkt bekommen, ihr Stresslevel sinkt und das Hormon Oxytocin ihr Gehirn mit guten Gefühlen überschüttet. Durchschnittlich waren die Gutschein-Einkäufer etwa 38 Prozent glücklicher als diejenigen, die den vollen Preis zahlten. Coupons scheinen so für manche der Weg zum Glück zu sein – oder geben uns zumindest einen Kick, egal ob im Geschäft oder im Internet.[247]

Ähnlich funktioniert auch die sogenannte künstliche Verknappung: Wenn ein Händler behauptet, das sei das letzte Paar der todschicken Treter, dann schlagen wir zu, könnte uns sonst doch noch jemand anders die tollen Teile vor der Nase wegschnappen. Wenn wir bei dem zugreifen, was es nur für kurze Zeit gibt, fühlen wir uns wie die gewitztesten Shopper von allen. Wir haben einfach ein Händchen für Geschäfte. Das ist auch der Grund, warum Black Friday, Cyber Monday und der klassische Sommerschlussverkauf so wunderbar funktionieren. Auch hier sollten Generationen von Werbetreibenden Coca-Cola einen mentalen Schrein der Dankbarkeit errichten. Es lässt sich nicht abstreiten: Die Wirtschaft, Einzelhändler und Werbungsmenschen der westlichen Welt haben dem Trendsetter der schwarzen Brause viel zu verdanken.

Jingle Bells im Besprechungsraum

Neben süßen Getränken und Coupons hat Coca-Cola der Welt einen weiteren Werbetrick beschert. Kleiner Tipp: Er ist alt, adipös und alle lieben ihn. 1920 feierte der Weihnachtsmann seine Premiere in der Weihnachtswerbung.[248] Um den Umsatz in der Vorweihnachtszeit in die Höhe zu treiben, mixten die Werbemacher verschiedene Legenden und religiöse Figuren wie den Nikolaus zusammen und machten daraus einen gemütlichen alten Mann mit Rauschebart, rotem Samtanzug und einer Schwäche für Schokosplitterkekse mit Milch. Eine Legende war geboren – in einem Konferenzraum im Headquarter eines Getränkekonzerns, weit weg vom Nordpol. Seither bringt der Weihnachtsmann den Kindern Geschenke und denen, die ihn für ihre Werbung nutzen, festliche Gewinne.

Wir geben immer mehr für Weihnachtsgeschenke aus. Vor sieben Jahren investierte der Durchschnittsdeutsche gut 300 Euro in Weihnachtsgeschenke, mittlerweile sind es fast 500 Euro.[249] Wir werden immer großzügiger, denn Weihnachtsstimmung macht Kauflaune. Je öfter wir den weiß-rot gekleideten Herrn von Plakaten oder im Fernsehen bimmeln sehen, desto tiefer tauchen wir in die Welt des Gebens ein. Wir wollen unseren Lieben etwas Gutes tun und ihnen etwas schenken, das sie glücklich macht. Manche Geschenke erfüllen diese Aufgabe besser als andere. Wissenschaftler glauben, dass Dinge die Beschenkten viel weniger glücklich machen, als wir glauben. Die neue Barbie, das hippe Paar Socken und die Spielekonsole machen für kurze Zeit Spaß. Mehr und tieferes Glück bringen dagegen Erlebnisse, wie ein gemeinsamer Besuch im Zoo, die Tickets für ein Konzert oder der Wochenendtrip ins Wellnesshotel.[250] Weniger Zeug und mehr Erlebnisse, das ist es, was unsere Beschenkten glücklicher macht. Auch wenn der Weihnachtsmann da manchmal versucht, uns auf eine falsche Fährte zu locken.

Auch die Couch in XXL

Der amerikanische Traum ist Pleonexia in 3D. Pleonexia aus der Fritteuse. Pleonexia im Einkaufswagen und Pleonexia unter dem Weihnachtsbaum. Doch auch das Fernsehen ist eine fast unerschöpfliche Quelle des unstillbaren Wunsches nach mehr. Wir können gar nicht genug davon bekommen. In den 1970ern untersuchten kanadische Wissenschaftler, was passiert, wenn Städte plötzlich Fernsehen bekommen. Dabei stellten sie schnell fest, dass zugunsten des Fernsehens vor allem das Sozialleben gekürzt wird, gerade von älteren Menschen. Nach der Entdeckung des Fernsehens machten sie weniger Sport und hatten kaum noch Lust, sich kreativ auszutoben.[251] Das Fernsehen hatte sie völlig in seinen Bann gezogen.

Dabei gab es damals noch etwas, womit nur noch die Kinder der 1980er-Jahre aufwuchsen: den Sendeschluss. Nach der letzten Sendung des Tages gingen alle Fernsehsender schlafen. Nur ein fies fiependes Testbild blieb zurück und wies alle vor dem Apparat Eingenickten darauf hin, dass es Zeit war, ins Bett zu gehen. Seither hat sich die Medienwelt sehr verändert. Das fiese Fiepen ist ständig verfügbarer Unterhaltung gewichen: *Game of Thrones*, *Breaking Bad* und *House of Cards*, Dokumentationen und Kochshows. Filme und Serien aus zig Ländern und in unzähligen Sprachen. Alles rund um die Uhr. Durch Rekorder und Streaming-Dienste bekommen wir alles, was wir wollen, genau zu unserer Zeit. Wir wollen um drei Uhr nachts unseren Lieblingsfilm schauen? Kein Problem. Einfach ins Internet und los geht's.

Mit genügend Zeit und Sitzfleisch können Serien-Fans ganze Staffeln in einer Nacht verschlingen. *Binge Watching* nennt sich das. Wie beim *Binge Drinking* oder Komasaufen und dem *Binge Eating*, dem unkontrollierten Hinunterschlingen von Nahrung, ist auch beim Binge Watching das gesunde Maß überschritten. Doch nicht immer ist uns das bewusst. Manch einer feiert es sogar. Als sei er siegreich aus einer Schlacht zurückgekehrt, trägt der Serien-Junkie am nächsten Morgen seine Augenringe auf der Arbeit zur Schau. „Ja, ich habe es vollbracht! Ich habe die ganze erste Staffel von *Breaking Bad* geguckt. Am Stück!" Schon 1909 ahnte der Psychologe Edward Titchener, dass wir uns an komplexen, emotional-vielschichtigen Geschichten geradezu festsaugen, weil wir die Gefühle der anderen nachvollziehen können. Auch Aristoteles glaubte, dass uns das Theater fasziniert, weil es vielschichtig von emotionalen Zuständen erzählt, die wir nachempfinden und aus denen wir etwas für unser eigenes Leben ableiten können. Wie Aristoteles nahm auch Titchener an, dass wir Geschichten so sehr genießen, weil wir Menschen die psychologische Perspektive anderer einnehmen können – auch wenn diese Personen fiktiv sind. Bereits Vorschulkinder können sich in die Gefühle von Puppen oder von Zeichentrickfiguren hineinversetzen.[252] Inbrünstig brüllen sie dem Kasperle im Puppentheater entgegen, er solle sich vor dem Krokodil in Acht nehmen.

Auch wenn wir längst erwachsen sind, treibt uns das Schicksal mancher Menschen die Tränen in die Augen oder den Angstschweiß den Rücken hinunter. Nachdem Forscher ihren Probanden eine traurige Szene aus einem Film gezeigt hatten, nahmen sie ihnen Blut ab. Wie sich im Labor herausstellte, enthielt im Vergleich zu der Blutprobe, die vor dem Film abgenommen wurde, das Blut der Probanden nachher mehr Oxytocin. Oxytocin ist in Hormon, das ausgeschüttet wird, wenn wir uns mit anderen Menschen verbunden fühlen und uns um sie sorgen. Ebenso war die Konzentration des Stresshormons Cortisol nachher deutlich erhöht. Ein entsprechender Film macht uns nachweislich traurig – auch wenn wir genau wissen, dass die Geschichte nicht realistisch ist. Aber sie könnte es sein. Und wie sich das dann anfühlen würde, das können wir nur allzu gut nachempfinden.

Aristoteles war davon überzeugt, dass uns das Nachempfinden irgendwann von allzu starken Emotionen befreien würde. Katharsis nannte er das.[253] Doch ob heute noch jemand nach einer Nacht im Serienfieber eine Katharsis erlebt, bleibt fraglich. Vielleicht gibt uns der abgehalfterte Lehrer aus *Breaking Bad* ein paar nette Anregungen, wie wir mit Schicksalsschlägen umgehen könnten. Die Angst vor Krankheit und Einsamkeit verlieren wir dadurch aber vermutlich nicht. Unsere Gefühle loszuwerden scheint also nicht der Grund zu sein, warum wir den Fernseher so ungern abschalten. 61 Prozent der von Netflix befragten Zuschauer gaben zu, regelmäßig Binge Watching zu machen, also mindestens zwei oder drei Folgen hintereinander zu schauen. Und drei Viertel von ihnen gaben an, sich damit sehr wohlzufühlen.[254] Wir können unsere gelegentlichen dunklen Gedanken also nicht einfach durch maßloses Fernsehen von der Couch schubsen – aber mit dem richtigen Programm gesellen sich wenigstens ein paar gute Gefühle dazu.

Der Tod lauert in der Sofaritze

Der Anthropologe Grant McCracken besuchte im Auftrag von Netflix einige Nutzer, die bereit waren, ihm die Tür zu öffnen. Er fand heraus, dass 76 Prozent das Binge Watching nutzen, um für einige Zeit ihrem stressigen Alltag zu entkommen und in ein anderes Leben, andere Welten einzutauchen. Fast 80 Prozent stimmten zu, dass ihnen Binge Watching mehr Spaß mache, als einzelne Folgen zu schauen. Der Forscher interpretierte seine Ergebnisse so, dass wir Menschen eine tiefe Sehnsucht nach langen, vielschichtigen und detailreichen Geschichten haben.[255] Wenn wir uns in die Serienwelt reinkuscheln, haben die Sorgen unseres Alltags Sendepause. In Filmen, Dokumentationen und Serien werden uns Blickwinkel fein säuberlich aufbereitet vorgelegt und unsere Gedanken zielsicher durch die Geschichte geführt. Endlich können wir uns mal entspannen. Endlich müssen wir nicht mehr selbst alles kleinmahlen, was uns das Leben so entgegenwirft.

Problematisch ist Binge Watching nicht unbedingt. Nur wenn wir ein Familientreffen mit seinen beiden Geschwistern Binge Eating und Binge Watching einberufen und gar nichts anderes mehr unternehmen. Die Gefahr von Binge Watching liegt nicht am Fernsehen selbst, sondern daran, was wir in den Stunden vor dem Bildschirm noch so machen. Und das ist meist erschreckend wenig. Wer länger als drei Stunden am Tag reglos vor dem Fernseher verharrt, könnte Untersuchungen zufolge doppelt so schnell sterben wie Altersgenossen, die nur zwei, nur eine Stunde oder gar nicht fernsehen. Erstaunlicherweise hat im Auto oder am Schreibtisch zu sitzen keinen derart großen Einfluss auf die Gesundheit wie das Binge Watching.[256] Der tödliche Unterschied zum Rumsitzen auf der Arbeit ist, dass wir während des Arbeitens ab und zu mal aufstehen, neuen Kaffee holen, in den Kopierraum hinüberwandern oder ein paar Minuten zu einem Besprechungsraum spazieren gehen. Richtig gefährlich wird Sitzen den Forschern zufolge vor allem, wenn es ununterbrochen ist.[257] Selbst wenn sie fünfmal die Woche Sport treiben, sterben passionierte Stubenhocker eher an Herz-Kreislauf-Erkrankungen und den Folgen von Übergewicht. Sobald wir die meiste Zeit des Tages im Sitzen verbringen, schaden wir unserer Gesundheit.[258]

Mit dem plakativen Begriff „Sitting Disease“ (Sitzkrankheit) und dem Slogan „Sitzen ist das neue Rauchen“ machen die Forscher deutlich, dass eine aktivere Freizeitgestaltung ratsam ist. Nun könnten wir auf die Idee kommen, statt aufs Binge Watching zu verzichten, lieber unserem Arbeitsplatz die Schuld für die Sitzkrankheit in die Schuhe zu schieben. Aber so einfach geht das leider nicht. Anders als der Bürostuhl gibt die Couch wenig Anlass dazu, den bequemen Sitzplatz fluchtartig für irgendetwas zu verlassen. Der Tacker hat keine Klammern mehr? Der Kollege braucht eine kurze Einführung in Excel? Jemand hat Süßigkeiten in der Kaffeeküche erspäht? Und schon trippeln fleißige Füße über den Büroflur. Während uns auf der Arbeit allerhand Ideen kommen, wieso wir jetzt doch mal eben etwas rumlaufen sollten, lassen wir uns geradezu unterwürfig von einer spannenden Serie an das Sofa fesseln. Wir wollen wissen, wie es weitergeht. Statt wie früher eine ganze Woche warten zu müssen, bis wir erfahren, was aus Mutter Beimer ihren Nachbarn geworden ist oder wer der Mörder im nächsten Tatort ist, müssen wir einfach nur ganz ruhig sitzen bleiben. Die nächste Folge kommt bestimmt. Von ganz allein.

Damit wir uns nicht besinnungslos gucken, haben die meisten Streaming-Plattformen mittlerweile ein Limit eingebaut. Nach einiger gewissen Zeit fragt das Programm nach, ob wir noch da sind. Wenn wir dann schon im Land der Träume weilen, verebbt der Stream und wir können friedlich weiterschlafen. Und wenn wir weitergucken wollen? Dann reicht ein schneller Klick auf „Weiter“, und schon sind wir wieder mittendrin in der Geschichte. Vielleicht sollten die Streaming-Angebote zusätzlich dann und wann eine kleine Erinnerung einbauen. Dann könnte ein freundliches kleines Männchen das Programm unterbrechen und uns daran erinnern, doch mal eben aufzustehen, ein paar Kniebeugen zu machen, einen Schluck zu trinken, eine Minute auf der Stelle zu joggen, uns wieder einzukuscheln, unserer Liebsten neben uns einen Kuss aufzudrücken – und dann kann es weitergehen. Ein Hinweis, der Leben retten könnte.

Wir leben in einer Welt, in der uns die gebratenen Tauben aus dem Drive-in-Schalter direkt in den Mund fliegen. In der wir auf die nächste Folge unserer Lieblingsserie nicht mehr eine Woche, sondern nur noch wenige Sekunden warten müssen. Heute sind die Schnitzel für einen Esser so riesig wie der Nachkriegssonntagsbraten, der vor einigen Jahrzehnten noch eine ganze Familie satt gemacht hat. Wir genießen ein Leben im Überfluss. Und riskieren damit versehentlich unser Glück – und unser Leben.

Die Kultur des Glücks

Glück ist Mode. Ein Kulturgut. Glück ist das edelste Accessoire, mit dem wir unser gewöhnliches Leben aufwerten können. Alle wollen es, doch nicht jeder kann es sich leisten. Denn: Wir wollen etwas, ohne so genau zu wissen, was wir eigentlich wollen. Das ist so, als würden wir einen Film schauen wollen, ohne zu wissen, was wir mögen: Dokumentation oder Action? Komödie oder Melodram? Egal, Hauptsache Film. Hauptsache Glück. Und so zappen wir uns durch die Kanäle, bis uns die Augen zufallen – obwohl wir eigentlich immer noch nicht wissen, wonach wir suchen.

Früher, in einer fast vergessenen Kultur, sorgten Kirchengemeinden, die Dorfgemeinschaft oder die Familie für Orientierung im Leben. Meist mit klaren Regeln und Verboten: Keine Süßigkeiten vor dem Abendessen, kein Sex vor der Ehe, und freitags gibt es Fisch. Glück gab es entweder in der ehelichen Idylle oder später, im Jenseits. Heute überschwemmt uns die Freiheit mit unzähligen Möglichkeiten und reißt die Wegweiser zum Glück wie ein Tsunami mit sich. Nur noch wenige Menschen gehen freiwillig in die Kirche. Und die Gemeinschaft der Dörfer schlägt junge Leute eher in die Flucht, als sie zu einer heiteren Diskussion über Gott, die Welt und das Lebensglück einzuladen. Friedrichshain statt Jägerzaun, St. Pauli statt Sinnsuche. „In den Kirchengemeinden war sicher auch nicht immer alles rosig. Aber dort ging es um Sinn und um das Leben an sich“, erklärt Medienethiker Alexander Filipović. Früher waren die Gemeinden ein Ort, an dem die Menschen nachdachten, Besinnung fanden oder auch unreflektiert nachbeteten, was ihnen vorgesetzt wurde, jeder, wie er konnte. Doch für fast alle waren sie ein Anker, um den ihr Leben kreiste. Seit sich die Welt immer schneller zu drehen scheint, hat der Anker an Gewicht verloren, sodass er nur noch kraftlos an der Oberfläche herumdümpelt. So entstand auf dem Boden der Tatsachen ein tiefer Krater: „Eine Sinnlücke, eine Anerkennungs- und Aufmerksamkeitslücke“, nennt Filipović es. Heute gibt es kaum noch Orte, an denen wir uns mit dem Sinn des Lebens auseinandersetzen müssen – oder können.

„Das Problem dabei ist: Wir haben trotzdem noch den Drang, über den Sinn des Lebens und das Glück nachzudenken“, bemerkt Filipović. Stattdessen treiben wir schutzlos auf dem offenen Meer der Möglichkeiten umher und wissen nicht, wohin mit uns. „Eine regelmäßige Erkenntnis der Glücksforschung lautet, dass Menschen nicht immer genau wissen, was sie zufrieden macht, und dass sie manchmal sogar mehrheitlich auch entgegen ihrem Glück handeln“, heißt es im Glücksatlas der Deutschen Post. Deshalb neigten wir dazu, „zweifelhaften Trends und Moden" zu folgen, um glücklich zu werden.[259] Diese Moden strahlen uns aus dem Fernseher entgegen, springen uns aus dem Smartphone an, sind in Zeitschriften und auf Werbeplakate gedruckt – und führen gerade in ärmeren Ländern zu einem niedrigeren Glücksniveau.[260] Das liegt daran, dass wir einzuschätzen versuchen, für wie glücklich uns die anderen halten. Damit aber liegen wir Studien zufolge oft daneben: Wir halten uns aus dieser Perspektive für unglücklicher, als wir es wirklich sind.[261] Wenn uns die Medien vermitteln, dass wir Geld, einen trainierten Körper und das perfekte Make-up für unser Glück brauchen, dann erscheint uns ein anderer, davon abweichender Weg als unattraktiv und potenziell weniger beglückend. Deshalb hängt unser Glück oft auch davon ab, welche Ideale in unserer Kultur hochgehalten werden.[262]

Das sehen wir auch daran, dass Individualität nur in reichen Ländern wichtig für das Glück ist. In ärmeren Ländern ist es dagegen der Zusammenhalt mit anderen und die Gemeinschaft.[263] Doch nicht nur das, was uns glücklich macht, unterscheidet sich von Land zu Land: Auch wie wichtig uns Glück überhaupt ist, hängt von unserem Umfeld ab. Chronisch unglückliche Gesellschaften neigen dazu, Glück als unwichtig abzutun.[264] Dort, wo kein Glück zu finden ist, da ist es auch nichts wert.

Das Glück der anderen

Im Land der Medien ist das Glück für manche bares Geld wert. Social-Media-Macher und Medienschaffende zeigen uns bereitwillig, was sie für Glück halten. Damit prägen sie unsere eigene Idee davon, was uns glücklich machen könnte. Wenn Wissenschaftler Menschen in westlichen Kulturkreisen fragen, wovon sie sich Glück versprechen, bekommen sie häufig dieselben Antworten: Familie, Freunde und Sex, Sport, gutes Essen, spannende Bücher, Gesundheit und Bildung, Musik und Alkohol.[265] Auch Geld und materieller Besitz stehen meist ganz oben auf der Liste, genauso wie Erfolg im Job.[266] Doch Forscher stellen immer wieder fest, dass wir damit oft danebenliegen: „Manche Glücksforscher kommen etwa zu dem Schluss, dass Menschen generell zu viel Glück vom Konsum erwarten und zu wenig von der Pflege guter Freundschaften", heißt es in der Auswertung einer großen deutschen Studie.[267] Wir unterschätzen unsere Freunde und überschätzen Dinge darin, wie glücklich sie uns wirklich machen können.

Dass wir glauben, zu wenig Geld in der Tasche und auf dem Konto zu haben, führen Forscher darauf zurück, dass wir anderen gefallen wollen – und das schaffen wir am besten, indem wir das haben, was in unserer Gesellschaft als hohe Werte angesehen wird: Wohlstand, Erfolg und Status. Wenn wir Bilder sehen, wie unser arbeitsscheuer Kollege sich am traumhaften Pool seines Luxushotels die Sonne auf den haarigen Bauch scheinen lässt, schnellen Neid und Missgunst reflexartig in unser Bewusstsein. Plötzlich erscheint unser eigenes Leben mickrig und wolkenverhangen.

Der Vergleich mit Bekannten kann uns ganz schön runterziehen. Aber auch das Leben von Unbekannten kann unseren Neid schüren – und unser Glück im Feuer der Pleonexia verbrennen. Die bildgewaltigen Leben aus Facebook und dem Fernsehen einfach abzukupfern, ist allerdings gar nicht so leicht. Denn die Media-Messlatte ist hoch und die Realität zeigt sich meist ungeschminkt. „Wir sind in den Social Media meist mit einem Haufen wundervoller Erfahrungen unserer Mitmenschen konfrontiert“, sagt Filipović. „Wir sehen dort, wenn überhaupt, nur sehr selten traurige Momente.“ Den Grund dafür sieht er in einem gerade im Westen sehr verbreiteten Phänomen: Wer auf andere glücklich wirkt, gilt als erfolgreich. Meritokratie taufte der Soziologe Michael Young 1958 das Prinzip, dass wir uns unseren Status im Leben selbst verdienen. Nachdem Jahrhunderte, vielleicht Jahrtausende lang unsere Abstammung über unseren sozialen Status entschieden hat, ist es heute das, was wir mit unserem Leben anstellen. Es mag Ausnahmen geben, wo es reicht, zum Kardashian-Jenner-Clan zu gehören, wo außer einem Drang zur Selbstinszenierung nur wenige Talente gefragt sind. Doch in der Regel folgen westliche Gesellschaften tendenziell eher dem vom Tellerwäscher-zum-Millionär-Ideal:[268] Wer es in einer Meritokratie zu individuellem und gesellschaftlichem Wohlstand bringen will, der braucht besondere Begabungen und herausragende Fähigkeiten – oder wenigstens Durchhaltevermögen und einen eisernen Willen.[269] In einer meritokratischen Welt sind wir unseres eigenen Glückes Schmied – und müssen das auch sein. Denn wir sind für unseren Erfolg und unser Scheitern, unser Glück und Unglück selbst und ganz allein verantwortlich. Soziologen fürchten, dass darin das Potenzial für große gesellschaftliche Ungleichheiten schlummert und die Wurzel unserer Leistungsgesellschaft vergraben liegt.[270] Glück wird dadurch zu einer Insignie des Erfolgs, wie der Lamborghini, vor dem wir so gern breit in die Kamera grinsen würden.

„Aber es wäre nicht sinnvoll, dem ZDF zu verbieten, Reisereportagen zu zeigen, damit ich nicht neidisch werde, während ich im ätzenden Deutschland sitze“, sagt Filipović. „Genauso wenig ist es nötig, dass sich RTL über den Lebensstil anderer erhebt oder sich über Inkompetenzen lustig macht. Dennoch sollten Menschen in Lebenskrisen generell Platz in den Medien haben. Einfühlsame Geschichten über Menschen, bei denen es nicht klappt im Leben. Wenn wir mit diesen Leuten mitempfinden, lernen wir, über das Leben, den Sinn und das Glück zu reflektieren. Der Kontrast kann uns helfen, nicht ständig nach einem neuen Handy zu suchen – sondern kann uns motivieren, Beziehungen zu pflegen und glücklicher zu sein. Menschen müssen erst lernen, was sie moralisch gut finden." Und das gehe auch durch bewussten Medienkonsum.

Ideen für ein besseres Leben

Menschen waren schon immer mit Ideen davon konfrontiert, was andere für Glück halten – nicht erst seit es das Fernsehen und Social Media gibt. „Die Leute können auch unzufrieden werden, wenn sie haufenweise Romane aus den USA, China oder Australien lesen und sehen, wie schön das Leben dort ist, und werden vielleicht neidisch", sagt Filipović. „Jetzt könnte man sagen: Dann sollen sie keine Bücher mehr lesen. Das erscheint uns abwegig. Allerdings machen wir das mit Instagram genauso: Wir halten diese Plattformen für potenziell gefährlich, weil sie uns neidisch machen könnten." Mediensintflut und Sinnflut durchbrechen oft dieselben Dämme. „Die Struktur dessen, was Glück für viele bedeutet, hat sich nicht geändert – aber das Angebot an Ideen, wie das Leben glücklicher werden kann, ist gewachsen. Diese Pluralität kann auch gut sein. Uns Ideen geben", erklärt Filipović. „Gleichzeitig wächst auch die Notwendigkeit zu lernen, wie wir all diese Angebote und Ideen einordnen sollen. Auch wenn man ein Instagram-Bild sieht, muss man sich etwas dazu denken und sich da reinfühlen. Es ist eine hochkomplexe Sache, Bilder zu lesen – genauso wie ein Gedicht oder einen Roman zu verstehen."

In vielen Schulen lernen die Schüler bislang nur, wie sie Gedichte analysieren und Romane zerlegen, strukturieren und sinnhaft wieder zusammensetzen – nicht aber, wie sie die Bilderflut durchleuchten und emotional begreifen können. Die Pluralität übersteigt längst unsere Kompetenzen. „Nicht jeder ist smart: Gerade bei Kindern und Jugendlichen sind die Unterschiede groß. Manche sind früh fit, andere sind noch mit 16 nicht gefestigt." Dennoch ist Filipović zuversichtlich, dass sich unsere Gehirne durchaus an die Digitalisierung anpassen werden. „Es ist eine der wesentlichen Eigenschaften des Menschen, dass wir uns an sich verändernde Bedingungen anpassen können. Da würde ich mir keine Sorgen machen. Aber: Unsere moralische Lerngeschwindigkeit muss höher werden, damit wir schneller die Folgen von bestimmten Medieninhalten einschätzen können."

Unsere Fähigkeiten wachsen mit den Medien und diese mit den Möglichkeiten. Deshalb sieht Filipović auch die Lehrkräfte an den Schulen und Hochschulen in der Pflicht, diese Kompetenzen zu vermitteln – und die Sinnlücke zu schließen. Oder es zumindest zu versuchen. „Es geht im Leben nicht allein um Konsum, um Ruhm und Reichtum, sondern auch darum, sich selbst eine Vorstellung zu machen, wie man gut leben kann. Dafür müssen wir den Leuten ein Angebot machen, um über die großen Fragen des Lebens nachzudenken. Darüber sollte man nicht nur allein brüten. Man braucht auch Bücher, den Austausch mit anderen, und es ist auch Bildungs- und Erziehungsaufgabe." Die Sache hat allerdings einen Haken. Denn wer schon mal in der Pubertät war, weiß: Lehrer sind für viele Jugendliche eher ein Grund, die Dinge anders zu machen. Wenn die durchs Leben eiernde Lehrkraft als abschreckendes Beispiel zum Nachdenken über Glück und den Sinn unserer Existenz anregt – gut. Wenn aus dem Schicksal vor der Kreidetafel allerdings eine Zielscheibe blinder Rebellion wird, klafft die Sinnlücke weiterhin im Klassenzimmer. „Leute, die Schwierigkeiten haben, sich einzugliedern, kaufen", sagt Filipović. „Für sie ist Kaufen ein Ersatz für Sinn und reflektierte Vorstellungen des eigenen Lebens. Aber die Vorstellungen des guten Lebens müssen aus einem selbst kommen, sonst orientiert man sich nach außen – und holt sich alle Ideen bei Instagram."

Im Reich des schönen Scheins

Es scheint verlockend, mit dem luxuriösen Urlaub, dem neuen Auto oder den Designerschuhen das nach außen strahlende Glück einfach einkaufen zu können. Wollen wir uns nach der Werbesintflut am Ende glücklich kaufen? „Wir haben generell Schwierigkeiten damit, mit etwas zufrieden zu sein", sagt Alexander Filipović. „Die Werbung trägt dazu bei, dass Leute mit dem, was sie haben, nicht zufrieden sind und immer neue Wünsche haben", erklärt Filipović. „Das ist erst einmal nichts Schlechtes. Ich habe auch gern ein neues iPad, ich möchte diese Dinge auch gern haben – obwohl ich mit den Dingen zufrieden sein könnte, die ich habe", räumt Filipović ein. Unsere Wünsche wachsen mit dem Angebot: Mit der Industrialisierung kam die Massenfertigung, mit ihr ein Überschuss an Waren und schließlich auch die Werbung. Litfaßsäulen, Radio und Fernseher verkündeten die neuesten Errungenschaften der Konzerne, die sich die Werbung leisten konnten. Werbung weckt Bedürfnisse, von denen wir gar nicht wussten, dass wir sie haben. „Das ist vielleicht gar nicht so illegitim. Das macht man auch in der Erziehung, zum Beispiel, wenn Kinder etwas gern machen und die Eltern oder Erzieher dann versuchen das auch bei anderen anzuregen. Etwa so: Guckt mal, wenn ihr das gar nicht macht, dann seid ihr gar nicht so glücklich, wie ihr sein könntet", erklärt Filipović. Was wir aus diesen Anregungen machen, bleibt jedem selbst überlassen.

„Die Überlegungen über Glück und Sinn haben bei jedem Menschen ein anderes Niveau und eine andere Qualität. Das ist auch nicht schlimm. Die Ergebnisse sind dann einfach unterschiedlich. Wer nie die Buddenbrooks oder den Zauberberg gelesen hat, der denkt anders über das Leben nach als der Bücherwurm." Glück sieht für jeden von uns ein bisschen anders aus. „Man kann die Glücksvorstellungen der anderen bewerten – und darf das auch", so Filipović. „Deshalb gucken wir auch Reality-TV-Formate. Da geht es darum, Lebensideen von anderen zu sehen und darüber zu lachen. Ich würde aber sagen, dass uns das nicht viel über unser eigenes Glück beibringt. So etwas sollte man lieber nicht gucken und stattdessen Freunde treffen, eine Jugendgruppe gründen, in einem Kulturverein gehen. Damit werden wir bestimmt glücklicher. Die Erfahrung von Gemeinschaft, von Sinn und gemeinsamer Arbeit kann dazu beitragen, dass wir eine Vorstellung von Gerechtigkeit und dem guten Leben bekommen. Die Reflexionstiefe ist bei jedem eine andere – aber die meisten Medienformate sind grundsätzlich unterkomplex und zu flach." Zwischen den riesigen Zeilen der *Bild* suchen wir das Glück jedenfalls vergebens. Denn Glück geht auf leisen Füßen – und ist im populistischen Geschrei und dem Gebrüll der Marktschreier kaum zu hören.

Saufen, Tauziehen und starke Muskeln

Das Glück hat keine Lobby, die Pleonexia dagegen schon. „Immer mehr zu wollen und nicht genug zu bekommen, ist etwas spezifisch Menschliches. Aber Maßhalten ist auf lange Sicht besser – auch wenn es Anstrengung kostet. Wenn das Essen so gut schmeckt, dann ist es schwierig, damit aufzuhören. Genauso werden die Unterhaltungsangebote immer besser. Da ist es schwierig, aufzuhören", erklärt Filipović. „Es ist schon nachvollziehbar, wenn Menschen sagen: ‚Ich sauf mich zu' oder ‚Ich schau jetzt an einem Wochenende die ganze Staffel'. Solange sie da wieder rauskommen, ist es völlig o. k. Sich gehen lassen ist eine Erfahrung, die gut für die eigene Entwicklung ist. Dadurch können wir schauen, ob uns das glücklich macht." Doch das Maßhalten wird uns immer schwerer gemacht: Der Luxus ist nur einen Mausklick entfernt und die besten Filme, laufen dann, wann es uns am besten passt. Um das Tauziehen nicht nach Sekunden schon zu verlieren, muss sich unser Wille stärkere Muskeln antrainieren.

„Selbstkontrolle ist und bleibt wichtig: Sie hat extrem mit Freiheit zu tun. Noch so eine Sache, die wir lernen müssen. Das geht das ganze Leben so weiter", fasst Filipović zusammen. „Davon können wir wirklich viele positive Geschichten erzählen. Es gibt haufenweise junge Menschen, die mit den Medien wunderbar zurechtkommen. Natürlich ist Online-Sucht ein Thema. Da sind Adaptionen und vielleicht auch ein moralisches Lernen nötig. Aber wir sollten nicht immer gleich an digitale Demenz denken, sondern schauen, was man besser machen kann und wo vielleicht politische Regulierung nötig ist. Statt digitale Medien zu verteufeln, sollten wir zunächst schauen, wie wir sie positiv nutzen können." Die Angst vor neuen Medien zieht sich durch die Geschichte: Platon fürchtete, dass Bücher uns verdummen könnten. Goethe nahm an, dass die Lesesucht Frauen hysterisch mache. Und Schach galt in seiner Entstehungszeit als Einfallstor für Müßiggang und allgemeine Verblödung. Aber zum Glück ändern sich Zeiten – und die Menschen sich mit ihnen.

Die alten Griechen und die neuen Medien

Mit uns ändert sich auch unser Glück. Wenn jeder von uns etwas anderes unter Glück versteht, muss sich jeder allein auf seinen ganz eigenen Weg dorthin machen. „Medien können eine Idee geben, was sonst noch geht, die Geschichten anderer Menschen können inspirieren, moralische Dinge besser zu verstehen. Daraus kann man viel lernen. Gerechtigkeitsprobleme muss man mitkriegen, um sie lösen zu können", sagt Filipović. Wie schreiben, Rad fahren und Risotto kochen können wir auch lernen, glücklich zu sein. Wir schauen uns etwas ab, probieren es aus und schauen, ob es funktioniert. Und wenn nicht? Dann ändern wir den Kurs. Doch was passt und was nicht, können wir nur für uns allein entscheiden. Dabei können uns weder Instagram noch die Buddenbrooks helfen. Auch der stoische Philosoph Seneca warnte vor knapp 2.000 Jahren davor, jedem Trend hinterherzulaufen – vor allem, wenn es um das Glück geht: „Es steht mit den menschlichen Angelegenheiten nicht so gut, dass das Bessere der Mehrheit gefällt: Die Masse ist der Beweis für das Schlechteste."[271] Er glaubte, wie der Glücksatlas der Deutschen Post, dass wir uns von merkwürdigen Trends in die Irre leiten lassen: „Es verhält sich eben bei dieser Art von Reise nicht so wie bei normalen Reisen: Bei diesen schützt uns ein Pfad oder ein Einheimischer vor dem Verirren, bei unserer Reise täuscht gerade am meisten der Weg, der viel begangen wird."[272] Der Mainstream fließt am Glück vorbei.

Seneca möchte, dass wir unseren Verstand einschalten und selber denken, statt auf den *illusory truth effect* hereinzufallen – auf den Effekt der trügerischen Wahrheit. Psychologen stellen immer wieder fest, dass wir eher Aussagen glauben, die wir schon öfter gehört haben, als solche, die uns bislang unbekannt waren.[273] Je öfter wir sonnengebräunte Menschen im Urlaub beobachten, desto fester sind wir davon überzeugt, dass auch das Glück in der Südsee am Pool liegt. Wir glauben eher den Idealen unserer Kultur und den Medien als uns selbst. Es scheint, als würden wir uns selbst nicht über den Weg trauen. Deshalb empfiehlt Filipović: „Wir sollten die Medien nur dafür nutzen, uns Inspirationen zu holen. Danach müssen selbst schauen, was wir daraus machen wollen." So passen Glück und Medien am Ende doch zusammen. „Sie können uns dabei helfen, uns Ideen zu liefern, uns zum Nachdenken zu bringen und uns selber einzuordnen, zu wissen, wo wir stehen", ist Filipović überzeugt. „Das Grundproblem dabei bleibt aber, dass wir individuelles Glück jederzeit neu finden müssen. Es ist sehr dynamisch, und dadurch bleiben wir immer auch auf der Suche."

Im Laufe unseres Lebens werden wir immer mal wieder durchzappen und schauen, was woanders läuft – und ob das Glück für uns jetzt vielleicht woanders zu finden ist. Dabei können uns Literatur und Kunst genauso wie das Fernsehen und die sozialen Medien interessante Impulse geben. Zunehmend präsentieren sich dort nicht nur Menschen, die mit ihrem Besitz oder ihrem Aussehen protzen, sondern immer häufiger auch solche, die einen anderen Weg zum Glück einschlagen. Statt top gestylt zwischen Bildschirmen und Designermöbeln auf das plötzliche Hereinbrechen des Glücks zu warten, wächst allmählich eine andere Kultur des Glücks heran: Vor allem im Internet verbreiten die Anhänger eines nachhaltigeren Lebens ihre Ideen für eine bessere Welt und eine glücklichere Zukunft für alle. Sie versuchen, die Werte und Ideale unserer Gesellschaft mal sanft, mal mit reichlich Nachdruck in eine gemeinschaftlichere, achtsamere und ökologischere Richtung zu lenken. Ihr Leben kreist nicht mehr um den Konsum oder darum, andere mit allerlei Zeug zu beeindrucken. So versuchen sie, andere zu einem nachhaltigen Glück zu inspirieren.

Kapitel 4

Nachhaltigkeit

Hungrige Welt, satte Schafe

Es ist sperrig, hat zwei H auf engstem Raum – und kaum jemand weiß so recht, was es zu bedeuten hat: Nachhaltigkeit ist ein Wort, das häufiger benutzt als verstanden wird. Trotzdem oder gerade deshalb erlebt es in den letzten Jahren einen wahren Boom. Unternehmensstrategien, Zahnbürsten und Weltreisen: All das gibt es mittlerweile auch in nachhaltig. Selbst die IT-Messe Cebit und die großen Privatsender wie RTL und Pro Sieben veröffentlichen Studien und verschaffen der Nachhaltigkeit immer häufiger Aufmerksamkeit. Aber was meinen Unternehmen, Zahnbürstenhersteller und Reiseveranstalter, wenn sie ihre Angebote als nachhaltig bezeichnen?

Die Geschichte der Nachhaltigkeit

Wenn wir uns diese Frage stellen, dann sehen wir erst einmal grün: Nachhaltigkeitslogos und -label sind fast immer grün. Das ist kein neuer Trend. Schon immer ging es bei der Nachhaltigkeit um etwas Grünes – nämlich um Bäume. Schon im 18. Jahrhundert taucht die Nachhaltigkeit auf: Hans Carl von Carlowitz, der die schöne Berufsbezeichnung Oberberghauptmann trug und sich sowohl mit den Wäldern als auch mit dem Bergbau des Erzgebirges beschäftigte, schrieb in seinem Handbuch für den Holzanbau etwas über die „nachhaltige Nutzung" des Waldes.[274] Das gilt als die älteste Quelle, in der das Wort verwendet wird. Die Forstwirte leiteten das Wort von „nachhalten" ab, was so viel wie „länger andauern" oder „bleiben" bedeutete. Nachhaltigkeit meint, dass eine Ressource zwar genutzt, dabei aber nicht verbraucht wird. Für einen Wald heißt das: Ich schlage nur so viele Bäume, um daraus Tische, Besenstiele oder Zahnstocher zu machen, dass sich der Wald davon wieder erholen kann. Dazu werden nur einzelne Bäume hier und da aus dem Bestand geholt. Würden die Forstwirte die Bäume der Reihe nach roden, könnten neue, nachwachsende Bäumchen schnell von dichten Flechten überwuchert werden. Auf Dauer würde der Wald immer ärmer an Bäumen werden – und schließlich aufhören, ein Wald zu sein. Dann sieht man den Wald aus Mangel an Bäumen nicht. Wenn etwas verschwindet, nachdem wir es benutzt haben, dann ist unser Verhalten alles andere als nachhaltig.

Nachhaltig für mehr Ertrag

Schon im Mittelalter stellten die Menschen fest, dass sie mit nachhaltiger Landwirtschaft mehr Ertrag einfuhren, auch wenn es den Begriff damals noch nicht gab. Mit dem Prinzip der Dreifelderwirtschaft gönnten die Bauern dem Boden eine Pause: Auf dem ersten Feld säten sie im Herbst etwas aus, das sie im Sommer des folgenden Jahres ernteten. Auf dem zweiten Feld wuchsen Saathafer, Mais oder Sommergerste, Sommergetreide, das ab März gesät und ab Juli desselben Jahres bereits geerntet werden konnte. Das dritte Feld ließen sie brach liegen. Nachdem sich das dritte Feld über das Jahr hinweg erholen konnte, wechselten die Felder im nächsten Jahr ihren Job: Das Winterfeld wurde zum Sommerfeld und das ausgeruhte Feld mit über den Winter reifendem Getreide bestellt. Das Feld, das über den Winter bewachsen war und im Spätsommer nochmals abgeerntet wurde, durfte nun brach liegen.[275] Mit dieser Strategie brachten die Bauern so viel Getreide und Feldfrüchte ein wie nie zuvor. Das ist nachhaltiges Wachstum im wahrsten Sinne des Worts. Trotz ihres in diesem Fall höheren Ertrags ist Nachhaltigkeit eine natürliche Feindin der Pleonexia. Während sie friedlich und rücksichtsvoll wirtschaftet, rodet und wütet die Pleonexia durch die Wälder, durch die Felder bis hinein in unseren Einkaufswagen. Denn wenn wir nicht genug kriegen, kriegt die Umwelt bald zu viel.

Damit die Felder mehr abwarfen, setzten die Landwirte auf importierte Pflanzen wie die Kartoffel und auf modernere Produktionsmittel. Allmählich verlor die Dreifelderwirtschaft an Bedeutung. Die Felder hatten immer weniger Chance, sich zu erholen, und die Böden verloren immer mehr Nährstoffe. Aber wo ein Problem ist, da finden schlaue Bauern bald auch eine Lösung – entgegen dem Sprichwort sind es wohl doch eher die schlausten Bauern, die die dicksten Kartoffeln ernten. Ob sie auch die nachhaltigsten sind, bleibt dagegen fraglich. Denn ihre Antwort auf die immer kraftloser werdende Erde kam aus dem Güllesilo. Und wo der Dung der Tiere nicht mehr reichte, da wurde Kunstdünger eingesetzt. Wären wir Menschen stoppelige, kleine Getreidefelder, wäre die Dreifelderwirtschaft die ausgewogene Ernährung mit viel Obst und Gemüse. Vielleicht nicht die aufregendste Art, sich zu ernähren, aber die gesündeste, die am besten zu unserem Körper passt. Das Düngen mit Mist wäre für uns als Feld der schnelle Happen aus der Frittenbude nebenan – ebenso knusprig-köstlich wie nährstoffarm. Und der Kunstdünger? Der wäre eine Pille, die alle wichtigen Nähr- und Mineralstoffe enthält. Der Snack aus der Chemiefabrik hat mit echten Lebensmitteln nur in seiner chemischen Zusammensetzung Ähnlichkeit. Überleben würden wir vermutlich mit allen drei Ernährungsformen. Ob uns alle drei gleich guttun würden, ist allerdings die Frage.

Die Welt wird uns zu klein

Ende des 18. Jahrhunderts argumentierte der britische Ökonom Robert Malthus in seinem Essay *On the Principle of Population*, dass wir zu viele Menschen für eine zu kleine Erde sind. Durch Überbevölkerung werde es irgendwann nicht mehr möglich sein, alle satt zu bekommen, zumindest wenn sich alle einfach so weitervermehren. Er sah es als mathematisch erwiesen an, dass die Bevölkerung schneller wachse als die Lebensmittelproduktion. Diese könne einfach nicht mithalten, auch wenn sich die Landwirtschaft ebenfalls weiterentwickele. In drastischen Worten erklärte Malthus, dass die Welt keine Verwendung für noch mehr Babys habe, deren Eltern sie nicht ernähren könnten und deren Arbeitskraft nicht benötigt werde, da das System auch so schon laufe.[276]

Das Gleichgewicht zwischen Ressourcen und Bevölkerung werde, so Malthus, durch Krankheiten, Elend und Tod wiederhergestellt. Seine Theorie gleicht dem, was Biologen in der Tierwelt als Massenwechsel bezeichnen: Wenn beispielsweise eine Herde Schafe sehr viel saftiges Gras findet, dann futtern sie fleißig, werden stark und kräftig und bekommen nach vielen Monaten des tüchtigen Mampfens viele flauschige Lämmchen. Allmählich gibt es immer mehr hungrige Blökmäuler zu stopfen. Die Wiese wird von der wolligen Meute kahl gefressen, und die Hälmchen können gar nicht so schnell nachwachsen, wie sie abgebissen werden. Ist der letzte Grashalm durch einen gierigen Schafsmagen gewandert, muss die Herde einen anderen Futtergrund finden. Entweder sorgt ein aufmerksamer Schäfer rechtzeitig für den Umzug auf eine frische Weide – oder den Kranken und Schwachen droht der Hungertod. Kurz: Wo kein Futter ist, da kann die Herde nicht wachsen und muss womöglich sogar schrumpfen. Auf diese Weise reguliert sich die flauschige Population auf natürliche Weise von selbst.

Schafe und alle anderen Herden und Rudel können gar nicht anders, als sich nachhaltig zu verhalten, denn wo kein Futter zu holen ist, da kann das Grüppchen nicht wachsen. Anders als wir Menschen können Schafe nicht über ihre Verhältnisse leben und bei einer anderen Herde Gras auf Pump kaufen oder auf Kosten indischer Kühe in Saus und Braus leben. Doch auch für uns Menschen funktioniert dieses Prinzip nicht, wenngleich das in der sogenannten Ersten Welt gern übersehen wird: Unsere Ressourcen sind begrenzt – auch oder gerade weil wir mehr als ein paar saftige Grashalme und etwas Wasser brauchen.

Deshalb mahnen Ökonomen seit Jahrhunderten, dass sich auch bei uns ein Massenwechsel einstellen könnte. Hunger, Elend und mit ihnen das Unglück könnten über uns hereinbrechen, wenn unsere Erde abgegrast ist. Knapp 200 Jahre nachdem Malthus seine Thesen veröffentlicht hatte, kam der Club of Rome 1972 zu ähnlichen Ergebnissen. Diese Expertengruppe aus verschiedenen Disziplinen und aus mehr als 30 Ländern wies in seinem viel zitierten Bericht „Limits to Growth" auf die Grenzen des Wachstums hin. Ohne es direkt zu sagen, machten die Experten schon damals deutlich, dass wir uns von der Nachhaltigkeit immer weiter entfernten: Mit einer Computersimulation zeigten sie, was passieren würde, wenn die Wirtschaft weiter rasant wachsen, die Ressourcen allerdings dieselben bleiben würden. Ihre Berechnungen sollten helfen, die Armut auf der Welt zu bekämpfen.[277] Sie zeigten damit, dass unsere Wirtschaft gestresst ist: Menschen erleben Stress, wenn die Anforderungen ihres Lebens größer sind als ihre Ressourcen. Dasselbe scheint auch für das Wirtschaftssystem zu gelten: Wenn die Mittel fehlen, kann es kein Wachstum geben. Eine nachhaltige Gesellschaft sollte die Wirtschaft nicht mit Turbodünger künstlich hochzüchten.[278]

Und so wuchert im 20. Jahrhundert der Begriff der Nachhaltigkeit aus den Wäldern und Feldern auch in andere Bereiche des Lebens hinein: Beispielsweise schlägt der Club of Rome, ähnlich wie Malthus, vor, dass die Zahl der Kinder pro Familie per Gesetz geregelt werden sollte. Sie wollen die Freiheiten des Einzelnen zugunsten der Freiheit von Umweltverschmutzung, Überbevölkerung und dem völligen Kollaps der Wirtschaft deutlich einschränken.[279] Für die Experten gehören ökologische und soziale Verantwortung untrennbar zusammen. Der verstärkte Blick auf die Nachhaltigkeit brachte das bisher gültige Dogma, dass eine gesunde, kräftige Wirtschaft immer weiter wächst, ins Wanken. Die Pleonexia, unsere Sucht nach immer mehr, könnte uns letzten Endes aushungern.

Die Grenzen der Erde

Unsere Erde scheint fast am Ende ihrer Kräfte zu sein. Während der Club of Rome noch von den Grenzen des Wachstums sprach, untersuchen Experten heute die Grenzen unseres Planeten selbst: Was kann unsere Welt noch leisten – und wann haben wir sie endgültig erschöpft? In seinem Bericht stellte ein 28-köpfiges Team aus internationalen Umweltforschern 2009 den Ist-Zustand der Erde in einer

Gesamtschau dar. Dabei zeigte es, wie gut sich die verschiedenen Ökosysteme selbst regulieren können. Die Forscher machten deutlich, dass unsere Erde in den letzten zwölf Jahrtausenden immer instabiler geworden ist. Das sei der Preis für den enormen Fortschritt, den die Menschheit in dieser Zeit vollzogen habe. Der Bericht legt zehn ökologische Belastungs- oder planetare Grenzen fest:[280]

1) Süßwasserverbrauch

Seit 2010 ist der Zugang zu sauberem, trinkbarem Wasser ein Menschenrecht. Die Realität sieht jedoch oft anders aus: Durch ungeklärte Abwässer, Düngemittel oder Chemikalien aus der Industrie sind Bäche, Seen und Grundwasserreservoirs an vielen Orten auf der Welt nicht sauber. Da Menschenrechte aus juristischer Sicht nur lieb gemeinte Empfehlungen sind, kann niemand sein Recht einklagen.[281]

2) Versauerung der Meere

Dass CO_2 irgendwie nicht gut für das Klima ist, haben wir alle schon mal gehört. Wenn wir massenhaft Kohle oder Öl verbrennen, belastet das nicht nur die Luft, sondern auch die Ozeane. Julia Ekstrom von der University of California in Davis stellte fest, dass mehr Kohlendioxid in der Luft auch mehr Kohlendioxid im Wasser bedeutet. Denn das Meerwasser nimmt den Großteil des Kohlenstoffdioxids auf. Zwar bremst das Auflösen des CO_2 etwas die Klimaerwärmung, aber das Wasser wird dadurch immer saurer. Manche Tiere wie Korallen, Meeresschnecken oder Muscheln sind dadurch gefährdet. Für das Wachstum in der Jugend brauchen sie Kalziumkarbonat. Doch das werde durch die Versauerung immer seltener – und mit ihnen die Muscheln, Schnecken und Korallen.[282]

3) Todeszonen aus Dünger und Hitze

Das Meer ist längst nicht nur das Ziel vieler Reiseträume. In den letzten Jahrzehnten verwandelt es sich stellenweise in etwas, das Wissenschaftler als „Todeszone“, bezeichnen: Nur wenige Meeresbewohner können in einer solchen Umgebung überleben. Die anderen wandern aus – oder sterben. Eine dieser Todeszonen entsteht in der Ostsee. Zu keinem Zeitpunkt in den letzten 1.500 Jahren fand sich so wenig Sauerstoff im Wasser der Ostsee wie heute. Dafür gibt es zwei Hauptgründe: Die erhöhte Wassertemperatur und ein Überangebot an Nährstoffen im Wasser:[283]

Wer im Sommer schon mal seine Limo in der Sonne vergessen hat, kennt das schale Gefühl: Warme Flüssigkeiten können Gase schlechter halten. Das gilt für die Kohlensäure in Bier, Limo oder Mineralwasser ebenso wie für den Sauerstoff in unseren Meeren. Wenn das Wasser durch den Klimawandel wärmer wird, kann es weniger Sauerstoff binden.

Zusätzlich gelangen Düngemittel und Tierausscheidungen von den Feldern der Landwirte ins Grundwasser und über die Flüsse ins Meer. Die darin enthaltenen Nährstoffe füttern Algen, die dadurch massenhaft gedeihen. Nachdem sie verblüht sind und absterben, sinken sie auf den Meeresboden. Dort werden sie von Bakterien zersetzt. Während die Bakterien die toten Algen zerlegen, verbrauchen sie Sauerstoffen und setzen Nährstoffe frei. Von denen ernähren sich dann wiederum andere Bakterien, die Sauerstoff aus der Luft ziehen und damit optimale Bedingungen für eine erneute Algenblüte schaffen. Seit der Düngereinsatz Anfang des 20. Jahrhunderts gestiegen ist, beschleunigt sich dieser Prozess – und der Sauerstoffgehalt im Meer sinkt stetig weiter.[284]

4) Abbau der Ozonschicht

Die Ozonschicht schützt uns vor den gefährlichen Strahlen der Sonne. UV-B-Strahlen können wir zwar nicht sehen, aber unsere Haut bekommt sie deutlich zu spüren – denn UV-B-Strahlen können Hautkrebs verursachen. Die Ozonschicht besteht aus großen Mengen eines Gases, das wenig überraschend Ozon heißt. Wie ein schützender Mantel legt sie sich um die unterste Luftschicht unserer Erde, die Troposphäre. Vor allem durch radikalische Chloratome, die auch Fluorchlorkohlenwasserstoffe, FCKW oder CFCs genannt werden, wurde die Ozonschicht in unserer Stratosphäre immer dünner – und das Ozonloch entstand. Vor allem über der Antarktis und Australien können die UV-B-Strahlen deutlich leichter zu uns Menschen durchdringen.

Erstmals aufgefallen ist das Ozonloch Ende der 1950er-Jahre. Da interessierte sich jedoch kaum jemand dafür. Erst Mitte der 1970er befassten sich Forscher so richtig mit dem, was da in unserer Stratosphäre passierte. Im folgenden Jahrzehnt konnten sie einen rasanten Schwund des schützenden Gases beobachten. Fast 50 Jahre nach der Entdeckung der Veränderungen zog die deutsche Regierung die Konsequenzen und verbot 1995 die Herstellung von Kühlschränken und Tiefkühlern, die FCKW enthalten. Viele andere Länder ergriffen ähnliche Maßnahmen, und schließlich konnten Forscher feststellen, dass die schützende Ozonschicht über den Polen wieder dicker wird. Trügerische Sicherheit breitete sich aus, denn 2018 bemerkten Forscher, dass sich die Ozonschicht nun über den tieferen Breitengraden ausdünnt: gerade dort, wo viel mehr Menschen leben als an den Polen – zum Beispiel über Mitteleuropa. Zusätzlich geben die Forscher zu bedenken, dass die UV-Strahlung höher sei als an den Polen.

5) Verschmutzung durch Chemikalien und Freisetzung neuartige Stoffe

Es gibt verschiedene Wege, auf denen wir ganz nebenbei unsere Ökosysteme umkrempeln. Diese Kategorie ist ein Sammelbecken für all die Stoffe, von denen wir noch gar nicht wissen, dass sie negative Auswirkungen haben – ähnlich wie das FCKW, von dem Jahrzehnte lang niemand ahnte, dass es unserer Umwelt derart schadet. Außerdem zählt hierzu auch das, was durch radioaktiven Abfall und Mikroplastik noch alles folgen wird.

6) Verschmutzung der Atmosphäre durch Aerosole

Staub im Büro oder zu Hause, der Qualm von Zigaretten, Ruß und Autoabgase oder der feine Nebel, der aus der Haarsprayflasche oder Deodose hervorschießt, aber auch der schlichte Nebel über einer Wiese im Morgengrauen, das alles sind Aerosole: eine Mischung aus kleinen flüssigen oder festen Schwebeteilchen und einem Gas. Ein Beispiel, das manchen fies in die Augen und die Nase beißt, ist mit Pollen angereicherte Luft. Auch wenn jemand beherzt und mit Anlauf neben uns auf den Boden niest, schießt er dabei Viren und Bakterien in die Luft – und produziert Aerosol. Dasselbe passiert, wenn Feinstaub aus einem Auspuff hervorquillt. Die Teilchen gelangen mit jeder Einatmung in unsere Lunge. Die kleinen Flimmerhärchen in unseren Bronchien schaufeln die Teilchen mechanisch recht zügig wieder nach oben und – manchmal unter Husten – wieder aus der Lunge heraus. Doch wenn der mit der Luft eingeatmete Stoff leicht löslich ist, kann er über die Lunge ins Blut gelangen und sich über den ganzen Körper ausbreiten. Beim Rauchen kommen verschiedene Stoffe zusammen, die unterschiedlich weit in den Körper vordringen und unterschiedlich lang dort bleiben. Doch nicht nur Autos und Zigaretten sorgen für dicke Luft: Schornsteine in der Industrie, Flugzeuge oder Kreuzfahrtschiffe pusten unter Hochdampf Partikel in die Luft. Wenn besonders viel Aerosol in der Luft ist, nennen wir das Smog. Mediziner warnen, dass der auf unsere Lungen ähnlich wirkt wie Kettenrauchen. Und durch die Haut können wir Ozon aufnehmen, was Mediziner weltweit beunruhigt.

Unserer Umwelt scheinen Aerosole vordergründig zu helfen, da sie Treibhausgase bekämpfen und die bodennahen Luftschichten abkühlen. Auch Ozon ist ein Aerosol. Es entsteht beispielsweise, wenn Stickoxide aus Autoabgasen mit dem Sonnenlicht reagieren. Auch Drucker und Kopierer stoßen Ozon aus. Wenn es sich geballt in der Stratosphäre ansammelt, schützt es uns vor UV-B-Strahlen. Wenn wir Ozon in großen Mengen einatmen, kann es jedoch unsere Lungenfunktionen reduzieren, Entzündungen in den Atemwegen oder Krebs auslösen. Kurz: Aerosole machen uns das Atmen schwer.

7) Veränderung der biochemischen Kreisläufe (Stickstoff und Phosphor)

Der Baum, aus dem das Holz für unseren Schreibtisch gemacht wurde, der Apfel neben unserer Tastatur und sogar der Mensch, der auf selbiger wild herumtippt, all dies würde es ohne Stickstoff nicht geben. Es ist das wichtigste Element in unseren Proteinen und Eiweißen und ein Bestandteil unserer DNA. Stickstoff ist unentbehrlich für die Enzyme, die den Stoffwechsel von Pflanzen, Tieren und Menschen steuern. Auch die Luft, die wir atmen, besteht zu fast 80 Prozent aus Stickstoffmolekülen. Eine ähnliche Bedeutung für das Leben auf unserem Planeten hat Phosphor: Wir brauchen es für den Aufbau von Zellwänden und unserer DNA, es hält den pH-Wert unseres Blutes stabil, damit unser Stoffwechsel und unsere Atmung problemlos ablaufen können. In unseren Körper gelangt Phosphor durch Lebensmittel wie Weizenkleie, Sojabohnen oder Linsen. Kurz: Ohne Stickstoff und Phosphor würde unsere Welt ganz anders aussehen – und uns würde es vermutlich gar nicht geben.

Während der Phosphor-Kreislauf noch im Gleichgewicht scheint, sieht das beim Stickstoff anders aus: Durch exzessives Düngen von Wiesen und Äckern gelangt Stickstoff in die Böden, durch Dieselmotoren und Benzinautos, durch Flugzeuge, Kohlekraftwerke in die Luft – und durch die Massentierhaltung in beide Richtungen. Überall dort, wo besonders viele Menschen und Industrie zusammenkommen, wird in Massen produziert und konsumiert – und übermäßig viel Stickstoff freigesetzt. Wenn wir viel Fleisch, Eier und Milchprodukte essen, vergrößern wir unbewusst unseren persönlichen Stickstoff-Fußabdruck. Das verändert die Felder, Flächen und Wälder, vergiftet Seen und Flüsse und schadet unserer Gesundheit genauso wie Tieren und Pflanzen. Dadurch sterben Arten aus, und der Klimawandel schreitet weiter voran.

8) Klimawandel

Wer schon immer mal Urlaub auf den Malediven machen wollten, sollte bald seine Koffer packen. Denn die Inselchen mitten im Indischen Ozean sind im wahrsten Sinne des Wortes dem Untergang geweiht. Sie liegen im Durchschnitt nur einen Meter über dem Meeresspiegel. Die größte Anhöhe ist vom Meer aus gemessen gerade einmal gut zwei Meter hoch. Wenn es weiterhin wärmer wird auf der Erde, schmelzen Eisberge und Gletscher. Durch das Schmelzwasser steigt der Meeresspiegel – und die Wellen verschlucken das Urlaubsparadies schon bei leichtem Seegang. Klimaforscher nehmen an, dass in spätestens hundert Jahren von den Malediven nur noch die Spitzen einiger Gebäude zu sehen sein werden. Der Rest wird sich in ein postmodernes Atlantis verwandeln.

Diese Veränderungen fassen Wissenschaftler unter dem Begriff Klimawandel zusammen. Während sich auch aus natürlichen Gründen das Klima verändern kann wie in der Eiszeit, führen Forscher die globale Erwärmung vor allem auf den Menschen zurück. Die Veränderungen hängen mit dem sogenannten Treibhauseffekt zusammen. Eigentlich reguliert sich die Temperatur der Erde dadurch, dass ein Teil der Wärme ins Weltall verschwindet. Dadurch ist es auf der Erde nicht zu warm und nicht zu kalt. Wir können uns das in etwa vorstellen wie ein Topf voll Nudelwasser auf unserem Herd: Die Erdoberfläche ist der warme Boden des Topfes und das Wasser ist unsere Atmosphäre. Wenn der Topf einfach so vor sich hin köchelt, können die Wärme und der Wasserdampf ungehindert in unsere Küche abhauen und die Fenster beschlagen lassen. Auch wenn wir vom Treibhauseffekt meist in einem negativen Zusammenhang hören oder lesen, ist er nicht grundsätzlich schlecht. Ohne den natürlichen Treibhauseffekt, der vor allem durch Wasserdampf entsteht, wäre es auf der Erde im Durchschnitt knackige minus 18 Grad Celsius „warm". Durch den Treibhauseffekt kommen wir auf einen globalen Durchschnitt von 15 Grad plus. Wenn wir allerdings einen Deckel auf den Topf machen, dann bleibt alles schön im Topf, und es wird immer wärmer. Die Treibhausgase haben auf unseren Planeten einen ähnlichen Effekt wie der Deckel auf dem Topf: Die Wärme kann einfach nicht weg – und es wird immer wärmer. Aerosole können dazu beitragen, dass die Atmosphäre abkühlt, Treibhausgase bewirken genau das Gegenteil.

Ein solcher Deckel ist das CO_2. Während viele Treibhausgase durch natürliche chemische Reaktionen abgebaut und unschädlich gemacht werden, ist CO_2 stur und lässt sich nicht so leicht aus dem Weg räumen. Nur Pflanzen können das CO_2 aus der Luft holen und gefangen halten. Und da ist der Haken: Auf der einen Seite pusten wir mehr CO_2 denn je in die Luft, auf der anderen holzen wir immer mehr Wälder ab. Außerdem können wir die Finger einfach nicht von der Kohle lassen. Keine andere Art der Energiegewinnung belastet unser Klima so sehr wie die Verbrennung von Kohle. Über Jahre und Jahrtausende haben Bäume CO_2 aus der Luft gefiltert und in ihrem Holz eingelagert. Als über die

Jahrhunderte aus ihnen Braunkohle wurde, war der Kohlenstoff sicher in den Erdschichten eingeschlossen. Wird jedoch die Kohle verbrannt, gelangt der Kohlenstoff wieder in die Luft. Was Tausende Jahre in der Erde geschlummert hat, sorgt nun für dicke Luft – auch zwischen Politik, Unternehmen und Bürgern. Denn während es den einen um Kohle geht, wollen die anderen das Klima retten – oder zumindest die Luft direkt vor ihrer Nase. Und während sich Klimaforscher, Politiker und Bürger weiter streiten, wer nun was tun oder lassen sollte, wird es allmählich immer wärmer – bis es irgendwann nicht nur den Malediven an den Kragen geht.

9) Verlust der Artenvielfalt

Fast neun Millionen Arten soll es auf unserem Planeten geben, plus/minus 1,3 Millionen. Davon sollen 6,5 Millionen an Land und 2,3 Millionen in Meeren, Seen und Flüssen leben, so schätzen Forscher um den Biologen Camilo Mora. Ab und zu lesen wir, dass eine neue Art entdeckt wurde. Dass so etwas passiert, liegt weniger daran, dass ein Forscher sich durch das Dickicht des Urwalds geschlagen hat und mit einem noch unbekannten Nager oder Frosch wieder aus dem dichten Grün auftaucht. Es rührt vielmehr daher, dass bereits entdeckte Tiere bislang nicht korrekt kategorisiert wurden. Wissenschaftler vermuten, dass 86 Prozent der Land- und ganze 91 Prozent der Meereslebewesen noch keinen Namen haben und korrekt eingeordnet wurden.[285]

In den letzten Jahren fanden Forscher eine neue Art des bis zu zwei Tonnen schweren Mondfisches, neue Verwandtschaft der Menschenaffen, die jahrelang isoliert auf Sumatra gelebt hat, und eine riesige Rattenart, die sogar Kokosnüsse mit ihren starken Kiefern aufknacken kann. Auf den ersten Blick sieht es so aus, als würde es für die Artenvielfalt kontinuierlich aufwärtsgehen. Doch die Neuzugänge in unserer biologischen Systematik können die vielen Arten, die aussterben, kaum ausgleichen: Denn jedes Jahr verschwinden Tausende. Allein in den letzten 500 Jahren sollen mehr als 320 an Land lebende Wirbeltiere ausgestorben sein. Zudem haben sich die Bestände vieler Wirbeltiere an Land um ein Viertel verkleinert, stellten Wissenschaftler um Rodolfo Dirzo fest. Von den wirbellosen Tierarten wie Insekten verschwinden weltweit jährlich 11.000 bis 58.000 – für immer. Berücksichtigt ist dabei noch gar nicht, dass es von manchen Arten nur noch wenige Tiere gibt oder sie auf einigen Kontinenten bereits nicht mehr aufzufinden sind. Amphibien scheinen vom Artensterben stärker betroffen zu sein, von ihnen gelten 41 Prozent als bedroht. Bei den Vögeln laufen 17 Prozent der Spezies weltweit Gefahr, auszusterben. Die meisten der gefährdeten Arten leben in tropischen Gegenden[286] – dort, wo der Lebensraum der Tiere immer kleiner wird.

Auch unser Hunger ist schuld, dass manche Tiere aussterben. Das sei schon den Mammuts so ergangen, nehmen manche Forscher an. Die Urmenschen hatten die zotteligen Elefantentiere gejagt, sich viele Mahlzeiten aus dem Fleisch zubereitet und das Fell gegen die kalten Winter genutzt.[287] Dasselbe Schicksal könnte bald schon den Thunfisch ereilen. Unser Appetit auf Thunfischpizza, Maguro-Sushi und Salate mit Dosenfisch hat die weltweite Population des Blauflossenthunfischs um 97 Prozent unter ihr historisches Niveau sinken lassen, so der Bericht des International Scientific Committee for Tuna and Tuna-Like Species in the North Pacific.[288] Damit sind nur noch 2,6 Prozent übrig. Der Bestand schrumpft zusehends weiter, doch die Fische können ihrem Untergang nicht davonschwimmen.

10) Abholzung und Änderung der Landnutzung

Jede Minute verschwindet eine Waldfläche von 40 Fußballfeldern, vor allem in den Tropen. Der Mensch fräst sich unaufhaltsam durchs Gehölz. Dabei werden die Wälder nicht nur abgeholzt, um den Rohstoff für die Herstellung von Möbeln, Bleistiften oder Papier zu gewinnen. Der Wald muss auch weichen, damit der Mensch Zuckerrohr, Ölpalmen oder Soja anbauen, Tiere mästen oder Staudämme bauen kann, um Gold- und Kupferminen zu betreiben. Dadurch verlieren die Menschen, Tiere und Pflanzen vor Ort ihr Zuhause und ihre Lebensgrundlage. Aber nicht nur das: Ohne die Wälder lässt sich der Klimawandel kaum noch aufhalten. Bäume nehmen klimaschädliches CO_2 auf und atmen dafür den für uns lebensnotwendigen Sauerstoff aus. Was ohne Bäume passiert, können wir uns also leicht ausrechnen. Da wir vom Regenwald in unseren Gefilden jedoch nur wenig zu sehen bekommen, wird nicht unmittelbar erlebbar, dass unsere Lust auf Nuss-Nugat-Creme und Steak allmählich die Luft aus der grünen Lunge quetscht. Wenn wir so weitermachen, dann ist der Regenwald nicht nur weit weg, sondern bald ganz weg.

Doch auch vor unserer Haustür verändert sich die Landschaft. Fast die Hälfte der Siedlungs- und Verkehrsflächen, also Flächen, wo sich Häuser, Parkplätze und Straßen befinden, sind bebaut, betoniert, asphaltiert, gepflastert oder anderweitig befestigt. Experten nennen das versiegelt. Genauso wie manche Restaurantbetreiber ihre Speisekarte mit Plastikfolien laminieren, versiegeln wir die Erde mit Steinen, Beton und Asphalt. So kann eine versehentlich umgestoßene Cola die Menükarte nicht aufweichen – und Regenwasser nicht im Boden versickern.

Was unter unseren Städten und Siedlungen liegt, bekommt nur noch wenig Wasser ab und ist kaum noch fruchtbar. Zudem werden die Grundwasservorräte nicht mehr durch Regen aufgefüllt. In den vergangenen Jahren haben wir uns immer weiter über die Natur ausgebreitet und rund 100 Quadratkilometer pro Jahr zusätzlich versiegelt.[289] Dadurch steigt die Gefahr, dass das, was wir achtlos die Toilette runterspülen, bei starkem Regen wieder bei uns auf der Matte steht. Auch Hochwasser und Überschwemmungen werden dadurch wahrscheinlicher. Außerdem heizen sich unsere Städte auf, da kein Wasser aus dem Boden aufsteigen und im Sommer kühlenden Dunst erzeugen kann.

Erschöpfte Grenzen

In den letzten vier Punkten – Artensterben, Landnutzung, Klimawandel sowie bei den Stickstoff- und Phosphorkreisläufen – haben wir den Forschern zufolge die Grenzen unserer Erde bereits überschritten. Dadurch ist das globale Ökosystem erheblich gestört und kann sich in einigen Bereichen nicht mehr selbst regulieren. Bis vor hundert Jahren hat sich, so die Forscher, die Welt in einem sehr stabilen Zustand befunden. Seither haben sich die Kultur, die Wirtschaft und unser Ernährungsverhalten durch den technischen Fortschritt radikal verändert, und wir greifen immer tiefer in die natürlichen Prozesse ein und verändern sie einschneidend. Unser unbändiger Drang nach mehr laugt unseren Planeten aus. Unsere gute alte Bekannte, die Pleonexia, raubt uns langsam die Luft zum Atmen. Wenn wir weiter aus versiegenden Quellen schöpfen, fehlt uns bald der Planet, auf dem wir glücklich werden wollen.

Indem wir die Grenzen überschreiten, wächst das Risiko, dass wir die Welt grundlegend verändern, damit die Erde weniger lebenswert machen, das Gefälle zwischen Arm und Reich weiter vergrößern – und weltweit das Glück der Menschen verringern. Vor allem die Wirtschaft muss umdenken. Doch auch der Drang, schnelle Autos zu fahren, regelmäßig in den Urlaub zu fliegen oder ab und zu mal auf einem Kreuzfahrtschiff auszuspannen, trägt dazu bei, dass die Welt aus dem Gleichgewicht gerät. Wir müssen die Bewässerung in der Landwirtschaft überdenken, damit die Grenzen für den Wasserverbrauch eingehalten werden. Im Gegenzug müssten wir allerdings mehr Flächen als Ackerland nutzen, was die Grenzen für die Landnutzung übersteigen würde.[290] Es sind sensible Abwägungen, die wir treffen müssen – aber getroffen werden müssen sie.

Protokolle und ihre Grenzen

Um die Grenzen zu wahren, muss die ganze Welt an einem Strang ziehen. Im Dezember 2015 einigten sich Vertreter aus fast 200 Ländern auf der 21. Weltklimakonferenz auf eine neue Abmachung als Nachfolger des Kyotoprotokolls, um das Klima der Welt gemeinsam zu schützen. 31 Seiten lang ist das Ergebnis: das Paris-Protokoll. Das Dokument legt vertraglich und völkerrechtlich verbindlich die Senkung des Ausstoßes von Treibhausgasen fest. Das Ziel: die von uns Menschen verursachte Erderwärmung auf deutlich unter zwei Grad Celsius im Vergleich zu den Werten vor der Industrialisierung zu begrenzen.

Während US-Präsident Barack Obama mit Blick auf das Paris-Protokoll noch von einem möglichen „Wendepunkt für die Welt" sprach, sieht sein Nachfolger Donald Trump das anders: Er will aus dem Klimavertrag aussteigen. Andere Länder stehlen sich in weniger grobschlächtiger Weise aus der Verantwortung – tatsächlich hält sich keines der Unterzeichnerländer an die im Protokoll festgelegten Grenzen. Keines von ihnen unternimmt genug, um die Klimaziele zu erreichen. Das zeigt unter anderem der Klimaschutzindex, den die deutsche Umwelt- und Entwicklungsorganisation 2017 veröffentlichte. Gute Noten gibt es zwar beim Ausbau nachhaltiger Energien und bei der Energieeffizienz. Dennoch müsste Deutschland in Sachen Kohlenstoffdioxid nachsitzen. Offenbar warte jede Nation darauf, dass die anderen etwas tun. Wie wir uns fortbewegen, müsse dringend revolutioniert werden, denn Autos, Schiffe und Flugzeuge ruinierten weiterhin unsere CO_2-Bilanz. Das gelte auch für Deutschland. Im Setzen langfristiger Ziele, die 2050 in Erfüllung gehen sollen, ist Deutschland laut dem Index stark, an der Realität scheitert es jedoch: Schon das, was es sich für 2020 vorgenommen hat, wird es voraussichtlich nicht erreichen. Andere bemühen sich erst gar nicht: Australien, Südkorea, der Iran und Saudi-Arabien belegen dem Index zufolge die letzten Plätze. Bei diesen Ländern gebe es so gut wie keine Bemühungen, den CO_2-Ausstoß und den Energieverbrauch zu senken.

Gelegentlich zwitschert Trump seine Meinung über den Klimawandel per Twitter in die Welt. Als Ende 2017 der Winter mit aller Macht und frostigen Temperaturen um die minus 40 Grad Celsius über weite Teile Kanadas und den Norden der USA hereinbrach, scherzte Trump auf Twitter: „Vielleicht könnten wir ein bisschen von dieser guten alten Erderwärmung gebrauchen, für die unser Land, aber nicht andere Länder, Billionen an Dollar zahlen sollte, um sich davor zu schützen. Zieht Euch warm an." Beim Blick auf die sich im Sekundentakt mehrenden Zustimmungsherzen unter Trumps Tweets lief da manchem Klimaforscher sicher nicht nur wegen der arktischen Temperaturen ein kalter Schauer über den Rücken. Dass jemand mit ebenso losen Daumen wie wirren Ansichten eine der größten Nationen der Welt regiert, ist ein neues, ungeahntes Risiko für das Klima. Forscher nehmen an, dass das Leben in einer Demokratie uns glücklich macht, weil wir die Politik zumindest ein bisschen mitgestalten können.[291] Wenn ein solcher Präsident allerdings das Ergebnis davon ist, macht das auf Dauer nicht nur die Klimaforscher unglücklich – sondern uns alle.

Den Boden unter den Füßen verlieren

Wir können die Grenzen unseres Planeten nicht endlos dehnen. Deshalb ist es höchste Zeit, Alternativen für unseren heutigen Lebenswandel zu finden. Ein erster Schritt dabei ist ein Umdenken in der Flächennutzung. Glauben wir Forschern, ist ein Umdenken längst überfällig: Prognosen sagen ein 40-prozentiges Wachstum der Weltbevölkerung in den nächsten 40 Jahren voraus. Dadurch braucht die Welt nicht nur mehr Nahrung, sondern auch mehr Jobs, mehr Wohnungen, womöglich mehr Autos und technische Geräte. Damit die Landwirtschaft mit unserem wachsenden Hunger mithalten kann, setzt sie zunehmend hoch entwickelte technische und chemische Hilfsmittel ein. Doch dadurch steigt nicht nur der Ertrag, sondern auch der Schaden an unserer Umwelt. Wir stellen hohe Anforderungen, für die unser Planet schon bald zu klein werden könnte.

Wenn wir einen Blick auf die Weltkarte werfen, wird schnell klar: Der größte Teil der Erdoberfläche besteht aus Wasser. Nicht umsonst nennen wir die Erde auch den blauen Planeten. Nicht einmal ein Drittel unseres Planeten ist Land. Nur etwa 13 Milliarden Hektar sind nicht von einer soliden Eisschicht, Seen, Meeren oder Flüssen bedeckt. Davon können gut drei Milliarden Hektar genutzt werden, um Lebens- und Futtermittel zu produzieren.[292] Die Böden schenken uns nicht nur Nahrung, sondern sorgen auch für ein gutes Klima: Sie speichern mit über 4.000 Milliarden Tonnen weltweit etwa zehnmal mehr Kohlenstoff als unsere Wälder. Der Boden hat es also richtig in sich.

Eigentlich ist die Welt groß genug für uns alle. Doch während sich die Weltbevölkerung in den letzten drei Jahrhunderten verachtfacht hat, konnte die landwirtschaftliche Fläche nur um etwa das Fünffache wachsen. Noch im Jahr 1960 standen pro Kopf der Weltbevölkerung 0,44 Hektar Ackerland zur Verfügung. Im Jahr 2000 waren es knapp 0,22 Hektar pro Kopf, und Mitte des 21. Jahrhunderts werden es nur noch etwa 0,15 Hektar pro Kopf sein. Mehr als die Hälfte des Wachstums der Weltbevölkerung findet in Ländern statt, die schon heute an die Grenzen der Erweiterung ihrer landwirtschaftlichen Nutzflächen stoßen.

Sieh zu, dass du Land gewinnst!

Mit allerhand Tricks versucht der Mensch, dem Planeten noch etwas mehr Anbaufläche abzuringen. Neues Land zu erschließen ist allerdings eine Qual für unsere Umwelt. Denn um neuen Ackerboden oder Weiden zu gewinnen, müssen Wälder weichen, müssen Böden trockengelegt werden, in anderen Fällen braucht es wiederum viel Wasser. Rückblickend hat Mark Twain recht behalten, als er sagte: „Kaufen Sie Land – es wird keines mehr gemacht." Im Gegenteil: Während wir der Welt hier und da ein Fleckchen Weideland oder Ackergrund abtrotzen, verschwindet anderenorts massenhaft wertvoller Boden. Statistiken zufolge gehen weltweit jährlich etwa zehn Millionen Hektar Ackerfläche verloren. Das entspricht 14 Millionen Fußballfeldern. Jedes Jahr! Wir verlieren immer schneller den Boden unter den Füßen: Etwa ein Viertel der landwirtschaftlich genutzten Fläche enthält heute deutlich weniger Humus und Nährstoffe als noch vor 25 Jahren – oder ist als Ackerland bereits nicht mehr nutzbar. Der Grund dafür sind nicht etwa irgendwelche mysteriösen Vorgänge in der Erde, sondern wir sind's: Wir beuten den Boden aus, roden ihn mit Feuer, lassen ihm keine Zeit, sich von der letzten Ernte zu erholen, verseuchen Grund und Wasser mit Chemie, mit giftigen Stoffen, die aus Müllkippen austreten, oder verdichten den Ackerboden mit tonnenschweren Landmaschinen. Allein durch Beton und Asphalt gehen in Deutschland täglich rund 75 Hektar Boden verloren.[293]

Auch etwas, das nach öko klingt, trägt ordentlich dazu bei: Biogas. Biogas ist ein brennbares Gas, das für die Energieerzeugung, für Fahrzeuge und das Heizen von Gebäuden genutzt wird. Vor allem das im Biogas enthaltene Methan sorgt für Power. Biogas entsteht, wenn Biomasse wie Kuhfladen oder Schweinehaufen, Abfälle und nachwachsende Rohstoffe vergären, also vieles, das wir klassischerweise auf den Kompost werfen würden. Was wie eine monströse Symphonie apokalyptischer Gerüche klingt, ist ein echte Risiko für unsere Umwelt. Denn bio ist an Biogas eigentlich nichts – zumindest nicht in dem Sinne, wie wir es auf den ersten Blick verstehen würden. „Bio" steht für biotisch, was heißt, dass das Gas durch Lebewesen wie Bakterien entstanden ist. Fossile Brennstoffe wie Braunkohle, Steinkohle, Torf, Erdgas und Erdöl sind sehr alt und sind vor Hunderten oder sogar Tausenden von Jahren entstanden. Biogas gilt als regenerative Energie, da sie leicht nachproduziert werden kann – was etwa bei Braunkohle nicht in gleicher Weise möglich ist. Oder haben Sie schon mal versucht, in Ihrem Garten aus Grünabfällen Braunkohle herzustellen? Weil wir trotzdem immer mehr Energie benötigen, um unseren Lebensstandard halten und ausbauen zu können, brauchen wir nachwachsende Quellen. Biogas ist da eine schnelle Lösung. Durch den hohen Methan- und Nitratgehalt ist sie nur leider nicht nachhaltig.

Durch schlecht abgedichtete Biogasanlagen, die Massentierhaltung und zu viel Gülle auf den Feldern sind Wasser und Böden zunehmend mit Nitrat belastet. In Deutschland entspricht die dadurch unbrauchbar gemachte Erde einer Fläche von mehr als 100 Fußballfeldern.[294] Etwa 2.000 Jahre dauert es, bis aus Gestein Boden wird, den Tiere und Mikroorganismen, Pilze und Algen zu fruchtbarer Erde machen. Frische Erde kommt eben nicht aus dem Nichts.[295] Wir sollten besser auf unsere Böden aufpassen. Doch je mehr hungrige Bäuche wir füllen möchten, umso weniger geben wir Acht. Wissenschaftler sehen einen Zusammenhang zwischen der Bevölkerungsdichte und der Länge der Brachzeit: Je mehr Menschen es sind, desto weniger kann sich ein Feld von der letzten Ernte erholen.[296] Manchen Berechnungen zufolge sind bereits nahezu 40 Prozent aller landwirtschaftlichen Flächen stark geschädigt. Das muss aber kein unabwendbares Schicksal sein. Wir können alle etwas für unsere Erde tun – und das beginnt zwischen Messer und Gabel.

Übersättigte Erde

Damit die Böden ihr Bestes geben können, wird in der konventionellen Landwirtschaft mit Düngemitteln selten geknausert. Auf der Website des Umweltbundesamtes heißt es: „Der Einsatz von Düngemitteln in der Landwirtschaft ist eine Grundvoraussetzung für die Bodenfruchtbarkeit und Versorgung der Pflanzen mit Nährstoffen."[297] Zugleich schränkt das Umweltbundesamt aber ein: „Es kommt jedoch auf das richtige Maß an. Ein sparsamer Umgang und eine an den Pflanzenbedarf angepasste Dosierung sind besonders wichtig. Nur so können negative Auswirkungen auf Böden, Gewässer, Klima und die Biodiversität verhindert werden."[298] Deshalb gibt es für die Herstellung, Lagerung und das großflächige Verteilen auf den Feldern gesetzliche Reglungen. Dennoch bleibt es nicht folgenlos, wenn Bauern ihrem Feld mehr abverlangen, als es von Natur aus zu geben hat:

Bei der Produktion: Die Herstellung von synthetischen Düngemitteln benötigt sehr viel Energie. Das verbraucht Ressourcen und sorgt für eine hohe Emission von Treibhausgasen. Vor allem Stickstoff und Phosphor gelangen durch die Herstellung vermehrt in die Böden und in die umliegenden Gewässer.

Bei der Lagerung: Konventionelle Bauern kaufen ihren Dünger in riesigen Säcken, auf denen eine ganze Reihe von Warnungen aufgedruckt ist. Düngemittel, die Ammoniumnitrat enthalten, können bei unsachgemäßer Lagerung ein Umweltrisiko für das Grund- und Oberflächenwassers sein. Dass sie Haut und Augen reizen können, mag beunruhigen, ein solcher Hinweis findet sich aber auch auf herkömmlichem Waschpulver. Etwas beunruhigender ist die Aufforderung, Dünger sicher zu lagern – denn mit etwas Know-how lässt sich daraus sogar Sprengstoff herstellen. Der chemische Zerfall der im Dünger verarbeiteten Stoffe kann während des Transports und bei der Lagerung giftige Gase freisetzen und auch dadurch eine Gefahr für die Umwelt und die Spediteure und Landarbeiter sein.

Auf dem Feld: In Düngemitteln stecken neben den für Pflanzen sehr gesunden Spurennährstoffen wie Kupfer, Zink und Eisen auch Schwermetalle. Die brauchen weder die Pflanzen noch wir. Wer schon mal einen Krimi mit einem Giftmörder gelesen hat, kennt vielleicht den ein oder anderen Stoff: Blei, Kadmium, Nickel, Quecksilber und Arsen können sich nach dem Düngen im Boden anreichern. Von dort gelangen sie in die Wurzeln der angebauten Pflanzen – und damit auch in unsere Nahrung. Aber auch unser Grundwasser kriegt was ab: Aus vielen mineralischen Düngern gelangt Phosphor ins Wasser. Dies ist einer der Hauptgründe, wieso wir die planetarische Grenze in Zusammenhang mit diesem Stoff bereits überschritten haben.

In der Luft: Es klingt lustig und tut in Krankenhäusern als Betäubungsmittel gute Dienste. Für unser Klima ist es allerdings eine Gefahr: Das Treibhausgas Lachgas ist rund 300-mal so klimaschädlich wie Kohlendioxid. Vor allem aus Düngern, die Stickstoff enthalten, aber auch durch die Tierhaltung gelangt Lachgas in die Luft. Da in Deutschland Landwirte unter anderem weniger Stickstoffdünger verwenden, geht die Lachgasemission seit den 1990ern langsam zurück.[299]

Im Wasser: Nitrat ist eine Verbindung aus Sauerstoff und Stickstoff und steckt in Düngern. Pflanzen brauchen Nitrat, um Eiweiße aufzubauen. Dünger ist also der Protein-Shake für kräftige Pflanzen. Doch leider nehmen die Pflanzen nicht alles Nitrat aus dem Dünger auf, sodass eine ganze Menge vom Feld ins Grundwasser sickert. Für gesunde erwachsene Menschen ist Nitrat kein Problem, für Säuglinge dagegen schon. Durch Bakterien kann aus Nitrat Nitrit werden, das an der Entstehung von krebserregenden Nitrosaminen beteiligt ist. Für die meisten Menschen ist Nitrat jedoch eher ein finanzielles als ein gesundheitliches Problem:

Während rund 27 Prozent unseres Grundwassers mit Nitrat belastet sind, bleibt unser Trinkwasser frei davon, da die Wasserwerke das Grundwasser mit Membranen oder Aktivkohle aufbereiten, sodass wir es bedenkenlos trinken können. Der Verbraucher zahlt auf diesem Umweg für die auf niedrige Preise getrimmte Landwirtschaft. Im Sommer 2018 verurteilte der Europäische Gerichtshof in Luxemburg Deutschland wegen Verletzung von EU-Recht. Die Begründung: Die Bundesregierung habe zu wenig gegen Nitrate im Grundwasser unternommen. Lange vor der Klage hatte die Kommission Deutschland dazu aufgefordert, hier aktiv zu werden – jedoch ohne Erfolg. Konsequenzen hat die Verurteilung nicht. Der Kommission geht es allein um die Feststellung der Vertragsverletzung. Ob und wann sich etwas tun wird, muss die Zeit zeigen.

Ausflug mit Jauche im Gepäck

Auch mit dem, was Tiere neben Fleisch und Eiern noch so hervorbringen, düngen Bauern ihre Felder. Während das im Mittelalter noch völlig normal war und meist maßvoll vonstattenging, gilt auch in Sachen Gülle heute: Mehr ist mehr. Fast 27 Millionen Schweine und knapp 13 Millionen Rinder sorgen für jede Menge Urin und Kot. Der muss aus den Ställen verschwinden und leistet dabei für die Pflanzen draußen auf dem Feld zunächst gute Dienste. Denn auch in Gülle steckt Nitrat, das den dort angebauten Früchten beim Gedeihen hilft. Und so gelangen jedes Jahr mehr als 200 Millionen Tonnen Gülle auf deutsche Äcker.[300]

Während früher der Dung der eigenen Tiere auf dem Acker verteilt wurde, nährt heute auch fremder Mist den Boden. Zunehmend regt sich Kritik an Gülle-Importen aus den Niederlanden. Der Bund für Umwelt und Naturschutz nimmt an, dass die Niederländer so viel Gülle haben, weil sie zu viele Tiere auf zu wenig Fläche halten. Statt die Gülle auf dem eigenen Grund abzulassen, verschwindet der Dung einfach über die nahe Grenze. Einige Bauern freuen sich über die oft kostenfreie Gülle – oder verdienen mit dem Verklappen auf dem eigenen Feld sogar noch ein paar Euro extra. Der Bund für Umwelt und Naturschutz schätzt, dass niederländische Bauern etwa 1,4 Millionen Tonnen Gülle exportieren. Ein Großteil davon landet auf Äckern in Nordrhein-Westfalen, und dies teils illegal. Deutsche Bauern fahren heimlich Jauche spazieren, weil niederländische Landwirte deutlich schärfer kontrolliert werden: Sie müssen sich an strikte Obergrenzen halten, damit die Felder nicht durch eine zu dicke Gülleschicht zu Nitratschleudern werden. In Deutschland sind die Gesetze momentan deutlich lockerer. Und so gilt vor allem auf den Höfen an der niederländischen Grenze: Was weg muss,

muss weg. Doch was schon als Trinkspruch gern zu einem schmerzhaft-unwohlen Erwachen führt, hinterlässt auch bei unserer Umwelt einen heftigen Kater.

Strahlende Zutaten

Gegen manch chemische Düngemittel mag Gülle als wahre Wohltat für unsere Natur erscheinen. Mit dem Dünger gelangen jedoch auch Stoffe auf unsere Felder, die der Laie dort nicht vermuten würde: zum Beispiel Uran. Das steckt nicht nur in industriellem, sondern auch in stinknormalem Dünger, den wir nichts ahnend auf die Pflanzen in unseren Blumenkübeln und Schrebergärten träufeln. Sollen mineralische Phosphatdünger die Erträge steigern, haben manche hohe Mengen des radioaktiven und hochgiftigen Schwermetalls Uran an Bord. Das liegt an dem Gestein, aus dem der Dünger gemacht wird: Er enthält von Natur aus Uran. Die Hersteller müssen das auf der Packung aber nicht angeben; die Bundesämter sehen weder ein Risiko noch dringenden Handlungsbedarf.

Im Durchschnitt der letzten zehn Jahre sind mit Phosphatdüngern jährlich etwa 167 Tonnen Uran auf Äckern und Feldern gelandet. Gelangt Uran in den Boden, reichert es sich dort an. Nicht selten gelangt es dann ins Trinkwasser. Uran kommt auch in der Natur vor. Es gibt keine Schwellenwerte; ob das natürlich vorkommende Uran in einem direkten Zusammenhang mit Gesundheitsschäden steht, konnte bislang nicht bewiesen werden. Experten nehmen jedoch an, dass die Strahlung des Urans eine krebsverursachende Wirkung haben kann. Entscheidend ist wie so oft die Dosis. Als Schwermetall wirkt Uran ähnlich giftig wie Blei und Quecksilber.[301]

Wenn Uran mit dem Einatmen, durch eine offene Wunde oder mit der Nahrung oder dem Trinkwasser in den Körper gelangt ist, versuchen die Nieren, das Zeug wieder aus uns herauszuschaffen. Für unsere Nieren ist das eine echte Heldentat, denn diese Bemühung kann sie in ihrer Funktion beeinträchtigen oder ganz zerstören. Wer angereichertes Uran einatmet, kann davon einen Lungentumor bekommen. Die meisten Untersuchungen beruhen auf Menschen, die mit uranhaltiger Munition in Kontakt gekommen sind. Mit Bestimmtheit lassen sich entsprechende Fälle nicht auf einen Spaziergang über ein frisch gedüngtes Feld zurückführen, da Uran erst nach mehreren Jahren bis Jahrzehnten zuschlägt. Um die Uranbelastung unserer Böden nicht weiter ansteigen zu lassen, können Hobbygärtner und Bauern von mineralischen auf organische Dünger oder auf selbst gemachten Kompost umsteigen.

Allein durch die Art zu düngen ist die konventionelle Landwirtschaft nicht nachhaltig. Der Wunsch, den Pflanzen einen höheren Ertrag abzuringen, rächt sich früher oder später an anderer Stelle: im Boden, im Wasser oder an unserer Gesundheit.

Mutanten im Gemüseregal

In der bäuerlichen Idylle des Bayrischen Waldes in den 1960er-Jahren geschieht es: Radioaktiv verstrahlte Samen gedeihen, wachsen prächtig. Bis eines Tages erste Mutanten aus der fruchtbaren Erde hervorsprießen. Damals glaubten die Menschen noch daran, dass Atomkraft eine uneingeschränkt feine Sache sei. Es war eine Zeit, in der Rauchen noch mit Freiheit und Genuss und nicht mit gelben Zähnen und schwarzen Lungen in Verbindung gebracht wurde. Und eine Zeit, in der Forscher mit radioaktiver Strahlung experimentierten, um neue Pflanzensorten zu schaffen.

Die Forscher im Bayrischen Wald waren nicht die ersten. Bereits 1934 kam eine Tabakpflanze auf den Markt, die die erste Strahlenmutante war, die es zu kaufen gab. Auch die Nazis experimentierten mit mutiertem Saatgut herum. In den 1970er-Jahren stellten die Bauern in der UdSSR Versuche mit Saatgutbestrahlern an. Sie wollten die Pflanzen damit zum Mutieren anregen – und hatten Erfolg. Mutagenese nennt es sich, wenn mit Chemie oder Strahlung die Gene verändert und dadurch neue Arten hervorgebracht werden. Welche Gene dabei mutieren, wissen die Forscher vorher nicht. Es ist eine Lotterie, bei der sie auf den Jackpot hoffen: eine zufällige Veränderung, die mehr Ertrag bringt. In einigen Teilen Russlands wird Saatgut auch heute noch einer Gammastrahlung ausgesetzt. Das erhöht den Anbietern des bestrahlten Saatguts zufolge den Ertrag um 20 Prozent. Und die Mutanten landen im Supermarkt und in den Mägen der Menschen.

Pflanzenschutz und Pflanzengift

Aber auch auf deutlich kontrollierterem Wege verändern Wissenschaftler die Erbinformation von Nutzpflanzen. Mit komplexen Verfahren analysieren Forscher die DNA der Pflanze und suchen zu entschlüsseln, welcher Baustein welches Merkmal entstehen lässt. Haben sie den Bauplan des Organismus verstanden, ersetzen sie unliebsame Genabschnitte oder ergänzen Sequenzen, die vorteilhafte Eigenschaften sprießen lassen. Meist werden Pflanzen wie Mais oder Soja getunt, damit sie gegen Pflanzenschutzmittel oder Insektizide resistent werden. So können Landwirte sich schnell und einfach unliebsamer Unkräuter entledigen: Man geht mit dem passenden Pflanzenschutzmittel übers Feld, und schon wächst nur noch, was wachsen soll – nämlich das, was infolge der Manipulation der Chemiekeule standhält. Und all dies im Auftrag der Pleonexia.

Seit 1996 dürfen Bauern die so geschaffenen transgenen Nutzpflanzen einsetzen. Seither werden in knapp 30 Ländern auf 179 Millionen Hektar genetisch veränderte Pflanzen angebaut.[302] Das entspricht etwa 12 Prozent der globalen landwirtschaftlichen Nutzfläche. Kritiker sehen darin auch ein soziales Problem: Die Pflanzen bringen keine neuen Samen hervor, oder die Hersteller verbieten das erneute Aussäen im Folgejahr durch Lizenzen. Und die sind kostspielig. So wollen die Anbieter die hohen Entwicklungskosten des Turbosaatguts wieder reinholen. Dadurch machen die Genmaisanbieter ihre Kunden von sich abhängig. Gerade in ärmeren Ländern wirft das erhebliche Schwierigkeiten auf, da die Bauern so nicht nachhaltig wirtschaften können. Konnten sie früher einen Teil ihrer Ernte zurücklegen, um ihn in der nächsten Saison auszusäen, so müssen sie nun genügend Mais verkaufen und Geld zurückbehalten, um neues Saatgut zu kaufen – und das dazu passende Herbizid.

Unkrautvernichter, die den Phosphatcocktail Glyphosat enthalten, verkaufen sich gut – an Landwirtschaft und Hobbygärtner gleichermaßen. Da die Mais- und Sojapflanzen genetisch daran angepasst sind, hat sich der Einsatz des Unkrautbekämpfers weltweit fast verfünfzehnfacht. 747.000 Tonnen nebelten allein 2017 die Pflanzen auf der Welt ein. Mehr als die Hälfte davon tötete Unkraut zwischen Genmais und Soja ab. Die Universität Göttingen nimmt an, dass in Deutschland rund 40 Prozent der Ackerflächen mit Glyphosat behandelt werden; dies gilt vor allem für Winterraps, von dem fast 90 Prozent dem Mittel ausgesetzt sind. Der größte deutsche Einzelverbraucher von Glyphosat ist die Deutsche Bahn – mit 75 Tonnen pro Jahr. Sie will damit sicherstellen, dass unliebsame Pflanzen von den Gleisen fernbleiben, damit alles dort bleibt, wo es hingehört. Allerdings handelt es sich bei diesen 75 Tonnen gerade einmal um 0,4 Prozent der gesamten in Deutschland eingekauften und verbrauchten Menge.

Sowohl hinter dem ironischerweise Pflanzen*schutz*mittel genannten Glyphosat als auch hinter dem perfekt darauf abgestimmten Mais steckt der umstrittene Chemiekonzern Monsanto. Das Unternehmen verkauft mit Produkten wie Roundup oder Glyfos tonnenweise Unkrautvernichtungsmittel. Dass Monsanto Erfahrung in der Bekämpfung von Pflanzen hat, bringen Kritiker immer wieder vor: Im Vietnamkrieg sei Monsanto maßgeblich an der Entwicklung des Entlaubungsmittels Agent Orange beteiligt gewesen. Die USA sollen den Stoff 1965 genutzt haben, um der feindlichen Guerilla den schützenden und tarnenden Dschungel zu nehmen und so auch die Nahrung zu entziehen. Mit Flugzeugen und Hubschraubern versprühten US-Soldaten das Gift großzügig über das Land. Da es mit einem weiteren schädlichen Stoff, Tetrachlordibenzodioxin (TCDD) – verunreinigt war, erkrankten Hunderttausende amerikanische Soldaten und Vietnamesen.[303]

Seit Jahren warnen Forscher immer wieder, dass Glyphosat nicht nur krebserregend sei, sondern auch einen negativen Einfluss auf unser Glück habe. In Experimenten stellten Forscher fest, dass Mäuse, die mit dem Stoff angebautes Futter bekamen, zu Angstzuständen und depressiven Verstimmungen neigten. Dafür reichten bereits kleine Mengen aus, die regelmäßig über das Futter in den Mäusekörper gelangte.[304] Einer anderen Studie zufolge genügen schon Rückstände in der Kleidung, die aus mit Glyphosat behandelter Baumwolle hergestellt wurde, für diesen Effekt. Über unsere Haut gelange der Stoff in unseren Körper. Experten schätzen, dass gerade einmal 15 Prozent der Baumwolle auf dem Weltmarkt frei von Glyphosat sei. Besonders für Frauen sei das ein Risiko: 85 Prozent aller Tampons seien mit dem krebserregenden Stoff belastet.[305]

Ungeachtet der gelegentlich geäußerten Bedenken gegen die Substanz finden Glyphosatprodukte unter Landwirten reißenden Absatz. Von den in Deutschland erhältlichen 1.200 Unkrautgiften enthalten mehr als 100 Glyphosat. In den letzten Jahren wird die Kritik jedoch immer lauter. Ein Mediziner und Professor an der Universität Rosario, Damián Verzeñassi, vermutet, dass Pflanzenschutzmittel wie Glyphosat für Krankheiten in der argentinischen Landbevölkerung verantwortlich sind. Definitiv beweisen könne er das nicht, Zusammenhänge gebe es trotzdem: Argentinische Forscherinnen hätten herausgefunden, dass Kinder von Menschen, die Pflanzenschutzmittel aussprühten, häufiger genetische Veränderungen aufwiesen. Zudem stellten sie fest, dass Glyphosat sich im Regenwasser nachweisen lasse – allem Anschein nach wird der Stoff nicht im Boden gebunden, sondern regnet auf die Menschen herab.[306]

Klar ist eines: Der Wunsch nach größerem Profit geht auf Kosten anderer. Das scheint Aristoteles schon vor Beginn unserer Zeitrechnung geahnt zu haben. Er nahm an, dass der Wunsch nach mehr sich oft in großer Ungerechtigkeit niederschlägt.[307] Denn wenn wir mehr haben (wollen), nehmen wir billigend in Kauf, dass jemand anders entsprechend weniger hat. Wir akzeptieren, dass das Glück auf unserer Welt ungleich verteilt ist. Während wir unsere leckere Suppe genießen, löffeln andere für uns aus, was wir ihnen eingebrockt haben.

Verbotene Früchte

Um unsere Nachfrage nach Mais und den daraus gewonnenen Produkten stillen zu können, wuchert der Genmais kräftig weiter. Die möglichen gesundheitlichen Folgen werden immer wieder diskutiert. 2010 gab es in Hessen einen Zwischenfall: 67 mit gentechnisch verändertem Mais gefütterte Kühe erlitten einen Euterdurchbruch und starben. Die einen nehmen an, der Genmais könnte giftig sein und die Tiere getötet haben. Die anderen glauben, das Futter sei falsch gelagert worden und deshalb den Kühen zum Verhängnis geworden. Sicher ist nur: Genmais wächst in einer Grauzone zwischen wissenschaftlichem Fortschritt und bislang noch nicht absehbaren Folgen für die Gesundheit von Mensch und Natur. Von offizieller Seite gelten die zugelassenen Sorten als für Umwelt und Gesundheit unbedenklich.[308] Dennoch verbot die Regierung deutschen Bauern 2009, die gentechnisch veränderte Monsanto-Maissorte MON810 weiterhin anzubauen. In anderen EU-Ländern gedeiht er nach wie vor prächtig.

Gegen das Verbot sprachen sich renommierte Wissenschaftsorganisationen wie die Max-Planck- und die Fraunhofer-Gesellschaft aus. Sicher lässt sich ein Verbot gentechnisch veränderter Pflanzen so interpretieren, dass es den wissenschaftlichen Fortschritt ausbremst und der Landwirtschaft eine mögliche Effizienzsteigerung verwehrt. Hätten die Menschen so auch über das Kreuzen von neuen Obst, Gemüse- oder Getreidesorten oder über das Züchten von Tierrassen gedacht, dann könnten wir heute weder Pferde reiten noch Katzen streicheln. Auch Eier und Rindfleisch wären viel teurer. Denn die Rassen werden so lange untereinander gepaart, bis die Kälber aussehen wie muskelbepackte Bodybuilder und die Hühner kaum noch laufen können. Wie bei so vielem kommt es auch beim Fortschritt in der Landwirtschaft auf das rechte Maß an. Andererseits müssen wir uns fragen, ob wir Pflanzen zu dem Zweck optimieren wollen, um sie danach mit Chemikalien zu bombardieren. Die Natur lässt nicht alles mit sich machen: In den USA beklagen einige Bauern bereits, manche Unkräuter seien gegen Glyphosat resistent geworden. Nun müssen sie die Chemiekeule beiseitelegen und wieder auf altbewährte Mittel zurückgreifen.

Die Alternative

Während düstere Wolken über der konventionellen Landwirtschaft aufziehen, schimmert ein Hoffnungsstreifen über anderen Ställen. Denn jede Epoche hat immer auch ein paar Leute, die anders denken. Und einige von ihnen werden Biobäuerinnen und Ökolandwirte. Auf Biohöfen läuft alles etwas anders: Nitrat, Ammonium- und Harnstoffdünger sowie leicht lösliche Phosphordünger sind im ökologischen Landbau verboten. Gentechnische Manipulationen und die Ausbeutung von Landarbeitern sind ebenso tabu wie das Verseuchen von Grundwasser, Flüssen und Seen. Nachhaltiger Landbau bedeutet, im Einklang mit der Natur zu wirtschaften. Dazu gehört auch, einen eigenen Nährstoffkreislauf auf dem Hof entstehen zu lassen, also beispielsweise die Köttelchen der Schafe auf die Weizenfelder zu schaufeln, um diese mit dem zu nähren, was ohnehin weg muss. So bleibt die Bodenfruchtbarkeit erhalten, und zugleich werden Mensch, Tier und Umwelt geschont. Was es dafür braucht:

- Muskelkraft statt synthetisch-chemischer Pflanzenschutzmittel
- mehr Menschen für die Feldarbeit
- Kompost oder Mist statt leicht löslichen mineralischen Düngers
- Anbau von robusten Sorten statt gentechnisch veränderter Pflanzen
- wechselnde Bepflanzung statt den Boden auslaugender Monokulturen
- Humuswirtschaft statt Raubbaus am Boden
- artgerechte statt Massentierhaltung
- Vor- und Fürsorge statt großflächig eingesetzter Antibiotika

Ein Herz für Unkraut

Ein Ökoboden ist ein lebendiger Boden, denn in ihm ist einiges los. Der ökologische Landbau fördert die Humusbildung. Das ist gut für Mikroorganismen, die den Boden im Gegenzug fruchtbar machen und vor Erosion und Auslaugen schützen. Ohne künstliche Dünge- und Pflanzenschutzmittel wird zudem das Wasser weniger belastet und es gelangt kein Nitrat ins Grundwasser. Das kommt auch den Tieren und der Artenvielfalt zugute.

Eine chemische Unkrautvernichtung, wie sie in der konventionellen Landwirtschaft ihren festen Platz hat, ist in der nachhaltigen Landwirtschaft kein Thema. Auch deshalb bedeutet nachhaltige Landwirtschaft Aufwand und Muskelkraft. Aber eben auch Nahrung, die ihren Namen wirklich verdient. Im Ökolandbau bekämpfen die Bauern unliebsame Kräuter und missliebiges Gewächs noch mechanisch, mit Hacke, Striegel, Schweiß und Harken. Bei Möhren und anderem Wurzelgemüse ist in der Regel Handarbeit gefragt. Disteln müssen von Hand abgeschnitten werden, damit sie sich nicht weiter auf dem Feld ausbreiten. Anderes kann der Bauer mit dem Trecker aus der Erde ziehen und unterpflügen. Regelmäßig fährt er über das Feld, um es zu striegeln. Was wie das sanfte Bürsten eines Pferdes klingt, ist auch auf dem Feld ganz ähnlich: Hinter seinem Trecker zieht der Bauer eine Vorrichtung her, die wie ein riesiger Kamm aussieht: den Striegel. Damit lockert er die oberen Erdschichten auf und mengt aufkeimende Unkräuter unter. Alle paar Wochen zieht der Biobauer dafür aufs Feld. Wenn dann seine Saat die grünen Köpfchen aus der Erde streckt, macht er das Unkraut zwischen den frischen Pflänzchen mit der Hacke weg.

Nachhaltiger Landbau mag modernen Bauern wahnsinnig rückschrittlich erscheinen. Bionahrung anzubauen ist aufwendig und anstrengend – und oft deutlich weniger ertragreich als die Turbolandwirtschaft. Im Schnitt ist 10 bis 50 Prozent mehr Arbeit nötig als bei der konventionellen Herstellung von Getreide, Obst und Gemüse. Da Biobauern oft von Hand jäten, müssen sie Saisonarbeiter anstellen, die zusätzlich die Kosten für den Anbau in die Höhe treiben. Hohe Profite und möglichst niedrige Preise für die Verbraucher weichen einer nachhaltigeren Lebensweise. Im herkömmlichen Sinne wird dadurch kein Bauer reich. Aber wer lieber glückliche Kühe zwischen den Hörnern krault und zufriedene Kunden hat, der hat sich im Leben ohnehin andere Ziele gesetzt.

So viel Aufmerksamkeit die Pflanzen bekommen, so viel Liebe schenken Biobauern auch ihren Tieren. Ein Bioschweinchen zu sein heißt nicht, ein Glücksschweinchen zu sein. Der letzte Weg geht auch bei ihnen zur Schlachtbank. Doch solange es lebt, soll es ein gutes Leben haben. Das schönste Leben führen Bauernhoftiere bei glücklichen Bauern. Wenn der Landwirt Ruhe und Zufriedenheit ausstrahlt, sind auch die Tiere zufriedener. Streichelt der Mensch sie ab und zu, fühlen sich die Farmbewohner weniger gestresst, sind seltener krank und sind auch untereinander friedlicher. Und Kuhstreichler bekommen von ihren glücklichen Kühen mehr Milch.[309] So rechnet sich das allgemeine Glück auf dem Biohof am Ende doch. Nahrung herzustellen, die ihren Namen wirklich verdient hat, gibt das wohlige Gefühl, etwas Sinnvolles mit seiner Zeit anzustellen. Eine alternative Landwirtschaft respektiert die Grenzen des Wachstums: auf dem Feld, in der Wirtschaft und auf unseren Tellern.

Tiefkühlpizza in der Wüste und Gärtnern auf dem Dach

Wie eng unser Ernährungsstil mit einer ökologisch und sozial verantwortlichen Lebensweise verbunden ist, zeigt ein Blick in die Welt: Längst isst ein Teil der Weltbevölkerung auf Kosten anderer. Während manche durch zu viel Nahrung krank werden, verhungern andere. Die einen leisten sich Fleisch von Kühen, die täglich massiert werden, die anderen greifen auf günstige, hochverarbeitete Industrieprodukte zurück, weil Obst und Gemüse für sie fast unerschwinglich sind.

In den USA prangern Experten seit einigen Jahren sogenannte Food Deserts, Ernährungswüsten, an. Dort sind gesunde Nahrungsmittel für die Mehrheit der Menschen viel zu teuer. Statt selbst gekochter Erbsensuppen und hübsch angerichteter Gemüsepfannen kommen bei ihnen Fast Food und Fertiggerichte auf den Tisch. Burger und Pizza oder zumindest deren Bestandteile entstehen in riesigen Fabriken am Fließband. Die Hersteller tüfteln immer neue Rezepturen aus, um teure Rohstoffe durch billigere zu ersetzen und ihren Gewinn dadurch zu steigern. Geschmack kommt deshalb immer häufiger aus dem Chemielabor als vom Acker. Zucker, künstliche Aromen und weißes Mehl lassen sich günstig herstellen. Dadurch können die Supermärkte und Imbissbuden Burger und Tiefkühllasagne, Limo und Süßigkeiten für kleines Geld anbieten. In einer Ernährungswüste gibt es viel mehr Fast-Food-Läden und Kioske als Bioläden oder Supermärkte mit bezahlbaren Möhren, Kartoffeln oder Salaten. Auch ein schmales Gehalt reicht meist für Cola und Chicken Nuggets – aber kaum für einen Apfel als Pausensnack.

Statt Vitaminen und anderer wichtiger Nährstoffe bekommen die Menschen in einer Nahrungswüste viel Zucker und ungesunde Fette serviert. Fertiggerichte und Fast Food sind keine artgerechte Ernährung für einen Menschen. Denn der Mix aus Transfettsäuren, viel Salz und noch mehr Kohlenhydraten macht auf Dauer nicht nur dick, sondern auch unglücklich.[310] Studien zeigen, dass Junkfood Entzündungsprozesse auslösen kann, die uns depressiv machen können. Neben den offensichtlichen gesundheitlichen Aspekten ist das Ganze aber auch aus ökologischer Sicht problematisch. Denn wenn wir realistische Alternativen zu Lebensmitteln, die unser Klima belasten, schaffen wollen, müssen diese auch für jeden Menschen erschwinglich sein.

Zwei-Klassen-Cheese-Bürger

Wenn ich für Freunde koche und Lasagne mit und ohne Fleisch zubereite, habe ich das Gefühl, in einer Pfanne Separatorenfleisch und in der anderen Blattgold anzubraten: Dieselbe Menge Tofu, aus der ich das Fake-Hackfleisch zubereite, ist paradoxerweise dreimal so teuer wie das Bratgut aus echten Tieren. Der Preisunterschied ist vor allem erstaunlich, weil die Tiere über Monate genau das gegessen haben, woraus der geschmacklose weiße Klumpen Tofu direkt hergestellt wurde. Für ein Kilo Fleisch muss eine Kuh rein rechnerisch über elf Kilo Soja essen. Daraus könnten über sechs Kilo Tofu oder etwa zwölf Veggie-Lasagnen gemacht werden. Der Umweg durch den Verdauungstrakt einer anderen Spezies scheint den Sojapreis auf magische Weise schrumpfen zu lassen. Was klingt wie ein mathematisches Wunder, ist in Wirklichkeit die Folge von ausgiebigen Subventionen: Jedes Jahr investiert die Regierung Millionen von Euros in den Anbau von Futter und damit in die Tiermast. Ohne die massive staatliche Förderung würde sich die Tierhaltung für die meisten Bauern kaum lohnen. In deutschen Ernährungswüsten wachsen deshalb durchaus auch Mais, Soja und Kartoffeln – die allerdings nicht von Menschen gefuttert werden. Aus diesen Gründen wird die Bratwurst vom Grillstand vorerst auch immer billiger sein als der Salatbecher aus der Frischetheke.

Geschmacklich sind der ungewürzt fast geschmacksneutrale Tofu und die strukturreichen Fasern eines Rindersteaks völlig unterschiedlich. Dass die klimafreundlichere Alternative nicht jedem schmeckt, steht außer Frage. Dennoch ist es mit Blick auf den Klimawandel nicht gerade hilfreich, dass auch der Preis weniger gut situierte Menschen zu eher klimaschädlichem Essen nötigt. Noch einige Zeit werden sie sich allein an den Bildern von frischem Gemüse sattsehen müssen. Denn solange wir für ein Kilo Biopaprika etwa fünf Cheeseburger von der Fast-Food-Kette bekommen, ist bio für knappe Budgets keine ernst zu nehmende Alternative. Längst klafft eine Kluft zwischen der Portion Discounter-Cornflakes mit H-Milch und dem schicken, den entsprechenden Lifestyle unterstreichenden Müsli aus Sojajoghurt, frischen Heidelbeeren und Haferflocken, das Instagramer und YouTuber gern als nachhaltiges Superfrühstück anpreisen. Gesunde und nachhaltige Ernährung scheint mehr und mehr auch eine Frage der sozialen Gerechtigkeit zu sein.

Schon immer war unsere Speisekammer ein guter Indikator dafür, ob wir eher zu den Reichen oder zu den Armen gehören. Marie-Antoinette, die Gattin des französischen Königs Ludwig XVI., brannte sich mit einem Satz in das historische Gedächtnis Europas ein: Als sie erfuhr, dass die Bürger hungerten, soll sie gesagt haben: „Wenn sie kein Brot haben, sollen sie doch Kuchen essen." Heute würde sie vielleicht eher sagen: „Wenn sie sich keinen Cheeseburger leisten können, sollen sie doch Chiapudding kaufen." Das Einzige, was in Ernährungswüsten wirklich gut gedeiht, ist die Ignoranz.

Würden wir unseren Einkaufszettel als Stimmzettel betrachten, wäre schon viel gewonnen. Denn wenn wir dem Markt, wenn wir den Händlern und Landwirten zeigen, dass wir lieber gesunde, nährstoffreiche und nachhaltig angebaute Lebensmittel kaufen möchten, dann werden sie – früher oder später – reagieren. Wo ein Markt ist, da ist meist auch ein Anbieter. So funktioniert unsere Wirtschaft nun einmal. Doch noch bevor der Wind der Veränderung über die Felder weht und den Wandel in die Supermarktregale pustet, können wir selbst schon etwas tun. So könnte sich über viele Ernährungswüsten schon bald ein grüner Teppich ausrollen. Wir müssen nur etwas mit anpacken.

Äpfel statt Autos

Früher war sie eine strahlende Schönheit, heute ist der Lack längst ab: Leer stehende Ladenlokale säumen die Einkaufsstraßen. Graue und heruntergekommene Gebäude mit eingeworfenen oder dürftig mit Brettern vernagelten Fenstern prägen das Bild mancher Straßenzüge. Doch unter Asphalt, Rost und Verfall schlägt immer noch das Herz der Automobilindustrie: Firmen wie VW, Ford oder Chrysler sind in der Region angesiedelt und sichern Detroit weiterhin ihren Spitznamen: Motor City. Doch seit die Geschäfte nicht mehr so rund laufen, blutet die Stadt zusammen mit der Autoindustrie langsam aus. Seither ist der Pulsschlag Detroits ein anderer. Nahe der kanadischen Grenze hat sich der Strukturwandel tief in die Seele einer vormals boomenden Metropole gefressen.

Nachdem sich Detroit vom Gröbsten erholt hat, atmet die Metropole langsam auf – und setzt auf eine grünere Zukunft: Zunehmend siedeln sich andere, alternative Wirtschaftszweige an. Die gefallenen Grundstückspreise locken kleine Fahrradhersteller und Kreative aus aller Welt. Mehr und mehr verdrängt frisches Grün das Grau der Agonie einer sterbenden Stadt: Detroit setzt auf wuchernden Rasen statt auf rasende Autos. Der Bürgermeister sorgt mit seiner Politik für ein gutes Klima: Er veranlasst, dass für über 13 Millionen Dollar Obst- und Gemüsepflanzen auf den städtischen Grünflächen angebaut werden. Die Parks und innerstädtischen Anbauflächen wachsen seit Jahren und versorgen die Bürger mittlerweile mit schätzungsweise 25.000 Kilogramm frischen Kräutern, Früchten und Gemüse. Auch andere Großstädte in den USA haben das Prinzip des sogenannten Urban Gardenings, des städtischen Gärtnerns, für sich entdeckt. So grünt und blüht es längst von San Francisco bis New York auf Supermarktdächern, in Parks und auf Schulhöfen.

Vom Dach in den Einkaufswagen

Es sieht aus wie ein gewöhnliches Feld, nur geht es an seinen Enden meterweit steil in die Tiefe: Auf einem Lagerhaus in Brooklyn vollzog sich 2009 die womöglich kürzeste Schöpfungsgeschichte der USA. An nur einem Tag schufen Menschen die Erde: Aus 90.000 Kilogramm Mutterboden, Muskelkraft und Tausenden Setzlingen kreierten sie eine neue Welt über den Dächern der Stadt. Seither versorgt die „Eagle Street Rooftop Farm" die Bürger mit Gewürzen, Gemüse und allem Essbaren, was der Raum und das Klima zulassen. Kürbis, Bohnen und Mais, genährt durch Kaffeesatz und Bioabfälle aus den Küchen und Cafés der direkten Nachbarschaft. Die zur Bestäubung nötigen Bienen leben ebenfalls gleich vor Ort auf dem Dach der Lagerhalle. Auch die Transportwege zum Verbraucher könnten kürzer kaum sein, denn die Ernte verkauft sich vor allem unter den Anwohnern und Restaurants der direkten Umgebung. Ein zusätzlicher netter Nebeneffekt: Bei starkem Regen saugt der Garten viel Wasser auf und verhindert so die Überflutung der Abwasserkanäle. Auf kleinstem Raum gedeiht in Brooklyn ein funktionierendes, nachhaltiges Ökosystem mit Aussicht.

Gemeinsam gegen den Beton

Ähnlich wie Detroit geht es vielen Städten und Regionen in Europa. Bestes Beispiel: das Ruhrgebiet. Früher blühte im Westen Deutschlands die Industrie. Nachdem die Hochöfen den Himmel und die Fassaden der Häuser jahrzehntelang mit grauem Staub überzogen hatten, blieb der Industrie irgendwann die Luft aus. Ihre Kohle war verraucht – sowohl die aus dem Boden als auch die für die Personalkosten. Viele Arbeiter mussten sich beruflich neu orientieren, und auch die Städte müssen sich neu erfinden und eine zeitgemäße Identität schaffen. Ihr künftiges Gesicht soll grün sein: Ausgediente Bergbau- und Industriebahntrassen verwandeln sich in autofreie Radschnellwege, Verwaltungen und Hochschulen setzen vermehrt auf Ökostrom, und vielerorts sprießt der Strukturwandel aus der Erde: Vor allem in Großstädten schließen sich Nachbarn oder über die sozialen Medien zusammengetrommelte Interessierte zusammen und mieten gemeinsam eine brach liegende Gartenfläche. Die Gärten machen endgültig Schluss mit dem Klischee des grauen und anonymen Ruhrgebiets. Längst ist die Saat des urbanen

Gärtnerns auch in anderen Städten aufgegangen. In ihnen bauen Bürger gemeinsam Obst, Gemüse und Kräuter an, die nach verschiedenen Prinzipien unter den Stadtgärten verteilt werden.

Eines dieser Modelle ist die solidarische Landwirtschaft. Dafür schließen sich Landwirte lokal zusammen und wirtschaften gemeinsam. Die Arbeit und die Verantwortung ruhen nun nicht mehr auf einer einzelnen Bauernfamilie, sondern werden von mehreren Schultern getragen. Der entscheidende Punkt bei einem solchen Zusammenschluss ist jedoch die Loyalität der Verbraucher: Sie geben dem Bauernkollektiv das verbindliche Versprechen, ihnen ihre Ernte abzukaufen. Und das für mindestens sechs Monate, manchmal sogar für ein ganzes Jahr. Den Bauern sichert das ihr Einkommen, und die Käufer sparen ohne den Umweg über einen Händler oder Supermarkt Geld. Bei vielen Projekten kann die Gemeinschaft der Käufer mitbestimmen, was ausgesät und später geerntet wird. In den meisten Kooperativen haben sich die Menschen bewusst für den Anbau nach Biostandards entschieden. Im Gegenzug für ihr Mitspracherecht gewähren die Abnehmer auch schon mal ein zinsgünstiges Darlehen oder schmeißen für eine größere Anschaffung zusammen. So sieht solidarischer und nachhaltiger Landbau heute aus.

Hipsterträume

Auch wer gern seinen eigenen Salatkopf durchsetzen möchte, kann im Schrebergarten seinen grünen Daumen beweisen: Was vor einigen Jahren noch der Ausbund konservativer Spießigkeit war, gilt heute als hippster Trend für ein selbst gezüchtetes Abendessen. Zwischen Statuetten bezipfelmützter Kleinwüchsiger und Gartenlauben mit klein karierten Gardinen gedeihen Salat, Tomaten und Erdbeeren. Um ein bisschen Vereinstümelei kommt der Schreberwillige nicht herum, denn die meisten Gärten gehören einem Gartenverein. Um die 50 Euro werden für die Jahresmitgliedschaft fällig. Die monatliche Gartenmiete liegt im Durchschnitt bei 50 Euro, plus Strom und Wasser. Hinzu kommt meist noch eine sogenannte Abstandszahlung an den Vormieter, der sich damit einen Anteil an seinen Kosten für seine Laube, Geräte oder Pflanzen wieder reinholt. 1.000 bis 4.000 Euro können da fällig werden, je nach Region und Zustand der zur Debatte stehenden Gegenstände. Einmal im Jahr verlangt die Stadt eine Pachtgebühr von ein paar Cent bis einem Euro pro Gartenquadratmeter, denn häufig befinden sich Schrebergärten auf städtischem Gelände. Sind die Formalitäten gemeistert, können in Hochbeeten und Pflanzschalen allerlei Köstlichkeiten wachsen.

Verstärkt unterstützen auch Kommunen, Regional- und Landschaftsverbände Initiativen, die in den Metropolen für ein ländliches Flair sorgen wollen. Sie fördern Pilotprojekte und vermitteln zwischen den Besitzern von Brachen und pflanzwilligen Bürgern. Wo sich der Stahlbeton besonders nach Großstadt anfühlt, scheinen sich die Menschen nach Grünem, nach dem ursprünglichen Leben im Einklang mit dem Rhythmus der Natur zu sehnen. Das zeigt sich ganz deutlich dort, wo man es am wenigsten erwarten würde: am Zeitungskiosk. Denn während immer mehr Tageszeitungen zugrunde gehen und Printmagazine schließen, boomt ein recht junger Medienzweig. Magazine wie *Landlust*, die die heile Welt der ländlichen Idylle zu durchgestylten Hochglanzfotos zurechtstutzen, erfreuen sich eines florierenden Absatzes. Denn zurück zur Natur heißt auch zurück zu unseren Wurzeln, zurück zum Echten, zur Ruhe und zur Ausgeglichenheit. Und vielleicht sogar zurück zum Glück.

Glück selbst anpflanzen

Pflanzen großzuziehen macht uns glücklich. Egal ob unser Garten eine üppige Fülle an Obst und Gemüse hervorbringt, ob wir in einem Gemeinschaftsgarten ein paar Kräuter ziehen oder ob es in Töpfen auf unserer Fensterbank grünt. Wissenschaftler der Arizona State University haben dafür ein Wort geprägt: *Biophilia*, die Liebe zu Pflanzen. Lebendiges Grün hebt nachweislich unsere Stimmung. Deshalb helfen Zimmerpflanzen, Parks und bepflanzte Dächer und Wände im öffentlichen Raum dabei, die Bürger glücklicher zu machen.[311] Manche Forscher nehmen sogar an, dass das Lustwandeln durch Gärten, Parks und Wälder gegen ADHS helfen kann.[312] Die Beschäftigung mit der Natur bringt Ruhe in unseren Alltag und schafft Verbundenheit mit unserer Umwelt – und damit mit uns selbst.

Da wir uns noch besser fühlen, wenn wir selbst etwas tun, sorgen wir am liebsten selbst für mehr Pflanzen in unserem Leben – und greifen zu Saattüten und Gartenkralle. Gärtnern fördert unsere Gesundheit ebenso wie unsere Lebenszufriedenheit: Die Bewegung beim Jäten, Umtopfen und Ernten tut unserem Körper gut. Im Gemeinschaftsgarten genießen wir zusätzlich das Zusammensein mit anderen. Das macht uns glücklich und gibt uns das Gefühl von Verbundenheit und Sinn. Wenn wir Beeren von Sträuchern pflücken, wecken wir einen uralten Instinkt: Bevor die Menschheit sesshaft wurde und ihr Essen auf Feldern anpflanzte, lebten die Menschen vom Jagen und Sammeln. Der Anteil des Fleisches erlegter Tiere an der Steinzeitnahrung war verschwindend gering. Wer ein gutes Auge für essbare Wurzeln, Früchte und Gräser hatte, war klar im Vorteil – und häufiger satt. Noch heute belohnt uns unser Gehirn, wenn wir zufällig saftige Beeren zwischen den Blättern eines Strauchs entdecken. Euphorie macht sich breit. Die Beschäftigung mit Pflanzen erleichtert es uns, uns ganz nebenbei auch mit pflanzenreicher Nahrung auseinanderzusetzen und uns gesund, abwechslungsreich und saisonal zu ernähren. Nachhaltigkeit, Gesundheit und Glück wachsen in derselben Erde.

Nachhaltig lecker – Die Zukunft auf dem Teller

Immer mehr Experten, Wissenschaftler, staatliche Behörden und auch die Weltgesundheitsorganisation WHO schließen sich gedanklich dem Club of Rome an. Der Ernährungs- und Landwirtschaftsorganisation der Vereinten Nationen FAO zufolge ist eine Ernährung nachhaltig, wenn

- sie keine oder kaum negative Effekte auf die Umwelt hat,
- sie die Artenvielfalt und die Ökosysteme schützt,
- sie unsere Lebensgrundlagen erhält oder sogar verbessert,
- sie gesund für uns ist,
- sie dazu beiträgt, dass alle Menschen satt werden,
- jeder ohne große Umstände Zugang dazu hat,
- sie zur jeweiligen Kultur der Menschen passt,
- sich jeder Mensch das Essen finanziell leisten kann und
- auch kommende Generationen eine Chance auf ein gesundes Leben haben.[313]

Wenn wir uns das so vereinfacht aufgeschlüsselt ansehen, scheint die Rettung der Erde nur einen Kirschkernspuck entfernt. Dass es jedoch nicht ganz so einfach ist, dürfte uns längst klar sein. Das größte Problem dabei: Je unkonkreter ein Ziel ist, wie etwa der Weltfrieden oder eine gerechte Verteilung von Wasser und Essen für alle Menschen, desto weniger wissen wir, wo oder wie oder ob wir überhaupt anfangen sollen. Wenn zu viele einzelne Schritte erforderlich sind, um zu einem Ziel zu gelangen, wirken sie erdrückend. Sind es zu wenige, dann erkennen wir unsere eigene Rolle und Verantwortung nicht. Aber es gibt ein paar Dinge, die wir selbst noch heute für mehr Nachhaltigkeit tun – und essen – können.

Streitthema Fleisch

Es gab eine Zeit, da war der Braten am Sonntag ein Zeichen von Wohlstand und Luxus und dafür, dass es mit der Wirtschaft langsam wieder bergauf ging. Einige Jahrzehnte später ist der Zauber verflogen. Wurst und Frikadellen werden nicht mehr gefeiert, sondern sind so alltäglich geworden wie Brot oder Nudeln. Und wir können es uns jeden Tag leisten. 164 Gramm Fleisch isst jeder Deutsche im Durchschnitt am Tag, 60 Kilo pro Jahr und 1.094 Tiere in einem durchschnittsdeutschen Leben. Fische und andere Meereslebewesen sind in dieser Zahl noch gar nicht mit drin. Kurz: Unser Fleischkonsum ist der gebratenen und gesottenen Pleonexia anheimgefallen.

Generell können wir uns von unserem Geld immer mehr leisten – zumindest wenn es um unsere Nahrung geht. 1960 mussten die Menschen im Durchschnitt fast eine ganze Stunde für einen Zehnerkarton Eier arbeiten. Heute sind es gerade einmal sechs bis sieben Minuten. Besonders groß ist der Unterschied bei Kaffee: Heute können wir uns 500 Gramm Kaffee nach 19 Minuten Arbeit leisten. 1960 musste man dafür 3,5 Stunden schuften. Unser Essen ist im Verhältnis zu unserem Einkommen in den letzten 50 Jahren immer günstiger geworden.

Die Preise sind niedrig und der Verbrauch hoch: Ein Kilo Kotelett gibt es schon für sechs Euro. Das geht auf Kosten der Landwirte und Schlachter, die oft zu Dumpinglöhnen arbeiten. Unglückliche und frustrierte Schlachter stehen in Verdacht, die Tiere nicht gerade zu Tode zu kuscheln. Die Aufzucht und die Schlachtung sind auf Effizienz getrimmt. Factory Farming nennt sich die Massentierhaltung auf Englisch. Der Begriff macht deutlich, dass es waschechte Fabriken sind und keine netten Fachwerkbauernhöfe, wie die hübschen Bildchen auf der Salami- oder Butterpackung uns weismachen wollen. Produziert werden dort allerdings keine leblosen Gegenstände – sondern lebende und fühlende Wesen. Der Druck der Verbraucher, die günstige Mortadella auf ihre Stulle und Schnäppchen-Bratwurst auf den Grill legen wollen, geht auf Kosten der Tiere. Ob das den Billigwurstessern immer klar ist, bleibt fraglich.

Sabine Klein, Ernährungsexpertin bei der Verbraucherzentrale NRW, glaubt nicht, dass Menschen sich eher für den Preis als für das Wohl der Tiere interessieren. Den Menschen fehle es weniger an ethischem Gewissen als an glaubwürdigen Labeln auf der Ware: Im Supermarkt sei der Verbraucher auf sich gestellt und könne nur raten, wie das Tier gelebt hat, das nun in Plastik verpackt im Kühlregal liegt. Dadurch sei es für ihn schwierig, Fleisch zu finden, das seinen ethischen Ansprüchen gerecht wird. Meist gebe es lediglich die Wahl zwischen bio und konventionell – und da entscheidet doch oft der Geldbeutel. Denn Biofleisch ist meist deutlich teurer, da auch das Futter der Tiere aus Bioanbau kommen muss. Vielen Fleischliebhabern sei das Futter der Tiere aber deutlich weniger wichtig als die Haltung und Behandlung der Tiere.

Bärchenwurst und gerupfte Gänse

Tierschützer kritisieren immer wieder, viele Verbraucher würden schlichtweg ignorieren, dass das panierte Hähnchennugget früher mal auf zwei Beinen gelaufen ist und Körner gepickt hat. Gerade Produkte, die sich gezielt an Kinder richten, lassen meist gar nicht mehr erahnen, dass sie früher mal lebendig waren. Leberwurst in einer bärchenförmigen Packung oder Mortadella mit einem fröhlich grinsenden Gesicht verschleiern die eigentliche Herkunft des Produkts nach Kräften. Die vergnügt lächelnden Schweinchen auf den Reklameschildern mancher Metzgereien mögen zwar auch eher naiv sein, aber immerhin werben die Tiere selbst noch für das Produkt, das aus ihnen gemacht wird.

Wie weit die Entfremdung vom Tier gekommen ist, zeigte das Wissenschaftsmagazin „Quarks und Co." mit einem gewagten Experiment: In der Vorweihnachtszeit boten sie Kölner Passanten Gänse zum Kauf an. Frisch geschlachtet – und das mitten in der Fußgängerzone. Gelockt von den durcheinanderschnatternden Gänsen in dem kleinen Gehege, bildete sich bald eine Traube Menschen um den Stand. Doch als ein Ehepaar eine Gans bestellt und diese vor den Augen der Kölner geschlachtet und gerupft wird, sind viele schockiert. Selten hat ein Supermarkt ähnliches Entsetzen gesehen, wenn sich Geflügelfreunde in der Vorweihnachtszeit einen tiefgekühlten Vogel aus der Truhe gehievt haben.

Die Problemkuh

Neben ethischen Bedenken zum Tierwohl sorgen sich Experten auch um die Folgen für unser Klima. So verbraucht der Anbau von Fleisch und Futtermitteln viel Fläche. Um tierische Lebensmittel herzustellen, sind viele Ressourcen nötig. Laut einer Studie des World Watch Institute stecken in jedem Kilo Fleisch rund 15 Kubikmeter Wasser – angesichts der Wasserknappheit in manchen Ländern eine unvorstellbare Menge. Hinzu kommen der Ackerboden, um Sojabohnen oder anderes Tierfutter anzubauen, sowie die Düngemittel, um diese Pflanzen zu nähren, aber auch die Energie für den Transport des Futters zum Trog, weiter Fläche, auf der die Tiere bis zur Schlachtung leben, und der Transport in den Schlachthof.

Der Mais, der auf deutschen Feldern gedeiht, verwandelt sich meist in Biogas, nicht in Tierfutter. Das importieren deutsche Bauern meist neben großen Mengen Soja aus Amerika, wo das Futter meist zu wenige Abnehmer findet. Wenn in Deutschland daraus Fleisch und Milchprodukte entstanden sind, finden diese sich oft in Frachtcontainern auf ihrem Weg nach China wieder. Denn was hier vergeblich auf Käufer wartet, findet dort reißenden Absatz. Die Globalisierung mästet die konventionelle Landwirtschaft zu einem übermächtigen Gegenspieler regionaler und nachhaltiger Kreisläufe.

„Statt Getreide oder Soja direkt zu Nahrung zu verarbeiten, schicken die Bauern diese erst mal durch eine Kuh", erklärt Sabine Klein. So fallen pro Kilo Fleisch, je nach Berechnung, bis zu 36 Kilo CO_2 an. Dieselbe Menge verursacht ein durchschnittlicher Kleinwagen bei einer sportlichen Fahrt von Berlin nach Hannover. Ein in der Nachbarschaft angebautes Kilo Obst oder Gemüse schlägt dagegen mit einer CO_2-Emission von etwa 500 Gramm zu Buche. Damit käme dasselbe Auto nur gut drei Kilometer weit.[314]

Würden wir 80 Prozent weniger Fleisch essen, also nur 12 Kilo im Jahr, dann würden pro Jahr …

… 896 Millionen Tiere weniger getötet,

… allein in Deutschland 18 Millionen Tonnen CO_2 pro Jahr eingespart, das entspricht 500 Autofahrten bis zur Sonne und zurück,

… 640 Tonnen weniger Antibiotika benötigt werden.[315]

Rülpsende Kühe und Antibiotikaburger

Während die schädlichen Gase in den Himmel steigen, sickert anderes, was aus den Tieren noch so herauskommt, in den Boden. Durch die Gülle gelangen auch Stoffe auf die Felder, die eigentlich nicht ungefiltert in die Natur gelangen sollten. Zum Beispiel Antibiotika. In China verfüttern Bauern Antibiotika als Wachstumsmittel – und kein Gesetz hält sie davon ab. Damit züchten sie sowohl fleischige Schenkel und Brüste als auch ausgewachsene Superkeime, gegen die kein Medikament mehr hilft. Viele chinesische Ackerböden und Grundwasserreservoirs sind bereits mit resistenten Keimen verseucht.[316] In Deutschland sollen Antibiotika nur eingesetzt werden, wenn Tiere wirklich krank sind oder wenn sie so dicht zusammengepfercht werden, dass sie sich aneinander wundscheuern oder vor lauter Stress beißen; das Antibiotikum verhindert, dass das Tier an seinen Wunden stirbt. Lange Zeit behandelten Bauern und Tierärzte statt einzelner Hühner oder Schweine gleich den gesamten Stall, um zu vermeiden, dass sich die noch gesunden Tiere anstecken und der Gewinn dahin ist. Dafür kamen auch sogenannte Reserveantibiotika zum Einsatz, die gegen bereits resistent gewordene Bakterien die letzte Rettung sind. Seit 2018 dürfen Bauern nicht mehr zur Allzweckwaffe greifen und nur noch gezielt in kleineren Dosen Antibiotika einsetzen. So wollen die Behörden verhindern, dass in Deutschland auch bald Superkeime aus dem Boden sprießen. Zudem soll dadurch die Qualität der Supermarktware steigen. Zur Hähnchenbrust oder zum Schweineschnitzel soll es durch die Gesetzesänderung keine Medikamente mehr gratis und unsichtbar mit dazugeben. Der Grund für den massenhaften Einsatz von Antibiotika verschwindet dadurch jedoch nicht.

Noch etwas anderes, das man sonst vielleicht eher aus dem Apothekerschränkchen kennt, gelangt durch die Rinderzucht in den Boden: Östrogen. Damit eine Kuh ein Kälbchen und wir Milch und Rindfleisch haben können, muss die Kuh erst mal trächtig sein. Während der Schwangerschaft scheidet sie erhöhte Mengen Östrogen aus. Auch Legehennen haben einen erhöhten Östrogenspiegel. Das Problem dabei: Das Östrogen aus dem Hühnerfleisch ist identisch mit dem menschlichen Östrogen – es ist dasselbe Molekül. Auf die Quelle kommt es also nicht an, sondern auf die Menge. Eine Frau scheidet durchschnittlich etwa 16 Milligramm Östrogen pro Tag aus. Mit jedem Gang aufs Klo gelangt davon etwas ins Abwasser und so in den Stoffkreislauf. Schon das ist nicht ganz optimal. Tiere in der Viehzucht setzen dagegen zehnmal mehr Östrogen frei als eine erwachsene Frau, schwangere Kühe sogar hundertmal so viel. Dadurch sind Milchkühe wahre Östrogenschleudern – denn sie müssen praktisch durchgehend entweder schwanger oder frisch entbunden sein, um als effiziente Milchprodukteurin dienen zu können.

Zusätzlich mischen manche Bauern dem Futter Östrogen unter. Es sorgt dafür, dass die Tiere mehr Fett und Wasser einlagern und damit höhere Gewinne erwirtschaften. 1980 fanden Lebensmittelkontrolleure synthetisches Östrogen, sogenanntes Diethylstilbestrol oder DES, in Kalbfleisch und Babynahrung. Alete und Hipp riefen daraufhin alle Babygläschen zurück, in die sie püriertes Kalbfleisch abgefüllt hatten. Eigentlich ist die Aufzucht von Tieren mit Östrogen seit 1958 in Deutschland verboten, da DES im Körper deutlich langsamer abgebaut wird als natürliches Östrogen und im Verdacht steht, Krebs zu verursachen. In anderen Ländern dürfen Bauern weiterhin Hormone unter das Futter mischen. Das Hormon landet dadurch auf unseren Feldern – ungefiltert. Experten führen 90 Prozent der Östrogenbelastung in unserer Umwelt auf die Viehzucht zurück.

Experimente im Labor zeigen, dass das Hormon unter natürlichen Bedingungen zu den am schwersten abbaubaren Substanzen gehört. Was bei manchen Wassertieren zu Unfruchtbarkeit führen kann, verpasst manchen Männern einen ausgewachsenen Busen. Wissenschaftler vermuten, dass die hohe Östrogenbelastung in unserer Umwelt der Grund dafür ist, dass die Menschen weltweit immer dicker werden. Das gilt auch für Nahrungsmittel wie Soja, die den östrogenähnlichen Stoff Xenoestrogens enthalten. Aktuell[317] forschen die Universitäten noch daran, wie das Östrogen wieder aus unserem Trinkwasser verschwindet, das aus dem Klärwerk in unsere Trinkwasserleitungen gelangt ist.

Die Alternative zur Kuh

Glauben wir den zahlreichen Studien zum Fleischkonsum, dann widerspricht dieser mindestens sechs Kriterien der nachhaltigen Ernährung:

- Übermäßiger Fleischkonsum hat negative Effekte auf die Umwelt.
- Der Anbau von Futter in Monokulturen und die Rodung für die Tierfarmen zerstören die Artenvielfalt und die Ökosysteme.
- Dadurch gefährdet der Fleischkonsum unsere Lebensgrundlagen.
- Durch den Fleischkonsum werden deutlich weniger Menschen satt als mit einer laktovegetarischen oder veganen Ernährung.
- Die konventionelle Viehzucht verseucht die Böden und Wasserreservoirs langfristig. Dadurch müssen sich kommende Generationen etwas überlegen, wenn sie gesunde Nahrung anbauen möchten.

Genau hier könnte jeder Bürger leicht etwas fürs Klima tun, denn der Verbrauch tierischer Produkte ließe sich leicht reduzieren. „Abgesehen davon, dass wir gar kein Fleisch brauchen", sagt Klein, „sollten es für eine gesunde Ernährung nur maximal 15 bis 31 Kilo Fleisch und Wurst pro Jahr sein." Pro Woche wären das höchstens 300 bis 600 Gramm. Das entspricht maximal etwa vier Salamibrötchen und einem mittelgroßen Steak pro Woche.[318] Aber nicht nur aus gesundheitlichen Gründen raten manche Wissenschaftler dazu, den Fleischkonsum deutlich herunterzuschrauben. Eine US-amerikanische Studie sucht nach nachhaltigen Alternativen zur aktuellen Ernährung mit viel Fleisch und einem entsprechend hohen Effekt auf die Umwelt. Wenn wir weniger Fleisch äßen, könnten, ohne dass wir mehr landwirtschaftliche Flächen benötigten, mehr Menschen satt werden. Die Forscher empfehlen zwei Formen der Mischernährung. Wenn wir es noch nicht sind, sollten wir uns einer der beiden folgenden Gruppen anschließen:

- *Flexitarier:* Sie essen nur selten, wenig und vor allem gutes Fleisch. Bei ihnen stehen andere Lebensmittel im Vordergrund. Zu ihnen lassen sich auch die sogenannten Pescetarier zählen, die nur Tiere essen, die im Wasser leben.

- *Vegetarier:* Ovo-Lacto-Vegetarier essen tierische Produkte wie Milch, Eier oder Honig. Das Ovo steht dabei für Ei und Lacto für Milch. Ein Laktovegetarier isst beispielsweise Milchprodukte, möchte aber keine Eier zu sich nehmen. Lebewesen sind vom Speiseplan aller Vegetarier gestrichen: Sie essen weder Geflügel noch rotes Fleisch, Fische, Amphibien oder Insekten. Das gilt auch für Gummibärchen mit tierischer Gelatine und für Zigaretten, deren Filter mit Schweinehämoglobin die Schadstoffe aus dem Rauch ziehen soll.

Forscher haben berechnet, dass mit diesen beiden Ernährungsweisen auf lange Sicht am meisten Menschen satt werden. Klimaexpertin Sabine Klein sieht aber auch in einer vegetarischen Ernährungsweise Tücken. Vor allem fettreiche und wasserarme Milchprodukte sind Gift für das Klima. „Um Kuhmilch zu Butter, Käse oder Sahne zu veredeln, braucht es große Mengen Milch, denn das sind Konzentrate von Milchfett, und im Fall von Käse noch Milcheiweiß", erklärt Klein. Für ein Kilo Butter sind 22 Liter Milch nötig, für dieselbe Menge Parmesan bis zu 16 Liter.[319] „Wir können es uns global gesehen nicht mehr lange leisten, so verschwenderisch mit der Nahrungsenergie umzugehen", mahnt Klein. Fast die Hälfte aller Treibhausgase aus dem Bereich Ernährung kommen aus der Tierhaltung für Milch und Milchprodukte, Eier und Fleisch. Ein zusätzliches Problem ist das, was neben Milch noch so aus einer Kuh rauskommt: Der Methanausstoß von Wiederkäuern ist eine Gefahr für das Klima. Das macht Kuhfleisch und Milchprodukte im Vergleich zu vielen anderen tierischen Erzeugnissen zu essbaren Klimaschädlingen. „Seien Sie vor allem mit fettreichen Milchprodukten sparsam", empfiehlt Klein. Ab und zu ist eine Pizza mit zerflossenem Käse oder ein Stück Steak gesund und ökologisch vertretbar – aber eben nur ab und zu.

Nicht nur ohne Steak und Co., sondern auch ganz ohne Vierkäsepizza kommt die zweite fleischlose Alternative zur aktuellen Durchschnittsernährung aus, der vegane Lebensstil:

- *Veganer:* Diese Gruppe hat bei einer regionalen und saisonalen Ernährung einen geringen CO_2- und Methan-Fußabdruck. Mit Blick auf die Welternährung sehen die Forscher hier allerdings einen Haken, da für die Produktion unterschiedlicher Lebensmittel auch unterschiedliche Böden und Flächen benötigt werden. Auf Weideland haben Kartoffeln beispielsweise kaum eine Chance. Würden wir plötzlich alle Veganer werden, lägen die Weidefläche brach und weniger Nahrung könnte hergestellt werden. Dieser Aspekt tritt für viele Veganer jedoch hinter dem Wohl der Tiere zurück.

Veganer und Vegetarier mögen Kühe, nur eben nicht in ihrem Magen. Wenn Obst und Gemüse, Getreide und Hülsenfrüchte die Hauptrolle beim Essen spielen, freuen sich unser Körper und das Klima. Zumindest, wenn wir uns etwas auskennen.

Superfoods – super schädlich

Chia, Goji, Açaí oder Avocado: Sie sind reich an wertvollen Ölen und gesunden Inhaltsstoffen. Auf Foodblogs und auf Instagram breiten sich appetitlich aussehende Bowls, Oats und Burger über die Streams aus und machen uns gesunde Ernährung schmackhaft, alles hübsch garniert und mit dem passenden Fotofilter aufgepeppt. Wer sich ab und zu im Internet herumtreibt, Koch- oder Gesundheitsmagazine schmökert, dem sind sie längst begegnet: Superfoods sind in aller Munde.

Je exotischer, desto interessanter sind sie: Superfoods sorgen für Abwechslung auf dem Teller. Goji-, Açaí- und Aroniabeeren, Chia- und Hanfsamen, Spirulina- und Chlorellaalgen, Baobab, Maca oder Moringa füllen Ernährungsblogs und Instagramfeeds genauso wie Kochzeitschriften und die Shopseiten entsprechender Händler. Zunehmend versuchen Ernährungsexperten und Verbraucherschützer auch heimische, weniger ausgefallene Lebensmittel wie Leinsamen, Grünkohl und Heidelbeeren als Superfoods zu etablieren. So soll altbekanntes und eher unscheinbares Obst und Gemüse durch das hippe Label wieder schmackhaft werden.

Als Superfoods bezeichnen Food- und Fitnessblogger Nahrungsmittel, die verschiedene wichtige Nährstoffe in sehr großer Menge liefern: Vitamine, Mineralien, Proteine, Antioxidantien und Fettsäuren. Sie sollen das Immunsystem stärken, das Herz schützen und das Altern verlangsamen. Das klingt gut, aber gut heißt nicht zwingend auch neu. Schon in der Antike wurde von Nahrung generell erwartet, gut für uns zu sein. Der Urvater der heutigen Ärzte, Hippokrates, sagte: „Lass die Nahrung dein Heilmittel und die Heilmittel deine Nahrung sein." Dass unsere Nahrung mit gesunden Nährstoffen vollgestopft sein sollte, ist damit eine der ältesten Ideen der Menschheit. Und je weiter wir in der Geschichte der Menschheit zurückgehen, desto mehr Superfoods standen auf dem Speiseplan. Dass die gesunde Nahrung überhaupt in irgendeiner Form innovativ ist, liegt wohl eher an einem bedauerlichen Gegentrend: Viele von uns essen viel häufiger hoch verarbeitete, zu salzige, zu fettige und zu süße Lebensmittel. Viele Köstlichkeiten, wie etwa die auch am Sonntagmorgen frisch vom Bäcker stammenden knusprigen Weizenbrötchen, haben kaum mehr Nährwert als die Tüte, in der wir sie nach Hause transportieren. Dass wir heute sogar Dinge essen, die uns eher schaden als nutzen, konnte Hippokrates damals wohl kaum ahnen. Da nun zuckrige Getränke und fettige Speisen vielerorts billiger sind als frisches Obst und Gemüse, rufen wir die Superhelden in unserem Vorratsschrank zur Hilfe, um uns Donuts und Burgers mit einem schwungvollen Actionkick aus der Hand zu treten.

Doch wieso tragen vormals unscheinbare Lebensmittel wie Mandeln und Avocados heute überhaupt ein Superheldencape? Wahrscheinlich, weil das so schön aussieht. Marketing eben. Angefangen hat alles mit dem US-amerikanischen Gesundheits, Ernährungs- und Lifestyle-Spezialisten und praktizierenden Augenarzt Steven Pratt. Er erfand das Zauberwort „Superfood", um seinem Buch einen knackigen Titel zu verpassen: 2004 schrieb er *SuperFoods Rx: Fourteen Foods That Will Change Your Life*. Darin erklärte er den Zusammenhang zwischen einem langen Leben und dem Einfluss einer gesunden Ernährung auf unsere Gene. Kurz gesagt ging es ihm um Stoffe, die unsere Zellen von innen heraus schützen. Pratt erläuterte die Inhaltsstoffe und die Vorzüge verschiedener natürlicher Lebensmittel wie Blaubeeren, Tomaten oder Walnüsse, alle randvoll mit Antioxidantien und anderen Stoffen, von denen Forscher annehmen, dass sie unsere Zellen länger jung erhalten, unser Herzkreislaufsystem schützen und Krankheiten wie Typ-II-Diabetes, Bluthochdruck oder einigen Krebserkrankungen vorbeugen können. Vor allem betonte Pratt die Bedeutung von Polyphenolen, einer Substanz mit antioxidativen Eigenschaften. Von da an hatte der eine Apfel am Tag, der sprichwörtlich bislang den Arztbesuch unnötig gemacht hatte, ausgedient. Und geschicktes Marketing hat die Pleonexia direkt unter unser Müsli gemischt. Die Versprechen der Superfoodapostel machen uns den Mund wässrig nach mehr: nach besserem Essen, nach Nahrung, die besser als gut ist – nach Superfood.

Superkonsum, Superpreise

Die Erkenntnis, dass manche Nüsse, Samen, Früchte und Gemüse wahre Kraftprotze sind, schlug in den Medien ein wie eine Vitaminbombe. Zwar schmecken Chiasamen nach wenig, doch wegen ihrer Konsistenz und ihrer positiven Wirkung auf den Körper landen sie vermehrt in Müslis, Smoothies, Keksen oder Marmeladen. Häufig machen Chiafreunde aus den Samen einen Pudding, denn in Wasser eingelegt quellen sie auf und werden gallertartig. Dadurch macht ein Löffel Chiasamen auch Naturjoghurt etwas stichfester. Aus dem gleichen Grund verwenden mehr und mehr Hobbybäcker und hippe Café-Inhaber Chiasamen beim Backen von Crackern, Pfannkuchen oder Brot. Nachdem Amerika die Superfoods in den Nahrungsolymp erhoben hatte, landeten sie einige Zeit später auch auf deutschen Tellern: Noch 2013 verkaufte der deutsche Lebensmittelhandel gerade mal 20 Kilogramm Chiasamen, ein Jahr später waren es schon 700 Kilogramm, 2015 dann sogar 663.800 Kilogramm – eine Steigerung um 94.000 Prozent in nur einem Jahr! Dabei wird sich am Geschmack der Omega-3-reichen Körnchen wohl nicht viel verändert haben. Superfoods dürfen wohl als der Marketing-Coup der letzten Jahre gelten.

Sogar der Fast-Food-Riese McDonald's sprang 2015 auf den Superfood-Zug auf: Statt mit einer Rinderbulette belegen sie einen ihrer Burger mit einem vegetarischen Bratling aus Quinoa, einem Getreide, das seit Jahrtausenden in den Anden angebaut wird. Besonders interessant ist Quinoa, weil die kleinen, runden Körner zu gut 15 Prozent aus Eiweiß bestehen. Das ist sogar mehr als bei

Sojabohnen. Wie super Foods allerdings noch sind, wenn sie sich knusprig frittiert unter einem großzügigen Klecks salzig-zuckriger Soße in einem Weißmehlbrötchen räkeln, muss jeder selbst wissen. Köche und Foodblogger raten jedenfalls eher dazu, Superfoods roh zu essen, also nicht über 42 Grad zu erhitzen; so blieben die Inhaltsstoffe erhalten und der positive Effekt auf unseren Körper sei am größten. Doch auch wenn das Patty auf der Bratplatte in der Frittenbude vermutlich einen deutlich heißeren Hintern bekommt und ein zur Unkenntlichkeit frittiertes Quinoakorn vermutlich nicht viel mehr gute Nährstoffe in sich trägt als ein trockenes Knäckebrot, ist eines unübersehbar: der Wunsch der Verbraucher, sich mit ihrem Essen etwas Gutes zu tun.

Für das gute Gefühl, die eigene Gesundheit mit ein paar Samen oder getrockneten roten Beeren auf Turbo zu schalten, legen die Konsumenten gern auch mal ein paar Taler mehr auf den Tresen. Ein Kilo Chiasamen kostet um die 15 Euro, bei Gojibeeren sind es um die 20 Euro, und dieselbe Menge getrocknetes Açaibeerenpulver liegt bei 60 bis 170 Euro. Das Marketing für die Superfoods nutzt unseren Wunsch nach immer mehr und immer Neuem schamlos aus. Und wir zahlen gern für ein gutes Gewissen und ein gestärktes Körperbewusstsein.

Superskeptisch

Wie bei jedem Hype gibt es auch bei den Superfoods eine Gruppe von Bedenkenträgern, die uns die hübschen Müslis und edel arrangierten Gerichte madig machen möchte: Mediziner, Ernährungsberater und Lebensmittelchemiker weisen immer wieder darauf hin, dass Superfoods erstens meist nur sehr geringe Mengen der wertvollen Stoffe enthalten und entsprechend sehr viel davon gegessen werden müsste, bis ein spürbarer Effekt einsetzen würde. Zweitens sind sie zwar schicker und exotischer als heimische Produkte, aber nicht unbedingt gesünder. Drittens enthalten sie immer wieder Schimmel oder verbotene Chemikalien – sogar bei Bioprodukten.

Schauen wir uns das am Beispiel der Chiasamen an. Besonders beliebt sind sie wegen der guten Fettsäuren und des prozentual hohen Anteils an Proteinen. Dennoch sollten wir laut Empfehlung nicht mehr als 15 Gramm pro Tag davon essen. Die Hersteller müssen das laut Gesetzt sogar auf ihre Packungen drucken. Der Grund ist aber nicht etwa, weil wir uns mit den Samen vergiften könnten, sondern weil es Chiasamen erst seit Kurzem auf dem Markt gibt, sodass wir bislang kaum etwas über Allergien, Nebenwirkungen oder sonstige Probleme wissen. In den USA, wo sich die Samen schon länger zwischen den Frühstücksflocken mischen, raten die Behörden zu einem Chiakonsum von maximal 48 Gramm pro Tag. Halten wir uns also brav an die Vorgabe und geben 15 Gramm Chiasamen, das ist etwa ein guter Esslöffel, in unser morgendliches Müsli, dann landen damit nur drei Gramm Protein zwischen Haferflocken und Beeren. Um den täglichen Bedarf an Eiweißen zu decken, müsste eine 60 Kilogramm schwere, 1,66 Meter große Frau demnach etwa 35 Esslöffel, ein durchschnittlicher Mann mindestens 50 Löffel Chiasamen essen. Und das will vermutlich niemand. Vor allem nicht mit der Aussicht, einen Puddingklumpen im Bauch entstehen zu lassen. Eine deutlich weniger exotische Alternative kommt vom Bauern um die Ecke: Ein mittelgroßes Hühnerei wiegt zwischen 50 und 60 Gramm. Davon sind etwa sechs Gramm Eiweiße. Auch die Haferflocken, unter die wir die Chiasamen mischen, bestehen zu etwa 13 Prozent aus Protein. Fast so viel wie Chia.

Dass Superfoods für eine gesunde und ausgewogene Ernährung nicht zwingend notwendig sind, ist aber nicht der größte Haken an dem Hype. Der wohl am schwersten wiegende Kritikpunkt an vielen der vermeintlich heldenhaften Lebensmittel ist ihre Wirkung auf unsere Umwelt und auf die Menschen in den Anbauländern. Häufig aus Asien, Afrika oder Amerika importiert, bringen Quinoa, Chia und Co. lange Transportwege und einen entsprechenden CO_2-Ausstoß mit sich.

Als gelegentliches Topping zum Genießen sind Chiasamen eine gute Sache. Für unsere Gesundheit gibt es jedoch ähnlich gesunde und deutlich nachhaltigere Alternativen. Den positiven Effekt der Superfoods spüren eher die Händler als unsere Körper.

Supermies: Avocados und Mandeln als Klimakiller

Seit einigen Jahren sind die grünen Früchte der Renner im Gemüseregal. 2008 verkauften Lebensmittelhändler in Deutschland gut 19.000 Tonnen Avocados. Nachdem der Hype begonnen hatte, waren es 2014 bereits über 37.000 und 2016 fast 60.000 Tonnen.[320] Der Trend rührt daher, dass Avocados reich an gesundheitsfördernden Omega-3-Fettsäuren sind und sich gerade bei der wachsenden Zahl der Veganer größter Beliebtheit erfreuen. Doch hier zeigt sich ein Trugschluss: Viele Menschen entscheiden sich gerade wegen der positiveren Ökobilanz für einen veganen Lebensstil. Wenn jedoch statt Schweinefleisch und Kuhmilchprodukten massenhaft Avocados gegessen werden, beißt sich das Tofutier selbst in den Schwanz. Dazu gibt es im Wesentlichen drei Gründe:

1) Avocados brauchen Platz

Weltweit verwandeln sich pro Jahr fünf Millionen Tonnen Avocados in Nahrung. Das ist ein Gewicht von etwa einer Million Elefanten – mehr, als es überhaupt Elefanten in Afrika gibt. Die gestiegene Nachfrage auf dem Weltmarkt macht den Bauern Hoffnung auf ein elefantöses Geschäft. In den Anbauländern roden Avocadobauern deshalb große Waldflächen, um den Bäumen mit der ausladenden Krone mehr Raum zu verschaffen. So entstehen riesige Monokulturen, die sich immer weiter in die Wälder hineinfressen.

2) Zukunftsperspektiven verändern sich

Avocados werden meist von Hand geerntet. Dafür klettern geschickte Kinder und kräftige junge Männer die Äste hinauf, um die Früchte mit einem scharfen Messer von den Zweigen zu schneiden. So schaffen die Plantagen viele neue Arbeitsplätze in den ländlichen Regionen. Für den gefährlichen Job als Pflücker schmeißen viele die Schule oder das Studium hin. Wenn der Hype, wie so viele Trends zuvor, irgendwann versiegt, haben die Pflücker nur wenige Perspektiven. Manche Bauern holzen Wälder auch illegal ab. Statt reich zu werden, müssen sie hohe Strafen zahlen - oder ins Gefängnis.

3) Avocados sind durstig und hungrig nach Energie

1.000 Liter Wasser sind nötig, um ein einziges Kilo Avocado herzustellen, achtmal mehr als für dieselbe Menge Kartoffeln. Um das Wasser aus den meist mehrere Hundert Meter tief gelegenen Wasserspeichern hervorzuholen oder von den sich durch die Täler ziehenden Flüssen auf die Plantagen zu pumpen, ist sehr viel Energie nötig. Hinzu kommt noch jene für den Transport nach Europa. Da die deutschen Verbraucher es gewohnt sind, Obst und Gemüse gleich nach dem Kauf verzehren zu können, werden Avocados in einer speziellen Atmosphäre gelagert, damit sie kontrolliert reifen. Auch dafür ist Energie nötig.

Auch wenn sie gut schmecken, so wirklich super sind Avocados leider nicht – zumindest nicht, wenn wir nachhaltiges Essen bevorzugen. Ähnliches gilt für die meisten anderen importierten Superfoods. Auch die uns altbekannte Mandel wurde wegen ihrer günstigen Zusammensetzung von Fetten, Mineralien und Ballaststoffen zum Superfood erklärt. Während uns hierzulande beim Anblick der knackigen Kerne das Wasser im Mund zusammenläuft, geht es den Feldern allmählich aus. Über 80 Prozent der weltweit angebauten Mandeln stammen aus den USA, genauer: aus Kalifornien. Die gewaltigen Mandelplantagen saugen der Region das Leben aus. Für ein Kilo Mandeln sind 10.000 Liter Wasser nötig, zehnmal mehr als für dieselbe Menge Avocados – und selbst die sind schon wassersüchtig. Seit einigen Jahren herrscht in Kalifornien Dürre. Auch in den spanischen Mandelregionen senkt der Anbau den Grundwasserspiegel, und das, obwohl der Mandelbaum dort von Natur aus vorkommt. Zusätzliches Wasser soll den Ertrag reicher machen. Das gilt übrigens auch für Biomandeln. Egal ob aus konventionellem oder ökologischem Anbau, Mandeln sind so nicht gerade die nachhaltigste Zutat unserer Müslis oder Kekse. Wer dennoch nicht auf den guten Geschmack und den positiven Effekt auf die Gesundheit verzichten möchte, sollte auf Mandeln aus Europa setzen – dann sparen wir wenigstens die Energie und die Emissionen für den Transport auf die andere Seite der Erde. Die meisten in Bioläden vertriebenen Mandelmilchprodukte werden bereits aus spanischen Mandeln gewonnen. Generell gibt es jedoch nachhaltigere Alternativen zu Kuhmilch als der leicht nach Marzipan schmeckende Drink aus Mandeln.

Superfoods sind also nicht uneingeschränkt super, weder aus sozialer noch aus ökologischer Sicht. Für unsere Gesundheit gibt es jedoch eine ganze Reihe von Alternativen, die auch unsere Umwelt gern mag.

Ein paar heimische Superalternativen

Manchmal ist es einfach nur ein kleines Tauschgeschäft, das auf lange Sicht einen großen Unterschied macht. So ist das auch bei den Superfoods: Wir können unserem Körper etwas Gutes tun und zugleich die Natur schonen. Dafür müssen wir einfach nur auf das zurückgreifen, was in unserer Nähe wächst und ohne Stress für Mensch und Natur hergestellt werden kann.

Brennnesselsamen – die gute Saat des Unkrauts

Ihre Blätter lassen sich zu Tee aufbrühen, der beim Entwässern und stillenden Müttern bei der Milchproduktion hilft. Ihre Stacheln, die das typische Jucken verursachen, verliert die Brennnessel beim Waschen. Danach geben sie Salaten eine würzige Note. Zum Superfood machen sie die Flavonoide, Vitamine und Mineralstoffe. Die Samen sorgen für eine Extraportion Protein. Immer mehr Fachgeschäfte und Reformhäuser bieten Brennnesselsamen an – zu Superfoodpreisen, versteht sich. Doch bevor wir viel Geld in die Fachgeschäfte tragen, wagen wir uns in die Natur – und ernten etwas, was andere loswerden wollen. Und alle gewinnen.

Grünkohl – super gesundes Food

Er ist reich an Vitaminen, Mineral-, Ballast- und sekundären Pflanzenstoffen. Mit Eisen und Eiweiß kann er fast so protzen wie ein Steak. Der Trend, Grünkohl zu Chips zu verarbeiten, ist an und für sich ziemlich clever, schließlich stecken in Grünkohl viele gute Inhaltsstoffe. Anders als ihre Verwandten aus Kartoffeln entstehen Grünkohlchips meist nicht in der Fritteuse. Durch das schonende Trocknen bleiben mehr Vitamine erhalten als beim Frittieren in heißem Fett. Gesünder sind sie auf jeden Fall, nachhaltiger nur bedingt. Denn auch für das Trocknen ist Energie notwendig. Als Snack ist Grünkohl dadurch nur gelegentlich wirklich super, als sättigende Mahlzeit dagegen echt nachhaltiges Superfood.

Heimische Beeren – rot und richtig

Heidelbeeren stecken voller Antioxidantien und Resveratrol, das dem Gläschen Wein am Abend seinen guten Ruf eingebracht hat. Mit Heidelbeeren erhalten wir die positiven Wirkungen des Resveratrols ohne die negativen Effekte des Alkohols. Zusätzlich wirken Heidelbeeren entzündungshemmend.

Himbeeren sind gut für den Stoffwechsel, helfen beim Bilden von Blut und unterstützen das Immunsystem. Auch die Blätter haben es in sich: Als Tee aufgegossen sollen sie sich positiv auf die Stimmung und die Verdauung auswirken und sogar Menstruationsbeschwerden lindern. Johannisbeeren wiederum wird neben den klassischen Superfood-Eigenschaften nachgesagt, dass sie uns schneller im Kopf machen und sogar Altersdemenz hinauszögern können.

Leinsamen – die in Vergessenheit geratene Konkurrenz zu Chia

Ihr hoher Gehalt an Omega-3-Fettsäuren qualifiziert sie dazu, mit Stolz das Label Superfood zu tragen. In ihren Inhaltsstoffen sind sich die Lein- und die Chiasamen sehr ähnlich. Wie Chia- quellen auch Leinsamen auf, wenn sie mit Wasser zusammenkommen. Deshalb machen sie lange satt und sorgen dafür, dass unser Darm etwas zu tun hat. Durch das Work-out verbessern Leinsamen die Verdauung. Den Chiaeffekt können wir so viel günstiger und dank der heimischen Produktion auch deutlich nachhaltiger haben.

Meerrettich – scharf und schützend

Seine Senföle machen seinen Geschmack und seine Schärfe aus. Diese Öle sind es auch, die dem Meerrettich seine antibakterielle Wirkung bescheren. Ebenso wirkt er im Körper gegen Pilzinfektionen. Forscher vermuten, dass Meerrettich womöglich unser Erbgut schützen und Gene davon abhalten kann, sich zu verändern.

Sonnenblumenkerne – Energiebündel und Eiweißlieferant

Sonnenblumenfelder sind mit ihren leuchtend-gelben Bewohnern eine Wohltat für müde Städteraugen. So super wie der Anblick der Blumen ist auch die Wirkung ihrer Samen. Ihr hoher Gehalt an Proteinen und Aminosäuren machen sie zu einem guten Snack für Sportler und einem beliebten Gast im morgendlichen Müsli.

Eine gesunde Ernährung geht also auch günstig und mit kurzen Transportwegen. Wenn wir uns auf Essen zurückbesinnen, das in unserer Umgebung gedeiht, dann können wir nachhaltig und superlecker satt werden.

Zucker und Fett für gute Laune

Vor einigen Jahren galten Nahrungsmittel, in denen das sogenannte Glückshormon Serotonin steckt, als besonders gut für die Laune. Der Haken dabei: Serotonin ist so groß, dass es gar nicht mit dem Blut ins Gehirn gelangen kann. Unser Hirn lässt Schadstoffe und zu große Hormone gar nicht erst rein. Als clevere Alternative dienten dann Lebensmittel, in denen viel Tryptophan steckt. Tryptophan ist eine Aminosäure, die unserem Gehirn dabei hilft, das Glückshormon Serotonin zu bilden. Entsprechende Magazinartikel und Kochbücher verkauften sich wie geschnitten Brot. Hilfreich war, dass in beliebten Lebensmitteln wie Bananen, Nudeln und Schokolade reichlich Tryptophan enthalten ist.

Doch der Psychologe Peter Rogers von der University of Bristol dämpft die Euphorie: Substanzen wie Tryptophan steckten auch in vielen Lebensmitteln, die keinen nachweisbaren Effekt auf unsere Stimmung haben. Wie viele von uns bereits mit ausgiebigen Selbstversuchen bestätigen konnten, vermag Schokolade dennoch die Stimmung zu heben. Das liegt an unserem Belohnungssystem, das uns übers Köpfchen streichelt, wenn wir energiereiche und leckere Lebensmittel vertilgen. Evolutionsbedingt möchte unser Körper so sicherstellen, dass wir ihn immer brav mit neuem Treibstoff versorgen. Fett und Zucker findet er super, deshalb schüttet unser Belohnungssystem bei fettig-zuckrigem Essen besonders viele Glückshormone in unser Gehirn. Weil die Evolution das so eingerichtet hat, springt unser Gehirn sogar schon auf Bilder von Schokolade an.

Aber bevor wir uns nun voller Freude den Vorratsschrank bis zum Rand mit Schokolade füllen, bremsen die Forschung und die Erfahrung uns an dieser Stelle gleich wieder aus: Zu viel Zucker und Fett führen zu Extrakilos, zu einem Schokobauch, Diabetes und anderen Krankheiten, die die Stimmung schnell wieder nach unten ziehen. Essen macht glücklich, aber eben nur, wenn es das richtige Maß hat – und wirklich lecker ist.

Frauen an den Herd - und Männer auch

In einem Interview sagte Fernsehkoch Steffen Henssler: „Wir holen uns die teuersten Küchen, die geilsten Messer, die besten Töpfe und schleichen dann zu Aldi."[321] Und tatsächlich geben die Deutschen im weltweiten Vergleich enorm viel Geld für die Küche selbst aus – und enorm wenig für die darin zubereitete Nahrung. Es gibt Statistiken, die zeigen, dass wir einen immer geringeren Anteil unseres Einkommens für Lebensmittel ausgeben. 1850 entfielen durchschnittlich noch 61 Prozent der Konsumausgaben auf Essen, Getränke und Tabakwaren. 1960 gab der Durchschnittsdeutsche nur noch 38 Prozent dafür aus. Seit 2000 sind es nicht einmal mehr 15 Prozent.[322]

Nun essen wir beileibe nicht weniger als frühere Generationen, und auch die Preise sind keineswegs allesamt in den Keller gerauscht. Es ist vor allem unser wachsender Lebensstandard – wir haben einfach mehr Geld für Konsum zur Verfügung als die Nachkriegsgeneration oder die Menschen während der Industrialisierung. Dennoch lässt sich erkennen, dass wir in Mitteleuropa zwar gern und vor allem viel essen, die Qualität und die Herkunft der Lebensmittel jedoch bereitwillig für andere Konsumausgaben opfern. Blicken wir über unseren Tellerrand auf die Teller unserer italienischen oder französischen Nachbarn, fällt schnell auf: Essen ist längst nicht gleich Essen. Während die einen lange Abendessen und besten Kaffee zelebrieren, wollen die anderen einfach nur einen gefüllten Bauch und einen hellwachen Kopf haben. Wie bei allem gibt es auch beim Essverhalten Unterschiede zwischen den einzelnen Menschen, eine kulturelle Tendenz lässt sich jedoch schon bei einem Wochenendausflug in die Toskana erkennen.

Wissenschaftler haben sich mit den kulturellen Unterschieden der Ernährung beschäftigt. Sie stellten fest, dass Deutsche kaum auf ihre Ernährung achten und nur noch selten selbst kochen. Nur die Hälfte der Befragten gab Essen einen hohen Stellenwert. Vor allem aus Zeitmangel legten sie sich schlechte Essgewohnheiten zu. Von den Berufstätigen konnte nur die Hälfte in Ruhe eine Pause machen, um etwas Gutes zu essen. Ein Drittel gab an, eine gesunde Ernährung am Arbeitsplatz sei für sie schlichtweg nicht möglich. Knapp 20 Prozent der 18- bis 25-Jährigen greifen drei- bis fünfmal pro Woche zu Fertiggerichten, die voller Fett, Zucker und Salz, Zusatzstoffe und Geschmacksverstärker sind – auch, weil sie nie gelernt haben, ihr Essen frisch selbst zu kochen, wie sie in der Umfrage angaben.[323]

Schokoladiges Glück

Körper und Geist sind keine getrennten Systeme. Was wir essen, beeinflusst nicht nur unser körperliches Wohlbefinden, sondern auch unsere Stimmung. Um das herauszufinden, versorgten Wissenschaftler Tausende Testpersonen mit einer Smartphone-App, mit der sie ihre Nahrung und ihre Stimmung protokollieren sollten. Das überraschende Ergebnis: Gemüse macht uns am glücklichsten und ist im Ranking der gute Laune stiftenden Nahrungsmittel ganz vorne – noch vor Süßigkeiten. Auf Platz zwei landeten Getreideprodukte wie Brot, Nudeln oder Müsli. Dass Süßes dahinter zurückbleibt, mag manchen Schokojunkie irritieren.

Die positive Wirkung von frischer Pflanzennahrung führen Forscher auf deren Fähigkeit zurück, schädliche Stoffe aus unserem Blut zu verbannen. Sie nehmen an, dass unser Körper in andauernden psychischen Belastungen vermehrt sogenannte freie Radikale produziert. Diese stehen nicht nur in Verdacht, chronische Entzündungen auszulösen, sondern auch, den Zellwänden zu schaden und uns auf vielfältige andere Weisen nicht gut zu tun. Auch auf unsere Psyche haben sie einen Einfluss: Sie sollen Antriebslosigkeit verursachen, unsere Konzentration verschwinden lassen, uns müde und knatschig machen. Mit einfachen und meist recht köstlichen Mitteln können wir den freien Radikalen das Handwerk legen. Immer wieder legen Studien dar, dass Obst und Gemüse uns glücklicher machen: Schon nach nur zwei Wochen berichteten die Probanden von besserer Laune – durch Möhren, Beeren und Co. Je mehr Obst und Gemüse auf dem Speiseplan standen, desto besser war die Laune der Testpersonen.[324] Wir sind also wirklich, was wir essen: entweder lasch und vitaminlos – oder kraftvoll und glücklich.

Mit dem SUV zum Biomarkt

Wie wir uns fortbewegen hat einen ähnlich großen Einfluss auf unsere persönliche Ökobilanz wie unsere Ernährung. Wir müssen abwägen, ob wir gern zum Unverpacktladen fahren, um unnötigen Müll zu vermeiden. Wenn wir dorthin allerdings mit unserem SUV oder dem benzinfressenden VW Bulli fahren, dann schlägt unsere Bilanz rasch in die Gegenrichtung aus. Nachhaltigkeit ist kein Beißring für ein nagendes schlechtes Gewissen. Nachhaltigkeit ist das Ergebnis eines bewussten Lebens, das nach ständigen Abwägungen verlangt. Die Paradoxie liegt im Kofferraum, dort, wo wir unsere Gutes-Gewissen-Biozucchini für fünf Euro das Kilo hingelegt haben – einen knappen halben Meter über dem Auspuff, aus dem wir CO_2 in die Luft pusten.

39 Kilometer legt ein Deutscher täglich zurück – im Durchschnitt. Jeden Tag, an dem wir es bei wenigen Schritten von der Couch bis zum Kühlschrank belassen, gleichen andere Tage, an denen wir beispielsweise nach Bali fliegen, wieder aus. So kommen wir zusammen auf drei Milliarden Kilometer an jedem einzelnen Tag. Das ist mehr als die Strecke von hier zum Planeten Uranus. Drei Viertel dieser Strecke legen die Deutschen im Auto zurück. Seit den 1990er-Jahren sind die Autokilometer kontinuierlich angestiegen, und mit ihnen auch der Bedarf an Fahrzeugen und entsprechenden Ressourcen.[325]

Immer auf Tour

Unsere Mobilität lassen wir uns einiges kosten. Ein Auto zu kaufen und es zu unterhalten wird immer teurer. Die Preise dafür sind stärker gestiegen als unsere Lebenshaltungskosten insgesamt. Autofahren in Deutschland ist seit 2000 über 25 Prozent teurer geworden. Auch Bus, Bahn, Tram- und U-Bahn-Tickets kosten mehr: Ihr Preis hat sich in den letzten zwei Jahrzehnten verdoppelt. Neben den Preisen haben sich auch die Gründe für unsere Mobilität verändert: Wir fahren seltener in die Shopping-Paläste und lassen uns dafür unsere Schuhe, Kleider und sogar das dazu passende Essen direkt vor die Wohnungstür fahren. Während die einen fast regungslos auf dem Sofa auf den Pizzadienst warten, fahren die anderen für uns. Die Kilometerzahl verlagert sich so nur von dem einen auf einen anderen.

Die Mobilität des Menschen hat ihren bisherigen Höhepunkt erreicht. Das ist für unser aktuelles Wirtschaftssystem wichtig und für unsere Gesundheit schädlich. Weil unsere Mobilität immer weiter steigt, wünscht sich das Umweltbundesamt nachhaltigere Wege, uns und unsere Dinge von A nach B zu transportieren: niedrigere Emissionen, geringerer Verbrauch von Ressourcen, weniger Lärm – und gleichzeitig soll sich niemand eingeschränkt fühlen.[326] Was hier gesucht wird, scheint ein Mix aus einem Wunder und einem Perpetuum mobile zu sein. Die Situation ist und bleibt kniffelig.

Mit dem Auto ins Grüne

Immer mehr Menschen wollen auf dem Land leben. Die Nähe zur Natur zerstört diese zugleich. Denn wer im Grünen wohnt, kommt kaum ohne Auto aus. Auch die immer flexibler werdende Arbeitswelt macht viele zu regelmäßigen Autofahrern. Längst gibt es in Deutschland mehr Autos als Haushalte.

Je älter ein Mensch ist, desto größer ist der Anteil seiner Kilometer, die er mit dem Auto zurücklegt. Bei jüngeren Menschen in den großen Städten zeigt sich dagegen eine Trendwende: Das Auto wird als Fortbewegungsmittel und Statussymbol immer uninteressanter. Bei ihnen sinkt der Anteil an mit dem Auto gefahrenen Kilometern stetig; weniger als 40 Prozent werden mit dem Auto zurückgelegt. Vor allem steigen sie auf Bus und Bahn um – und aufs Fahrrad. Zusammen macht das 20 Prozent der von ihnen zurückgelegten Kilometer aus. Dass das Auto bei manchen an Bedeutung verliert, zeigt sich auch an der wachsenden Beliebtheit von Leihautos. Gut 14 Prozent aller deutschen Haushalte in den Metropolen sind für mindestens ein Carsharing-Angebot angemeldet. In ländlicheren Gefilden ist das jedoch keine Alternative: Zu selten kommt ein Bus, zu lange dauert die Fahrt mit dem Fahrrad. Deshalb werden dort noch über 70 Prozent der Wege mit dem Auto gefahren.[327]

Doch Autos sind nicht nur praktisch, sondern in gewissem Sinne Dinos der Mobilität: Ihre Technologie ist resistenter gegen Innovation als gegen Manipulation. Entsprechend rustikal fällt ihre Ökobilanz aus.

Dicke Luft, gestresste Menschen

Feinstaub

Die Weltgesundheitsorganisation nimmt an, dass in Europa jedes Jahr drei Millionen Menschen an schlechter Luft sterben. Einen großen Anteil daran hat der Feinstaub in der Atemluft.[328] An diesem sterben in Deutschland Schätzungen zufolge jedes Jahr 35.000 Menschen. Das sind zehnmal mehr als die Todesopfer im Straßenverkehr. Der Bund für Umwelt und Naturschutz geht sogar von jährlich 65.000 Feinstaubtoten hierzulande aus, getötet von kleinsten Schmutzpartikeln in der Luft, die nach ihrer Reise durch den Auspuff nicht direkt zu Boden sinken, sondern noch einige Zeit durch die Atmosphäre schwirren. Feinstaub entsteht in Diesel- und Benzinmotoren, in Schiffen, in Braunkohlekraftwerken. An stark befahrenen Straßen und Hafenpromenaden zu joggen, ist also keine gute Idee. Aber auch, wenn wir unsere Wohnung gemütlich mit Kerzen beleuchten, lassen wir Feinstaub unsichtbar in die Luft aufsteigen. Aerosole sind eine besondere Art von Feinstaub, zum Beispiel Ölqualm und Ruß aus dem Auspuff. Aber auch Metall- oder Roststaub aus der Industrie trägt dazu bei. Sehen können wir ihn nicht, außer wenn das Wetter sehr drückend ist und der Feinstaub in der Luft als Dunstglocke erscheint.

Feinstaubpartikel können ganz unterschiedliche Größen haben. Die kleinsten von ihnen sind weniger als 0,1 Mikrometer klein, also 100 Milliardstel Meter. Sie sind so winzig, dass unsere Haut und sogar unsere Lunge sie nicht aus der Luft filtern können. Sie sind einfach zu klein für unsere Filtersysteme. Ultrafeinen Feinstaub mit einer handelsüblichen Nase aus der Luft fischen zu wollen ist wenig Erfolg versprechend. Noch können Mediziner keine endgültigen Beweise liefern, dennoch nehmen viele an, dass Feinstaub die Lunge, das Nervensystem und die Blutgefäße schädigen sowie Krebs und chronische Entzündungen auslösen kann.

Stickstoffdioxid

Es quillt vor allem aus unzureichend entgifteten Dieselmotoren hervor. Stickoxid ist ein Reizgas, das in unseren Städten vor allem durch den Auto- und Lkw-Verkehr entsteht. Die Folgen von Stickoxiden sind ähnlich wie die des Feinstaubs. Zwar gibt es gesetzliche Grenzwerte. Doch viele Städte vor allem im bevölkerungs- und damit auch verkehrsreichen Nordrhein-Westfalen halten die Grenzwerte einfach nicht ein. Während die Maßnahmen gegen die Feinstaubbelastung tatsächlich erste Wirkung zeigen, schwirrt das Stickstoffdioxid weiterhin ungehindert durch unsere Luft. Ein Trend zu besserer Luft zeichnet sich zurzeit noch nicht ab.[329]

Stickoxide und Feinstaub treten oft gemeinsam auf. Als dynamisches Duo sind sie die Superschurken in unserer Luft. Experten glauben jedoch, dass der Feinstaub der teuflische Anführer der Gang ist, da er gern chemische Reaktionen mit anderen Stoffen in der Luft eingeht – und dadurch noch größeren Schaden anrichten kann. Das ist allerdings keine Entwarnung in Sachen Stickstoffdioxid: Es ist und bleibt die Basis für die dicke Luft in unseren Städten.

Lärm

Auch wenn wir noch so rücksichtsvoll fahren: Autos sind laut. Vor allem, wenn sie im Rudel auftreten. Schätzungen zufolge erleben etwa 160 Millionen Menschen in Europa regelmäßig Verkehrslärm, der lauter als 55 Dezibel ist. Das ist etwa so laut wie ein Fernseher auf Zimmerlautstärke. Das klingt nicht laut. Wenn man einen leichten Schlaf hat, kann der stete Geräuschpegel aber schnell zum Problem werden. Deshalb zieht die Weltgesundheitsorganisation WHO auch bei 55 Dezibel die Grenze. Für sie geht von dieser Lautstärke bereits ein ernstes Risiko für die Gesundheit aus. Laut Umweltbundesamt leben etwa 13 Millionen Menschen in Deutschland dauerhaft mit diesem Lärmpegel. Sie alle haben ein erhöhtes Risiko für Schlafstörungen, Bluthochdruck, Hörschäden oder Herz-Kreislauf-Erkrankungen. Wissenschaftler nehmen an, dass die dauerhafte Beschallung mit Verkehrslärm vor allem für ältere Menschen die Gefahr mit sich bringt, einen Schlaganfall zu erleiden oder früher zu sterben.[330]

Mit dem Körper leidet auch der Geist: Lärm stresst uns – und macht unglücklich. Akuter Krach oder dauerhafte Beschallung beeinträchtigen das Wohlbefinden und damit die Lebensqualität. Natürlich ist jeder von uns unterschiedlich sensibel. Im Durchschnitt sind wir uns aber einig: Menschen, deren Wohnung von allen Seiten dem Verkehrslärm ausgesetzt ist, empfinden sich selbst als gestresster als ihre nicht belärmten Mitmenschen. Sie werden erst wieder zufriedener, wenn sie sich ab und zu an einen ruhigen Ort zurückziehen können – vorzugsweise in einen Park oder Garten. Wissenschaftler, die sich mit dem Einfluss von Straßenlärm auf unsere Psyche beschäftigt haben, raten dazu, bei der Planung von Städten auf Verkehrsberuhigung und geräuscharme Bodenbeläge zu achten.[331]

Ressourcen- und Flächenverbrauch

Um ein Auto herzustellen, müssen sich viele verschiedene Zutaten zusammenfinden. Heutzutage werden sie aus zig Ländern herangekarrt. Das verbraucht Ressourcen. Hinzu kommt die Infrastruktur, die ein bequemes Fahren erst möglich macht: Autobahnen, Tiefgaragen und Parkstreifen breiten sich immer weiter aus und versiegeln den Boden mit einer soliden Stein- oder Asphaltschicht. Pflanzen und Tiere haben ebenso wenig wie Regenwasser eine Chance, diesen Mantel zu durchdringen.

Psychologie auf der Überholspur

Mit ihrem zornigen Blick schießt sie wie ein Haifisch durch den Schwarm der sich dahinschlängelnden Autos. „Geh mir aus dem Weg! Ich bin wichtiger als du – also muss ich auch schneller an mein Ziel gelangen", brüllt der Motor der schwarzen Luxuslimousine dem Kleinwagen im Vorbeirasen zu. Wie ein frisch polierter Lederhalbschuh droht sie jedem in die Hacken zu treten, der nicht schnell genug mit dem rechten Blinker klein beigibt. Dagegen eiert ein alter Fiat Panda mit seinen schmächtigen Reifen und der schnörkellosen Karosserie schwunglos über die rechte Spur. Er erinnert an all die bleichen Turnbeutelvergesser, die früher im Sportunterricht schon beim ersten Liegestütz entkräftet auf dem Bauch gelandet sind. Mit unserem Fahrstil offenbaren wir unwillkürlich unsere sonst so sorgfältig versteckten Abgründe. Denn eigentlich wollen wir mit unserem Auto die Vorzüge unserer Persönlichkeit nach außen tragen – oder zumindest ein Abbild dessen, was wir gern wären.

Rüdiger Hossiep befasst sich seit Jahren damit, wie Autofahrer ticken, welche Gründe es dafür gibt und ob sie beim Autokauf an die Umwelt oder eher an die bewundernden Blicke der Nachbarn denken. Mit seiner Forschung ist der Psychologe und Testentwickler ein gefragter Ansprechpartner für die Medien. Ein Boulevardblatt bezeichnete ihn deshalb als „Autopsychologen". Er analysiert, welche psychologischen Vorgänge hinter der Wahl des Autos stecken – und bringt sie auf den Punkt: „Viele nehmen ihr Auto als eine sinnvolle Selbstergänzung wahr", erklärt Hossiep. Manche wollen mit ihrem Gefährt Macht und Dominanz ausstrahlen, andere hingegen Dinge bequem von A nach B transportieren. So unterschiedlich wie die Kriterien für die Wahl des Fahrzeugs sind, so verschieden sind auch die Wirkungen des jeweiligen Autos auf andere. „Mit einem Kleinstwagen wird man ganz anders behandelt", so Hossiep. Kleine Autos, die eher den Ruf haben, von gutmütigen Grundschullehrerinnen gefahren zu werden, wirken beispielsweise weniger bedrohlich als eine große Limousine. „Versuchen Sie mal mit einem Fiat Panda Leute auf der Autobahn aus dem Weg zu scheuchen." Wenn der fahrbare Untersatz keine Autorität ausstrahlt, muss sich der Fahrer wohl oder übel unterordnen und die Bahn räumen.

„Auch Frauen mögen SUVs gern: Sie fühlen sich darin sicher und beschützt", weiß der Autopsychologe weiter. „Ein SUV ist wie ein gepanzertes Selbst, ein stärkeres Ich." Zusätzlich bringen die großzügigen Dimensionen der vermeintlichen Geländewagen noch einen weiteren Vorteil mit: „Überholprestige" nennt Hossiep das, was manch einer mit seinem SUV gleich mitkauft – das gute Gefühl, dass sich die Welt um einen herum den eigenen Bedürfnissen und dem eigenen Fahrverhalten anzupassen hat. Die Linksfahrgarantie gibt es gratis dazu. Der SUV macht uns zum Zentrum unseres Universums. Es gibt Studien, die zeigen, dass Autofahrer, die an einer grünen Ampel stehen bleiben, erst viel später angehupt werden, wenn sie ein imposanteres Auto fahren. „Mit einem größeren Auto kauft man sich vermeintlich das Recht, in Ruhe gelassen zu werden", erklärt Hossiep.

Mit einem solchen Wagen fällt es uns leichter, uns nach außen abzugrenzen und zugleich ein Überlegenheitsgefühl nach außen zu tragen: „Man sitzt höher, ist vermeintlich für jede Lage gut gerüstet und hat mehr Bodenfreiheit."

Breite Autos und kaputte Lungen

Nachhaltigkeitsaspekte scheinen für die meisten Menschen beim Autokauf nachrangig zu sein oder gar keine Rolle zu spielen, so Hossiep. Deshalb sei es den SUV-Käufern häufig gleichgültig, dass die Vorzüge ihres Autos mit einem hohen Strömungswiderstand und einem entsprechend überproportionalen Spritverbrauch einhergehen. „Wir wissen schon seit den 1970ern, dass Feinstaub in höchstem Maße krebserregend ist. Aber das ist alles nachrangig – weil der Mensch dazu tendiert, nur an sich zu denken." Schätzungen zufolge sterben weltweit sieben Millionen Menschen jedes Jahr an den Folgen von verschmutzter Luft. Deshalb fahren mittlerweile sogar Autos von Google Streetview systematisch durch Großstädte wie London und sammeln alle 30 Meter Daten. Zusammen mit den Messungen der stationären Kontrollpunkte entsteht eine Verschmutzungskarte. Wo es besonders schlimm ist, werden dann zusätzliche Sensoren aufgehängt, die Ozon, Stickstoffoxid, Feinstaub und andere Schadstoffe in der Luft messen. Wenn alles fertig ist, kann sich jeder anschauen, wie belastet die Luft an einem bestimmten Ort ist – und was wir idealerweise dagegen tun können.

Doch einfach weniger Feinstaub in die Luft zu pusten oder weniger Sprit zu verbrauchen, wollen wir nicht. Wir wollen mehr: mehr Beinfreiheit, mehr PS, mehr Anerkennung und mehr Platz auf der Straße und im Parkhaus. Aber auch wer an sich denkt, denkt seine Kaufentscheidungen manchmal nicht bis zum Ende. Denn die breiteren Autos fordern nicht nur Respekt von anderen Autofahrern, sondern auch mehr versiegelte Fläche, um die immer sperriger werdenden Fahrzeuge abzustellen. 1990 war ein Neuwagen durchschnittlich 1,68 Meter breit, heute sind es bereits 1,80 Meter. Die Tendenz gilt nicht nur für SUVs, auch die kleineren Autos von Opel oder Ford werden immer breiter.[332] Das stellt die Städte und Parkhausbetreiber ebenso wie die Fahrer vor die Herausforderung, die bulligen Vehikel irgendwo unterzubringen, während sie nicht gebraucht werden. Darauf verschwenden die Besitzer aber erst nach dem Kauf einen Gedanken.

Beim Kauf von SUVs geht es laut Hossiep weder um Nachhaltigkeit noch um Wendigkeit oder einfaches Einparken, sondern primär um Dominanz. Für manch einen kommt es halt doch auf die Größe an. Schein und Sein liegen aber auch in diesem Fall oft weit auseinander, denn längst nicht jeder Kleinwagenfahrer ist ein

Underdog oder ein Naturfreund. „Autokäufer interessieren sich kaum für Diesel- oder Abgasskandale, weil sie selbst-ökonomisch denken und versuchen, ihren Vorteil zu realisieren", erhellt Hossiep die Psychologie hinter dem Autokauf. „Das Auto muss zu ihnen und ihrem Ich passen. Darum geht es im Grunde, und um kaum etwas anderes." Unser Unterbewusstsein ist zugeparkt mit dem Wunsch, noch mehr man selbst zu sein – oder vielleicht besser gleich jemand anders.

Das neue Ich

Was das Auto einem an zusätzlichen Eigenschaften bringt, hängt ganz wesentlich mit dessen Image zusammen. Kekskrümel und Pixibücher haben auf den tiefschwarzen Fußmatten einer Luxuslimousine keinen Platz. „Mit einem Auto sagt man immer auch etwas über sich selbst aus." Manchmal ist das die Vorliebe für einen bestimmten Stil, manchmal der soziale Status, bisweilen auch die Hingabe an eine Band, deren Name sich in großen Lettern über die Heckscheibe erstreckt. „Die Deutschen schauen eher auf ihre Nachbarn oder den Vorgesetzten, wo dieser steht und was dieser so besitzt", erklärt Hossiep. „Der Deutsche kauft sich eine E-Klasse, weil die anderen auch eine haben. Für dasselbe Geld würde er auch einen Maserati kriegen. Aber man möchte eher nicht auffallen." Dagegen gebe es auch eine wachsende Gruppe von Menschen, die auf den gegenteiligen Trend setzten: „In Deutschland waren noch nie so viele Young- und Oldtimer zugelassen wie heute. Diese Menschen denken, ‚Bloß nicht dasselbe fahren wie die anderen'", so Hossiep. „Und mich würde da eher das Image der E-Klasse-Fahrer stören. Individualisten und Kreative setzen eher auf Marken wie Saab oder Alfa Romeo. Diese Menschen möchten mit ihrem Auto etwas zum Ausdruck bringen." Aus dieser Gruppe fahren mehr Menschen ihr Auto für eine längere Zeit und sind etwas widerstandsfähiger gegenüber Trends und Moden. „Mit einem Auto sendet man immer subtile Signale über die eigene Persönlichkeit", ist sich Hossiep sicher.

Dass das Image in unserer Gesellschaft einen hohen Stellenwert hat, merkt der Forscher auch daran, dass Menschen in schicker, gepflegter Kleidung anders behandelt werden als in legerer Freizeitkleidung: „Wenn ich die Insignien der Macht und des Geldes trage, komme ich beim Arzt oder an der Flughafenkontrolle ganz anders an." Er selbst macht dabei manchmal bewusst nicht mit: „Ich möchte mich diesem Vergleich nach Möglichkeit entziehen." Als er eine große Bank in Düsseldorf beriet, hätten diese vor seinem ersten Besuch bereits Wetten abgeschlossen, mit welchem Auto er auf den Hof gerollt kommen würde. Als er mit einem alten Volvo vorfuhr, machte sich Irritation breit. Die meisten hatten, wie sie später zugaben, auf einen Porsche getippt. „Ein Porsche weckt bei manchen den Gedanken: ‚Nein, dem werfen wir jetzt nicht noch mehr Geld in den Rachen'", erklärt Hossiep. Ein gewisses Understatement helfe im Beruf, um keine Missgunst heraufzubeschwören. Die Pleonexia steckt uns offenbar tief in den Knochen. Und die sind bekanntermaßen so faul, dass sie mit dem Auto herumgefahren werden wollen.

Falsche Naturfreunde

Die Autokonzerne stellen ihre Produkte in der Werbung gern vor eindrucksvolle, urmächtige und zivilisationsferne Landschaftskulissen. Mit Naturverbundenheit haben die bulligen SUV allerdings wenig zu tun. Sie befördern ihre Insassen nicht etwa in die Natur und sorgen auch kaum für ein besseres Durchkommen bei Schneestürmen und Unwetter als ein VW Polo. „Die meisten SUVs sind keine Geländewagen, sondern nur hochgebaute PKW", erklärt Hossiep. Ob es nun ein Geländewagen ist oder nicht, das wissen die meisten selbst nicht so genau. Der eigentliche Nutzen des Wagens tritt hinter dessen Überzeugungskraft auf der Straße zurück. Je nachdem, wie sich die Besitzer selbst inszenieren möchten, können sie ihrem Wagen entweder Neuwagenduft in den Innenraum oder Matsch an die Kotflügel verpassen; beides gibt's in der Dose, beides Fake. Der braune Modder über den ansonsten blitzblanken Reifen lassen den Fahrer als echten Naturburschen erscheinen. Der Neuwagenduft dagegen signalisiert: Hier ist jemand, der sein Leben im Griff hat, dessen Luxusauto frisch vom Band gerollt ist.

Mit Psychologie zum richtigen Auto

Wie die Persönlichkeit auch immer gestrickt sein mag: Hossiep verhilft jedem dazu, das für ihn passende Auto zu finden. Seit den 1990er-Jahren untersuchen er und seine Mitarbeiter, welche Persönlichkeitsmerkmale zu welchem Auto passen – oder welches Auto zu welchem Menschen. Ganz nach dem Motto: Sag mir, wer du bist, und ich sage dir, in welchem Auto du am besten wegkommst. Dafür hat Hossiep mit seinen Kollegen einen umfangreichen Fragebogen entwickelt.[333] Mit diesem kann sich jeder seine Persönlichkeitsstruktur mit Blick auf das für ihn passende Auto ermitteln lassen. Fragen wie „Wer bremst, verliert", „Im Auto halte ich mich nicht länger als nötig auf" oder „Ein massiges Auto verleiht mir ein Gefühl von Sicherheit" versuchen die Persönlichkeit zu durchleuchten. Als ein großer Hersteller von Luxusautos davon erfuhr, rief er bei Hossiep an und fragte unverblümt, wie viel es kosten würde, dass Hossiep seinen Fragebogen etwas tune, damit künftig mehr Menschen zum entsprechenden Autohändler liefen. „Meinungsbildende Kosten“ nennt sich das in der Fachsprache – und Bestechung im Volksmund. Unbeirrt forschen Hossiep und sein Team weiter, ohne die Einflussnahme von Unternehmen.

Doch nicht jedem gefallen die Ergebnisse seiner Studien: Besonders sympathisch lassen Hossieps Aussagen SUV-Fahrer nicht erscheinen. Deren Reaktionen darauf scheinen die Ergebnisse zu bestätigen. „Manch einer wünscht mir für meine Erkenntnisse eine Hüftarthrose“, sagt Hossiep. Wütende Mails und Briefe sind seit der Studie an der Tagesordnung. „Ich ecke bisweilen gerne an“, sagt der Forscher von sich selbst. Mit seiner Forschung sorgt er für kontroverse Diskussionen – und gibt Denkanstöße, um das eigene Fahrverhalten kritisch zu hinterfragen.

Umparken im Kopf

Damit immer öfter auch ökologische Aspekte in die Kaufentscheidung einfließen, sei, so Hossiep, ein allgemeines Umdenken nötig. Autokäufer sollten sich weniger von Gefühlen leiten lassen als vielmehr von stichhaltigen Argumenten. Eines davon könnte die Ökobilanz sein. Doch dafür müssten erst einmal Informationen her. Werbung und Medien seien in der Pflicht, eine andere Perspektive zu schaffen. Dabei gehe es um mehr als die Frage, ob es ein SUV sein muss oder ob es auch eine Nummer kleiner sein kann. Es gehe um Abgasfilter und Verbrauch, Herstellung, Reparierbarkeit und die Entsorgung der einzelnen Bauteile. „Früher nahm man an, dass Diesel umweltfreundlich sei, jetzt ist E-Mobilität umweltfreundlich.“ Das sei alles eine Frage der allgemeinen Informationslage – und des Lobbyismus. Dass Diesel immer noch günstiger als Benzin ist, findet Hossiep ein Unding. Die französische Regierung hat die Subventionen auf Diesel bereits abgeschafft; schließlich ist der Treibstoff ganz erheblich am Ausstoß von CO_2, Stickoxid oder Feinstaub beteiligt. Wer später bequem fahren will, sollte sich ein gutes Gewissen als moralischen Airbag zulegen. Das gibt es allerdings nur im Gegenzug für eine gut informierte Kaufentscheidung.

„Man kann Dinge durchaus auch anders machen“, ist Hossiep überzeugt. „Man kann gute, handgenähte Schuhe kaufen, die eine vielfache Lebensdauer haben, weil man sie immer wieder reparieren lassen kann – und sie eben nicht wegwerfen muss.“ Oder man entscheidet sich für ein Auto, das lange hält und sich vergleichsweise einfach recyceln lässt. Dafür müssten wir anfangen, anders darüber zu sprechen – und andere Werte schaffen. Vielleicht wollen wir unseren Mitmenschen dann eines Tages etwas ganz anderes mit unserem fahrbaren

Untersatz vermitteln: unser Verantwortungsgefühl für andere und für die Natur um uns herum.

Das Gewissen in den Tank

Wie fängt die Philosophie nun diejenigen ein, die vor der Verantwortung in ihrem Auto davonrasen? Vermutlich nur durch gesetzliche Verbote. Denn wer sich regelmäßig vor moralischer Schuldigkeit in Sicherheit bringt, der lässt sich auch nicht vom erhobenen Zeigefinger in seine Zufriedenheit piken. Doch so bequem sich das Gesäß auch in die Ledersitze schmiegen mag, schneller zum Glück gelangen Gefährt und Fahrer dennoch nicht: Ausgerechnet die notorischen Fußgänger aus der Antike treten hier auf die Bremse. Sie nahmen an, dass das Bedürfnis, sich mit anderen zu vergleichen und diesen Vergleich zu gewinnen, das Glück ausbremsen. Aristoteles warf vielen seiner Zeitgenossen vor, sich ein Leben zurechtzubasteln, dessen Ziel Ruhm und Ehre, Siege und Ehrentitel seien.[334] Sie lechzen ununterbrochen nach der Gunst der anderen.[335] Und auch heute noch lässt sich der stete Drang nach Wettbewerb und Vergleich deutlich spüren: Mein Auto fährt schneller als deins. Mein Job bringt mir mehr Geld als deiner. Und in meinem Urlaub war ich viel weiter weg als du! Studien zeigen, dass Menschen dazu neigen, immer wieder zu vergleichen, ob sie den Idealen ihres Kulturkreises gerecht werden, ob sie sich wertvoll, erfolgreich oder glücklich schätzen dürfen.[336] Aristoteles hielt diese Neigung, die er bereits bei seinen Zeitgenossen feststellte, für gefährlich. Denn wenn wir uns nur darauf verlassen, dass wir auf andere glücklich wirken, dann machen wir unser Glück von der Gunst anderer abhängig. Dass dieses Glück schnell umschlagen kann, liegt auf der Hand. Wer sich das große Auto kauft, um damit andere zu beeindrucken, sollte zunächst überlegen, ob er die Meinung von Fremden auf der Straße nicht vielleicht doch etwas überschätzt. Denn echtes Glück kommt nicht durch Menschen, die mit offenem Mund am Straßenrand stehen, sondern von innen. Wir sollten nicht glücklich wirken wollen – sondern glücklich sein.

Dabei schließt mancher SUV-Fahrer sicherlich von sich auf andere, wenn er annimmt, mit seinem Vehikel Neid einzufahren. Bei Menschen, die anderen Werten folgen, hat der Autoliebhaber in Sachen Bewunderung schlechte Karten. Suchen wir unser Glück dagegen nicht in Äußerlichkeiten, sondern in soliden Werten, kann der SUV ruhig in der Garage bleiben. Denn dann suchen wir nach Sinn, nicht nach Status, nach Ausgeglichenheit statt nach Neid. Und Sinn lässt sich leichter durch ein nachhaltiges Leben erreichen als durch ein beeindruckendes Auto.

Flucht aus der dicken Luft

Ein modernes Leben ist ständig in Bewegung. Stillsitzen und Stillstand sorgen für Hummeln im Hintern – und widersprechen unserer Pleonexia. Hinter mehr Flugmeilen vermuten wir mehr Erfahrungen und vielleicht sogar mehr Glück. Und wenn wir uns erst das neue, schicke Auto leisten können, dann können wir endlich glücklich sein. Oder verschuldet. Wohin uns unsere Mobilität bringt, ist eine Frage des Blickwinkels. Um ein nachhaltiges Leben zu führen, müssen wir aber keineswegs mit unserem Sofa verwachsen – wir können einfach umsteigen.

Scheinalternative: E-Mobilität

Der Verkehrspsychologe Rüdiger Hossiep sieht bei fast allen Fortbewegungsmethoden auch die Kehrseite – auch bei der E-Mobilität. Zwar erfreuen sich Elektroautos wachsender Beliebtheit, da sie für ökosoziales Prestige und für ein innovatives Flair sorgen. „Aber E-Mobilität ist die völlige Katastrophe", findet Hossiep deutliche Worte. Denn er denkt ganzheitlich: Zwar stoßen E-Autos im Straßenverkehr keinen Feinstaub aus, doch die Produktion und die Entsorgung der Fahrzeuge und vor allem der Batterien sieht er als gewaltiges ökologisches Problem an. So fallen zwei Drittel der Umweltschädigungen durch ein Produkt bei der Herstellung und der Entsorgung an. „Beim Kauf denken nur wenige darüber nach", sagt Hossiep. „Die Leute fahren sich selbst ökologisch." Wenn überhaupt, denke der Durchschnittskäufer nur über den Ausstoß während des Betriebs des Autos nach – nicht über das Davor und das Danach. Das zeigen Hossieps psychologische Untersuchungen.

E-Mobilität mag während der Nutzung die Luft schonen, „aber sie hat ein riesiges Entsorgungsproblem", erklärt Hossiep. Die Batterien sind nicht nur wahre Ressourcenfresser bei der Herstellung, sondern nur schwer bis gar nicht recycelbar. Das gilt auch für die Elektromotoren und die Batterien der E-Bikes. Einerseits sitzen mit ihnen auch Menschen wieder im Sattel, die vorher jenseits der Abrissgeschwindigkeit unterwegs waren.

Fast-Alternative: Autos einfach ausleihen

Eine mögliche Alternative zum individuellen Auto sind Carsharing, Taxis und Mitfahrgelegenheiten. Auch Freunde und Verwandte sind seit jeher eine gute Quelle für borgbare Autos. Der Verzicht auf ein eigenes Auto reduziert die Zahl der Autos in unseren Städten und mit ihr die benötigten Ressourcen. Dadurch könnte mittelfristig auch die zum Parken nötige Fläche schrumpfen – und für grüne Flächen und Parks Platz machen.

Fast-Alternative: Bahnfahren

Unpünktliche Menschen sind einer wissenschaftlichen Studie zufolge kreativer und optimistischer als ihre pünktlichen Zeitgenossen.[337] Der Charme der Kultur schaffenden Boheme umweht so wohl auch manchen Bahnpendler: Denn die Unpünktlichkeit mancher Mitmenschen liegt weniger in deren inspirierter Schaffensfreude, als vielmehr an ihrer Vorliebe für das Bahnfahren. Denn je ungemütlicher es am Bahnhof wird, desto unpässlicher fühlen sich auch die Gleise: Böschungsbrände, Herbstlaub, Schnee oder herabgestürzte Äste sorgen immer wieder für Verzögerungen. Klar ist: Als Bahnpendler lernt man viel über das Leben. Zum Beispiel, dass wir manche Umstände nicht ändern können und lernen müssen, uns damit abzufinden. Oder dass vor der Bahn alle Menschen gleich sind – warten müssen alle.

Was dem einen der Stau ist, ist dem anderen die Verspätung. Die einen haben ihre Ruhe im Auto, die anderen schmökern sich durch die Tageszeitung oder scrollen durch ihr Smartphone auf dem Weg zur Arbeit. Gerade in den wachsenden Großstädten ist Bahnfahren bequemer, als sich der lästigen Parkplatzsuche zu stellen. Günstiger fahren die Bahnfahrer auf jeden Fall: Eine Studie zeigt, dass Menschen, egal ob Single oder Familie, ob in der Großstadt oder auf dem Land, mit dem öffentlichen Nahverkehr günstiger unterwegs sind als mit einem eigenen Auto.[338] Viele Städte haben in den letzten Jahren mit kostenlosem Nahverkehr experimentiert. Wirklich durchsetzen konnte es sich bislang aber nur an wenigen Orten. Zum Beispiel fährt in der Innenstadt der drittgrößten Stadt Dänemarks, Odense, alle zehn Minuten ein Bus, der seine Fahrgäste gratis ans Ziel bringt.

Doch leider hat auch das Bahnfahren einen Haken: Der vermeintlich umweltfreundliche Schienenverkehr sorgt für ähnlich viel Feinstaub in der Luft wie der Straßenverkehr. Bis heute treibt Diesel etwa 40 Prozent aller Züge voran. Und die Filtersysteme lassen dabei deutlich zu wünschen übrig. Doch nicht nur die Antriebsart sorgt für Probleme: Schon vor einigen Jahren zeigte eine Untersuchung der Technischen Universität Wien, dass der Abrieb von Bremsen und Stromleitungen für fast 500 Tonnen Feinstaub in Wien sorgten.[339] Der beim Bremsen auf die Gleise gestreute und dabei zermahlene Quarzsand steht zudem im Verdacht, Krebs zu erregen.

Alternative: Bus fahren

Ist wenigstens der öffentliche Nah- und Fernverkehr eine Alternative zum Auto? Es wäre so schön, wenn wir einfach nur zusteigen und unser ökologisches Gewissen sanft im Rhythmus des ruckelnden Busses in den Schlaf schaukeln könnten. Doch ganz so einfach ist es nicht. Leider ist ein nachhaltiges Leben kein einfaches Leben. Wie bei fast allem, wenn es um Nachhaltigkeit geht, gilt es auch hier abzuwägen: Schwarz-weiß ist kaum etwas, grau dagegen vieles. Zum Beispiel der Dreck, der aus Busauspuffen hervorgekrabbelt kommt. Wie die kleineren Artgenossen, die Autos, stoßen auch Busse Feinstaub, Stickoxide und andere Schadstoffe aus, und das in größeren Mengen. Längst nicht in alle Busse ist ein effektiver Abgasfilter eingebaut. Schätzungen zufolge sind über die Hälfte aller deutschen Linienbusse ohne Dieselpartikelfilter auf Tour, und nicht einmal 15 Prozent verfügen über eine Technik, die den Ausstoß von Stickstoff reduzieren würde.[340] In den meisten Städten ist das Verhältnis von Dieselfahrzeugen zu umweltfreundlicheren Alternativen ernüchternd. Das reine Öko-Gewissen der Businsassen bekommt tiefschwarze Rußflecken.

Manche Gemeinden versuchen, der dicken Luft mit dem Umstieg auf Busse mit Elektroantrieb entgegenzuwirken. Neben Strom soll Wasserstoff für eine abgasarme Beförderung der Bürger sorgen. Bis alle Städte flächendeckend auf ökologischere Alternativen umgesattelt haben, ernähren sich Linien- und Fernbusse weiterhin ebenso wie ihre kleineren Verwandten von Benzin oder Diesel. Dabei trinken sie die Autos allerdings problemlos unter den Tisch: Je nach Länge und Anzahl der Fahrgäste braucht ein Bus für eine Reise von 100 Kilometern bis zu 150 Liter. Ein Kleinwagen könnte damit etwa 18 Mal so weit fahren – aber natürlich auch nur höchsten fünf Mensch transportieren. Wer sich an einer roten Ampel schon mal umgesehen hat, weiß: In vielen Autos sitzen Menschen ganz allein. Rechnen wir den Treibstoffverbrauch pro Person um, kann ein voll besetzter Linienbus durchaus zu einem besseren Ergebnis kommen als ein fast menschenleeres Auto. Auch wenn wir den Verbrauch durch fünf Passagiere teilen, bleibt das Auto im Pro-Kopf-Vergleich überaus durstig. Das ändert sich ganz schnell, wenn der Bus sich allmählich leert. Denn nicht in jeden Linienbus zwängen sich acht durchschnittliche Schulklassen hinein – auch wenn sie dort reinpassen würden. Und sicher wäre der Bus auch keine Alternative mehr, wenn er dauerhaft so kuschelig gefüllt wäre. Auch wenn der Bus kleiner ist und weniger Plätze hat: Kurvt er nur mit fünf einsamen Fahrgästen durch die Prärie und die schmalen Gassen ländlicher Kleinstädte, verbraucht er große Mengen Sprit.

Manche Städte wie Münster setzen deshalb auf Linienbusse, die per Telefon erst gerufen werden müssen. Wenn sich niemand meldet, bleibt der Bus im Depot. Auch der Umstieg auf Kleinbusse für acht bis neun Fahrgäste ist sinnvoll, wenn eine Route weniger stark frequentiert wird. Denn wo kein Mensch hinwill, sollten wir auch keinen Bus hinjagen.

Eine echte Alternative: Das Fahrrad

Autos werden immer sicherer, und immer weniger Autofahrer sterben. Bei Radfahrern bleibt die Zahl der Toten seit Jahren konstant.[341] Sie haben eben keine Knautschzone oder einen Airbag. Ein Grund für diese Zahlen: Wer früher zu unsicher war, um noch Rad zu fahren, steigt heute aufs E-Bike. Der teils zittrige Fahrstil ist derselbe, die Geschwindigkeit eine andere. Deshalb verunglücken immer häufiger gerade auch ältere Menschen mit dem Fahrrad. Ein weit größeres Problem sind allerdings die Bedingungen im Straßenverkehr – und das für alle Altersstufen.

Auch Radstationen, bei denen man sich für kurze Zeit ein Rad ausborgen kann, werden immer beliebter. So könnte sich der Anteil der Fahrräder im Stadtbild auf Dauer deutlich erhöhen. Der Vorteil: Fahrräder verbrauchen in der Herstellung deutlich weniger Ressourcen als ein Auto, sie stoßen keinen Feinstaub aus, und sie kommen ganz ohne Strom oder Benzin aus. Für E-Bikes sieht das etwas anders aus. Die motorisierten Fahrräder benötigen Strom, dessen Herkunft seinerseits ökologische Folgen haben kann. Hinzu kommt der hohe Ressourcenverbrauch bei der Herstellung und die komplexe Entsorgung der Batterien, wenn das Fahrrad seinen Zenit überschritten hat. Dennoch: Fahrradfahren ist generell eine echte Alternative: Radfahren löst das Problem des Flächenverbrauchs und der Versieglung von Böden, denn wo vier Autos parken können, passen locker 30 Fahrräder hin. Das unnötige Verbrauchen von Treibstoff beim ermüdenden Kurven um den Block, bis sich irgendwo eine Parklücke auftut, würde sich dadurch lösen.

Es gibt aber noch einen weiteren Vorteil: Selbst wenn Radfahrer auf dem Radweg den Feinstaub der anderen Verkehrsteilnehmer aus nächster Nähe einatmen, leben sie durchschnittlich länger als Autofahrer.[342] Studien zeigen zudem, dass Radler glücklicher sind als Autopendler.[343] Die Forscher erklären das auch damit, dass sie beim Radeln den Tag hinter sich lassen und bei der körperlichen Aktivität abschalten können. Dasselbe gilt auch für Fußgänger. Nur haben die wenigsten Menschen die Ausdauer, zur Arbeit zu laufen. Etwa 17 Kilometer müssen die Deutschen im Durchschnitt von ihrem Zuhause bis zur Arbeit zurücklegen.[344] Wenn wir die unausweichliche Reise zur Arbeit für etwas Bewegung nutzen, hat das nicht nur auf unsere Umwelt einen positiven Effekt: Über 17 Jahre befragten Wissenschaftler fast 18.000 Menschen dazu, wie sie zur Arbeit gelangten und wie zufrieden und glücklich sie seien. Diejenigen, die auf dem Fahrrad zur Arbeit fuhren, waren deutlich glücklicher als ihre Auto fahrenden Mitmenschen. Fußgänger kamen auf einen ähnlich guten Wert.[345]

Gemeinsam für ein gutes Miteinander

Als Radfahrer in einer Großstadt bekommt man allerdings schon manchmal das Gefühl, in einer Partie Grand Theft Auto gefangen zu sein: In dem Videogame macht der Spieler mit seinem Fahrzeug Jagd auf andere Menschen. So ähnlich zeigt sich bisweilen auch der Straßenverkehr für Radfahrer: Fußgänger schauen lieber auf ihr Smartphone als auf den Verkehr; ein fast lautlos daherkommendes Rad wird da gern mal ignoriert. Lkws übersehen Radfahrer leicht – allein schon aufgrund des riesigen toten Winkels. Beliebt ist auch das Türaufreißen zum Radweg hin – zur Straße würde sich das kaum jemand trauen, allein schon aus Angst um die Tür. Angst um die Radler haben da schon deutlich weniger Menschen.

Wenn sich alle etwas am Riemen reißen, die Grenzen der anderen achten und an roten Ampeln und Stoppschildern wirklich halten, ist allen geholfen. Gegenseitige Rücksicht würde das Radfahren noch attraktiver machen.

Radschnellwege machen das Pendeln mit dem Rad noch entspannter. Im Ruhrgebiet entstehen auf den alten Eisenbahntrassen aus der verblassenden Zeit der Schwerindustrie Radwege – quer durchs Grüne. Grüne Adern, die die Städte verbinden: ein Paradies für Radpendler und Freizeitradler. Geht es nach dem Willen der Radler, sollte dieses Netz stetig wachsen. Doch muss dafür auch in den öffentlichen Kassen umgeschichtet werden: Der Verkehrsclub Deutschland schätzt, dass für den Ausbau und die Instandhaltung des Autoverkehrs pro Person 100 bis 150 Euro pro Jahr fällig werden. Für den Fahrradverkehr planen die Kommunen dagegen nur etwa fünf Euro pro Person ein. In Kopenhagen sind es 25 Euro pro Jahr und Person. Für Radfahrer gilt die dänische Hauptstadt als eine der lebenswertesten Städte der Welt. Dort werden bei Schnee die Radwege zuerst geräumt. So können die Einwohner auch im Winter mit dem Fahrrad fahren.

Radfahren kann so bequem sein – wenn alle an einem Strang ziehen. Wenn unsere Städte so geplant wären, dass diejenigen mit dem niedrigsten CO_2-Ausstoß immer Vorrang hätten und nicht die mit den meisten PS, würden unsere Städte, unser Klima und auch unsere Körper sehr bald ganz anders aussehen.

Sperren wir unsere Trägheit also künftig häufiger in den Kofferraum und lassen das Auto stehen – am besten gleich in der Halle des Autohändlers –, dann kann unser Klima aufatmen, und wir radeln etwas schneller Richtung Glück.

Urlaub für die Umwelt

Der Wunsch, etwas von der Welt zu sehen, treibt uns immer wieder vors Haus. Studien zeigen, dass wir beim Reisen nicht nur den Kopf freibekommen, sondern auch weltoffener, ausgeglichener und kreativer, sexuell attraktiver, klüger und gesünder wirken. Reisenden fällt es leichter, mit komplexen Sachverhalten umzugehen.[346] Und es macht glücklicher: Wer sein Geld in Erfahrungen und Reisen statt in materielle Dinge investiert, der kann mehr positive Emotionen aus seiner Investition schöpfen. Reisen verbessert die Stimmung auch noch Wochen später; Angstzustände vermindern sich bereits nach nur drei Tagen Urlaub. Das Schöne daran: Das passiert auch, wenn wir in der Nähe bleiben. Die Forscher führen das vor allem darauf zurück, dass wir uns auf eine Reise viel mehr freuen können als auf den Kauf eines Gegenstands.[347] Wenn wir unser Geld in ein Erlebnis stecken, dann bekommen wir die Vorfreude gratis dazu.

Während uns das Reisen guttut, ist es für unseren Planeten eine Gefahr: Über 10 Prozent des CO_2-Ausstoßes gehen auf den Tourismus zurück. Das meiste davon stammt von Flug- und Autoreisen. Auf die Unterbringung entfallen etwa 20 Prozent der Reise-Emissionen. Mit unserer wachsenden Reiselust steigt auch die Last für unser Klima.

Der nachhaltige Touri

Weniges im Leben ist wirklich alternativlos. Auch beim Reisen haben wir die Wahl: Wollen wir es machen wie immer – oder trauen wir uns, mal etwas anderes zu tun? Der Begriff „Nachhaltiges Reisen“ lässt bei manch einem Bilder im Kopf entstehen von freudlosen Wollpulliträgern, die lieber in Wanne-Eickel Grünkerne zu Bratlingen zerquetschen, als auf Mallorca Rotwein aus Eimern zu trinken. Doch wenn uns das Thema Nachhaltigkeit eines lehrt, dann, dass wir nicht immer in Schwarz und Weiß denken können – denn Grün liegt irgendwo dazwischen.

Der nachhaltige Tourismus folgt ganz ähnlichen Standards wie die nachhaltige Landwirtschaft: Er ist ökologisch auch auf lange Sicht tragfähig, er respektiert die Menschen am Urlaubsort und ist sozial gerecht, und er versucht, die Ressourcen unseres Planeten zu schonen. Das klingt zunächst recht abstrakt. Doch mit ein paar mehr oder weniger simplen Anpassungen kann ein gewöhnlicher Urlaub etwas nachhaltiger werden – ohne dass wir Urlaub von unserem Gewissen machen müssen.

Der Urlaubsort

Ich war in Nepal, El Salvador und Kambodscha – aber noch nie in Dänemark. Und dorthin würde ich mit etwas Geduld sogar mit dem Zug kommen. Lange hatte ich die Einstellung, eher beschaulich wirkende Länder auch noch mit achtzig bereisen zu können. Also zog ich, den Rucksack auf den Rücken geschnallt, in entlegene Ecken auf der anderen Seite der Erde. Mit einem eher minimalistischen Budget reiste ich immer wieder durch die Welt – und ließ mich bereitwillig von einem Team aus Abenteuerlust und Pleonexia in die Ferne treiben. Mit jedem für mich eroberten Land wuchs mein ökologischer Fußabdruck. Unter die Dankbarkeit für die vielen schönen Erlebnisse und Erfahrungen mischte sich immer öfter auch das schlechte Gewissen.

Mit meiner Reiselust bin ich in meiner Altersklasse nicht allein. Während uns die Berufswelt zu immer größerer Flexibilität drängt und uns mit weniger Sicherheit bezahlt, nutzen wir den Zwang zur Freiheit fürs Reisen. Die kleinen Fähnchen auf der Weltkarte sind das neue Statussymbol: Bali statt BMW, Mount Everest statt Eigenheim. Das Abklappern ferner Länder ist zu einer Mischung aus Trendsport und Lebensgefühl geworden. Dabei hat es durchaus viele Vorteile: In fremden Ländern lernen wir, mit neuen, unerwarteten Situationen gelassen umzugehen; wir lernen Warten, Geduld und vielleicht auch etwas Zurückhaltung und schließen neue Freundschaften. Reisen hilft uns dabei, andere Kulturen besser zu verstehen und die eigene aus einem neuen Blickwinkel zu betrachten. Und wer einen Ozean zwischen sich und seinen Alltag bringt, findet den nötigen Abstand, um sein Leben einmal von allen Seiten zu betrachten. Kurz: Für uns hat das Reisen eine Reihe von Vorteilen.

Doch es geht auch anderes. Insgesamt lassen sich Urlauber in vier Kategorien einteilen: In-die-Ferne-Schweifer, Mitteldistanzler, Naherholer und Zuhausebleiber. Wer Machu Picchu, die Pyramiden von Giseh oder Angkor Wat einmal mit eigenen Augen sehen möchte, kommt um das Flugticket kaum herum. Doch manchmal wohnt das Abenteuer nebenan: in der Bauernkommune, die Ferienwohnungen an junge Familien vermietet, auf der Schweizer Alm, auf dem Jakobsweg (und zwar nicht auf dem Abschnitt, der mitten durch die Dortmunder Shopping-Meile führt). Surfer reiten nicht nur auf Sri Lanka gute Wellen, und Mountainbiker können auch in der Sächsischen Schweiz glücklich die Hänge hinabrasen. Wenn wir uns vorher überlegen, was wir erleben wollen, findet sich manchmal auch eine nahe gelegene Alternative.

Die Anreise

Fliegen: Eine Reise von Düsseldorf nach Dresden kann schnell zu einer Zerreißprobe für das Ökogewissen werden: Die Bahnstrecke ist wenig ausgebaut. So dauert die Zugfahrt mehr als doppelt so lange wie die Anfahrt zum Flughafen inklusive Einchecken, dem Weg durch die Sicherheitskontrolle, noch ein paar entspannten Momenten am Gate und der knappen Stunde Flug. Zugleich kostet die mindestens sechsstündige Fahrt für knappe 600 Kilometer mit dem Zug quer durchs Land mit etwas Pech doppelt so viel wie ein Flug mit einem Billigflieger. Die Versuchung zu fliegen ist allein aus ökonomischen Gründen groß. Mindestens so groß sind jedoch auch die Folgen für unsere Umwelt: Flugzeuge stoßen nicht nur CO_2 aus. Bei der Verbrennung von Kerosin entstehen Stickoxide und Aerosole, die in den hohen Luftschichten nur sehr langsam abgebaut werden können. Dadurch verstärken sie den Treibhauseffekt deutlich mehr als Autos, deren Emissionen uns nur wenige Meter über dem Boden um die Nase fliegen.[348]

Kreuzfahrten: Fast zwei Millionen Passagiere gehen allein in Deutschland pro Jahr an Bord eines Kreuzfahrtschiffs. Österreich zieht mit einer recht ähnlichen Zahl nach. Diese Art zu verreisen ist allerdings genauso umweltschädlich wie beliebt: Die große Menge an Abgasen und der enorme Verbrauch an Schweröl sind zwei triftige Gründe gegen das Leben auf dem Wasser. Einer Studie des Naturschutzbundes NABU zufolge pustet ein durchschnittliches Kreuzfahrtschiff täglich rund 450 Kilogramm Feinstaub, 5.250 Kilogramm Stickoxide und 7.500 Kilogramm Schwefeldioxide in die Luft über unseren Meeren. Zum Vergleich: Für diese Menge Schwefeldioxide müssten 376.030.220 Autos dieselbe Strecke fahren. Und längst nicht jedes Schiff hat einen ernst zu nehmenden Filter in seinen Schornsteinen.[349]

Autoreisen: Bei der Fahrtstrecke in den Urlaub gilt aus ökologischen Gesichtspunkten: In der Kürze liegt die Würze. Zwar legt manch Auswanderer-Reisefilm nahe, dass ein selbst umgebauter und mit stylishen Möbeln aufgemotzter US-Schulbus oder Bulli eine nachhaltige Art zu reisen sei. Doch ein derart großes und schwer beladenes Gefährt ist alles andere als spritsparend und emissionsarm unterwegs. Mit einem kleineren und nur mäßig beladenen Auto sind Reisende deutliche nachhaltiger unterwegs.

Rad- und Wanderreisen: Wander- oder Radreisen sind die Königsdisziplin unter den nachhaltigen Urlaubsreisen. Es ist gesund für unseren Körper und schont gleichzeitig die Umwelt. Diese Form zu reisen lehrt uns außerdem schnell, wie wir mit kleinem Gepäck reisen – denn jedes Gramm mehr will auch geschleppt werden. Radeln und Wandern machen uns nachhaltig glücklich: Wer sich mindestens eine halbe Stunde pro Tag bewegt, reduziert das Risiko für verschiedene Krankheiten erheblich.[350] Tageslicht hebt unsere Stimmung[351] – auch dann, wenn der Himmel bedeckt ist. Und wenn wir dann noch Zeit in der Natur verbringen, etwa über einen Radweg durch den Wald rauschen, dann haben wir gute Chancen, abends ebenso erschöpft wie glücklich ins Bett zu sinken.[352]

Als Faustregel kann in jedem Fall gelten: Je weiter die Reise ist, desto länger sollten wir dort bleiben. So lohnen sich die hohen Kosten für das Klima wenigstens für uns so richtig. Das Austauschjahr in Südamerika rechtfertigt den Flug deutlich mehr als der Wochenendtrip zum Saufgelage am Ballermann.

Der Ausgleich

Manche Menschen müssen beruflich sehr viel reisen: Unternehmensberater, Manager oder Referenten können sich allenfalls aussuchen, ob sie fliegen oder rausfliegen. Aber wenn wir schon fliegen müssen oder wollen, können wir den CO_2-Ausstoß kompensieren: Gemeinnützige Stiftungen wie myclimate.org bieten Privatleuten und Unternehmen eine Art Ablasshandel an: Auf der Website kann sich jeder ausrechnen, wie viel CO_2 er mit einer Flugreise von einer bestimmten Entfernung, mit dem Betrieb eines Elektrogeräts oder einer Kreuzfahrt verursacht. Danach schlägt der Rechner eine entsprechende Spendensumme vor. Mit dem so gewonnenen Geld finanziert die Stiftung Klimaschutzprojekte.

Das Gepäck

Wer mit dem Fahrrad verreist, tut sich intuitiv meist den Gefallen, nicht zu viel in die Tasche zu stopfen. Denn jedes Gramm zu viel macht die Fahrt ein bisschen anstrengender. Das gilt nicht nur für eifrige Radler – sondern auch für alle Urlauber, die ihre Ferien an einem anderen Ort verbringen möchten: Jedes Transportmittel braucht mehr Energie und Treibstoff, wenn es eine größere Last zu transportieren hat. Wer sich für eine Flugreise entscheidet, kann durch leichtes Gepäck etwas mehr Nachhaltigkeit zwischen Socken und Unterhosen schmuggeln.

Die Unterkunft

Nachhaltiger Tourismus heißt auch, Strom zu sparen. Eine Klimaanlage oder Ventilatoren laufen in warmen Ländern fast durchgehend. Wenn es zu heiß ist, sodass es ohne Klimaanlage einfach nicht geht, kann man sie wenigstens beim Verlassen der Wohnung stets ausschalten, um möglichst nachhaltig zu reisen.

Der Proviant

Die einfachste Art, im Urlaub ein paar Nachhaltigkeitskarmapunkte zu sammeln, hat mit unserem Proviantkorb zu tun: Wer sich unterwegs auf einer langen Autofahrt oder im Flugzeug einen kleinen Snack gönnen möchte oder gern mal aus Langeweile nascht, sorgt mit Brotboxen, einer Thermoskanne und Wachstüchern für eine nachhaltige Futterpause: Statt des in Plastik verschweißten Labbersandwiches im Flieger gibt es ein mit knackigem Salat und Paprika gespicktes Butterbrot, eingewickelt in ein auch im Urlaub noch nützliches Wachstuch. Satt süße Knabbereien, die einzeln verpackt aus dem Supermarkt kommen, dürfen fluffige selbst gebackene Muffins mit auf der Rückbank Platz nehmen.

Der Reisebegleiter

Wer eine Edelstahl- oder Aluflasche dabeihat, kann diese nach der Sicherheitskontrolle am Flughafen einfach in den Waschräumen mit Leitungswasser auffüllen. Auch im Urlaub vermeidet eine wiederverwendbare Flasche, dass wir Einwegflaschen kaufen müssen, indem wir aus einem größeren Gebinde Wasser für unterwegs in unsere Flasche abfüllen. So bleiben wir auch bei tropischen Temperaturen stets gut gewässert. In Entwicklungsländern sollte der abenteuerlustige Reisende jedoch Vorsicht beim Auswaschen der Flasche walten lassen: In manchen Regionen ist das Leitungswasser mit Keinem oder Parasiten verseucht. Besser ist es, die Flasche nur mit Trinkwasser auszuspülen oder sie gelegentlich abzukochen.

Die Verpflegung

Auch am Reiseziel angekommen kann das Essen für einen nachhaltigeren Urlaub sorgen. Manche Hotels setzen auf Bioküche und werben damit auf ihrer Website. Wenn es kein solches Angebot am Lieblingsurlaubsort gibt, zaubert der geschickte Urlauber in seiner Ferienhausküche einfach selbst etwas aus Biogemüse. Auch wer sich im Urlaub gern bekochen lässt, muss zugunsten der Nachhaltigkeit nicht darben: Viele Restaurant bieten regionale und saisonale Küche an. Egal ob wir die gutbürgerliche Elsässer Cuisine oder die asiatische Straßenküche bevorzugen: Wer das isst, was aus der Urlaubsregion kommt, schont das Klima – und lernt den Ort auf intensive Weise kennen.

Der Aufenthalt

Unnötiger Müll lässt sich vermeiden, indem Gratiskarten in der Touristeninformation bleiben und die nötigen Guthaben auf das Smartphone geladen werden. Das gilt auch für Souvenirs, die Gefahr laufen, kurze Zeit nach dem Urlaub entsorgt zu werden. Eine nachhaltige Reise ist sowohl ökologisch vertretbar als auch gut für die Menschen am Urlaubsort: Wenn wir das einheimische Restaurant der Fast-Food-Kette vorziehen, den selbstständigen Taxifahrer dem Autovermietungskonzern, unterstützen wir die lokale Wirtschaft. Bei einem All-inclusive-Urlaub verpassen wir nicht nur die exotischen und ungewohnten Speisen des Urlaubsortes, sondern stärken eher Großmärkte und Ketten als die einheimische Bevölkerung.

Die Freizeitaktivitäten

Es gibt Dinge, die nur uns Spaß machen. Der Berg hat nicht viel davon, dass wir mit Skiern und Snowboards an ihm herunterrutschen. Im Gegenteil: Schneekanonen fressen riesige Mengen Energie. Wälder und Wiesen müssen neuen Pisten weichen und der Pistenhobel verdichtet den Boden. So vertreibt der Skizirkus Tiere und drängt ihren Lebensraum durch Lawinen und Erdrutsche an den Abgrund. Kurz: Es gibt Urlaubsaktivitäten, die wir uns auch mit Mühe nicht nachhaltig reden können. Ein wasserdurstiger Golfplatz in einer Wüste ist ebenso wenig unterstützenswert wie der Ritt auf einem unter fraglichen Bedingungen gehaltenen Elefanten. Langweilig muss ein nachhaltiger Urlaub dennoch nicht sein: Mountainbiken auf ausgewiesenen Strecken, Joggen am Strand und viele kulturelle Angebote sind eine gute Alternative zu unnatürlichen und umweltschädlichen Freizeitaktivitäten.

Wie so oft geht es bei der Nachhaltigkeit um kleine Tauschgeschäfte. Wenn wir an einigen Stellen etwas umdenken, können wir schon viel tun – und trotzdem glückliche Reisende sein.

Ohne Müll ist auch eine Lösung

Er wabert wie ein stilles Mahnmal durch den Pazifik: ein riesiger Teppich aus Müll. Forscher schätzen, dass mindestens 80.000 Tonnen Plastik auf einem Gebiet von 1,6 Millionen Quadratkilometern im Wasser treiben. Damit ist der Müllteppich dreimal so groß wie Frankreich.[353] So schwimmt in etwa dieselbe Menge Müll einfach so im Meer herum, die Berlin, eine Stadt mit fast 3,5 Millionen Einwohnern, bei einem gleichbleibenden Umgang mit Abfall in 78 Jahren verursachen würde.[354]

Der gigantische Teppich besteht vor allem aus Plastik, aus Plastiktüten, Einwegbechern oder aufblasbaren Schwimmtieren. Viele der im Meer vor sich hindümpelnden Teile bestehen aus Materialen, die nun ungehindert krebserregende Chemikalien ins Wasser abgeben können. Plankton nimmt diese Stoffe auf. Wenn Tiere das Plankton fressen, gelangen die bedenklichen Substanzen in ihren Körper. Ein Tier frisst das andere, und da Stoffe wie DDT chemisch sehr stabil sind und eine gute Fettlöslichkeit haben, reichern sie sich im Gewebe von Tieren immer weiter an. Die Fische, die Menschen aus dem Meer ziehen und essen, stehen oft sehr weit oben in der Nahrungskette. Entsprechend stark sind sie mit Giften belastet, die durch den Müll ins Wasser gelangt sind.

Forscher haben einzelne Fetzen herausgefischt und konnten anhand der Aufschriften auf den Lebensmittelverpackungen und Plastikbeuteln China, Indonesien, Vietnam und die Philippinen als Hauptverursacher ausfindig machen.[355] Forscher schätzen, dass jedes Jahr 400.000 bis vier Millionen Tonnen Müll zusätzlich im Meer landen.[356] Deshalb breitet sich der Müllteppich im Pazifik immer weiter aus. Aber auch in anderen Gebieten dieser Erde landen Müll und Chemikalien in der Natur: Mit wilden Müllkippen, Reifenabrieb und Mikroplastik aus Gesichtspeelings oder der Waschmaschine[357] hinterlassen wir Menschen große Fußspuren auf dem Planeten.

Auch wenn wir unseren Abfall fein säuberlich in die Mülltonne werfen, liegt es in der Natur des Mülls, dass niemand ihn haben will – abgesehen von Unternehmen, die ihr Geld damit verdienen, Müll zu kaufen und zu verkaufen. So schifft

Europa seinen Müll einmal um die halbe Welt. China kauft und recycelt die Materialien zu neuen Rohstoffen. Doch Anfang 2018 hat China den Import von 24 verschiedenen Stoffen gestoppt. Mit unserem unsortierten Plastikabfall, alten Klamotten und CDs oder Altpapier müssen wir nun selbst fertig werden. Die chinesische Regierung beschloss, ihre Arbeiter vor dem dreckigen und giftigen Müll zu schützen.[358] Seither bleibt Europa auf einem großen Teil seines Abfalls sitzen.

Etwa 37 Millionen Tonnen Abfall kommen in Deutschland jedes Jahr zusammen. Durchschnittlich sind das 456 Kilogramm pro Kopf.[359] Seit einigen Jahren gibt es jedoch einen Gegentrend zu den beständig wachsenden Müllbergen: Zero Waste (englisch: Null Müll) nennt sich eine Bewegung, deren Anhänger so wenig wie möglich Müll verursachen wollen – am liebsten gar keinen.[360] Stolz präsentieren die Anhänger des Trends im Internet ihre winzigen Müll-Hügelchen, die sie in einem Monat kreiert haben: ein ausgeleiertes Haargummi, eine zerbrochene Nagelschere oder die Verpackung eines Stücks Haarwaschseife, alles fein säuberlich verpackt in einem kleinen Einmachglas. Die Grundregeln eines Lebens ohne Müll sind simpel und lassen sich im Englischen zu acht knackigen Leitsätzen zusammenfassen:

Refuse (Ablehnen)

Was unnötig aufwendig und unnötig verpackt ist, wie einzeln verpackte Mini-Gummibärchen-Tütchen oder separat verpackte Kuchenscheiben, bleibt einfach im Laden. Es gibt meist eine weniger stark eingewickelte Alternative. Auch Produkte, die nicht oder nur mit sehr hohem Energieaufwand recycelt werden können, lehnen Zero-Waste-Anhänger ab. Bestes Beispiel: Kaffeekapseln. Sie mögen praktisch sein, lassen sich aber kaum recyceln, da sie aus verschiedenen miteinander verbundenen Materialen bestehen. Obwohl ein Pfund Kapselkaffee das Vielfache eines herkömmlich verpackten Pfunds kostet, boomten die kleinen Müllterroristen im Kaffeeregal. Nach dem anfänglichen Hype ist der Absatz jedoch langsam wieder rückläufig.

Reduce (Reduzieren)

Dieser Punkt weist in zwei Richtungen: Zum einen soll der Konsum reduziert werden, denn wer weniger einkauft, hat auch weniger zu entsorgen. Zum anderen soll reduziert werden, was schon da ist: Wer ungenutzte oder doppelte Dinge aussortiert, kann diese Sachen an andere weitergeben – die dann ihrerseits nichts Neues kaufen müssen.

Reuse (Wiederverwenden)

Einweg ist tabu in der Zero-Waste-Welt. Ein Gebrauchsgegenstand wird wiederverwendet, bis er auseinanderfällt. Dann wird er repariert. So kommen statt Gemüsebeutelchen aus Plastik Mehrwegbeutel aus Stoff mit in den Supermarkt. Statt Wegwerfbechern wird die Lieblingstasse mit zur Arbeit oder in die Uni genommen und immer wieder mit frischem Kaffee befüllt.

Rent (Leihen)

Schlittschuhe, Bohrmaschinen oder Leitern benutzen wir nicht jeden Tag. Viele der Dinge, die wir nur selten brauchen, können wir leihen. Das spart Geld, Platz und die Zeit, die Dinge instand zu halten

Repair (Reparieren)

Die Sohlen der Lieblingsschuhe haben ein Loch? Der Schuster kümmert sich gern darum. Für ein paar Euro wird das Schuhwerk wieder flott und Müll vermieden. Das geht natürlich auch mit Waschmaschinen, Handy-Displays oder Jeans mit einem Loch am Knie. In immer mehr Städten gibt es zudem sogenannte Repair Cafés, zu denen die Teilnehmer kaputte Dinge mitbringen und von einem Experten lernen, wie sie es selbst reparieren können.

Recycle (Recyceln)

Leere Joghurtbecher, ausgelatschte Gummiflipflops oder gebrauchte Alufolie können zu neuem Leben erwachen. Wenn wir sie in die gelbe Tonne werfen, haben die Materialien eine Chance, wiederverwendet zu werden. Manchmal liegen wir mit unserer Intuition allerdings falsch, wenn es um das Recyceln geht:

- Backpapier gehört nicht ins Altpapier, weil es meist mit Teflon beschichtet ist. Es gehört in den Restmüll.
- Schmutzige, verschlissene und eigentlich nicht mehr tragbare Kleidung sollte, je nach Vorgaben der lokalen Containerbetreiber, entweder über den Hausmüll entsorgt werden – oder ohne schützende Tüte darum ebenfalls in die Altkleidertonne geworfen werden. Durch diese Trennung ist gleich erkennbar, was sich noch als Kleidung nutzen lässt und was recycelt und zum Beispiel zu Dämmmaterial verarbeitet werden kann.
- Im Prinzip gehört alles aus Papier oder Pappe, sobald es mit Essensresten oder ähnlichem verunreinigt ist, in den Restmüll.

- Kassenzettel aus Thermopapier enthalten meist ein Hormongift. Deshalb sollten sie lieber in den Restmüll geworfen und verbrannt werden.
- Zerbrochene Spiegel, Kristallglas, bedruckte Trinkgläser und zerschlagenes Fensterglas können das Altglas verunreinigen. Sie sollten besser in den Restmüll entsorgt werden, damit die im Container gesammelten Gläser und Flaschen recycelt werden können.

Replace (Ersetzen)

Langlebige Mehrwegdinge ersetzen viele Wegwerfartikel: Statt das Pausenbrot in Alufolie zu wickeln und uns innerhalb weniger Wochen durch eine Rolle der silbernen Folie zu arbeiten, können wir uns einfach eine geräumige Brotdose oder Wachspapier zulegen. Beide sind nahezu unbegrenzt wiederverwendbar und dadurch ein guter Ersatz für angehenden Müll.

Rot (Kompostieren)

Nicht alles, was im Restmüll landet, gehört auch dorthin: Was biologisch abbaubar ist, kann kompostiert werden. Die Biotonne oder der Komposthaufen im Garten verringern die Menge an Müll auf unseren Deponien und sorgen dafür, dass wertvolle Stoffe erhalten bleiben. Doch nicht alles, was so wirkt, gehört auch auf den Kompost:

- Asche
- Pflanzen-, Leder- oder Holzreste, die mit Chemikalien behandelt wurden
- Kot von Haustieren
- Giftpflanzen
- sich stark vermehrende Disteln oder Kräuter
- Unkrautsamen
- Fleischabfälle

Mit gutem Beispiel voran

In Schweden versucht sich eine Stadt am Experiment Zero Waste. In Boras enden nur 4 Prozent des Mülls auf der Deponie, alles andere dient der Energiegewinnung, verwandelt sich in Treibstoff, ist die Grundstoff für Neues – oder wird ganz einfach wiederverwendet. Die Bürger, alle Hotels, Einrichtungen und Betriebe tragen dazu bei, indem sie den Müll nach einem strengen Muster trennen. Das System hat sich so sehr bewährt, dass Boras sogar Müll aus dem Umland importiert und entweder recycelt oder daraus neue Energie für die Stadt gewinnt.[361]

Womit wir uns rausreden

Nun denken wir vielleicht: „Ich habe keinen SUV. Ich reise nicht jedes Jahr in alle Welt. Ich trenne sorgfältig meinen Müll, kaufe die Milch in Pfandflaschen und fahre ab und zu mit der Bahn zur Arbeit. In Sachen Nachhaltigkeit bin ich ganz weit vorne." Es ist einfach, uns für wahnsinnig ökologisch zu halten und unseren Nachbarn für den größten Polkappenschmelzer, wenn wir anonym nebeneinanderher leben. Dadurch ist es viel leichter, die Verantwortung für unseren Planeten zu einem kleinen Knäuel zusammenzuquetschen und heimlich unter die Fußmatte des Nachbarn zu schieben. Dann läuft man weg, als sei nichts gewesen. Und während wir uns selbst genüsslich über das eigene Gewissen streicheln, warten wir darauf, dass die anderen jetzt ihren Teil tun. Doch dabei gibt es drei wesentliche Probleme:

1) Die Trägheit der Masse

Wer schon mal versucht hat, seine bessere Hälfte noch besser zu machen, hat sicher bereits erkannt, dass die menschliche Persönlichkeit und die daraus hervorquellenden Verhaltensweisen eine ziemlich träge Sache sind. Bei mehr Menschen wird's nicht besser.

2) Gut Ding will Weile haben

Wer trotzdem hartnäckig bleibt und weiter auf die Wandlungsfähigkeit der anderen hofft, wird vermutlich lange warten. Zum einen dauert es zwischen 18 und 254 Tagen, also im Schnitt 66 Tage, bis ein Mensch eine neue Gewohnheit angenommen hat.[362] Und das auch nur, wenn ein Psychologe dahinter steht, der den Erfolg misst. Dieser Zeitraum gilt also nur für Menschen, die eine bestimmte Verhaltensweise wirklich annehmen wollen. Doch dafür muss der Einzelne erst einmal die Überzeugung gewinnen, dass er das überhaupt tun möchte. Und das kann im schlimmsten Fall ein ganzes Leben dauern.

3) Die blinden Flecken

Während wir beharrlich auf andere zeigen und hoffen, dass unsere hehren Ziele auf sie abfärben, lenken wir damit genüsslich von uns selbst ab. Während wir uns in manchen Dingen über andere erhaben fühlen, übersehen wir womöglich Punkte, in denen wir selbst noch etwas tun können.

Wie kommt es zu diesen blinden Flecken? Schauen wir uns einmal an, warum wir selbst nicht so nachhaltig sind, wie wir es gern wären.

Value-Action-Gap

Wir fallen in das Value-Action-Gap. Damit ist die Kluft (*gap*) zwischen unseren Werten (*value*) und der entsprechenden Handlung (*action*) gemeint. Häufig stürzen unsere hehren Ziele und Ideale in die Schlucht und kommen niemals im Land der Handlungen an. Das Value-Action-Gap ist auch der Grund, warum wir das eine sagen und das andere tun. Passenderweise entstand der Begriff, als Psychologen und Soziologen untersuchten, warum viele Menschen ihre ökologischen Vorsätze nicht in reale Taten umsetzen. Denn häufig endet unser Wunsch, weniger Fleisch zu essen oder öfter mit dem Fahrrad zur Arbeit zu fahren, in einem unüberwindbaren, finsteren Abgrund. Der Wille ist stark, aber unsere Beine sind zu kurz für den großen Sprung über die Schlucht.

Abstrakte Ziele

Je konkreter ein Ziel ist, desto mehr glauben wir an unseren Erfolg. Deshalb raten auch Ernährungsberater zu klaren Vorhaben. Statt einfach nur etwas abnehmen zu wollen, sollten wir uns vornehmen, in einem realistischen Zeitraum eine bestimmte Anzahl von Kilos loszuwerden. Daraus lassen sich in der Regel ganz praktische Schritte ableiten – und so klappt es dann meist auch viel eher. Genauso kann es mit einem ökologischen Lebensstil gehen: Statt ganz allgemein nachhaltiger leben zu wollen, können wir uns vornehmen, in der nächsten Woche mindestens einmal mit dem Fahrrad zur Arbeit zu fahren. Konkrete Ziele erscheinen uns machbar – und wir fühlen uns nicht von einer unüberschaubaren Aufgabe erdrückt. Der Effekt für uns selbst ist enorm, denn sowohl durch das Setzen klarer Ziele als auch durch deren Erreichen werden Menschen nachweislich glücklicher.[363]

Verschwommene Folgen

Der kleine Maurice-Kevin aus Wermelskirchen lebt unter Oliver-Twist-ähnlichen Verhältnissen in einer Auffangstation für hilfsbedürftige Kinder. Er hat nur einen Wunsch: ein paar neue Stollenschuhe, um auf dem Bolzplatz endlich einmal zu zeigen, dass er etwas kann. Gerade in der Vorweihnachtszeit machen wir unsere Portemonnaies bereitwillig etwas weiter auf und geben ein paar Euro, damit Maurice-Kevin auch ein schönes, geschenkreiches Weihnachten haben kann. Wir fühlen mit dem armen Kind, das schon in jungen Jahren kämpfen lernen musste. Armer Maurice-Kevin.

Wenn wir dagegen lesen, dass 3.000 Kinder in Somalia verhungern, räuspern wir uns kurz die Verlegenheit von der Stimme und blättern weiter. Was unterscheidet Maurice-Kevin von seinen 3.000 Altersgenossen? Der größte Unterschied ist, dass es in Wermelskirchen um ein paar Schuhe und in Ruanda um Leben und Tod geht. Das Problem: Mit einem einzelnen Schicksal aus unserer Nähe, das einen Namen und ein Gesicht hat, können wir mitfühlen. An eine verschwommene Masse in einem fremden Land können wir dagegen kaum emotional andocken. Wir sehen uns nicht in der Verantwortung. Obwohl wir mit dem Geld für das Paar Fußballschuhe gleich mehrere Kinder in Ruanda vor dem Verhungern retten könnten.

Genauso ist es auch bei dem Klimawandel: Je unkonkreter und weiter weg die Folgen sind, desto weniger dringend empfinden wir das Problem. Solange uns selbst das Wasser nicht bis zum Hals steht, können wir die Tatsache beruhigt ignorieren.

Schlechtes Marketing

Kaum etwas ist so unattraktiv wie Verbote und Vorwürfe. Sie können unser Verhalten zwar beeinflussen – wirklich überzeugend sind sie allerdings selten. Genau an dieser Tatsache ist der Veggieday im Bundestagswahlkampf 2013 grandios gescheitert: Eine Partei hatte in ihrem Wahlkampfprogramm vorgeschlagen, dass öffentliche Kantinen an einem Tag pro Woche ausschließlich vegetarische Gerichte servieren. In vielen Nichtvegetariern kam das Gefühl auf, dass die Politik ihnen etwas aufdrücken und zugleich wegnehmen wolle. Auch wenn ein einziges Gericht pro Woche nicht einmal 5 Prozent unserer Hauptmahlzeiten ausmacht, erscheint es den meisten nicht wie ein kleiner Schritt, sondern wie ein großer Einschnitt in ihre persönliche Freiheit. Ähnliches ruft auch die Debatte um die vegane Ernährung hervor: Egal wie Veganer über ihren Lebensstil sprechen, viele Nichtveganer fühlen sich moralisch kritisiert und missioniert.

Der Gedanke an ein fleisch- und tierproduktfreies Leben setzt bei vielen Menschen unbewusst existenzielle Ängste frei: „Obacht, man will mir mein Essen streitig machen." Ein – zumindest evolutionär betrachtet – sehr nachvollziehbarer Gedanke. Auch das „YOLO", das „Leben kurz und Steak sehr lecker"-Argument lässt sich ethisch nur mit der Tierleidkeule niederknüppeln. Dennoch erscheint es paradox, eine nachhaltige und gewaltfreie Ernährung mit verbaler Gewalt zu bewerben. Heute scheint unsere Ernährung weniger eine Jagd auf ein nahrhaftes Mammut zu sein als ein Wettrennen zur moralischen Meisterschaft. Wenn wir andere von einem nachhaltigeren Leben überzeugen wollen, sollten wir immer im Hinterkopf behalten: Wer einen Shitstorm sät, wird Bockigkeit ernten.

Zu gutes Marketing

Wenn wir das Gefühl bekommen, dass das Label „Nachhaltigkeit" für manche ein Marketingtrick ist, kann dies abschreckend wirken. Wir bekommen das Gefühl, von den Mächtigen an der Nase herumgeführt zu werden. Ein Beispiel dafür ist die Unterstützerliste vom Deutschen Nachhaltigkeitstag. Er hat es sich auf die Fahne geschrieben, jedes Jahr ein Forum für Experten, Unternehmer, Start-ups und Politiker, NGOs und Bürger zu schaffen, die unsere Wirtschaft und unser Leben nachhaltiger machen möchten. Der Naturschutzbund und das Bundesministerium für Bildung und Forschung sind unter anderen institutionelle Partner der Stiftung Deutscher Nachhaltigkeitspreis e. V. Doch auch aus anderer Richtung eilt Hilfe herbei: Coca-Cola, ein Unternehmen, das in der Kritik steht, weil es Kinder mit billigem Zucker vollpumpt, während es zugleich die Wasservorkommen in armen Regionen abpumpt, sponsert das Event.[364]

Auf der anderen Seite gibt es auch Stimmen, die die Ökoaktivisten der falschen Stimmungsmache gegen Nestlé, Coca-Cola, Pepsi und Konsorten beschuldigen. Sie verdienen Geld mit ihren Kampagnen, sammeln Spenden, um gegen die Konzerne vorzugehen, doch das Geld versickert angeblich ebenso wie das Wasser in den Brunnen. Tatsächlich verbraucht die Landwirtschaft etwa 85 Prozent des Wassers in Indien.[365] Alle Firmen des Landes zusammengenommen machen gerade einmal 10 Prozent aus. Und da sind auch die äußerst wasserintensiven Textilproduzenten mit drin. Kampagnen gegen im Westen bekannte Marken ziehen bei Spendern allerdings mehr als eine Kampagne gegen arme Kleinbauern. Unstrittig ist jedenfalls: Das Wasser ist knapp. Und das wird nicht besser, wenn Coca-Cola, Pepsi und Co. den letzten Tropfen aus dem Boden quetschen.

Um die Blessuren an ihrem Image wegzupolieren, treten entsprechende Konzerne als Sponsoren beim Nachhaltigkeitstag auf und färben das sonst so feuerrote Logo für zwei Tage im Jahr sattgrün um. Greenwashing nennen Kritiker es, wenn sich sonst nur mäßig nachhaltige Unternehmen in ein Ökomäntelchen hüllen. Sie waschen ihre Weste im knappen indischen Wasser nicht nur rein, sondern gleich grasgrün. Ein derart aufgemöbeltes Image kann den Verkauf ankurbeln, denn wir

Verbraucher hoffen, mit der Ökolimo unseren Durst nach mehr Nachhaltigkeit auf erfrischende Weise zu stillen.

Doch wenn wir Maschen wie dieser auf die Schliche kommen, fühlen wir uns den Tricks des Marktes hilflos ausgeliefert. Dadurch verliert das Label „nachhaltig“ deutlich an Glaubwürdigkeit. Wer nicht ständig alles, was er kauft, in Grund und Boden recherchieren möchte, fühlt sich schnell überfordert. Das wiederum kann bei manchem in Resignation umschlagen – und die Nachhaltigkeit verkommt zu einer mediengemachten Illusion.

Das Einmal-ist-keinmal-Prinzip

Wenn wir samstags wild feiern waren oder noch wilder auf der Couch vor dem Fernseher geträumt haben, scheint der sonntägliche Weg zum Bäcker unendlich weit. Die Versuchung, mit dem Auto die wenigen Meter zu fahren, ist so groß wie der Appetit auf frisches Backwerk. Und da Sonntagfrüh unser ökologisches Gewissen meist nur mühsam in Schwung kommt, schleicht sich ein Gedanke in unseren Kopf: „Nimm doch das Auto. Einmal ist keinmal.“ Dass wir uns ab und zu selbst etwas durchgehen lassen, ist im Prinzip ein gesundes Verhalten. Verbissenheit und Dogmatismus stresst Menschen und macht sie oft zu recht anstrengenden Zeitgenossen. Sich alles durchgehen zu lassen, ist dagegen das andere Extrem. Denn wer in der ersten Klasse aufgepasst hat, weiß, dass einmal ganz genau einmal ist – und weder keinmal noch ganz viele Male. Stehen wir einfach dazu, dass unsere Handlungen – und auch das, was wir nicht tun – einen Einfluss auf die Welt um uns herum haben.

Dammbruch

Das Einmal-ist-keinmal-Phänomen ist die Basis für etwas, das Eltern ihrem Nachwuchs gern mit der Frage „Und was, wenn alle das machen?“ näherzubringen suchen. Denn wenn ich mich über Regeln hinwegsetze, dann tun andere das vermutlich auch. In der Philosophie nennt sich das Dammbruch. Meist wird das Wort bemüht, wenn es darum geht, Bedenken gegen etwas anzumelden. Beispielsweise in der Medizin: Wenn die Regierung die Forschung mit menschlichen Stammzellen erlaubt, dann könnte bald schon das Klonen erlaubt werden oder das Züchten von Ersatzteilen. Das Dammbruchargument steht für die Angst, dass ein Präzedenzfall schnell ganz viele andere, ähnliche Fälle nach sich ziehen könnte. Eine kleine Welle ist kein Problem, wenn aber viele Wellen am Damm nagen, könnte er irgendwann brechen – und dann gibt es kein Halten mehr. Darf ich, wenn ich es wirklich eilig habe, die Abkürzung über den Rasen nehmen? Es ist ja eine Ausnahme! Bald aber wird aus der netten Wiese ein matschiger Trampelpfad. Doch ein solcher Dammbruch kann natürlich auch in die andere Richtung gedacht werden: Wenn alle das Fahrrad nehmen statt des Autos, dann kann es etwas werden mit der nachhaltigen Mobilität. Und dafür ist jeder Einzelne wichtig. Auch wir selbst.

Unterstellter Egoismus

Manche Zeitgenossen empfinden kleine Schritte zu mehr Nachhaltigkeit albern oder sinnlos, und sie halten damit nicht hinterm Berg. Ein beliebtes Argument ist, wiederverwendbare Strohhalme und notorisches Fahrradfahren seien irgendetwas zwischen Selbstgeißelung und moralischer Arroganz. „Das machst du doch nur, weil du dich dann selbst besser fühlst", ist eine beliebte Stichelei von Skeptikern. Und schon schleicht sich das schlechte Gewissen zwischen die Mehrwegbeutel und Bambusbecher: Das Gefühl, etwas aus Egoismus zu tun, gefällt kaum jemandem. Aber abgesehen davon, dass Egoismus an sich wertfrei und der Antrieb für nahezu all unser Tun ist, bleibt der Vorwurf etwas schwach auf der Brust. Was ist so schlimm daran, an einem nachhaltigen Verhalten auch noch Freude zu haben? In der antiken Philosophie, etwa bei Aristoteles, ist es ein Zeichen für Tugendhaftigkeit, wenn die Handlung von Freude (*hedone*) begleitet wird. Durch Nachhaltigkeit sollten wir uns demnach nicht schlecht fühlen, sondern glücklicher werden.

Das Warten-auf-Godot-Phänomen

Im Theaterstück „Warten auf Godot" geht es allein um das, was der Titel schon verrät: Die Hauptfiguren warten. Und warten. Und warten. Die Zuschauer warten mit ihnen. Am Ende weiß keiner so genau, ob Godot nun wirklich noch kommen wird oder ob all das Warten vergeblich war. So absurd diese Szenerie klingt, in Sachen Nachhaltigkeit lässt sich oft ganz Ähnliches beobachten: Wir warten auf jemanden, der die Dinge für uns in die Hand nimmt. Aber während wir uns mit dem Einmal-ist-keinmal-Argument aus der Verantwortung stehlen, sind wir bei unserem Nachbarn weniger nachgiebig. Während wir uns selbst für ein ganz klitzekleines Rädchen im Getriebe der Welt halten, gilt uns der Nachbar mit dem dicken SUV als größter Umweltsünder. Aber der hat sich auch nur einen einzigen kleinen SUV gekauft und ist damit nur mal eben zum Bäcker gefahren.

Seien wir ehrlich: Ab und zu messen wir alle mit zweierlei Maß. Auch das sollten wir uns dann und wann vor Augen führen. Und natürlich ist es viel bequemer, die Verantwortung heimlich anderen wie Politikern oder dem Benzin verschleudernden Nachbarn zuzuschieben, als uns selbst aus dem Bett zu rollen und zu Fuß zum Bäcker zu stiefeln. Schneller ändert sich etwas, wenn wir es selbst angehen. Denn dann ändert sich sofort etwas: Unsere persönliche Ökobilanz verbessert sich, das Klima wird entlastet und unser Glück wächst. Deshalb sollten wir unseren Zeigefinger gelegentlich einfach wieder einklappen, um uns damit gekonnt an die eigene Nase zu fassen.

Wie der Griff an die eigene Nase glücklich machen kann

Wenn wir uns als Teil eines großen Ganzen verstehen, haben auch die kleinsten unserer Handlungen Gewicht. Damit möchte ich niemanden dazu ermuntern, sich als Zentrum des Universums zu verstehen, sondern dazu, die Macht der eigenen Handlungen wertzuschätzen. Wenn ein Mensch daran glaubt, dass seine Taten einen Einfluss auf den Verlauf seines Lebens, auf das Klima oder auf andere haben, dann gibt ihm das ein gutes Gefühl. Psychologen und Soziologen sprechen hier von Selbstwirksamkeitserwartung. Damit meinen sie, dass wir uns als Auslöser von bestimmten Umständen oder Ereignissen begreifen. Das gelingt nur schwer bei der Vorstellung, dass meine mit dem Fahrrad zusammengeradelten Kilometer den Urwald im Amazonas retten. Wenn ich mir aber zum Beispiel die zwei Kaffees pro Arbeitstag in einen Mehrwegbecher gießen lasse, spare ich pro Woche 10 Pappbecher und ebenso viele Plastikdeckel. In ganz Deutschland landen 320.000 Einwegkaffeebecher im Müll – und zwar jede Stunde. Das macht drei Milliarden Becher pro Jahr – allein in Deutschland. Die Rohstoffe und die Energie, die für ihre Produktion notwendig sind, könnten eine Kleinstadt versorgen. Und allein auf mein Konto würden davon in einem Jahr 460 Becher und Deckel gehen. Die Chance, daran etwas zu ändern, haben wir in der Hand – mit einem wiederverwendbaren Becher.

Power to the people

Die Überzeugung von der eigenen Wirksamkeit lässt uns nicht nur ambitioniertere Ziele setzen und diese auch konsequent verfolgen, sie macht darüber hinaus auch glücklich.[366] Wer dagegen glaubt, dass sein Verhalten nicht ins Gewicht fällt oder gar nichts bewirkt, neigt zu Sorgen, Verzweiflung, Teilnahms- oder Hoffnungslosigkeit. Forscher nehmen an, dass Hoffnung nur auf der Fähigkeit wachsen kann, die Folgen seiner Handlungen selbst einzuschätzen.[367] Der Gründer der Positiven Psychologie, Martin Seligman, entwickelte 1975 das Konzept der erlernten Hilflosigkeit. Demnach haben Menschen das Gefühl, keine Kontrolle über ihr Leben zu haben. Sie nehmen ihr Handeln als völlig unnötig und effektlos wahr. Das aber kann laut Seligmans Forschung unglücklich und depressiv machen.[368]

Viele depressive Menschen haben einen sehr schwachen Glauben an ihre eigene Wirksamkeit. Sie erleben sich in der Regel anderen gegenüber als benachteiligt und als unfähiger, den Anforderungen des täglichen Lebens gerecht zu werden.[369] Deshalb gehen sie beängstigenden und verunsichernden Situationen eher aus dem Weg, statt sie als Herausforderung zu betrachten.[370] Einen Beutel mit zum Supermarkt zu nehmen, statt dort einen zu kaufen, erscheint Menschen in dieser Situation als völlig gleichgültig. Was ändert das schon? Wenn ich meine Handlung nicht als sinnstiftend oder wenigstens in einem Zusammenhang mit anderen Ereignissen erlebe, dann ist es egal, wie viel Benzin ich pro Jahr verballere – ich glaube ja nicht daran, dass meine kleinen Handlungen überhaupt wichtig sind, egal ob sie gut oder schlecht für unsere Umwelt sind. Das ist nachvollziehbar und in gleichem Maße traurig.

Bevor wir also auf andere zeigen, sollten wir nicht nur bedenken, warum sie handeln oder nicht handeln, wie sie es eben tun, sondern auch auf uns selbst schauen: Wenn wir unsere Handlungen als effektiv ansehen, dann sollten wir das auch bei negativen Handlungen nicht ausblenden. Wenn ich einmal meinen Beutel vergessen habe und mir an der Kasse im Supermarkt eine Papiertüte kaufen muss, ist das eben so. Nur weil ich einmal nasche, muss ich nicht die ganze Diät aufgeben. Und habe ich einmal den Sprachkurs verpasst, werde ich trotzdem eines Tages Italienisch sprechen können. Ein schlechtes Gewissen lässt uns an unseren Zielen zweifeln. Wenn wir aber genauso nachgiebig mit uns sind, wie wir es mit guten Freunden wären, dann können wir uns einen Patzer auch mal verzeihen. So können wir weiter daran glauben, dass beim nächsten Gang zum Supermarkt der Jutebeutel wieder dabei ist und dass vielleicht am 254. Tag der schicke Thermosbecher längst zum ständigen Begleiter geworden ist – und dass all dies sinnvoll ist.

Nicht zu viel auf uns zeigen

Allerdings dürfen wir dabei nicht vergessen, dass zu viel Selbstdisziplin auf Dauer anstrengend ist. Wer sich einem Dogma unterwirft, der wird entweder anderen oder sich selbst bald auf die Nerven fallen. Sobald aus einer Idee ein Zwang wird, rückt das Glück wieder weiter weg. Der Soziologe Émile Durkheim ging schon Ende des 19. Jahrhunderts davon aus, dass Menschen sich gelegentlich freiwillig einer materiellen oder moralischen Gewaltherrschaft unterwerfen – und sich dadurch selbst unglücklich machen.[371] Wer also in Sachen Nachhaltigkeit verbissen wird oder – auf der anderen Seite der Skala – zu sehr nach materiellem Besitz strebt, der wird unglücklich. Auch sagt Durkheim, dass jemand mit „einem Übermaß an Reglementierungen" ein Leben wie ein Sklave führt. Das Leben werde trist und hoffnungslos, wenn wir uns selbst in vielen Bereichen des Lebens zu sehr disziplinierten.[372]

Wie wir uns glücklich handeln

Glück bedeutet auch, mit den eigenen Kräften vernünftig umzugehen. Ein Meister im Umgang mit den eigenen Ressourcen war der Philosoph Epiktet. Er galt als äußerst ausgeglichener, zufriedener Mensch.[373] Ein Grund dafür war, dass er fortwährend überprüfte, ob er die Umstände ändern konnte oder ob er sie einfach akzeptieren musste.[374] Epiktet glaubte, dass „Meinungen, Trieb, Begierde und Abneigung, kurz alles, was unser eigenes Werk ist", in unserer Macht liege.[375] Alles Körperliche, unser Besitz, unser Ansehen und unser sozialer Status, „kurz alles, was nicht unser Werk ist", könnten wir dagegen kaum oder gar nicht beeinflussen.[376] Daran müssen wir uns nicht abrackern. Wir werden dem Nachbarn nicht seinen SUV ausreden können. Aber wir können Parteien wählen, die weniger nachhaltige Fahrzeuge höher besteuern.

Wir müssen unterscheiden lernen, was wir selbst in die Hand nehmen können und woran wir unsere Energie nicht unnötig verschwenden sollten. Gerade das Hadern mit dem Unabänderlichen galt für Epiktet als die Wurzel allen psychischen Übels. Wenn wir nur tun, was in unserer Macht liegt, erleben wir eine unglaubliche Freiheit, glaubte er.[377] Nach und nach können wir uns die Sorge um Dinge, die man ohnehin nicht ändern kann, abgewöhnen.

Epiktet ermunterte seine Mitmenschen, an ihre eigene Macht zu glauben. Denn alles, was wir tun, hat eine Wirkung. Diese kann mal groß, mal klein, mal gut, mal schlecht und manchmal auch neutral sein. Jede Handlung und sogar jede unterlassene Handlung hat Folgen. Allein das zu wissen, macht Menschen glücklicher. Studien zufolge hilft diese Überzeugungen Menschen dabei, die Herausforderungen des Lebens zu meistern, glücklichere Beziehungen zu führen und Zufriedenheit sowie inneren Frieden zu finden.[378]

Das Glück wächst auf der Einsicht, dass wir eine Bedeutung in dieser Welt haben. Sie mag unscheinbar sein – und dennoch ist sie da. Wenn wir unsere Macht dafür nutzen, eine kleine Veränderung herbeizuführen, dann können wir gemeinsam in der Summe etwas ausrichten.

20 Tipps für mehr Karmapunkte

Ein chinesisches Sprichwort sagt: Auch eine Reise von 1.000 Meilen beginnt mit einem einzigen Schritt. Was nach einem platten Kalenderspruch klingt, hat mehr Gewicht, als wir zunächst vielleicht denken mögen. Denn genauso wenig, wie wir mit einem einzigen Schritt 1.000 Meilen überwinden können, können wir uns oder unser Verhalten im Hauruckverfahren ändern. Nachhaltigkeit bedeutet auch, mit unseren eigenen Ressourcen sanft und rücksichtsvoll umzugehen. Versuchen wir es deshalb mit 20 einfachen Ansätzen, mit denen wir noch diese Woche für ein bisschen mehr Nachhaltigkeit in unserem Leben sorgen können. Daraus können wir uns einen einzigen Schritt herauspicken oder einen Bausatz basteln. Gewohnheiten zu ändern braucht Zeit. Wenn wir uns dies eingestehen, kann ein nachhaltiges Leben ganz stressfrei in unserem Alltag gedeihen.

1) Die Liste: Einkäufe planen

„Planen Sie Ihre Einkäufe, dann müssen Sie nicht so viel wegwerfen", empfiehlt Sabine Klein, Ernährungsexpertin bei der Verbraucherzentrale NRW. Schließlich enden gut 20 Prozent unserer Lebensmittel nicht im Kochtopf, sondern im Müll. „Damit sind vermeidbare Abfälle gemeint, nicht die Kartoffelschalen von der Zubereitung", fügte Klein hinzu. 300 Euro könne jeder von uns im Jahr sparen, wenn er strategischer einkaufe und das Mindesthaltbarkeitsdatum nicht mehr als Ablaufdatum betrachte.

Wer sich seine Sporen vor allem mit schimmeligen Essensresten verdient, ist mit einer Einkaufs- und Kochstrategie gut beraten: Sonntags überlegen wir uns, was wir in der Woche essen wollen, ob wir einen Snack mit zur Schule oder ins Büro nehmen möchten und ob wir vielleicht an einem Abend bei kochfreudigen Freunden eingeladen sind oder in ein Restaurant gehen. Wenn dann noch die Portionsgrößen halbwegs realistisch eingeschätzt werden, bleibt kaum etwas übrig. Und wenn doch, helfen Omas Arme-Leute-Rezepte, die Reste in Köstlichkeiten zu verwandeln: in Brotpudding und Knödel aus alten Brötchen, in eine Quiche aus welkem Gemüse oder in Waffeln mit fast abgelaufenem, offen herumstehendem Joghurt.

2) Die Planung: Satt statt süchtig

Manchmal schleicht sich die Pleonexia in unseren Bauch. Im Kino knuspern wir uns im Schnitt 145 bis 290 Gramm Popcorn auf unsere restlichen Mahlzeiten des Tages. Ein Schokoriegel in der Kaffeepause und eine zuckrige Cola nach dem Sport – unsere Portionen werden immer größer und kalorienreicher.[379] Je weniger wir generell essen und je weniger hoch verarbeitet unsere Mahlzeiten und Snacks sind, desto weniger Energie verbrauchen wir für unsere Ernährung. Ebenso rücksichtsvoll gehen wir mit den Ressourcen unseres Planeten um, wenn wir beim Essen Maß halten. *Hara Hachi Bu* nennen Japaner die Gewohnheit, zu essen, bis sie zu 80 Prozent satt sind. Das auch als Okinawa-Diät bekannte konfuzianische Konzept soll für mehr Wohlbefinden sorgen und gilt für einige Forscher als der Schlüssel zu dem überdurchschnittlich langen Leben der Japaner.[380] Ähnliche Konzepte finden sich auch in anderen Weltanschauungen, etwa im Ayurveda oder in der modernen Philosophie des Minimalismus.

3) Die Anfahrt: Mit dem Fahrrad zum Supermarkt

Entscheidend ist nicht nur, was im Einkaufskorb landet, sondern auch, wie dieser nach Hause kommt: „Sie können das gesündeste Biogemüse kaufen – wenn Sie dorthin kilometerweit mit dem SUV fahren, dann ruinieren Sie sich Ihre Klimabilanz“, erklärt Klein. Auch hier gilt es abzuwägen: Fahren wir mit dem Rad zum nahen Supermarkt oder mit dem Auto zum weit entfernten Bioladen? Und wenn wir schon mal dabei sind, können wir das Gedankenkarussell einmal um unsere Fortbewegung drehen lassen: Wollen wir die Kreuzfahrt oder den Kurzurlaub auf Bali gegen Hunderte Einkäufe zu Fuß gegenrechnen? Können wir wenigstens einen Teil unseres Wegs zur Arbeit anders als mit dem Auto zurücklegen? Und wie können wir unsere Einkäufe auch ohne Auto bequem nach Hause transportieren? In vielen Städten hat die Antwort auf viele solcher Fragen drei Buchstaben: Rad.

4) Die Varianten: Frisch statt tiefgekühlt

Im Supermarkt angekommen, stehen wir vor einer riesigen Auswahl: 285 Sorten Kekse, davon 21 verschiedene Varianten von Schoko-Splitter-Cookies, 13 Sportdrinks, 75 verschiedene Eistees und 95 Geschmacksrichtungen von Chips zählt der Psychologe Barry Schwartz in einem durchschnittlichen US-amerikanischen Supermarkt.[381] Schwartz leitet aus seinen Beobachtungen ab, dass eine zu große Auswahl uns letztlich mit unserer Wahl, ist sie denn einmal getroffen, unzufrieden macht. Grenzen wir unsere Optionen zugunsten unseres Glücks freiwillig etwas ein – und entscheiden uns für die Variante, die am ökologischsten ist:

- *Vorräte* wie Sauerkraut, Milch oder Bohnen haben im Tetrapack eine bessere Ökobilanz als im Glas oder der Konservendose. Der leichte Tetrapack spart Energiekosten bei der Herstellung und Entsorgung der Verpackung.
- *Gemüse* ist frisch am gesündesten und am nachhaltigsten. Konserven und Tiefkühlprodukte verbrauchen bei der Herstellung, Verpackung und der Lagerung deutlich mehr Energie.
- *Obst und Gemüse* in der Saison zu kaufen und einzufrieren ist Berechnungen zufolge ähnlich nachhaltig wie es außerhalb der Saison zu produzieren und einzufliegen.
- *Pulver und Gefriergetrocknetes* wie Kartoffelpüree oder Tütensuppen benötigen in der Herstellung sehr viel Energie. Eine Tomatensuppe ist schnell selbst gemacht und insgesamt deutlich nachhaltiger als ihre pulverisierte Verwandte aus dem Tütenregal.

5) Die Saison: Vorfreude auf Erdbeeren

Wer sein Essen saisonal und regional einkauft, vermeidet lange Transportwege und den Betrieb von Gewächshäusern oder Lagerstätten. „Saisonale Ernährung ist auch emotional etwas Schönes", sagte Klein. „Dann kann man sich auf die Erdbeeren noch richtig freuen. Das macht Ernährung wieder viel spannender und abwechslungsreicher." Obst und Gemüse frisch einzukaufen hat zudem den Vorteil, dass keine weitere Energie für ihre Kühlung benötigt wird. „Es sind kleine Einsparungen – aber wir essen jeden Tag, und das sogar mehrmals", erklärt Klein. Fürs Klima zählt jeder Teller.

6) Die Region: Fleisch von vor der Haustür

Wer auf Steak und Salami nicht verzichten mag, der ist mit heimischen Tierarten gut beraten. Oft stammt gerade günstiges Fleisch von Strauß, Krokodil oder Rind aus fernen Ländern. Neben der Energie und den Emissionen während des Transports verursacht die Tierhaltung außerhalb der EU oft ökologische und soziale

Probleme. Die Ernährung und Haltung der Berta auf der heimischen Wiese können wir leichter im Auge behalten als jene der Benita von der argentinischen Farm.

7) Auf Verpackungen verzichten

Ein Plastikbeutel voll Cornflakes, der in einem Pappkarton steckt, oder ein Tiegel Nachtcreme, der nochmals in einem Schächtelchen verpackt wurde: Wenn wir die Wahl zwischen zwei Produkten haben, von denen eines in eine separate und nicht notwendige Umverpackung gehüllt ist, können wir uns für die weniger verpackte Variante entscheiden. Seifenstücke sind meist nur in ein Stück Papier gewickelt, während flüssige Seife meist in einer aufwendigen Plastikflasche steckt. Lassen wir zusätzlich alle unnötigen Umverpackungen direkt in der Einpackzone im Laden, dann müssen die Supermärkte und Drogerien bald umdenken: Sie zahlen Geld für die Entsorgung des Mülls. Mit einem wachsenden Müllberg und etwas Glück können wir die Händler zum Umdenken bewegen, sodass irgendwann nur noch Produkte mit der minimal nötigen Verpackung in den Regalen stehen.

8) Das Siegel: Gute Faser, schlechte Faser

Was haben die Brötchen vom Bäcker und die Paprika aus dem Supermarkt gemeinsam? Sie alle können in wiederverwendbaren Beuteln nach Hause getragen werden. Dünne Leinenbeutel können die oft beschichteten Wegwerfpapiertüten oder die dünnen Gemüsebeutelchen aus Kunststoff problemlos ersetzen. Optimal ist es, wenn der Baumwoll-, Jute- oder Leinenbeutel mit dem GOTS-Siegel ausgezeichnet ist. Das Siegel wird von einer GmbH vergeben, die sich aus verschiedenen Umweltverbänden und Organisationen zusammensetzt. Es kennzeichnet umweltverträgliche und sozial verantwortlich produzierte Textilien – eben nachhaltige Beutel.

9) Der Beutel: Benutzen, bis es sich lohnt

Wir alle wissen, Plastikbeutel sind keine gute Idee. Sie enden meist nach einer einzigen Benutzung im Müll oder gleich in der Umwelt. Dort brauchen sie ungefähr zehn bis zwanzig Jahre, bis sie verrotten – mindestens, je nach Plastikart. Viele von ihnen tummeln sich in Schwärmen im Meer und geben giftige Stoffe ins Wasser ab. Deshalb packen viele von uns ein reines Gewissen gleich mit in ihren Stoffbeutel. Aber, liebe Freunde des Baumwollbeutels, auch bei Einkaufstüten gibt es Schwarz-Weiß höchstens als Aufdruck auf dem neuen Beutel. Im Vergleich zu anderen Tüten, die es an der Kasse gibt, verbraucht der Stoffbeutel bei der Produktion die meisten Ressourcen: Um Baumwolle herzustellen, ist viel Wasser nötig. Zudem stammen die meisten Baumwollprodukte von gentechnisch veränderten Pflanzen aus Monokulturen. Ökologisch ist dieser Stoff aus verschiedenen Gründen bedenklich. Erst wenn wir ihn 20- bis 100-mal benutzen, ist er ökologisch wirklich sinnvoller als die für die Umwelt schwer verdauliche Plastiktüte.

10) Der Anbieter: Hersteller und Anbieter hinterfragen

Keine Kohlensäure, kein Koffein, kein Geschmack: Mineralwasser wirkt wie das harmloseste, natürlichste und friedlichste Getränk der Welt. Doch der Schein trügt: Manch Mineralwasseranbieter steht in der Kritik, den Anwohnern an der Quelle das Wasser abzugraben.[382] Für stilles Wasser wird tief gebuddelt – und das nicht nur mitten in Europa, sondern auch in Dürregebieten wie Äthiopien und Kalifornien. So sorgen Großkonzerne mit ihrem Wasserdurst wohl dafür, dass der Grundwasserspiegel in vielen der betroffenen Regionen rapide sinkt. Einige Jahre nachdem die lokale Politik die Rechte am Wasser unter ihrem Zuhause an die Wasserhändler verkauft hat, muss sie erfinderisch werden: Um die Bevölkerung weiterhin mit Leitungswasser zu versorgen, denken Politiker mancherorts über Pipelines oder Tanklastwagen nach, die Wasser von außerhalb in den Ort fließen lassen sollen.[383] Wer den Handel mit dem abgegrabenen Wasser nicht unterstützen möchte, findet über seine Lieblingsmarke im Netz meist reichlich Informationen.

Dasselbe gilt für Produkte wie Nuss-Nugat-Cremes, Fleischersatzprodukte oder Babynahrung, die häufig aus Bestandteilen mit zweifelhafter Herkunft bestehen: Nicht selten beinhalten solche Lebensmittel Palmöl oder Sojabohnen, für deren Anbau die Hersteller riesige Urwaldflächen abholzen. Pro Stunde fallen einer Greenpeace-Studie zufolge etwa 100 Fußballfelder Regenwald diesen Monokulturen zum Opfer.[384] So tragen die Lebensmittelhersteller einen großen Teil der Verantwortung für das Schwächeln der grünen Lunge. Wer solche Firmen aus seiner Ernährung raushalten möchte, der sollte ab und zu Nachrichten schauen oder sich auf den Webseiten von Verbraucherschutzorganisationen über die Anbieter unserer Lieblingsprodukte informieren. Wenn deren Herstellungspraktiken nicht mit unseren Werten übereinstimmen, können wir in der Regel auf das Produkt eines anderen Anbieters ausweichen.

Auch jenseits der Supermärkte können wir Anbieter hinterfragen: Wer Ölkonzerne und Waffenlieferanten nicht versehentlich unterstützen möchte, sollte seine Bank einmal genauer unter die Lupe nehmen: In welche Branchen investiert sie und welche Branchen unterstützt sie mit dem Geld, das wir ihr zur Verwahrung anvertrauen? Alternativen zu herkömmlichen Banken sind einige wenige Institute, die den Profit bewusst in soziale und ökologische Projekte stecken, wie die GLS, die Triodos oder die Umweltbank. Während andere Anbieter gern unter den Tisch fallen lassen, was mit unserem Geld passiert, werben ethisch ausgerichtete Banken mit den Projekten, die sie mit unserer Hilfe voranbringen.

11) Ökosiegel und Verpackungsaufdrucke

Den Konsum völlig einzustellen, ist auch keine Lösung. Denn statt den Menschen in den armen Herstellerländern einen Gefallen zu tun, macht radikaler Konsumverzicht sie arbeitslos. Die Lösung für diesen Konflikt ist ein fairer Handel. Wer Wert auf nachhaltigen Anbau und faire Arbeitsbedingungen legt, dem geben Siegel eine einfache Orientierung. Für Nahrungsmittel, Textilien oder Kosmetik gibt es zahlreiche Labels, die über nachhaltigen Anbau und fairen Handel informieren. Welche Kriterien die Herausgeber der Siegel für die Produkte anlegen, erfahren interessierte Verbraucher auf deren Website. Ein Blick auf diese Seiten ist zudem sinnvoll, um auszuschließen, dass es sich um ein Fake-Siegel handelt: Manche Hersteller denken sich ein hübsches Bildchen aus, das dem Produkt einen nachhaltigen oder sozialen Anstrich geben soll. Doch nicht alle Siegel halten, was sie versprechen. Wer auf Nummer sicher gehen möchte, kommt auch hier um etwas Recherche nicht herum. Gut informiert kauft es sich leichter.

12) Qualität statt Quantität

Kleidung und Schuhe aufzutragen oder einen neuen Computer erst dann zu kaufen, wenn der alte wirklich nicht mehr geht, ist die nachhaltigste Art der Nutzung. Kaufen wir Dinge von hoher Qualität, halten diese in der Regel auch länger. Wer kein Geld für einen Öko-Fair-Trade-Wanderrucksack hat, der findet das ersehnte Produkt vielleicht bei E-Bay-Kleinanzeigen oder im Secondhandladen gebraucht und günstig. Karnevalskostüme, Bohrmaschinen und Autos lassen sich mittlerweile bequem leihen.

Gerade bei Textilien wie Bett- oder Unterwäsche sowie bei Kosmetik, die wir direkt an unsere Haut lassen, sollten wir auf Qualität setzen. Statt fünf billiger, mit Mineralölen und Silikonen aufgepumpter Tagescremes tut es auch die eine. Ob ein Produkt bedenkliche Inhaltsstoffe enthält, zeigen Apps wie der ToxFox.

13) Der Proviant: Mehr Mehrweg

Es fängt an beim Kaffeebecher und der Wasserflasche und geht über das wiederverwendbare Backpapier bis hin zum Mehrweg-Menstruationstässchen, zu Mehrweg-Wattepads oder -Stilleinlagen: Viele Wegwerfartikel des täglichen Lebens lassen sich ganz einfach gegen eine robuste, wiederverwendbare Variante austauschen. Hübsch bedrucktes Wachstuchpapier macht Alu- und Klarsichtfolie überflüssig. Brotdosen ersetzen Butterbrotpapier, und sogar Trinkhalme gibt es mittlerweile in einer unkaputtbaren Ausführung. Mit solchen Dingen können wir mit geringem Aufwand Ressourcen schonen und uns ständig mit echten Lieblingsprodukten umgeben.

14) Das Putzen: Strahlend grün

Gute Nachrichten für alle Putzmuffel: Eine Studie der Universität Bergen ergab, dass Putzen ungesund ist.[385] Wir können also Bedenken um unsere Gesundheit vorschieben, wenn wir Scheuerlappen und Staubwedel im Schrank versauern lassen. Wenn wir uns die Studie genauer anschauen, können wir uns damit leider nicht mehr rausreden: Putzen wird durch chemische Putzmittel schädlich – und die lassen sich durch nachhaltige Alternativen ersetzen. Vieles im Haushalt lässt sich mit Natron, Zitronensäure und Essigessenz in den Griff kriegen.

15) Nachhaltiger waschen

Ökologisch bewanderte Menschen setzten lange Zeit auf Waschnüsse statt auf synthetische Waschmittel. Allerdings stammen sie teilweise aus Monokulturen und werden nicht unter fairen Bedingungen hergestellt. Doch wir können auf eine einfache Alternative ausweichen: Kastanien. Wer mit den herbstlichen Fundstücken experimentieren möchte, häckselt die Kastanien klein, kocht die Stückchen 15 Minuten in Wasser auf und gibt den Schaum in die Einspülkammer der Waschmaschine – wie Flüssigwaschmittel. Je nach Geschmack können noch ein paar ätherische Öle für den guten Geruch hinzugefügt werden. In der Waschmaschine geben die Kastanienstückchen dieselben Saponine ins Wasser ab wie Waschnüsse und machen so die Textilien beim Waschen zusammen mit Wasser wieder sauber. Das Waschen mit Kastanien erspart der Umwelt Verpackungsmaterial, Transport und den biologischen Abbau von chemischen Stoffen aus synthetischem Waschmittel.

Um die Meere vor Mikroplastik zu schützen, fahren Sportkleidung und andere synthetische Kleidungsstücke in einem dichten Wäschenetz Karussell. Die speziell dafür entwickelten Beutel halten den Abrieb zurück. Alternativ können wir uns auch für eine Waschmaschine entscheiden, die einen entsprechenden Mikroplastikfilter hat.

16) Das Geschäft: Mal richtig aufs Klo gehen

Nicht, dass wir uns falsch verstehen: Recyclingklopapier wird nicht aus gebrauchtem Toilettenpapier hergestellt, sondern aus normalem Altpapier. Es verbraucht im Vergleich zu Frischfaserpapier 70 Prozent weniger Wasser, 60 Prozent weniger Energie und 2,4 Kilogramm weniger Holz. Recyclingpapier ist vor allem für diese Verwendung sinnvoll, da die Rohstoffe nach dem Gebrauch für immer aus dem Stoffkreislauf verschwinden: Das Klopapier kommt ins Klo, in die Kanalisation, ins Klärwerk, und was dann noch übrig ist, wird verbrannt und ist damit für immer weg. Und irgendwie sind wir darüber auch froh – vor allem wenn wir an Brötchentüten und Taschentücher aus Recyclingpapier denken …

17) Der Strom: Druck ausüben

Es geht ein Rauschen durch den Wald: „Hambi" nennen ihn Naturschützer liebevoll. Der etwa 200 Hektar große Mischwald liegt zwischen Köln und Aachen. Der Haken: Er gehört dem Energiekonzern RWE. 3.800 Hektar des Forsts hat der Konzern bereits gerodet. Vor Beginn des Braunkohleabbaus war der Wald über 4.000 Hektar groß. Wo es früher grünte und nur so vor Leben wimmelte, ist die Erde heute wund. Immer weiter fressen sich die gewaltigen Bagger in den 12.000 Jahre alten Wald und fräsen sich tief in die Erde der Kohle entgegen.

Um die Bagger aufzuhalten, zogen 2012 die ersten Aktivisten in den Forst und errichteten Baumhäuser. Sechs Jahre später rückte die Polizei an. Über 70 Baumhäuser wollten die Polizisten räumen. Es kommt zu Aufruhr im Wald und in den Medien, zu Demonstrationen im Forst und in den Innenstädten in der ganzen Republik. Bis zum traurigen Höhepunkt: Ein Journalist stürzt bei der Recherche über die Ergebnisse vom Baum – und stirbt.

Umweltverbände und private Initiativen rufen zum Boykott auf. Stadtwerke und städtische Energieversorger folgen dem Ruf. Die öffentliche Reaktion erinnert an den Shell-Boykott Mitte der 1990er, als der Ölkonzern eine marode Bohrinsel einfach im Meer versenken wollte. Nachdem die Verbraucher die Tankstellen mieden, zwang der finanzielle Verlust den Konzern zum Umdenken. Ähnliches könnten Verbraucher auch in Fällen wie dem Hambacher Forst machen: Wir sollten unsere Kraft als Verbraucher erkennen und nutzen, um unsere Werte durchzusetzen. Unser Einkaufszettel ist immer auch ein Stimmzettel. Wenn wir den Wald für schützenswert erachten, sollten wir den Stromanbieter wechseln. Wenn wir auf den Strom von RWE und seinen knapp hundert Kooperationspartnern verzichten, übt das auch auf einen kohleverstaubten Konzern Druck aus.

18) Das Sparen: Anbieter wechseln

Wohin der Wechsel des Anbieters gehen soll, ist wieder eine Frage der Abwägung. Auch nachhaltige Energien haben ihre Nachteile: Solarpaneele und Fotovoltaikanlagen verbrauchen in der Herstellung und Entsorgung enorme Mengen an Ressourcen. Für Windkrafträder werden große Mengen Beton in die Erde gepumpt, damit der tonnenschwere Koloss sicher im Boden verankert ist. Zudem beklagen Vogelfreunde, dass die Rotorblätter die Tiere reihenweise aus der Luft holen. Im Wasser übernehmen Wasserkraftanlagen die Selektion im Tierreich, wenn Fische durch die Stauung für das Kraftwerk nicht zu ihren Laichplätzen schwimmen können. Während Atomkraft zwar von allen Formen der Energiegewinnung die größte Effizienz aufweist, ist die Entsorgung der Brennelemente ein Problem, das die Menschheit in vielen Generationen noch beschäftigen wird. Alles hat Vor- und Nachteile, nur eines nicht: unseren eigenen Energieverbrauch einfach runterschrauben.

Und das können wir auch schon mit ganz kleinen Dingen tun. Zum Beispiel mit etwas so Winzigem wie einem Lesezeichen in unserem Browser. Das gigantische Rechenzentrum von Google verbraucht so viel Strom wie eine Großstadt: knapp 3 Millionen Kilowattstunden. Auf die Beantwortung von Suchanfragen entfällt Schätzungen zufolge zwar nur ein Bruchteil. Dennoch sparen wir global gesehen eine ganze Menge Energie, wenn wir Lesezeichen für beliebte Seiten wie Blogs oder Übersetzungsseiten anlegen und die Seite direkt und ohne Umweg über die Suchmaschine aufrufen. Wer es noch ökologischer haben möchte, kann gleich auf eine Suchmaschine wie Ecosia umsteigen. Ecosia pflanzt von den Einnahmen aus den Suchanfragen Bäume auf der ganzen Welt. So können wir mit minimalen Veränderungen ganz nebenbei etwas für die Umwelt und unser Gewissen tun.

19) Gut gekleidet

Es mag banal klingen, dennoch: Wir sollten nur kaufen, was wir auch wirklich haben wollen. Gelegentlich lassen wir uns von sympathischen Verkäufern oder von der Werbung mit Fantasien von einem besseren Ich schmeicheln. Suggeriert wird, mit dem neuen Outfit bekämen wir den Job bestimmt, und das Parfum mache uns unwiderstehlich. Doch nicht selten stecken wir unser gewohntes Ich dabei nur in ein Mäntelchen, das eigentlich gar nicht passt. Und so verschwindet mancher

Kauf auf Nimmerwiedersehen im Schrank. Wenn wir vor dem Kauf kurz innehalten und uns fragen, ob wir das neue Teil wirklich brauchen und auch morgen noch mögen werden, kaufen wir viel weniger unnötiges Zeug.

Damit wir nachhaltig Freude an unseren Käufen haben können, hilft ein Blick aufs Etikett: Sind wir mit dem Anbau der Rohstoffe und den Arbeitsbedingungen während der Herstellung einverstanden? Oder sollten wir den Konzern mit unserem Kauf eher nicht unterstützen? Wer kein Geld für Bio-Öko-Fair-Trade-Klamotten hat, der muss nicht zwingend billige Kleidung kaufen. Es gibt mehr als zwei Extreme. Denn wir haben immer auch die Wahl, nichts zu kaufen – auch wenn wir das heute kaum glauben mögen. Die meisten von uns haben eine ganze Reihe von Outfits auf Lager. Wer aus seiner Kleidung weder rauswächst noch zusammenschrumpft, der braucht vermutlich gar nicht so dringend etwas Neues. Lassen wir uns also nicht von der Pleonexia verführen.

20) Die Einstellung: Umdenken für mehr Nachhaltigkeit

Wenn wir die Pleonexia in unserem Alltag ertappen, können wir uns endlich von ihr befreien. Dann können wir den Zwang hinter uns lassen und wieder frei und mündig entscheiden. Wir müssen dem Mehr nicht mehr nachrennen. Wir entscheiden. Das geht radikal und grundlegend. Es geht aber auch im Kleinen, mit unserer eigenen kleinen Revolution von unten. Ganz für uns allein. Ohne damit jemanden beeindrucken oder die ganze Welt retten oder zumindest eines Besseren belehren zu wollen. Jede auch noch so kleine Veränderung, die wir mit unseren begrenzten persönlichen Mitteln realisieren können, verändert die Welt. Und das nachhaltig.

Kapitel 5

Minimalismus

Mir reicht's! Die Eleganz der Genügsamkeit

Es gibt ihn in der Malerei, in der Musik und im Kleiderschrank: Minimalismus ist die Kunst der klaren Linien, des Aufgeräumten, der Konzentration auf das Wesentliche. Manchmal wird Minimalismus auch als das einfache Leben bezeichnet. Doch wie jedes andere Leben ist auch das eines Minimalisten nicht immer einfach. Im Gegenteil: Minimalismus erfordert Mühe. Er verlangt uns die Bereitschaft ab, unsere Werte, unsere Wünsche und uns selbst ständig zu hinterfragen. Gelegentlich fordert er auch, dass wir unsere eingefahrenen und lieb gewonnenen Gewohnheiten ablegen. Der Minimalismus ist kein einfaches Leben – aber ein leichtes. Denn so zu leben heißt, Ballast abzuwerfen. Es bedeutet, Dinge hinter sich zu lassen, die das wirklich Wertvolle auf verstaubenden Regalbrettern in den Hintergrund drängen und Umzugskisten unnötig schwermachen.

Das bewusste Loslassen befreit den Kopf und gibt die Sicht frei auf das Wichtige, wie ein Röntgenblick für unser Leben: Er durchleuchtet alle Schichten, bis er zum harten Kern vordringt. Dieser geschärfte Blick geht weit über materielle Dinge hinaus. Deshalb ist Minimalismus mehr als einfach nur weniger zu besitzen. Er ist nicht Armut, er ist Reichtum. Und er füllt das Leben bis zum Rand: Mit Momenten, mit Begegnungen, mit Sinn – und bestenfalls auch mit Glück.

Wie aber sieht Minimalismus aus? Wer schon einmal eine Dokumentation über Minimalismus gesehen oder einen Artikel darüber gelesen hat, der ist ihnen bereits begegnet: den Menschen in kahlen Wohnungen. Den Reisenden mit dem kleinen Rucksack, in dem sie all ihr Hab und Gut untergebracht haben. Und den Wagenplatzbewohnern, die alles verkauft haben, um sich von den Pflanzen des Waldes zu ernähren. Das sind Menschen, die es durchziehen. Die mit aller Konsequenz einer Idee folgen und diese tatsächlich in ihrem täglichen Leben umsetzen. Diese Menschen können sehr inspirierend sein, und zugleich hängen sie die Messlatte so hoch, dass sich der spartanisch eingerichtete Rentner und der von 400 Euro im Monat lebende Student dagegen wie Verschwender ausnehmen. Doch vergessen wir nicht den Einfluss des Mediums auf dieses Bild – wer will schon Otto Normalverbraucher im Fernsehen sehen? Deshalb gleich vorneweg:

Von extremen Beispielen wie diesen sollten wir uns nicht einschüchtern, sondern eher inspirieren lassen.

Loslassen für Freizeitakrobaten

Minimalismus inspiriert uns dazu, den Konsum hinter uns zu lassen. Das höchste Ziel im Leben ist es dann nicht mehr, ein Haus zu kaufen und es mit allerhand Möbeln und Kleinigkeiten vollzustopfen. Minimalismus verschiebt die Werte: weg vom Materiellen, hin zum wirklich Wertvollen. Selbstbestimmt soll dieses Leben sein und erfüllt. Schon in der indischen Antike träumten einige Menschen von einem einfachen Leben. Das erste Mal hörte ich davon, als ich meine Ausbildung zur Yogalehrerin in Nepal machte. Mein Ausbilder war ein kleiner Mann, der seine Körpergröße durch ein opulentes Ego auszugleichen versuchte und sich selbst Guruji nannte, was so viel wie spiritueller Lehrer bedeutet. Um den für westliche Gemüter etwas skurrilen Eindruck zu unterstreichen, sprach er von sich stets in der dritten Person, sodass er Sätze wie „Ask Guruji again later“ (Frag Guruji später noch mal) oder „You can't take this mat, this is Guruji's mat“ (Du kannst diese Matte nicht benutzen, das ist Gurujis Matte) hervorbrachte. Neben einer unterhaltsamen Persönlichkeit brachte unser Ausbilder und selbst ernannter Guruji fundiertes Wissen über die Philosophie des Yogas mit. Denn ein gutes Jahrzehnt bevor er auf unsere zwölfköpfige in Yogahosen und lockere T-Shirts gehüllte Ausbildungsgruppe mitten im nepalesischen Hochland traf, hatte er in Indien einen Doktor in Yoga- und ayurvedischer Philosophie gemacht.

Die Ideen von Yogis, die sich bereits Tausende von Jahren vor uns ihre Füße um den Hals geschlungen haben, machen deutlich: Im Yoga geht es eigentlich gar nicht darum, sich in abenteuerliche Positionen zu knoten. Zumindest nicht nur. Eigentlich geht es um den Weg zu einem guten, glücklichen Leben. Ein Teil des Weges dorthin nennt sich *aparigraha*. Damit bezeichnet der indische Philosoph Patanjali das Prinzip der Besitzlosigkeit oder „Nicht-Greifens“ (von *pari:* Ding und *graha:* greifen).[386] Patanjali schrieb irgendwann zwischen dem zweiten und dem vierten Jahrhundert in seinem Yogaleitfaden *Yogasutra*, dass wir uns nicht an Dinge klammern sollten. Das Problem sind für ihn aber nicht die Dinge selbst, sondern unsere Einstellung ihnen gegenüber. Denn selbst wenn wir all unser Zeug weggeben und in einer Höhle leben, macht uns das nicht zwingend frei, wenn unsere Gedanken immer noch an den Gegenständen haften. Damit meint Patanjali auch den Hang zur Pleonexia und unsere Hoffnung, dass uns Objekte glücklich machen.

Minimalismus mit Lendenschurz

Um das Prinzip der aparigraha zu erklären, erzählte unser Ausbilder die Legende eines Yogis, der von der Pleonexia unfreiwillig überrollt wurde:

Es war einmal ein Yogi, der sich in eine Höhle in den Bergen zurückgezogen hatte, um dort in Stille ungestört zu meditieren. Doch die Leute im Dorf schätzten seine Weisheit und brauchten ihn als klugen Berater. Dann und wann besuchten ihn Menschen aus dem Dorf und befragten ihn zu den kleinen und großen Krisen ihres Lebens. Eines Tages stieg ein junger Mann den Berg hinauf, der den Guru um Rat zu seiner Karriereplanung bitten wollte. Bereitwillig suchte der Yogi mit dem jungen Mann nach dessen verborgenen Talenten und nach seinen Wünschen für sein Leben. Immer wieder sprachen sie miteinander, und der junge Mann setzte die Gedanken des Yogis so gut um, dass er bald schon Karriere machte.

Eines Tages musste der junge Mann eine Geschäftsreise antreten, von der ungewiss war, ob und wann er zurückkommen würde. Zum Abschied und zum Dank schenkte er seinem Guru einen Lendenschurz aus edlem Stoff. Der Guru freute sich sehr über die Aufmerksamkeit seines gelehrsamen Schülers und hielt das Geschenk in Ehren. Irgendwann bemerkte der Yogi, dass das Stück Stoff, das er sorgfältig in einer Ecke seines kleinen Zimmers aufbewahrte, die Aufmerksamkeit von Ratten auf sich zog. Damit die Nager das wertvolle Tuch nicht zernagten, ließ er eine Katze bei sich wohnen, die sich um die Ratten kümmern sollte. Doch die Katze brauchte Futter und Streicheleinheiten und hielt den Yogi von der Meditation ab. Allmählich schlich sich die Unzufriedenheit in sein Leben ein.

Als abermals ein Besucher aus dem Dorf bei ihm war, klagte der Yogi sein Leid. Darauf riet ihm der Gast, er solle sich ein Mädchen suchen und sie heiraten. Dann könne sie sich um die Katze, die Ratten, den Stoff und den Haushalt kümmern. Das erschien dem Yogi schlüssig, und so beendete er seine Einsiedelei und entschied sich für die Ehe. Wie der Besucher ihm prophezeit hatte, kümmerte sich das Mädchen ganz ausgezeichnet um den Haushalt, und der Yogi hatte endlich wieder Zeit, sich ganz auf die Meditation zu konzentrieren.

Doch bald wollte das Mädchen ein Baby. Da er das Mädchen, das er mittlerweile in sein Herz geschlossen hatte, nicht verlieren wollte, willigte er ein. Bald durchdrang Babygeschrei die Behausung des Yogis. Das Mädchen war glücklich, doch der Yogi kam immer seltener dazu, sich in seine Meditation zu versenken. Bald wollte das Mädchen ein Geschwisterchen für ihr Kind und ein weiteres für dieses. So gingen viele Jahre ins Land und der Yogi vergaß nach und nach, warum er einst auf den Berg gezogen war. Als der junge Geschäftsmann nach vielen Jahren in der Fremde in sein Heimatdorf zurückkehrte, wollte er auch den Yogi besuchen, der ihm damals so sehr geholfen hatte. Doch dort, wo der Yogi einst gewohnt hatte, fand er nun einen alten Mann vor einem vollgestopften Häuschen sitzen, umringt von spielenden und lärmenden Kindern. Der Yogi war offenbar fortgezogen.

Mit dieser Geschichte erklärte unser Ausbilder uns, wie uns die aparigraha, das Anhaften, festhält und verändern kann. Unsere Träume verwandeln sich in das Leben eines Fremden. Aus Besitz entspringen der Wunsch und die Notwendigkeit für weiteren Besitz. Der ursprüngliche Grund, warum ein Ding in unser Leben getreten ist, wird bald von allerhand anderem Zeug begraben. Ohne seinen ganzen Besitz lebte der Yogi im Einklang mit sich und seiner Umwelt und genoss eine große innere Ruhe, in der seine Meditation prächtig gedeihen konnte. Als er versuchte, seine Probleme mit äußeren Dingen zu lösen, begann er sich allmählich darin zu verlieren. Er hatte den Effekt, den sie auf sein Leben haben würden, schlichtweg unterschätzt.

Die Geschichte lehrt uns, dass Besitz unser Leben selten wirklich erleichtert, sondern eigentlich immer einen Beipackzettel mit den entsprechenden Warnhinweisen haben sollte. Die Risiken und Nebenwirkungen der vermeintlichen Lösungen *für unsere Probleme* liegen auf der Hand: Wer sich ein Auto kauft, braucht Benzin, eine Versicherung und ab und zu vielleicht einen Eimer voll Spülwasser, um den Glanz des Lacks zu erhalten. Ein Ding, das uns von A nach B bringen soll, ist also nicht bloß eine Entlastung, sondern verlangt auch immer etwas im Gegenzug. Der Minimalismus versucht nun, die Quelle der Verpflichtung versiegen zu lassen – und wieder Ruhe in unser Leben zu bringen.

Gedanken loslassen

Die Moral von der Geschicht: An Dinge klammer dich nicht! Schenken wir Patanjali Glauben, sollten wir uns an nichts klammern, vor allem nicht an Dinge, die weder einen emotionalen noch einen praktischen Wert für uns haben. Das gilt sowohl für löchrige Pullis, überzählige Suppenlöffel und Bücher, die wir niemals lesen werden, als auch für veraltete Überzeugungen, Einstellungen und Glaubenssätze. Allzu oft sind mit alldem Gedanken verbunden, die uns belasten, uns im Weg stehen und uns von unserem Glück wegführen. Warum halten wir an Jobs fest, die uns vom inneren Wachstum abhalten? Warum halten wir an Verwandten und Bekannten fest, die uns ein schlechtes Gefühl geben oder unser Bild verzerren? Finden wir überzeugende Gründe, warum wir daran festhalten wollen – gut. Wenn wir uns hinter alldem aber nur verstecken, wenn wir kraftraubende Beziehungen nur führen, um nicht allein zu sein, und den Umzug in die andere Stadt nur nicht wagen, weil der immense Berg an zu transportierenden Möbeln und Kisten uns zu erdrücken scheint, dann sollten wir loslassen. Wie die aparigraha lehrt uns der Minimalismus, hinter uns zu lassen, was uns vom Wachstum abhält oder uns unglücklich macht.

Das einfache Leben

Kaffee mit Milchschaum, Sirup und Sahnehäubchen? Normale Milch, Soja oder Mandel? Fettarm, laktosefrei oder bio? Doch lieber schwarz? Klein, mittel, groß? Oder heute der Umwelt zuliebe vielleicht mal keinen Kaffee? Unser Alltag bombardiert uns an vielen Stellen mit einer ganzen Batterie von Optionen. 1954 schien die Welt noch in Ordnung zu sein, zumindest für die Hälfte der Bevölkerung: In einer Puddingwerbung verkündete Doktor Oetker: „Sie wissen ja, eine Frau hat zwei Lebensfragen: Was soll ich anziehen und was soll ich kochen." Was tief in die Seele der männlichen Werbetreibenden vergangener Epochen blicken lässt, entpuppt sich heute als psychologisches Märchen. Denn auch das weibliche Leben ist deutlich komplexer, als es das Unternehmen für Lebensmittelchemie und Backzutaten wahrhaben wollte: Etwa 35.000 Entscheidungen treffen wir jeden Tag.[387] Bis wir gar nicht mehr wissen, was wir überhaupt wollen.

Decision fatigue, also Entscheidungsmüdigkeit nennen Psychologen es, wenn wir von den unzähligen kleinen und großen Entscheidungen unseres Alltags völlig ausgelaugt sind und uns einfach nicht mehr entscheiden können. Unsere Fähigkeit, eine Wahl zu treffen, gleicht einem Muskel: Je öfter wir ihn benutzen, desto feiner wird seine Motorik – bis er irgendwann müde wird. Dann kommt es zu etwas, das der Sozialpsychologe Roy Baumeister als *ego depletion*, Ich-Erschöpfung, bezeichnet. Seine Idee stützt Baumeister auf die Theorie des Vaters der Psychoanalyse, Sigmund Freud. Freud glaubte, dass sich unsere Psyche in ein

Ich, ein Es und ein Über-Ich aufteilen lässt. Im Es toben all unsere Triebe und ungezähmten Wünsche, während sich im Über-Ich gesellschaftliche Normen, Gesetze und all das, was Mama und Papa uns über Jahre eingeimpft haben, wirksam ausbreiten. Mit beiden muss das Ich irgendwie zurechtkommen. Baumeister nimmt an, dass dieser Kampf zwischen Über-Ich und Es das Ich ständig vor einen schier unüberschaubaren Berg von Entscheidungen stellt: Auf wen sollen wir hören? Auf die Mutter, die uns Schokolade vor dem Abendessen verbietet, oder auf die Werbung, die uns den Mund wässrig macht? Oder vielleicht doch auf die Sportzeitschrift, die uns von Zucker generell abrät? Also Nussschokolade? Dass all dies für das Ich ganz schön anstrengend ist, hat Baumeister wissenschaftlich belegen können: Er und seine Kollegen stellten den schokoliebenden Probanden Schoko-Cookies und M&Ms vor die Nase. Den Probanden, die der süßen Versuchung während einiger Ablenkmanöver widerstehen konnten, fiel es danach schwerer, anderen Verlockungen standzuhalten. Ihr Ich war erschöpft. Und während es sich für einen kurzen Moment ausruhte, fräste sich das Es durch Hände voll Keksen und Schokolinsen.

Nach den Sternen greifen oder genügsam sein

In unserer Wirtschaft und in unserem gesamten Leben geht es ständig darum, Entscheidungen zu treffen. Dabei lassen wir uns in zwei Gruppen unterteilen: in Maximierer, die immer das bestmögliche Ergebnis haben möchten, und in Genügsame, die Kosten und Nutzen gegeneinander abwägen. Der Psychologe und Nobelpreisträger Herbert Simon veröffentliche 1956 einen Aufsatz, in dem er das Konzept des *Satificing* vorstellte: Das Wort setzt sich zusammen aus *satisfying* (zufriedenstellen) und *sufficing* (genügen).[388] Simon glaubt, dass Satificer, also die Genügsamen, in Entscheidungssituationen erst überlegen, was sie erreichen wollen, und dann ihre Optionen und deren Anforderungen abschätzen. Ein genügsamer Mensch wählt demnach auch ein Ergebnis, das nur mittelmäßig ist, wenn er dafür einen anderen Vorteil hat. Ein Satificer würde beispielsweise auch ein etwas weniger prestigeträchtiges und langsameres Auto kaufen, wenn er dafür bei der Anschaffung Geld und auf lange Sicht Benzin sparen könnte. Der Genügsame begnügt sich mit weniger, da er die Kosten im Blick behält und weiß, wie lange er für eine teurere Anschaffung arbeiten müsste.

Maximierer sind dagegen nicht so leicht zufriedenzustellen: Sie suchen immer nach dem größtmöglichen Gewinn, dem höchsten Nutzen. Sie haben hohe Erwartungen und Ansprüche – die jedoch oft unter die Räder der Realität geraten: Nicht immer erreichen sie ihre hohen Ziele. Sie sind mit ihren Entscheidungen oft unzufrieden, egal ob sie sich ein Auto kaufen wollen oder sich zwischen den zahlreichen potenziellen Partnern auf einer Dating-Seite entscheiden müssen.[389] Denn es hätte ja, wie sie hinterher argwöhnen, eine bessere Alternative geben können. Dadurch sind sie sowohl mit jeder einzelnen Entscheidung als auch mit ihrem Leben im Allgemeinen deutlich weniger zufrieden als die Genügsamen.[390] Maximierer verpassen den aktuellen Moment, während sie sich über vergangene Entscheidungen ärgern und um künftige Optionen Sorgen machen. Unterdessen genießen die Genügsamen, was sie haben. Denn manchmal sind 80 Prozent ausreichend. Ist Genügsamkeit das Fundament für das Glück, sollten Maximierer hier vielleicht doch einmal genauer hinsehen: Statt den Nutzen eines materiellen Gegenstands zu maximieren, könnten sie auch das Beste für ihr eigenes Leben herausholen: 100 Prozent Zufriedenheit.

Uniformen und das zweite Gericht von oben

Wie und warum wir uns entscheiden und warum nicht, erforscht der Professor für Neuro- und Wirtschaftswissenschaften Moran Cerf. Seine neurologischen Erkenntnisse überträgt er in die Welt des Marketings. Cerf nimmt an, dass Menschen generell eher lausige Entscheidungen treffen. Deshalb legt er seiner Zuhörerschaft in seinen Vorlesungen und zahlreichen Medienauftritten nahe, manche Entscheidungen mit Bedacht zu treffen: mit wem wir befreundet sind, wofür und wie schnell wir unser Geld ausgeben und wer mit uns alt werden soll. Die meisten anderen, kleineren Entscheidungen sollten wir dagegen dem Zufall überlassen.

Cerf selbst bestellt beim Mittagessen grundsätzlich das zweite Gericht der Tageskarte. Genauso gut könnte auch jemand anders diese Entscheidung für ihn treffen. Hauptsache, er muss nicht selbst entscheiden. So bleiben sein Ich und sein Entscheidungsmuskel frisch und stark für wichtigere Entscheidungen. Aus demselben Grund entscheiden sich erfolgreiche Menschen wie Apple-Gründer Steve Jobs und Facebook-Erfinder Marc Zuckerberg für ein simples Outfit: schlichter Pulli, Jeans, unauffällige Schuhe. Mit dieser Uniform steht man nicht nur für kreatives Understatement, sondern entledigt sich auf einfache Weise einer allmorgendlichen Entscheidung.

Mit Cerfs Wahl im Restaurant und Jobs Rollkragenpulli lassen sich die Lebensfragen aus der Puddingwerbung ganz einfach beantworten. Jeden Tag aufs Neue. So muss sich das Ich nicht an unbedeutenden Alternativen abarbeiten – und das Leben wird einfacher.

Zurück in die Natur

Das einfache Leben scheint eine der großen Sehnsüchte unserer Zeit zu sein: Magazine, die das schlichte Landleben in hübschen Bildern präsentieren, Entspannungsangebote wie Yoga und Meditation und schnörkellose Möbel erleben einen wahren Hype. Während unsere Welt immer komplexer wird, wollen wir kaum etwas mehr als Einfachheit. 1938 beklagte der Psychoanalytiker und professioneller Pessimist Sigmund Freud noch, die Erfindung der Eisenbahn habe dazu geführt, dass die Jugend in die Ferne ziehe und die Menschen nun ein Telefon bräuchten, um voneinander zu hören. Der Fortschritt beschleunigt sich selbst und eine Erfindung führt zur nächsten. Mehr schreit nach immer mehr – während die darin lauernde Pleonexia still und heimlich unser Leben immer komplizierter macht.

Genau in dieser Zeit taucht ein Buch wieder auf, das bereits 1854 das Licht der Welt erblickte: *Walden* von Henry David Thoreau. Darin erzählt der Schriftsteller von der Zeit, in der er als Einsiedler im Wald lebte – und was er daraus gelernt hat. *Walden* ist ein Amoklauf gegen die Beschleunigung unserer Zeit, ein Warnschrei aus einer Zeit, in der der Kapitalismus noch nicht mit Worten wie „Turbo" oder „Killer" umschrieben wurde. Es ist ein Einspruch gegen das schnelle, das entmenschlichte, das auslaugende Leben, das sich rasant von der Natur entfernt. Thoreau geht in Siebenmeilenwanderstiefeln zurück zur Natur:

„Ich bin in den Wald gezogen, weil mir daran lag, bewusst zu leben, es nur mit wesentlichen Tatsachen des Daseins zu tun zu haben. Ich wollte sehen, ob ich nicht lernen könne, was es zu lernen gibt, um nicht, wenn es ans Sterben ging, die Entdeckung machen zu müssen, nicht gelebt zu haben. Ich wollte kein Leben führen, das eigentlich kein Leben ist, dazu war es mir zu kostbar. Ich wollte intensiv leben, dem Leben alles Mark aussaugen, so hart und spartanisch leben, dass alles die Flucht ergreifen würde, was nicht Leben war; wollte mit großem Schwung knapp am Boden mähen, um das Leben in die Ecke zu treiben und es auf die einfachste Formel zurückzubringen."[391]

Thoreau war Minimalist, und das schon lange, bevor es cool war. Er lebte in der Fülle, jenseits des materiellen Reichtums. Er suchte nach dem echtem, dem wahren Leben und nach Werten, die Bestand statt eines Ablaufdatums haben. So rief er seine Leser auf: „Vereinfache, vereinfache" – sei bescheiden beim Essen, anspruchslos bei der Behausung und der Kleidung und suche das Echte. Im Wald lebte er im Rhythmus der Natur, richtete sich nach den Tages- und Jahreszeiten, während er in seinem früheren Leben als Journalist nach der Diktatur von etwas Künstlichen gelebt hatte: der Zeit. Doch Thoreau wollte niemandes Untertan sein, nicht der Zeit und schon gar nicht des Geldes und einer für ihn bedeutungslosen Arbeit. Er beschreibt in seinem Buch detailreich, wie hart das Leben im Wald ist und wie schön zugleich. Und dass das einfache Leben nicht einfach ist.

Gestresste Großstädter

Mit seinem vorübergehenden Ausbruch in die Wälder lag Thoreau offenbar schon Mitte des 19. Jahrhunderts richtig: Fast 200 Jahre später findet ein Psychiater heraus, dass Großstadtbewohner deutlich häufiger an psychischen Erkrankungen wie Depressionen und Schizophrenie leiden als die von ihnen belächelten Landeier. Sie empfinden mehr sozialen Stress, der zu einer Hyperaktivität in Hirnregionen führt, die für die Regulation von Gefühlen nötig sind. Bei den Untersuchungen zeigte sich auch, dass der Stress des Großstadtlebens die Gehirnphysiologie verändern und dadurch unser Gefühlsleben völlig auf den Kopf stellen kann.[392] Das Leben in einer Großstadt ist für unsere immer noch auf Steinzeit programmierten Menschengehirne kaum greifbar.

In Großstädten leben wir oft dicht an dicht und kennen unsere Nachbarn dennoch kaum. Wir pendeln stundenlang zur Arbeit, stehen im Stau und fahren mit dem Fahrrad über rote Ampeln und in offene Autotüren. Wir bestellen Pizza um drei Uhr morgens und Frühstück um fünf Uhr nachmittags. Große Städte bieten uns Kino, Theater und Untergrundpartys, Schwimmbäder und Spas, Büchereien, die rund um die Uhr geöffnet haben. Hier können wir unserem Wunsch nach mehr, nach Neuem, Besserem freien Lauf lassen. Um das alles in ihr Leben gestopft zu bekommen, reden und laufen Großstädter schneller als Menschen auf dem Land. Und so stehen wir jeden einzelnen Tag vor 35.000 Entscheidungen, wählen zwischen Kaffee ohne Milch und Schokolade mit Nüssen, während unser Steinzeitgehirn uns leise zuflüstert: „Vereinfache, vereinfache …"

Warum weniger mehr ist

Vereinfachen klingt einfach. Schnell ist etwas verschenkt, von dem wir offensichtlich zu viel haben. Doch nachdem alles schön sortiert ist, schleichen sich bald wieder neue Dinge in unser Leben – und der Kreislauf beginnt von vorne. Wenn wir dauerhaft mit weniger leben möchten, sollten wir auch in unserem Kopf entrümpeln – und die blinden Flecken auf dem Müll werfen.

Lange dachte ich selbst, ich hätte mich Shopping-technisch gut im Griff. Durch die Läden zu ziehen, hat mir selten wirklich Spaß gemacht und sich oft eher wie ein Trip zum Supermarkt angefühlt: Wenn meine Schuhe ausgelatscht waren, brauchte ich halt neue Schuhe. Da ich während und einige Zeit nach dem Studium auch nicht unbedingt im Geld schwamm, hatte ich tendenziell immer etwas Mitleid mit potenziellen Einbrechern, da sie vermutlich nach dem Aufhebeln der Tür sehr enttäuscht hätten sein dürften. Dennoch: Beim Ausmisten stieß ich immer wieder auf blinde Flecken. Und mit Flecken hat auch mein Schlüsselmoment zu tun.

Der blinde Fleck im Cremetopf

Als YouTube langsam populär wurde, schaute ich mich dort ausgiebig um. Rein aus Recherchegründen, versteht sich. Neben selbst gemachter Comedy aus dem Kinderzimmer und allerhand Fitnessvideos fanden sich auf der Startseite auch einige Beauty-Tutorials. Beschwingt klickte ich mich durch die kurzen Clips. In dem Alter, in dem viele der Vorschminkerinnen waren, hatte ich noch gar keine Ahnung davon, wie ich das passende Make-up finde, geschweige denn, wie ich es anwende, ohne wie ein mit Matsch getarnter Nahkämpfer auszusehen oder darunter eine solide Schicht Pickel aus meinen Poren hervorzulocken. Kurz: Ich war fasziniert von der Wunderwelt, die sich in meinem Smartphone vor mir auftat. Ich fiel darauf herein: auf die Verheißungen der Werbung. Und irgendwie wollte ich auch darauf hereinfallen. Ich mochte die Illusion, dass ein Mittelchen aus der Drogerie mich für immer wie Anfang 20 aussehen lassen könnte.

Also probierte ich immer wieder etwas Neues aus. Im Vergleich zu den YouTubern, die Hauls machen, also tütenweise Zeug nach Hause tragen, um dieses dann ungetestet oder nach kurzem An-der-Packung-Schnüffeln in die Kamera zu halten, war ich sicher ein sehr mäßiges Opfer der Hautpflegeindustrie. Und dennoch: Es ist mir lange nicht aufgefallen, dass ich Dinge kaufte, die ich gar nicht brauchte und in ähnlicher Form schon mehrfach zu Hause herumstehen hatte, immer in der Hoffnung, mit dem neuen Produkt die beste Version meiner selbst hervorzubringen oder wenigstens meine Oberfläche möglichst ansehnlich zu gestalten. Bis ich beschlossen hatte, mal so richtig auszumisten. Beim großflächigen Aussortieren kam ich irgendwann auch in meinem Badezimmer an. Dabei fielen mir drei Dinge auf:

1) Ich hatte eindeutig zu viele Gesichtscremes. (Um Ihnen eine Vorstellung zu geben: Ich hatte drei Nachtcremes und zwei Tagescremes. Alles im Rahmen – aber wer nur ein Gesicht hat, braucht vermutlich keine fünf Cremes.)

2) Ich hatte unbewusst Zeug in mein Leben geholt und Geld dafür hinausgeworfen – ohne dass es mich irgendwie weitergebracht hätte.

3) In mir stieg die Angst hoch, dass es nun ans Eingemachte gehen würde und ich eine lieb gewonnene Gewohnheit aufgeben müsste.

Es war also Zeit, die Gewohnheit, ab und zu mal etwas Neues auszuprobieren, kritisch zu hinterfragen. Doch da unser Unterbewusstsein sich an Gewohnheiten klammert, überschwemmte es mich gleich mit einer ganzen Reihe von Fragen: Verbiete ich mir hier gerade jeden Spaß? Sollte ich nun für immer auf Pröbchen, Tübchen und bunte Fläschchen mit den Heil versprechenden Cremes und Gels verzichten? Würde ich so meinem Gesicht die Chance verwehren, die bestmögliche Pflege zu erhalten und in seiner ansehnlichsten Form morgens aus dem Haus hervorgucken zu dürfen? Und wer mag schon Fanatiker?

All dieser Wust an Gedanken rang um meine Aufmerksamkeit, während ich mit meinem Karton, in den ich die aussortierten Dinge legte, im Bad vor dem weit geöffneten Spiegelschränkchen stand. Als ich in meinen sich füllenden Pappkarton blickte, überlegte ich, ob ich mich nun für ein freudloses Leben entschieden hatte. Ich klappte den Schrank zu und schaute in den Spiegel. Und in meinem Gesicht entdeckte ich die Antwort – in Form von kleinen roten Flecken: Das Rumprobieren war nicht nur teuer, sondern für mich auch ein Quell der Hautunreinheiten. Mein Gesicht hatte entgegen seiner Besitzerin offensichtlich große Freude am ewig Gleichen: Jede neue Creme schien eine andere Stelle meiner mich damals so kostbar dünkenden Oberfläche mit neuen, fröhlich leuchtenden Wunschpunkten zu überziehen. Überpflege nennen Hautärzte das, was ich mir in den letzten Jahren auf dem Pelz zurechtgecremt hatte. Für unsere

Haut gilt das fast schon abgedroschene Weniger-ist-mehr-Klischee auch in der Zeit des Überflusses.

Mein Hang, mich mit einer neuen, noch hübscher verpackten Maske zu verwöhnen, bekam meiner Haut also gar nicht. Es war Zeit, mir etwas einzugestehen: Meine Haut ist gar nicht so pleonektisch eingestellt wie mein Kopf. Während ich noch dachte, dass ich mit einer Creme die Folgen einer anderen ausgleichen könnte, war mein Gesicht bereits ausgestiegen: Es weigerte sich standhaft, sich über den vermeintlichen Luxus zu freuen. Es war gerötet und litt sichtlich unter der Flut an immer Neuem und immer mehr. Die Reaktion war eindeutig: Aus Rötungen wurden Pusteln, aus Pusteln Narben – und aus einer euphorischen Käuferin eine frustrierte Minimalistin. Kurz: Würde ich den YouTube-Kanal zudrehen und die Gesichtspflege schön verpackt im Regal der Drogeriemärkte stehen lassen, würde ich nichts verlieren. Im Gegenteil: Auch wenn die Experimente keinen dauerhaften Schaden angerichtet hatten, waren sie doch zumindest teuer gewesen – und in jedem Fall sinnlos. So landeten die überzähligen Cremes in meinem Karton. Seither herrscht auch in Sachen Pusteln bei mir Minimalismus. Und ich bin mit meiner Haut wieder im Reinen.

Jack in the box

Unsere Haut, unseren Schrank oder uns selbst zu überfüttern, wird uns heute unglaublich leicht gemacht. Der Überfluss kommt in der Box – in einer Abo-Kiste für Dinge. Hübsch in Seidenpapier oder Holzspäne gebettet, flattern einmal im Monat Nagellacke und feuchtigkeitsspendende Tagescremes, vegane Brotaufstriche und handgebraute Biere auf unsere Fußmatte. In der Pappkiste schicken uns findige Marketingexperten eine Auswahl von Produkten einer bestimmten Kategorie: Kosmetik, vegane Lebensmittel oder Wurstspezialitäten. Sogar für Yogaklamotten ist das zu haben: Für 80 Euro im Monat bekommen zahlungskräftige Yogis regelmäßig ein neues, dehnbares Outfit. Jeden Monat. In einem Jahr kommen so zwölf Hosen, zwölf BHs und zwölf T-Shirts zusammen. Selbst wer jeden Tag Yoga macht und seine Kleidung ungern zweimal trägt, der kommt fast zwei Wochen aus, ohne auch nur ein Teil in die Waschmaschine werfen zu müssen. Mit der Box schleichen sich Dinge in unser Leben, von denen wir nicht wussten, dass wir sie brauchen. Und von denen wir nicht wissen, dass wir sie nicht brauchen.

Wir zahlen dafür, vom Inhalt der Box überrascht zu werden. Als erwarteten wir, dass eine Clownspuppe von einer Sprungfeder getrieben aus der Kiste schießt. Und während wir uns noch fragen, was an einem Spüllappen vegan sein kann, steht bereits die nächste Box auf der Fußmatte. Meist finden sich in ihr auch ein, zwei Dinge, die uns eigentlich gar nicht so gut gefallen. Statt Jack in the box also Junk in the box. Wenn wir das Zeug nicht an Kollegen oder Freunde verschenkt bekommen, landet es zu Hause in irgendeiner Schublade – oder gleich im Müll. Überraschungsboxen sind Konsum ohne Bedarf. Sie sind der Maximalismus mit acht Ecken.

Wir bezahlen dafür, dass die Pleonexia Gläschen mit ausgefallenen Aufstrichen in unserem Vorratsschrank stapelt, ungetragene Yoga-Tops in überquellende Schubladen presst und neben unserem Bett ein Fort aus ungelesenen Büchern errichtet. Allmählich geht uns der Raum aus, als rückten die Wände immer näher. Die Aufräumexpertin Marie Kondo erinnert gern an ein altes japanisches Sprichwort: „Die Unordnung im Zimmer entspricht der Unordnung im Herzen." Und die Beklemmung zwischen all dem ungenutzten Zeug entspricht der Beklemmung in unserer Seele. Mit ihrer Konmari-Methode versucht Kondo, Menschen zu einem ordentlichen Zuhause und damit zu einem klaren Verstand und einem glücklichen Herzen zu verhelfen. Sie begreift jedes von Grund auf ausgeräumte, aussortierte und systematisch neu eingeräumte Zimmer als einen Neuanfang. Dabei sollen Aufräumende jedes Teil einzeln in die Hand nehmen und sich ganz bewusst fragen: Bringt mir dieser Gegenstand Freude? Nein? Dann weg damit. Ein Prinzip, das wir auf vieles in unserem Leben übertragen können.

Aufräumen im Leben

Für Kondo ist das Aufräumen unseres Lebensraums eng verbunden mit dem Aufräumen unseres Geistes. Damit folgt sie der Idee der Zen-Gärten, in denen Mönche mit einem Rechen Ordnung in einen Garten aus kleinen Kieselsteinen und damit Ruhe in ihre Gedanken bringen. Unsere Art, mit materiellen Dingen zu leben, ist immer auch eine Frage danach, wie wir unser Leben gestalten wollen. Auch wenn Ausmisten und Entrümpeln wenig philosophisch erscheinen mögen, so ist der bewusste Umgang mit unserem Besitz immer auch eine Auseinandersetzung mit unserem Verhältnis zur Pleonexia. Denn wer einmal sehenden Auges alles durchpflügt hat, was sich in Schränken und Schubladen, in Kisten und Winkeln versteckt, der bringt auch Neues mit einer anderen Haltung in sein Leben – und nicht mehr in einer Box. Minimalismus ist geistiges Entrümpeln. Durch ihn erobern wir uns die Kontrolle über unsere Einkäufe zurück: die Kontrolle über das Chaos in unserem Haus – und über unser Leben.

Minimalismus ist ein Leben mit weniger: weniger Konsum, weniger Sachen, weniger Stress. Im Gegenzug für den minimalen Verbrauch von materiellen oder geistigen Ressourcen bringt freiwillige Einfachheit an andere Stelle ein deutliches Mehr: mehr Ruhe, mehr Sinn, mehr Selbstbestimmung. Der Minimalismus rückt andere, nicht materialistische Werte ins Zentrum des Lebens, drängt den materiellen Konsum an den Rand und macht ihn zur Nebensächlichkeit. So wird aus weniger wirklich mehr.

Wo fange ich an?

Ich packe meinen Koffer und lasse da – es klingt wie ein Kinderspiel. Doch statt sich auf einen völlig vollgestopften imaginierten Koffer zu knien, um den Inhalt so zusammenzudrücken, dass sich die Schnallen irgendwie unter Gewalteinwirkung schließen lassen, wird das Gepäck der Minimalisten immer leichter. Bis alles, was sie besitzen, bequem in einen Koffer oder zumindest in wenige Umzugskisten passt. In den vergangenen Jahren habe ich ein paarmal all mein Zeug in zwei Kategorien eingeteilt: Kommt in den Rucksack oder kann hierbleiben. Immer wieder packte ich Töpfe, Bücher und Handtücher in Umzugskisten und stellte sie bei Verwandten unter. Ich zog nach Guatemala, El Salvador oder in ein winziges Zimmer in Berlin. Dabei hatte ich nur eine Gitarre und das, was in einen großen Wanderrucksack passte. Was wir wirklich brauchen, ist meist nicht viel: Kleidung, eine Zahnbürste, Laptop und Kamera für den Job, vielleicht ein paar Bücher. All das passt bequem in einen Rucksack.

Ein paar Jahre später habe einige Quadratmeter mehr, auf denen ich mich und mein Zeug ausbreiten kann. Bei meinem letzten Umzug hatte ich immer noch einen großen Wanderrucksack und eine Gitarre – und 20 Umzugskisten. Einige davon standen nach dem Wohnungswechsel monatelang in der Ecke, ohne dass ich auch nur einmal die Pappdeckel geöffnet hatte. Offenbar ließ es sich auch ohne das leben, was sich in der Kiste versteckte. Und als ich das letzte Mal für einige Zeit auf einem anderen Kontinent hauste, schlich sich ein Gedanke heimlich in mein Gepäck: Zum ersten Mal wurde mir wirklich bewusst, dass ich eigentlich nur das brauche, was in meinen Rucksack passt. Nichts von dem Zeug, das zu Hause auf mich wartete, fehlte mir. Im Gegenteil: All die Bücher, Tassen und Schallplatten kamen mir wie unnötiger Ballast vor. Klar, wenn ich nicht ständig unterwegs bin, brauche ich ein paar Teller, eine Pfanne und einen Topf. Viel mehr ist aber nicht notwendig. Damit war der erste Schritt getan: Ich beschloss, mein Verhältnis zu all den Dingen in meinem Leben bewusst zu überdenken.

Da ich mich schon ein paar Jahre lang kannte, war mir klar, dass ich nicht von heute auf morgen alles über Bord werfen konnte. Der zweite, entscheidende Schritt war deshalb, die Dinge entspannt anzugehen. Ich genehmigte mir eine großzügige Übergangszeit, in der ich mich bewusst von meinem alten Leben verabschieden konnte und gelegentliche Rückschläge o. k. waren. In dieser Phase sollte sich herausstellen, was wirklich überflüssig war und was auf jeden Fall bleiben durfte.

Mit dem Entschluss selbst ist es aber meist nicht getan – genauso wenig wie die Entscheidung einem den Cheeseburger aus der Hand reißt. Wer sich nicht kopfüber in den Minimalismus stürzen will, steht bald vor der Frage: Wo fange ich an?

5 Ideen für den Start in eine minimalistische Zukunft

Startidee 1: Anti-Shopping

Beim Anti-Shopping oder der Korbmethode zieht der angehende Minimalist mit einem Korb durch seine Wohnung wie durch einen Shopping-Tempel. Doch statt mit neuen Sachen füllt er sein Körbchen mit den Dingen, die er nicht mehr braucht. Und das sind meist viel mehr, als wir vor dem Spaziergang mit dem Korb gedacht haben. Wenn der Korb gut gefüllt ist, können die Inhalte in ein vorübergehendes Lager umziehen, etwa einen Umzugskarton in der Küche. Am nächsten Tag geht es auf dieselbe Weise weiter. Am Ende der Woche kommt eine ganze Menge zusammen.

Startidee 2: Ein Ding pro Tag

Ein spielerischer Start in den Minimalismus ist es, ein Teil pro Kalendertag auszusortieren. Am ersten des Monats ein Teil, am zweiten zwei Dinge und am vierzehnten, richtig: 14 Teile. Je nachdem, wie lange der Monat ist, kommen so bis zu 465 Dinge zusammen, die wir nicht vermissen werden. Am besten geht es, wenn wir uns mit Freunden zusammentun: Gemeinsam mit zwei Freundinnen beschloss ich, einen Monat lang täglich je eine Sache auszusortieren. Am Ende des Tages schickte jede von uns ein Foto von unserem Häufchen aussortierter Gegenstände an die anderen. Gelegentlich tauchten dabei Sachen auf, die vorher unter Staub und Scham begraben waren: CDs von den Backstreet Boys, VHS-Kassetten und breite Fussel-Haargummis in Neonpink. Wer bis zum letzten Tag durchhält und stets etwas aussortiert, gewinnt. Und bekommt ein Eis. Oder nichts – passend zur neuen Lebenseinstellung.

Startidee 3: Schreibtisch abschaffen

Wer selbstständig ist oder sich dann und wann Arbeit mit nach Hause nimmt, nennt meist einen Schreibtisch sein Eigen. Schnell wird dieser jedoch nicht nur ein Mekka der Produktivität, sondern oft auch ein Hort des Chaos. Papiere, Bücher und ein wirrer Mix aus Stiften, Büroklammern und zerknüllten Zettelchen bedecken die Tischplatte und lassen uns geschäftig erscheinen. Bei meinem letzten Umzug habe ich meinen Schreibtisch abgeschafft und bin nur mit meinem großen Küchentisch in die neue Bleibe gezogen. Wenn ich dort nach einer durchtippten Nacht am nächsten Morgen in Ruhe und ohne an die wartenden Aufgaben erinnert zu werden, frühstücken möchte, muss alles vor dem Schlafengehen von der Bildfläche verschwinden. Die Stifte kommen zurück in das Etui, der Laptop in den Rucksack oder auf seinen Platz auf dem Sideboard und zerknüllte Zettel in den Papiermüll. Und auch wer einen stationären PC hat und deshalb an seinem Schreibtisch hängt, kann sich die Sicht freischaufeln und seine Unterlagen und Utensilien in einer Schublade ablegen. So bleibt die Wohnung ein Ort des Rückzugs und der Entspannung.

Startidee 4: Capsual Wardrobe 333

Für all diejenigen, deren Achillesferse aus textilem Wahnsinn gewoben ist, können ihre Reise Richtung Minimalismus in ihrem Kleiderschrank starten. Minimalismus und guter Stil müssen keine Gegensätze sein. In Wirklichkeit sind sie sogar sehr gute Freunde. Wenn wir uns auf wenige Stücke beschränken, wählen wir in der Regel nur Lieblingsteile aus. Wenn wir beispielsweise unseren Rucksack für die Auswanderung nach Katmandu packen, nehmen wir lieber den schönen warmen Kapuzenpulli als das ausgeleierte Sweatshirt vom Discounter mit. Um den Kleidungsfuhrpark zu reduzieren, gibt es radikale und weniger radikale Ansätze. Fortgeschrittene Kleiderminimalisten beschränken sich für drei Monate auf 33 Kleidungsstücke, Unterwäsche und Socken ausgenommen. Daher hat das Projekt auch seinen Namen: 333.

Die Minimalismus-Bloggerin Courtney Carver dachte sich das Projekt aus – und startete es, ohne jemandem davon zu erzählen. Erst befürchtete sie, so schrieb sie in ihrem Blog, dass es ihren Arbeitskollegen auffallen und diese ihr aufgrund der ständig gleichen Garderobe unterstellen würden, finanziell ins Trudeln geraten zu sein. Doch zu ihrer Überraschung passiert nur eine Sache: nichts. Niemandem fiel auf, dass sie sich in nur 33 verschiedene Kleidungsstücke hüllte. Tag für Tag für Tag.

Wer keine Lust auf derartige Experimente hat, für den könnte eine grundlegende Umwälzung im Bestand interessant sein: In den 1970ern prägte die Boutiquebesitzerin Susie Faux den Begriff der *Capsule Wardrobe*. In dieser abgespeckten Version eines Kleiderschranks finden sich ausschließlich ausgewählte Stücke, die nie aus der Mode geraten: Blusen, Röcke, Hosen. 1985 machte die Designerin Donna Karan diese Idee populär. Sie brachte eine Kollektion heraus, die Faux' Idee in Perfektion umsetzte: Alle sieben Teile waren untereinander kombinierbar. Mit einer Capsule Wardrobe sind nur wenige Kleidungsstücke erforderlich, um jeden Tag gut angezogen zu sein.

Starten lässt sich eine solche Garderobe, indem wir uns für Farben oder einen Stil entscheiden, die oder den wir noch lange mögen werden. Kaufen wir neue Dinge, müssen wir nur kurz überlegen, ob sie zu unserer bisherigen Schrankfüllung passen. Wer generell gern Klassiker trägt, einem maritimen Stil treu bleibt oder auf Steve-Jobs-artige Uniformen steht, für den ist es eine gute Lösung, um mehr Klarheit in den Schrank zu bringen.

Startidee 5: Umzug spielen

Zugegeben: Umzüge sind aufwendig, kosten Zeit und Nerven. Wer seine Habe allerdings reduzieren möchte, für den kann es eine große Hilfe sein, einen Umzug zu simulieren. Erst packen wir alles fein säuberlich in Umzugskisten, genau so, als würden wir wirklich umziehen. Dann kommen die Kisten an einen Ort, wo sie nicht so sehr im Weg stehen. Das kann je nach Schnitt der Wohnung die Küche, das Schlafzimmer oder der Dachboden sein. Und immer, wenn wir etwas vermissen, holen wir es einfach wieder aus dem entsprechenden Karton hervor. Dabei zeigt sich eher später als früher, was wir in Wirklichkeit gar nicht brauchen – und bis zum nächsten, echten Umzug in der Kiste liegen bleibt. Was nach einem Jahr noch in der Box schlummert, wird gespendet oder fachgerecht entsorgt.

Eine etwas minimalistischere Einstellung in unser Zuhause zu lassen, kann uns guttun. Wissenschaftler stellen immer wieder fest, dass ein vollgestopftes, unübersichtliches Zuhause und ein mit Stapeln von Unterlagen, Haftnotizen und Kugelschreibern überschwemmter Schreibtisch Stress verursachen können. Unordnung verursacht also Stress. Und Stress ist es häufig, der uns zu Junkfood-Junkies macht, uns verschlafen lässt oder in Netflix-Abhängige verwandelt.[393] Eine andere Studie lässt zudem vermuten, dass Kinder, die in einem chaotischen, unordentlichen und mit viel zu vielen Dingen zugestellten Zuhause groß werden, einen niedrigeren IQ haben.[394] Marie Kondo scheint also recht zu behalten: Ein chaotisches Zuhause spiegelt eine unruhige Seele wider. Und es hält die Unruhe in der Seele gefangen.

Mithilfe der fünf Startideen können wir dagegen mehr Klarheit darüber erlangen, was wir wirklich brauchen und was nicht. Dadurch werden unsere Prioritäten in der Wohnung und im Leben deutlicher – und wir können mehr Ruhe im Alltag finden. Wenn das Chaos unser Haus verlässt, kann das Glück womöglich bald einziehen.

Weg damit!

Ohne Ballast lebt es sich leichter. Doch wenn wir vor einem Berg an Sachen stehen, packt uns bisweilen die Furcht, dass dieser uns erschlagen könnte, wenn wir etwas an der falschen Stelle herausziehen. Deshalb ist es für viele Ausmistwillige einfacher, das unüberschaubare Chaos systematisch anzugehen. Mit einem Schritt-für-Schritt-Plan kann jeder in seinem eigenen Tempo durchgehen, wo welcher Ballast das Haus verlassen darf.

Badezimmer

Fast leere Drogerieprodukte und Pröbchen, eingetrocknete Wimperntusche, ausgekratzte Cremetöpfchen und ein Stapel von Pröbchen und Ein-Portion-Duschgels – in vielen Badezimmern sammeln sich Dinge, die eigentlich gar nicht oder nicht mehr gebraucht werden. Wenn die Pröbchen so praktisch für das Urlaubsgepäck sind, warum haben wir sie dann die letzten drei Male nicht eingepackt? Wenn leere Verpackungen nur als Erinnerung für den nächsten Einkauf aufgehoben werden, können wir das Relikt durch ein Foto oder eine Notiz ersetzen – oder durch den nachgekauften Artikel.

Nagellack

Über noch volle Fläschchen mit einer nicht perfekt passenden Farbe freut sich oft eine andere: Freundinnen oder Arbeitskolleginnen entpuppen sich schnell als dankbare Abnehmerinnen. Eingetrocknete oder fast leere Nagellackbehälter gehören in den Sondermüll oder zu den Farbresten auf dem Wertstoffhof.

Überflüssige Schminke

Zeitschriften, Werbung und YouTube-Tutorials verlocken dazu, immer Neues auszuprobieren. Irgendwann stapeln sich dann ähnliche Produkte im Schrank, von denen kaum eines genutzt, geschweige denn aufgebraucht wird. Da Cremes, Lidschatten und Co. nach dem Öffnen nur eine begrenzte Zeit haltbar sind, ist die Sammlung ein guter Startpunkt für das große Ausmisten.

Ungeliebte Pflege

Seien wir einmal ehrlich: Wenn etwas nicht gut riecht, wollen wir es uns auch nicht ins Gesicht schmieren. Vielleicht mag ein Freund den Geruch oder die Pflegeeigenschaften eines bestimmten Produkts lieber als wir? Dann können wir ihm oder ihr damit eine kleine Freude machen. Besser, als den Fehlkauf im Schrank verderben zu lassen, ist das allemal.

Alte Medikamente

Abgelaufene Medikamente gehören weder in unser Medizinschränkchen noch in unseren Körper. In vielen Städten dürfen Tabletten, Tropfen oder Säfte durchaus in die Restmülltonne. Wer auf Nummer sicher gehen möchte, kann alte Medikamente in der Apotheke abgeben.

Tipp: Rumprobieren kann Spaß machen. Genauso kann es aber auch teuer sein, die Haut irritieren oder einfach als Fehlkauf im Schrank enden. Wer eine Tagespflege, ein Duschgel oder einen Rasierschaum gefunden hat, der genau die richtigen Eigenschaften hat, sollte einfach dabei bleiben.

Kleider, Wäsche- und Schuhschrank

Kaputte Kleidung, Schuhe und Taschen

Wenn eine Hose schon seit drei Jahren einen Riss im Schritt hat und seither im Schrank neben dem Nähzeug liegt, wird sie vermutlich auch in den nächsten drei Jahren nicht auf magische Weise wieder tragbar werden. Kaputte und aufgetragene Kleidung, die wir voraussichtlich nie reparieren werden, blockiert wertvollen Platz im Schrank. Schuhe lassen sich dagegen oft sehr gut reparieren – man muss es eben nur machen. Oder machen lassen: Wer den meist im Schuhkarton mit herumfliegenden Ersatz-Pfennigabsatz mit dem Karton entsorgt hat, bekommt beim Schuster für etwa fünf Euro eine neue Scheibe unter den Pumps. Wanderstiefel kriegen für 10 bis 20 Euro eine neue Sohle verpasst. Und mit dünnen Einlagen aus der Drogerie oder dem Schuhgeschäft erhält die ausgelatschte Innenauskleidung einen bequemen Überzug. Viele Schuster kennen sich auch mit Lederwaren aus. Statt Taschen aus Tierhaut wegzuwerfen, kann ein Profi Schnallen und

Reißverschlüsse ersetzen, Gürtel enger machen und sogar Motorradkleidung vor der Mülltonne retten.

Zu Kleines, zu Enges und zu Weites

Was nicht passt, wird passend gemacht: Das kann auch für unsere Kleidung gelten. Der lange Saum unseres Kleides gibt uns das Gefühl, mindestens 30 Jahre älter und Anhängerin einer zweifelhaften Religionsgemeinschaft zu ein? Mit einer Nähmaschine lässt sich ein Saum in ein paar Minuten auf die richtige Höhe bringen. Schon haben wir vielleicht ein neues Lieblingsteil im Schrank – schließlich haben wir uns irgendwann mal im Geschäft dafür entscheiden. Alles, was nicht passt und nicht passend gemacht werden kann, findet über das Internet oder im Secondhandladen einen neuen Besitzer, dem die Klamotte besser steht.

Ballkleider und Karnevalskostüme

Es gibt Kleidungsstücke, die ziehen wir nur ein, vielleicht zwei Mal in unserem Leben an: das Kleid vom Abiball oder von der Hochzeit, das Hühnerkostüm vom Junggesellenabschied oder das Piratenoutfit vom Karnevalsumzug vor fünf Jahren. Sollen diese Teile nicht für alle Ewigkeit im Kleiderschrank hängen bleiben, sollten sie dort besser schnell verschwinden. Vielleicht hat ja jemand anders Lust, sich als Hühnchen zu verkleiden. Und falls das Teil dann doch einmal für einen speziellen Anlass vermisst wird: Kleider, Anzüge und Kostüme lassen sich bei Freunden oder in Spezialgeschäften ausleihen – ohne für immer bei uns im Schrank hängen zu müssen.

Leere Schuhkartons

Manch einer verwahrt in ihnen seine Rechnungen, ungeöffnete Briefe oder die Unterlagen für die Steuer. Andere heben Schuhkartons auf, um eines schönen Tages etwas in ihnen zu verpacken oder verschicken. Dann stehen die Pappboxen rum und nehmen sinnlos Raum ein. Auch hier gilt: Was wir nicht gebrauchen, brauchen wir nicht.

Einsame Socken, ausgeleierte Schlüpfer und muffelige Sportsachen

Die wenigsten Textilen halten ewig. Das gilt vor allem für solche, die wir besonders häufig tragen, wie Socken, BHs oder Unterhosen. Wenn der Gummizug die Strumpfhose nicht mehr davon abhält, plötzlich beim Gehen vom Allerwertesten zu rutschen, sollte sie besser ausrangiert werden. Entweder bekommt sie einen neuen Zweck zugewiesen, zum Beispiel als Gemüsenetz für den nächsten Einkauf auf dem Markt oder im Unverpacktladen – oder sie wird recycelt. Dasselbe gilt für einzelne oder ausgeleierte Socken, verschlissene Unterwäsche und Sportklamotten, die bereits nach wenigen Minuten Tragezeit nicht mehr aufhören wollen zu müffeln. In vielen Fällen hilft ein Bad in verdünntem Essig gegen Bakterien und Pilze, die Kleidung unangenehm riechen lassen. Wenn das nichts bringt, muss das gute Teil entweder verschwinden – oder wir lernen unseren eigenen Geruch lieben.

Handtücher und Bettwäsche

Hand aufs Herz: Wie oft wechseln wir unsere Bettwäsche und unsere Handtücher? Statistiken zeigen, dass etwa 32 Prozent der Deutschen alle zwei Wochen ihre Bettwäsche wechseln. Hygieneexperten raten zwar dazu, das doppelt so oft zu tun. Auch Handtücher sollten jede Woche gewechselt und bei mindestens 60 Grad gewaschen werden. Gegen Pilze und Milben hilft ein Bad in Natron. Wenn wir uns brav an diese Regeln halten, bekommen wir innerhalb einer Woche schnell eine Waschmaschine mit Bettzeug, Hand- und Badetüchern gefüllt – vor allem, wenn wir nicht allein leben. Einen großen Berg Wäsche braucht es deshalb nicht. Ein Satz Bettwäsche pro Bett und je einer in der Dreckwäschekiste reichen in der Regel aus. Auch Hand- und Badetücher können wir nach diesem System reduzieren. Wer Sorge hat, dass das häufigere Waschen dem Gewebe schadet, der kann natürlich etwas schummeln: die ausrangierten Textilen einmotten und wieder hervorholen, wenn eines der Alltagsstücke sich aufgelöst hat.

Spiele und Unterhaltungsmedien

Kinderspielsachen

Wer Kinder hat, findet sich schnell in einem opulenten Hügel aus knallbunten Spielsachen wieder. Viel von dem, was Großtanten, Bekannte und Spontankäufe über die Jahre ins Haus schwemmen, nutzen die Kleinen jedoch selten oder gar nicht. Was häufig gekuschelt, gespielt oder genutzt wird, bekommt einen festen Ehrenplatz im Kinderzimmer. Alles andere bringt auf dem nächsten Flohmarkt das nötige Kleingeld für neue Wünsche ein.

Sportequipment

Die Inlineskates aus den 1990ern, der Tischtennisschläger aus dem letzten Urlaub mit den Eltern und die in einem Anflug von sportlichem Ehrgeiz gekauften Hanteln sammeln seit Jahren nur Staub und Spinnenweben? Höchste Zeit, dass die noch gebrauchsfähigen Dinge einen neuen Besitzer finden, der sie wirklich zu schätzen weiß.

Bücher, DVDs und Zeitschriften

Bücher lassen uns unglaublich klug erscheinen. Ein prall gefülltes Bücherbord verleiht uns das Flair eines belesenen Universalgenies. Nicht zuletzt deshalb lassen sich Wissenschaftler und Intellektuelle so gern vor ihren überquellenden Bücherregalen filmen und fotografieren. Doch mal ehrlich: Wie viele Bücher schummeln sich zwischen alte Schullektüre und ausgelesene Lieblingsromane, die wir noch nicht gelesen haben – und die wir vermutlich niemals lesen werden? In immer mehr Städten gibt es kostenfreie Bücherregale an öffentlichen Orten, in Unis oder Bibliotheken, wo alte Bücher abgegeben oder gegen neue getauscht werden können. Was wir nicht noch einmal lesen oder verleihen möchten, kann ohne Prestigeverlust weggeben werden. Wenn wir ungelesene Bücher weitergeben, macht uns das weder dümmer noch schlauer.

Auch Zeitschriften, DVDs oder Comics, die nicht ein weiteres Mal angeschaut oder gelesen werden, können getrost das Regal verlassen. Auf dieselbe Weise lassen sich auch Brettspiele aussortieren: Spiele ich noch damit? Finde ich andere, die Lust haben, das Spiel mit mir zu spielen? Auch Schallplatten und CDs sollten nicht nur als Deko herumstehen, sondern uns wirklich Freude bringen. Wenn sie das nicht tun, freut sich sicher ein anderer darüber.

Küche

Vorratsschrank

Der Vorratsschrank ist in mancher Wohnung ein noch größeres schwarzes Loch als der Kleiderschrank: Je mehr darin verschwindet, desto weniger scheint zu essen im Haus zu sein. Abgelaufenes und Konserven, die wir zwar erst spannend, aber dann doch nicht lecker genug fanden, können wir entweder fachgerecht entsorgen oder in den nächstgelegenen Verteiler des Food Sharings geben.

Gewürze und frisches Gemüse

Gewürzmischungen und exotische Kräuter verführen uns im Supermarkt dazu, neue Gerichte auszuprobieren. Doch nicht selten bleiben Pülverchen und Krümelchen im Gewürzregal stehen, bis sie staubig, mit Bratöldämpfen durchzogen und ungenießbar sind. Um unnötigem Abfall vorzubeugen, empfiehlt es sich, bereits im Supermarkt ein, zwei Gedanken daran zu verschwenden, ob ich den fraglichen Artikel wirklich benötige und ob ich ihn aufbrauchen werde. Nehme ich das Netz oder die einzelne Zitrone? Wenn ich nur etwas Schale brauche, den Saft aber gar nicht mag, sollte ich mir lieber nur ein einzelnes Exemplar zulegen. So vermeiden wir, dass Lebensmittel unbenutzt verderben und im Müll landen.

Tiefgekühltes

Soll der Rest von der Lasagne oder die Gemüsesuppe wirklich bis zum Sankt Nimmerleinstag ein trauriges Dasein in der Dunkelheit eines Tiefkühlers fristen? Der Weg in den Tiefkühler ist manchmal nur eine gewissensfreundliche Alternative zum Mülleimer. Generell gilt: Tiefkühlen verbraucht viel Strom. Nur wer die vorgekochten und tiefgekühlten Speisen wirklich isst, sollte sich den Luxus eines Tiefkühlers leisten. Und Fertiggerichte sind aus verschiedenen ernährungswissenschaftlichen und ökologischen Gesichtspunkten generell nicht gerade empfehlenswert.

Einmachgläser und kaputtes Geschirr

Was wir nicht brauchen und was kaputt ist, kann weg. Doch was einfach und schlüssig klingt, scheitert oft an der Realität: Werden wir den abgebrochenen Henkel nicht doch noch irgendwann an die Lieblingstasse kleben? Und werden die vielen Einmachgläser nicht praktisch sein, wenn wir irgendwann nur noch im Unverpacktladen einkaufen? Oder ständig Marmelade einkochen? Seien wir ehrlich mit uns selbst: Wenn das nicht innerhalb der nächsten Woche passiert, wann soll es dann passieren? Wenn wir etwas nicht tun, obwohl uns eigentlich nichts außer unserer Bequemlichkeit davon abhält, dann ist es uns wohl nicht so wichtig – und dann kann der Gegenstand auch unser Leben verlassen.

Küchengeräte und -utensilien

Manche Küche ist eine wahre Schatzkammer: Ungenutzte Küchengeräte erzielen gute Preise auf Flohmärkten oder über entsprechende Websites. Eine Küchenmaschine, die nur einmal im Jahr zum Rotkohlhacken oder Weihnachtskeksteigkneten aus dem Schrank geholt wird, kann ganz einfach gegen ein scharfes Messer, einen Holzlöffel und etwas Muskelkraft ersetzt werden – die wir ohnehin schon zu Hause haben, vermutlich sogar in mehrfacher Ausführung. Wenn doppelte und dreifache Gegenstände wie Pfannenwender, Teeeier oder Frischhalteboxen die Küche verlassen, fällt dies meist gar nicht auf – und vielleicht freut sich jemand anders darüber.

Schreibtisch und Arbeitszimmer

Briefkasten und E-Mail-Eingang

Digitale Daten stapeln sich zwar nicht auf dem Schreibtisch, dennoch nehmen sie Speicherplatz ein. E-Mails, Werbenachrichten und ungeöffnete Post fressen neben Strom und Festplattenkapazität auch Aufmerksamkeit in unserem Kopf. Wissenschaftler konnten belegen, dass uns das ständige Ping des E-Mail-Postfachs jedes Mal aus der Konzentration reißt und uns dadurch spürbar stresst. Was wir dagegen tun können: entweder ab und zu für einige Zeit den Mail-Client schließen oder uns gleich von unnötigen Mails und Newslettern abmelden. Analog können wir das auch auf unseren ganz realen Briefkasten anwenden: Ein „Bitte keine Werbung einwerfen“-Aufkleber sorgt für weniger Papiermüll in unserer Tonne und so indirekt über eine reduzierte Auflage für weniger verbrauchtes Papier. Laut Gesetz gilt das allerdings leider nur für Postwurfsendungen, nicht für persönlich adressierte Werbebriefe. Wer auch auf Wochenblätter mit redaktionellem Teil verzichten möchte, muss den Hinweis erweitern: „Keine Werbung, keine Handzettel, keine Wurfsendungen, keine kostenlosen Zeitungen und Wochenblätter“.

Archive, Aktenordner und Zettelwirtschaft

Generell gilt: Die Aufbewahrungsfrist für offizielle Dokumente wie Steuerunterlagen oder Rechnungen beträgt in der Regel zehn Jahre. Alles, was älter ist, nimmt also ohne Not wertvollen Raum in der Wohnung ein. Für Klassenarbeiten aus der Grundschule und alte Uni-Mitschriften, die überwiegend aus kleinen Kritzelzeichnungen bestehen, besteht keine Aufbewahrungspflicht. Die dürfen wir gern aus unseren Aktenordnern entfernen und sorgfältig dem Stoffkreislauf zuführen. Genauso wenig benötigen wir fünf halb volle Notizbücher oder zig To-do-Listen. Wichtige Notizen, die wir noch benötigen, können wir entweder abfotografieren oder in einem einzigen Buch zusammenführen. Auch für To-do-Listen gibt es digitale Alternativen. So reduzieren wir den Wust an Zetteln auf unserem Schreibtisch und sorgen zugleich für mehr Überblick und Struktur in unseren Aufgaben.

Kaputte und doppelte Dinge

Auf den meisten Schreibtischen findet sich ein Strauß aus billigen Kugelschreibern, die wir von Konferenzen, Veranstaltungen oder Messen mitgenommen haben. Aber mit wie vielen Kugelschreibern können wir gleichzeitig schreiben? Ebenso üppig fällt die Sammlung von USB-Kabeln, alten Handys und anderen elektronischen Helferchen aus. Die Faustregel: Doppeltes weggeben, Kaputtes fachgerecht entsorgen.

Keller und Dachboden

Werkzeug, Farben und Kisten

Kellerräume und Dachböden verlocken dazu, das Prinzip „Aus den Augen, aus dem Sinn" bis zum Exzess zu strapazieren. Umso mehr sollten wir uns fragen: Was liegt hier nur herum und was werde ich wirklich noch nutzen? Alte, eingetrocknete Farben, angeschimmelte Umzugskisten und die großzügige Kollektion an Schräubchen und Unterlegscheiben, die beim Möbelzusammenbauen übrig geblieben sind, sollten lieber verschenkt oder entsorgt werden, als nutzlos herumzustehen.

Verleihbares

Viele Dinge sollten wir lieber als Wanderpokale betrachten, statt sie dauerhaft besitzen zu wollen: Umzugskisten bekommt das oft feuchte Klima im Keller wenig. Wenn Freunde umziehen, freuen sie sich sicher über unsere alten Kisten. Und wenn wir das nächste Mal umziehen? Klar, dann hilft uns sicher jemand aus. Das geht auch mit Werkzeug: Die Bohrmaschine kommt nur alle zehn Jahre zum Einsatz? Dann ist sie bei einem handwerklich versierten Freund sicher besser aufgehoben. Wer mag, kann ungenutzte Winkelschleifer, Nähmaschinen oder Streichwerkzeug an versierte Heimwerker im Freundeskreis weiterverschenken – und sie sich wieder ausleihen, wenn sie wirklich mal nötig sind.

Deko, Geschenke und Erinnerungen

Geschenke und Reliquien aus der letzten Beziehung

Wenn wir an eine vergangene Beziehung nicht oder nicht allzu gern zurückdenken wollen, sollten wir die alltägliche Erinnerung daran aus dem Weg räumen: Der Teddy von der Kirmes, die kitschige Tasse zum letzten Geburtstag und das T-Shirt, das er vergessen hat, finden bestimmt leicht eine neue Bleibe. Vor allem wenn ein neuer Partner bei uns ein und aus geht, könnten diese Relikte rasch gemischte Gefühle erzeugen. Kurz: Erinnert ein Gegenstand ständig an einen Menschen, der unser Leben verlassen musste, sollten wir auch ihn gehen lassen. Dadurch fällt es leichter, abzuschließen und offen für Neues, vielleicht Beständigeres zu sein. Hier dürfte folgende Faustregel hilfreich sein: Was einen echten Mehrwert bietet, wie geschenkte Schallplatten, Bücher oder Pflanzen, darf bleiben. Alles andere und vor allem das, was emotionaler Ballast ist, muss dagegen weg.

Geschenke

Es mag herzlos erscheinen, aber auch Geschenke dürfen aussortiert werden. Wer uns beschenkt, möchte uns eine Freude machen. Wenn uns etwas aber gar nicht oder nicht mehr gefällt, vielleicht sogar stört, wie ein kratzender Pulli oder kitschige Staubfänger, macht es uns keine echte Freude. Wir können entweder mit offenen Karten spielen und den Schenker fragen, ob er das Geschenk zurückhaben möchte. Schließlich hat die Freundin die Ohrringe ausgesucht, weil sie diese hübsch fand. Wenn unsere Ohrläppchen einfach keinen Nickel mögen, kann sicher jemand mit robusteren Ohren mit dem Geschmeide glücklich werden. Wer die Konfrontation scheut, kann unpassende Geschenke verkaufen, tauschen oder gekonnt dem Schrottwichteln auf der nächsten Weihnachtsfeier zuführen. Nur weil etwas teuer war, ist das kein Grund, es zu behalten.

Erinnerungen

Unsere Erinnerungen leben in unserem Kopf – nicht in den Dingen. Wir brauchen keinen Kühlschrankmagneten, um uns an den schönen Urlaub zu erinnern. Wer wirklich radikal ausmisten möchte, macht sich Fotos von den Erinnerungsstücken, von Kuscheltieren, Muscheln und alten Liebesbriefen, und entsorgt die Originale nach dem Digitalisieren. Weniger endgültig ist die Variante, sich auf einen Gegenstand pro erinnerungswürdiges Ereignis zu beschränken. Statt für eine Postkarte, eine Eintrittskarte und das Flugticket von der letzten Reise entscheiden wir uns für eines davon, nämlich für das Stück, das die Erinnerung am schönsten einfängt.

Nach dem Aussortieren

Nachdem wir unsere Wohnung gründlich durchkämmt haben, stehen wir vor einem Berg an Dingen, die uns nun verlassen dürfen. Doch wohin mit all den Sachen, die sonst in einer Kiste auf dem Dachboden enden würden?

Quarantänekiste

An manchen Dingen, die wir aussortiert haben, hängen wir noch etwas. Um testweise auszuprobieren, wie sich ein Leben ohne diese Gegenstände anfühlt, empfiehlt sich eine Quarantänebox. Dort versammeln wir alles, von dem wir nicht sicher wissen, ob wir es wirklich loswerden wollen. Wenn wir nach ein paar Wochen merken, dass wir den Gegenstand doch brauchen: Gut, dann darf er bleiben. Erfahrungsgemäß findet aber kaum ein Teil wieder seinen Weg hinaus aus der Quarantäne. Dann kann sich die Quarantänekiste entweder in eine Flohmarktbox verwandeln oder der Inhalt auf einen der anderen hier nun folgenden Wege gehen.

Aufheben

Die Quarantänephase hat gezeigt, dass wir einen bestimmten Gegenstand behalten wollen. Gönnen wir diesen Dingen einen festen Platz in unserer Wohnung. Damit die neu gewonnene Klarheit sich in unserer Bleibe halten kann, verhelfen Taschen, Körbe und Boxen zu mehr Struktur. Die Nähmaschine darf bleiben? In einer praktischen Transporttasche fühlt sie sich sicher wohl. Zudem schafft eine solche Verpackung Platz für Nähgarn, lose Scheren und Stecknadeln. Je weniger Dinge einzeln in unseren Schränken herumliegen, desto klarer wird sich auch unser Verstand fühlen.

Flohmarktbox

Da ich regelmäßig meine Schränke und Regale auf der Suche nach Ungenutztem durchstöbere, sortiere ich mittlerweile nur noch sehr selten kaputte oder wertlose Dinge aus. Damit Bücher, die ich nicht nochmals lesen werde, oder Teller, die ich seit dem Kauf nicht einmal benutzt habe, einen neuen Besitzer finden, habe ich eine Flohmarktbox in meiner Küche aufgestellt. Wann immer ich Besuch habe, dürfen meine Gäste die Box durchwühlen und mitnehmen, was ihnen gefällt. Das macht mir vermutlich noch mehr Freude als den Beschenkten.

Diese Box nutze ich auch als Quarantänekiste. Wenn eine Freundin das aussortierte Kleid haben möchte, bevor ich es wiederentdecke, erleichtert mir das die Entscheidung ungemein, mich von dem Stück zu trennen. Und wenn weder ich noch jemand anders eines der in Quarantäne befindlichen Dinge haben möchte, ist der Fall klar: Weg damit.

Verschenken und verkaufen

Trödelmarkt, Kleinanzeigen und Internet

Mit ausrangierten Smartphones, Tennisschlägern und Kleiderschränken lässt sich auf Flohmärkten oder entsprechenden Internetplattformen oft noch ein kleines Taschengeld verdienen. Und jemand anders kann sich für kleines Geld einen Wunsch erfüllen. Im Internet gibt es zudem die Möglichkeit, Gebrauchtes mit anderen zu tauschen. Wer sich gern als Schatzgräber versuchen möchte, kann dabei spannende Tauschangebote bekommen.

Sozialkaufhaus

In vielen Städten betreiben Vereine oder Gemeinden Kaufhäuser für Menschen, die nur wenig oder gar kein Einkommen haben. Ähnlich wie bei den Tafeln erhalten Menschen gegen einen Nachweis Geschirr, Kleidung oder Möbel für einen symbolischen Preis. Wer mit seinem aussortierten Zeug anderen etwas Gutes tun möchte, ist hier genau richtig.

Givebox

Vor allem in Großstädten stehen vor den Häusern immer häufiger Pappkartons, auf denen „Zu verschenken“ geschrieben steht. Meist füllt sich eine solche Kiste, wenn Menschen umziehen und bei dieser Gelegenheit etwas Ballast zurücklassen möchten. Wer im Vorbeigehen etwas Schönes entdeckt, darf es einfach mitnehmen. In manchen Nachbarschaften gibt es eine solche Kiste dauerhaft – und oft in Schrankform: In eine sogenannte Givebox können die Anwohner alles hängen oder stellen, was sie nicht mehr haben möchten und das jemand anderem gut gefallen könnte. Auch hier darf jeder einfach zugreifen und einstecken, was ihn anspricht.

Altkleidersammlung

Der Klassiker unter den Endstationen für Aussortiertes ist und bleibt die Altkleidersammlung. Über eine Million Tonnen Kleidung sortieren die Deutschen im Jahr aus. Doch hier gibt es große Unterschiede: Einige sammeln Kleider, um sie tatsächlich an Bedürftige weiterzugeben. Andere verkaufen sie, um sich dadurch selbst zu bereichern – und schaden damit den Märkten der Länder, in denen die ausrangierte Billigware einheimische Anbieter verdrängt. Das gilt oft für die Tonnen oder bedruckten Beutel, die kommerzielle Anbieter uns ungefragt über Nacht vors Haus liefern. Und wieder andere Altkleidertonnen führen die alten Klamotten dem Wertstoffkreislauf zu. Sie zerkleinern die Lumpen und schaffen so den Rohstoff für Scheuerlappen oder Dämmmaterial. Wenn die aussortierte Kleidung also noch schön genug ist, um getragen zu werden, sollten wir einen entsprechenden Altkleider-Container aussuchen. Momentan verdienen kommerzielle Altkleidersammler knapp 500 Euro pro Tonne.

Eine Alternative können auch Tauschpartys sein: Dabei bringen die Teilnehmer zu enge, zu weite oder ungeliebte Teile mit und werfen sie auf einen großen Stapel mit den Sachen, die andere nicht mehr wollen. Aus der großen Auswahl darf sich jeder mitnehmen, was ihm passt und gefällt. In vielen Städten bieten Vereine oder Umweltschutzverbände solche Anlässe an. Wo es so etwas noch nicht gibt, können wir einfach selbst eine solche Party schmeißen.

Foodsharing

Wenn Supermärkte Lebensmittel aussortieren, geben sie diese oft an die Tafeln. Was Privatleute zu viel haben, landet dagegen oft im Müll. Durch das Prinzip des Foodsharings können Nachbarn ganz einfach selbst zu Essensrettern werden: Die Ernte aus dem Schrebergarten war zu üppig? Vor dem Urlaub sind noch jede Menge Kartoffeln im Schrank? Und die Konserve mit den grünen Bohnen werden wir wohl doch nicht anrühren? Statt solche Lebensmittel einfach schlecht werden zu lassen, bringen Foodsharing-Freunde sie in den örtlichen Verteiler. So nennen sich die an öffentlichen Orten aufgestellten Schränke, die ganz ähnlich wie eine Givebox funktionieren. Einige Initiativen und Naturschutzverbände haben das Foodsharing mittlerweile derart perfektioniert, dass sie zu bestimmten Öffnungszeiten sogar einen Kühlschrank anbieten, in dem sich Milch, Butter oder andere zu kühlende Nahrungsmittel finden, die Privatleute oder Supermärkte übrig hatten.

Upcycling

Manche Dinge, die wir eigentlich nicht mehr brauchen, lassen sich umfunktionieren. Im Internet und im Buchladen gibt es unzählige Ideen dazu, wie aus vermeintlichem Müll richtig schöne Dinge werden. Upcycling nennt sich das. Ein Emaillesieb verwandelt sich dadurch in eine bunt bemalte Pflanzschale, aus der verschlissenen Jeans wird eine Umhängetasche und aus einem Löffel ein schwungvoll gebogener Serviettenring. Upcycling-Ideen gibt es mindestens so viele wie aussortierte Dinge.

Recycling

Erst wenn wir sicher sind, dass niemand anderes etwas mit unserem alten Zeug anfangen kann, geht es ans Recycling. Auf der Website des Umweltbundesamtes findet sich für fast jedes Entsorgungsproblem eine einfache Lösung. In übersichtlichen Broschüren erklären Umweltverbände und Verbraucherschützer, wie wir einen möglichst großen Teil der Wertstoffe aus unserem Müll erhalten können.[395]

Und was haben wir davon?

Wer weniger Zeug hat, hat auch weniger aufzuräumen. Im Kleiderschrank findet man schneller, was man sucht, und die oft erdrückende Völle weicht aus unserem Leben. Und gerade wenn wir uns dafür entscheiden, unsere ausrangierten Dinge weiterzuverschenken, machen wir vor allem uns selbst einen Gefallen: „Das Glück ist das Einzige, was sich verdoppelt, wenn man es teilt", soll der Arzt und Philosoph Albert Schweitzer einmal gesagt haben.[396] Wissenschaftliche Studien deuten in eine ähnliche Richtung: Menschen sind glücklicher, wenn sie etwas von ihrem Besitz an andere abgeben, die weniger haben.[397] Aber auch wenn wir Freunden, die genug zu leben haben, die ausgediente Vase oder den Tennisschläger aus unserer Flohmarktbox schenken, macht uns das nachweislich glücklicher.[398]

Das Minimalismus-Paradoxon

„Was ich nicht mehr kaufe" und „Mein minimalistischer Kleiderschrank" sind YouTube-Videos, die Tausende von Klicks einbringen. In den kurzen Sendungen führen junge Menschen ihre Definition von Minimalismus vor – und wie sie ihn in ihrem Leben umsetzen. YouTuber, Blogger und Instagramer geben ihren Minimalismus großzügig der Öffentlichkeit preis. Sie nehmen uns mit auf eine Tour durch ihre spartanisch möblierte Bleibe, zeigen ihren winzigen Kleidungsstapel her oder erklären, wie man mit drei verschiedenen Zutaten ein Fünf-Gänge-Menü für Minimalisten zaubert. Sie tauschen ihr Bett gegen die Sofas von Freunden und Fremden aus dem Internet, die Sicherheit eines festen Wohnsitzes gegen das Abenteuer. Für viele von ihnen ist es der Weg zu mehr Gelassenheit und einem entspannten Leben. Für manch andere Social-Media-Minimalisten grenzt es aber an ein Zurschaustellen des ultimativen Trend-Lifestyles und ihrer moralischen Überlegenheit – als hätte jedes verschenkte oder nicht gekaufte T-Shirt ihnen Extra-Karmapunkte eingebracht. Doch Minimalisten, die zum Wettabrüsten aufrufen, erscheinen ähnlich bizarr wie Mode-Yogis, die uns zum Wettentspannen auf die Matten locken wollen. Leichtigkeit und Wettkampfeifer wollen einfach nicht so recht zusammenpassen.

Mit Medienangeboten wie diesen wollen sie uns Halt geben: In einer sich immer schneller wandelnden Welt suchen wir nach Orientierung. Wir suchen nach Ansätzen, wie ein glückliches Leben aussehen könnte. Wenn jemand besonders laut verkündet, dass er den Weg zum Glück kennt, leihen wir ihm nur zu gern unser Ohr. Doch mancher Minimalist brüllt dabei allzu laut direkt in die Leere, die wir mit ihren Ideen füllen wollen. Für manche ist das Geschrei ohrenbetäubend: „Ich hasse Minimalismus", schrieb die Autorin und Journalistin Chelsea Fagan 2017 in ihrem Finanz-Blog. Sonst gibt sie dort vor allem praktische Tipps für einen entspannteren Umgang mit Geld bei einem schmalen Budget. In einem Artikel findet sie deutliche Worte gegen einen Minimalismus, der sich tief ins Portemonnaie frisst. „Ich hasse ihn, weil er eine unglaublich langweilige Form der persönlichen Performance-Kunst ist."[399] Fagan stört sich daran, dass es manchen nicht um das Vereinfachen gehe, sondern um die Selbstinszenierung: kostbare Seidenblusen, riesige Küchenarbeitsflächen aus Granit, massive Esstische aus riesigen Holzbrettern. „Das sind alles sehr schöne Dinge! Es ist in Ordnung, wenn man es genießt, genau zehn Pullis in nur leicht unterschiedlichen Schattierungen von Taupe zu besitzen oder ein rein weißes Geschirr peinlich genau auf offen einsehbaren Regalbrettern zu stapeln, auch wenn das deutlich impliziert, dass man mindestens einmal die Woche die gesamte Küche von Staub befreien muss." Fagan stört sich an den zahlreichen Fotos von perfekt arrangierten Küchen, Schlafzimmern und Wandschränken, von denen es im Internet nur so wimmelt. „Das Problematische daran ist, dass sie so tun, als sei dies eine noble oder moralisch-positive Art, sein Geld auszugeben",[400] schreibt sie in ihrer Hassschrift gegen den Minimalismus. Sie sieht im Minimalismus, wie er in den sozialen Medien ausgewalzt wird, einfach nur eine weitere Form eines höchst verdächtigen Konsumismus. Für Fagan schreit diese Art der Selbstdarstellung: „Sieh mich an! Sieh all die Dinge an, auf die ich verzichte und die ich mich weigere zu kaufen – und all die spärlichen, unglaublich teuren Dinge, die ich stattdessen für wertvoll erachte."[401]

Für die in ihrem Blog zu Bescheidenheit und einem besonnenen Umgang mit Geld ermunternde Fagan ist Minimalismus ein weiteres langweiliges Ding, das sich reiche Menschen kaufen. Wer Dinge besitzt, muss sich auch darum kümmern. Und wer Wert auf eine strikt schwarz-weiße Inneneinrichtung legt, muss für das perfekte Finish, für die edle Optik regelmäßig den Staubwedel schwingen.

Ein Kult um nichts

Die Philosophie des Minimalismus ist kein Leitfaden dafür, wie wir unser Haus mit ebenso hochwertigen wie schlichten Möbeln einrichten. Mehr als eine monochrome Garderobe, mehr als ein Wohnzimmer ohne Bilder an den Wänden. Denn: Minimalismus ist nicht käuflich. Das Ziel des Minimalismus ist es, die Pleonexia hinter sich zu lassen – und nicht einfach nur die Ausgaben umzuschichten und weniger, dafür aber teurer einzukaufen. Wenn Minimalismus-Enthusiasten alles von sich werfen, nur um einem Trend zu folgen und sich als besonders diszipliniert darzustellen, verfehlen sie, ohne es zu sehen, ihr Ziel: Statt gierig nach mehr sind sie süchtig nach weniger. Wer nur noch eine Unterhose hat, um mit dem Verzicht auf ein paar weitere Schlüpfer in die YouTube-Kamera zu wedeln, hat sich für eine ziemlich paradoxe Version des Minimalismus entschieden: für einen Minimalismus, der keiner ist – und sich selbst verschlingt.

Der Unterschied zwischen denen, die ihren überreich gefüllten, nach Farben sortierten, bewohnbaren Kleiderschrank mit dem Stolz eines Olympiasiegers präsentieren, und jenen, die ihre nicht vorhandenen Dinge vorführen, ist kleiner, als es scheint. Beide wollen sich ihr Ego von den Bewunderern ihres Lebensstils streicheln lassen. Maximalisten rühmen sich, viel zu besitzen – und Minimalisten dafür, wenig zu haben. Beide dekorieren ihr Ego mit ihrem besonderen Verhältnis zu Dingen. Der eine hat sie, der andere nicht. Beide leben anderen ein extremes Leben vor. Und beide sehen sich auf der Zielgeraden zum Glück.

Die Sucht nach weniger

Die Sucht nach weniger kennen wir von der Magersucht. Dabei möchten die Betroffenen weniger und immer weniger wiegen. Vielen geht es dabei um Kontrolle: über ihr Essverhalten, ihren Körper und irgendwie auch über ihr Leben. Ganz ähnlich geht es den kargheitssüchtigen Minimalisten: Sie sehnen sich nach weniger und immer weniger – und wollen doch eigentlich mehr: mehr Lebensqualität, mehr Platz, mehr Freiheit, mehr Glück. Dass bewusstes Loslassen befreiend sein kann, steht außer Frage. Doch wie frei kann ein Zwang schon sein?

„Ein Übel ist der Zwang", schreibt Epikur. Wenig besitzen zu müssen, ist ein ähnlich beklemmender Umstand, wie viel besitzen zu wollen. „(A)ber es besteht kein Zwang, unter Zwang zu leben",[402] sagt Epikur weiter und bringt eine simple Wahrheit gelassen auf den Punkt. Es gibt überhaupt keinen Grund dafür, uns mit minimalem, maximalem oder durchschnittlichem Besitz zu brüsten. Es geht nicht um die Menge der Dinge in unserem Leben, sondern um deren Bedeutung für uns. Es geht darum, ob sie unser Leben wirklich bereichern – oder ob sie uns letztlich nur Stress bereiten.

Wie viele Unterhosen darf ich haben? Und muss ich sie wenden?

Drei weiße T-Shirts, eine Jeans, eine kurze Hose und eine Unterhose pro Wochentag, das ist alles, was manche Minimalisten besitzen. In Videos und auf Blogs präsentieren YouTuber stolz ihren zusammengeschrumpften Besitz. Neben Inspiration und lebenspraktischer Philosophie liefern manche der Minimalisten auch konkrete Zahlen: für Bücher, Teller, Bettwäsche und BHs. Dabei betonen viele der Blogger und Videomacher, dass es sich um ihre ganz persönliche Anzahl an materiellen Gegenständen handelt. Und dennoch mischt sich unter die Bewunderung für ihre Bescheidenheit manchmal die Überforderung: Muss ich jetzt wirklich all meine Pullis verschenken, meine Plattensammlung verkaufen und mich mit drei Paar Socken begnügen?

Der Weg der Mitte

Wie bei so vielen Dingen im Leben geht es auch beim Konsum um das rechte Maß. Schon Aristoteles hat sich mit dem rechten Maß auseinandergesetzt. Er ging davon aus, dass die goldene Mitte nicht mit dem Lineal gezogen werden kann. Die

Mitte war für ihn etwas Individuelles.[403] Das nannte er *meson pros hemas*,[404] also die Mitte für uns. Und die befindet sich bei jedem von uns an einer anderen Stelle.

Was er damit meint, wird am Verlauf von zwei unterschiedlichen Freitagabenden deutlich. Der eine Freitagabend wird von Tim gestaltet. Nachdem er freitags das Büro verlassen hat, gönnt er sich eine schöne lange Jogging-Runde durch den Park. Danach trifft er sich mit Freunden zum Tanzen. Der andere Freitagabend gehört Tom, der es eher gemütlich mag. Sein idealer Freitagabend findet auf seiner gemütlichen Couch statt – natürlich mit Chips, Cola und einem guten Film.

Würde die Mitte für uns alle gleich aussehen, dann ließe sich das rechte Maß an Aktivität und Nahrung für einen Freitagabend wohl so bestimmen:

Tims Freitag:
- 60 Minuten joggen
- 3 Stunden tanzen

Toms Freitag:
- 150 g Chips
- 400 ml Cola
- 3 Stunden Fernsehen
- 1 bequeme Couch

Wenn das rechte Maß für jeden gleich wäre:
- 75 g Kartoffelchips
- 200 ml Cola
- 30 Minuten Joggen
- 90 Minuten Tanzen
- 90 Minuten Fernsehen
- ½ Couch

Mit dieser Liste wären wohl beide nicht ganz einverstanden. Tom hätte mindestens eine halbe Tüte Chips zu wenig auf dem Couchtisch liegen und Tim würde seine Fernsehminuten wohl nur zu gern gegen eine Runde durch den Park tauschen. Das rechte Maß lässt sich offensichtlich nicht mit dem Maßband oder dem Taschenrechner festlegen. Wenn alle dasselbe bekommen, haben alle zu wenig. Oder zu viel. Oder einfach nur das Falsche. Denn während sich Toms freitägliche Bewegung auf den schwungvollen Griff in die Chipstüte beschränkt, verbrennt Tim beim Laufen und Tanzen einige Kalorien. Entsprechend bräuchte Tim deutlich mehr Nahrung als Tom, der sich das rechte Maß mit der knusprigen Verführung genüsslich von den gesalzenen Fingern schleckt. Schon Aristoteles wusste, dass ein Sportler mehr zu essen braucht als jemand, der sich kaum bewegt. Zusätzlich kann sich das persönliche Maß auch durch die Umstände und die Situation verändern. Aristoteles erklärt, dass Menschen in jeder Lebenssituation etwas anderes als das höchste Gut ansehen: Kranke wünschen sich Gesundheit, Arme Reichtum[405] – und heute wollen immer mehr Reiche immer weniger besitzen. Das rechte Maß, unser meson pros hemas, lässt sich also nicht nach einer Formel berechnen: Es ist dynamisch und verändert sich von Mensch zu Mensch und von Situation zu Situation.

Um das Gleichgewicht zu halten, können wir uns bei den Seiltänzern etwas abgucken: Während sie konzentriert jeden einzelnen Schritt abwägen, neigen sie den Oberkörper mal mehr nach rechts, mal mehr nach links, um die Balance zu halten und in der Mitte zu bleiben. Würden sie einfach nur stur geradeaus rennen, dann würde es mit ihnen ziemlich bald abwärtsgehen. Flexibel zu bleiben und dynamisch auf die Anforderungen der jeweiligen Umstände zu reagieren ist der Schlüssel zum Seiltanz zwischen den Extremen.

Minimalistische Tugend

Aristoteles kommt es aber nicht nur auf unseren Bedarf an Chips und süßen Softdrinks an, sondern vor allem auf unsere Geisteshaltung und unsere Persönlichkeitsmerkmale. Er gibt uns ein Beispiel: So liege der Mut zwischen Tollkühnheit und Feigheit[406], oder, um einen Vergleich zu bemühen: Es gibt auch etwas zwischen Basejumping und dem dauerhaften Verwachsen mit der heimischen Couch. Wer sich also weder unbedacht in Gefahr bringt noch alle Risiken scheut, der hat die Mitte gefunden. Eine solch ausgeglichene Charaktereigenschaft nennt Aristoteles Tugend. Auf unsere heutige Zeit bezogen könnte man auch sagen, dass zwischen der ungezügelten Gier der Pleonexia und dem radikalen Konsumstreik der Minimalisten die Konsumgelassenheit liegt.

Auch diese Mitte gestaltet sich für jeden anders. So sammelt eine Familie mit kleinen Kindern wahrscheinlich deutlich mehr Gegenstände in ihrer Wohnung als ein Austauschstudent, der nur für einige Monate in der Stadt ist. Während sich bei den einen Bauklötze, Bilderbücher und kulleräugige Stofftiere in einer soliden Schicht auf dem Fußboden ausbreiten, reicht dem anderen ein Rucksack voll Kleidung, ein Laptop und vielleicht eine Gitarre für den besonderen Charme der akademischen Boheme. Der Bedarf ist jeweils sehr unterschiedlich, ebenso sind es die finanziellen Mittel und die Lebenssituation. Eine eindeutige und mathematisch berechenbare Mitte würde also weder der jungen Familie noch dem Austauschstudenten gerecht werden.

Hier kommen wir also zu einer gewissen Schwierigkeit: Wer sich vom Minimalismus eine klare Orientierung und eindeutige Anweisungen erhofft, geht – im wahrsten Sinne des Wortes – leer aus. Wer konkrete Vorgaben macht, der ignoriert die Dynamik unseres Lebens. Das hält zahlreiche Blogger, Autoren und YouTuber dennoch nicht davon ab, stolz die „richtige“ Anzahl von T-Shirts, Unterhosen und Büchern zu empfehlen. Sicher können wir uns mit ihnen freuen, dass sie mit derart wenigen Dingen zufrieden sind. Unter Druck setzen sollten wir uns mit diesen Abmessungen allerdings nicht. Denn vier Unterhosen können einen Studenten im Zweifelsfall durch eine gesamte Woche bringen – bei einem Kleinkind wird es damit jedoch zu einer Herausforderung für die Waschmaschine.

Digitale Entgiftung

1368 entstand ein Königreich für Bücherwürmer: Damals ließ der französische König Karl V. seine Buchsammlung von knapp 1.000 Bänden in einen eigens dafür eingerichteten Saal im Louvre unterbringen. So gründete er die Königliche Bibliothek Frankreichs. Seit 1537 sind französische Verleger und Drucker dazu verpflichtet, ein Exemplar jedes Werks dort unterzubringen. Die Bibliothek wächst unaufhörlich. Mittlerweile umfasst sie 14 Millionen Bücher, Schriftstücke oder Bildbände.[407] Damit gehört sie zu einer der größten Büchereien der Welt. Und ihr Bestand wächst ständig weiter, jedes Jahr um gut 150.000 Bände. In ihr versammelt sich eine kaum überschaubare Menge an Wissen. Wenn ein durchschnittlicher Leser auf Essen, Schlafen und Sterben verzichten würde, bräuchte er über 250.000 Jahre, um all diese Bücher zu lesen.

Es scheint enorm, wie viele Daten in einer Bibliothek zusammenkommen. Doch es ist dieselbe Menge an Daten, die pro Sekunde neu ins Internet gestellt wird. Das Netz wächst jede Sekunde um eine ganze Nationalbibliothek. Das sind 63 Millionen Bibliotheken pro Jahr.[408] In zwei Tagen produzieren wir so viele digitale Daten und Informationen wie in den letzten zwei Millionen Jahren zusammen.[409] Jeden Tag landen 2,5 Trillionen Byte frische Daten jeden Tag auf den Servern dieser Welt. Vieles davon ist unstrukturiert, wie Fotos, Tweets, Suchverläufe, Log-in-Daten.

150 Milliarden E-Mails schicken wir rund um die Welt – jeden Tag. Jede Minute verschicken wir 16 Millionen Textnachrichten, 450.000 Tweets und 46.000 Posts auf Instagram.[410] 90 Prozent der heute verfügbaren Daten wurden allein in den vergangenen zwei Jahren erzeugt.[411] Das Internet umfasst so viele Informationen, dass sie kein Menschenkopf aufnehmen kann. Denn der Informationsflut können wir nur begrenzte geistige Ressourcen, nur einen einzigen Kopf und nur wenige Stunden, in denen wir neues Wissen konzentriert aufnehmen, entgegensetzen. Es ist, als wollten wir ein Meer mit einem Taschentuch aufsaugen.

Jugend ohne Pause

Die Generation der Millenials ist bereits in einer Welt ohne Sendeschluss aufgewachsen. Testbilder oder Sendeschluss kennen sie nicht mehr. Sieben Stunden verbringen durchschnittliche Menschen in Deutschland mit Radio und Fernsehen. Mindestens eine Stunde davon kommt aus dem Netz, als Podcasts, Musik- oder Video-Streaming. Diese wiederum machen etwa zwei Drittel dessen aus, was wir im Internet so treiben.[412] Das Internet ermöglicht uns, mit Menschen überall auf der Welt in Kontakt zu bleiben, Wissen in nahezu unbegrenzter Menge zu allen erdenklichen Themen zu finden und unseren Arbeitsplatz womöglich ganz einfach durch Laptop und WLAN an einen Südseestrand zu verlagern. Wir wollen etwas wissen: Google hat die Antwort. Wir haben Hunger: Das Internet wimmeln nur so vor Rezepten und Pizza-Lieferservices. Vor uns flimmert eine ganz neue Welt der Unterhaltung. Mit einfachen Mitteln kann fast jeder selbst Medien schaffen und seine Meinung mit der ganzen Welt teilen.

Die Möglichkeiten sind ebenso unbegrenzt wie unser Appetit auf neue und noch mehr Information. Studien zeigen immer wieder, dass wir heute lieber auf unser Auto, auf Alkohol oder Süßes verzichten als auf unser Smartphone.[413] Wie sonst wollen wir unserer Mutter Bescheid sagen, dass wir gut zu Hause angekommen sind? Oder dem Freund noch ein paar inspirierende Fotos aus der Dusche schicken? Das Smartphone ist längst eine Verlängerung unseres Ichs geworden und unsere Antenne zur Welt. Digitale Medien ermöglichen uns eine große Freiheit und stressen uns zur selben Zeit. Wir sind ständig erreichbar. Die Chefin hat eine dringende Frage? Ping, und die Mail-Benachrichtigung leuchtet in unseren Schlaf. Statt aus dem Fenster zu sehen und unseren Gedanken nachzuhängen, scrollen wir uns durch unser Smartphone. Denn sobald wir offline gehen, könnten wir etwas verpassen. Die digitale FOMO – Fear of missing out – mischt die Unruhe unter die digitale Euphorie.

Digitaler Minimalismus

Untersuchungen zeigen, dass Menschen durch ständige digitale Erreichbarkeit nicht nur gestresster, sondern auch deutlich abgelenkter und dadurch unproduktiver sind.[414] Wenn Beschäftigte durchgehend mit Mails und Infos zugeschmissen werden, hat das genau den gegenteiligen Effekt als erhofft: Sie arbeiten viel weniger – und sind unglücklicher.

Wie können wir in einem Zeitalter, das niemals schläft und niemals vergisst, Ruhe finden? Die Lösung könnte der Cyber-Minimalismus sein: *Digital Detox* – digitales Entgiften. Der kalte Entzug. Abschalten. Durch Digital Detox werden wir wieder achtsam für die analoge Welt um uns herum. Mittlerweile hat der Begriff es sogar in den *Oxford Dictionary* geschafft.[415] Mit einigen einfachen Tricks können wir dem Datenstrudel für einen Moment entwischen – und endlich zur Ruhe kommen.

Elektronikfasten

Manche fasten bei Schokolade, andere bei Cheeseburger. Und wieder andere fasten, indem sie sich nicht rund um die Uhr im Internet herumtreiben. Das sollte in fünf Schritten angegangen werden.

Schritt 1: Einen Zeitraum wählen

Damit das Experiment gelingt, überlegen sich die Fastenden, wie und wie lange sie sich das Projekt vorstellen. Sollen alle internetfähigen Geräte schweigen oder nur bestimmte Apps auf dem Smartphone? Vielleicht ist der Urlaub die perfekte Gelegenheit, oder doch lieber die Woche nach dem Jahreswechsel? Gelegenheiten gibt es viele. Ein begrenzter Zeitraum lässt den kalten Entzug weniger bedrohlich erscheinen.

Schritt 2: Andere einweihen

Gleichgesinnte machen die Fastenkur einfacher. Wenn Freunde oder Verwandte mitziehen, kann der bewusste Verzicht sogar richtig Spaß machen – wie eine kleine Zeitreise in die 1990er-Jahre, bevor es Smartphones und flächendeckendes Internet gab. Außerdem wissen die Menschen in unserem Umfeld Bescheid, dass wir für einige Zeit nur auf altmodische Weise erreichbar sind.

Schritt 3: Abschalten

Wenn der Plan steht, kann es losgehen – oder endlich enden: Dann knipsen wir den Strom ab.

Schritt 4: Was Besseres finden

Menschen fasten seit Tausenden von Jahren. Der freiwillige Verzicht macht ihnen deutlich, wie reich ihr Leben auch ohne das ist, auf was gerade bewusst verzichtet wird. Auf dieselbe Weise kann uns auch das Elektrofasten zeigen, was wir alles tun können, wenn wir nicht krankhaft mit unserem Smartphone verwachsen sind. Vielleicht stellen wir in der Fastenzeit fest, dass wir viel lieber telefonieren als eine Textnachricht schreiben oder dass wir endlich mal wieder Sport machen oder ein Buch lesen, anstatt nonstop YouTube-Videos zu schauen.

Schritt 5: Bewusst wahrnehmen

Die Fastenzeit ist seit jeher die Zeit, das Leben bewusst wahrzunehmen und darüber nachzudenken. Auch das digitale Fasten können wir dafür nutzen: Wie fühlen wir uns, ohne ständig erreichbar zu sein? Was fehlt uns? Was gewinnen wir? Und wollen wir vielleicht auch nach der Fastenzeit bei einer abgespeckten Variante unseres digitalen Lebens bleiben? Auf all diese Fragen können wir Antworten finden, wenn wir die elektronischen Spielereien für eine gewisse Zeit zum Schweigen bringen und sie uns nicht mehr ständig dazwischenfaseln. Wer mag, kann sich die Erkenntnisse in ein Tagebuch schreiben. Pragmatiker ziehen aus ihrer Fastenkur Schlüsse für ihr Leben nach dem Entzug. Wenn uns das Experiment gezeigt hat, dass wir aus privaten oder beruflichen Gründen nicht für immer auf unsere elektronischen Gefährten verzichten wollen, dann helfen einige simple Tricks, das digitale Hintergrundrauschen in unserem Alltag zu reduzieren.

Digital Detox für jeden Tag

1) Liebestöter Fernseher verbannen

Im Bett kann man viele Dinge tun. Sich berieseln lassen muss aber keines davon sein. Für manche gehört jedoch ein Fernseher ins Schlafzimmer. Schlafforscher vermuten, dass das blaue Licht, das von Bildschirmen ausgeht, unserem Gehirn vorgaukelt, es sei Tag. So hält sich das Schlafhormon Melatonin zurück und lässt uns weiter wach sein. Tablets, Smartphones und Laptops, die wir uns direkt vor die Nase stellen, haben dabei einen noch stärkeren Effekt als Fernsehgeräte, die in der Regel weiter weg stehen. Selbst wenn die Geräte einen Filter haben, der das blaue Licht etwas drosselt: Bildschirmlicht bringt unsere innere Uhr durcheinander.[416]

Durch die elektronischen Geräte trainieren wir uns ein Einschlafritual an, das uns bis zum Umfallen berieselt. Die Alternative: Statt das Smartphone immer in

Reichweite zu halten, kann uns auch ein analoger Wecker beim Aufstehen helfen. Wenn wir das Schlafzimmer zur Entspannungsoase erklären, statt uns von Serien und Actionfilmen berieseln zu lassen, wenn wir die Stille oder den Menschen wahrnehmen, der neben uns liegt, dann endet der Tag in vollem Bewusstsein all der guten Dinge, die wir in unserem Leben haben.

2) E-Mails und Werbebanner bremsen

Ein Adblocker verhindert, dass wir von Webseiten mit blinkenden Werbebannern bombardiert werden. Viele Seiten finanzieren ihr Angebot zu großen Teilen mit Werbung. Deshalb verlangen einige von ihnen wie etwa die *Süddeutsche Zeitung* oder die *Wirtschaftswoche*, dass wir den Adblocker ausschalten, sonst dürfen wir deren Inhalte nicht sehen. Dadurch haben wir die Möglichkeit, uns bewusst für oder gegen unfreiwillige Werbeeinblendungen zu entscheiden – je nachdem, wie wichtig uns der Artikel ist. Dasselbe gilt für Newsletter: Acht Monate Lebenszeit verbringen wir Hochrechnungen zufolge mit dem Löschen von E-Mails. Spätestens seitdem das Datenschutzgesetz Mitte 2018 endgültig verschärft wurde, dürfen uns Werbetreibende nicht ohne Weiteres mit Mails zu schütten. Wenn wir uns von unnötigen Werbenewslettern abmelden, sinken sowohl der Anstoß, vermutlich Unnötiges zu kaufen, als auch der Dauerbeschuss mit Datenmüll zur gleichen Zeit. Und öffnen wir unser Mail-Programm nur gelegentlich, etwa einmal alle zwei Stunden, dann können wir uns leichter auf unsere Arbeit konzentrieren. Ohne das Aufploppen neuer Mails können wir die ständige Alarmbereitschaft hinter uns lassen. Und wenn wirklich etwas Dringendes anliegt, bleibt immer noch der Griff zum Telefon.

3) Apps deinstallieren

Den Twitter-Feed im Auge behalten, Mails aus dem Eingang schaufeln und gleichzeitig noch Blumen für Mutti über das Internet bestellen: Das Internet verlockt zum Multitasking – nonstop. Dabei zeigen Untersuchungen, dass unser Gehirn Infos besser verarbeitet, wenn es eine Sache nach der anderen abgrasen kann und sich nicht an der Masse verschlucken muss.[417] Je weniger Kanäle zur Auswahl stehen, desto angenehmer ist das für uns. Es gibt Apps, die tracken, wie lange wir welche App benutzen, wie lange wir online sind und wie oft wir unser Smartphone pro Tag entriegeln. Wer auf Statistiken steht, kann das für sich herausfinden – und daraus die nötigen Schlüsse ziehen. Vielleicht muss Doodle Jump endgültig über die Klippe ins digitale Vergessen springen und die Facebook-App doch vom Smartphone weichen. Wenn wir eine App als unnützen Zeitfresser empfinden, ist es den wertvollen Smartphone-Speicherplatz womöglich nicht wert – und darf ins virtuelle Nirwana entschwinden.

4) Benachrichtigungen abschalten

Wer auf seine tägliche Dosis Social Media nicht verzichten möchte, kann seinen Stress auf andere Weise reduzieren. Wissenschaftler haben festgestellt, dass das Aufleuchten einer Textnachricht oder einer Social-Media-Benachrichtigung auf unser Gehirn einen ähnlichen Effekt hat wie Sex. Der Biopsychologe Kent Berridge teilt unsere Social-Media-Handlungen in zwei Arten: in *Wanting* (wollen) und *Liking* (gefallen). Wenn wir etwas auf Snapchat, Twitter oder Instagram posten oder eine Textnachricht verschicken, gilt das für Berridge als *Wanting*. Wir wollen die Reaktion anderer. Wir wollen ihre Likes, ihre Zustimmung. Für die Kontaktaufnahme, das Ausstrecken unserer Fühler in die digitale Welt, belohnt uns unser Gehirn mit einem Dopamin-Rausch und guten Gefühlen. Mit jedem Ping oder Blinken dagegen werden Opioide ausgeschüttet, die natürlichen Gegenspieler des Dopamins. Dieses Gefühl ist so verführerisch, dass wir unser Smartphone manchmal sogar vibrieren fühlen, obwohl gar keine digitale Post in das Gerät eingetrudelt ist.[418] Da das Dopamin-System stärker ist als das Opioid-System, haben wir kaum eine Chance, das Wollen zu befriedigen, egal wie oft unser Smartphone bliept und leuchtet. Dopamin ließe sich demnach auch als das Pleonexia-Hormon bezeichnen.[419] Wie so vieles liegt das in unserer evolutionären Entwicklung begründet: Wer sucht und etwas will, hat bessere Chancen, etwas zu finden – und dadurch zu überleben. Wer nur rumsitzt und auf die Gunst anderer wartet, könnte womöglich irgendwann verhungern. Durch dieses unausgewogene Zusammenspiel von Dopamin und Opioiden verwickeln wir uns in eine Dauerschleife aus Texten, Liken, Posten, Lesen, Antworten. Und finden uns allmählich in etwas wieder, das Psychologen Dopamin-Loop nennen.

Unser Gehirn können wir kaum ändern. Aber wir können dem Loop auf andere Weise ein Schnippchen schlagen: indem wir gelassener mit den sozialen Medien und Messengern umgehen. Bei fast jedem Smartphone lassen sich die Benachrichtigungen abschalten, sodass es nicht ständig unsere Aufmerksamkeit an sich reißt. Zudem lässt sich zwischenmenschliche Kommunikation ganz leicht auch analog gestalten: Freunde besuchen oder einfach anrufen und Fotos nicht einem Rudel Fremder zeigen, sondern den Freunden am Küchentisch. Ganz Old School. Das mag nicht der Weg für alle sein. Aber es kann den digitalen Stress deutlich reduzieren.

5) Ablenkungen vermindern

Der Journalist Blake Snow hat ein ganzes Buch über die Digitaldiät geschrieben. Darin empfiehlt er, das Leben als einen Herd mit vier Platten zu betrachten: Familie, Freunde, Gesundheit und Arbeit sind die vier Herdplatten. Nur sie sind wichtig. Alles andere lenkt uns ab, findet Blake. Alles außer der Mailbox für echte Notfälle empfiehlt er abzuschalten. Aber auch hier gibt er zu bedenken: Die meisten Notfälle bilden wir uns ein.[420] Der Junior hat sich das Bein gebrochen? Das ist ein Notfall. Der Junior hat seine Sportschuhe zu Hause vergessen? Kein Notfall. Wenn wir derart in unserem Leben ausmisten, fokussieren wir das, was wirklich wichtig ist. Auf diese Weise nutzen wir unsere Zeit fast ausschließlich für sinnstiftende Sachen. Wer seinen Stress auf diese Weise reduziert, kann mehr Sinn und dadurch womöglich auch mehr Glück erleben.[421]

Mit einer der kürzesten Fragen können wir viele Ablenkungen getrost in die Tasche stecken: Warum? Blake empfiehlt uns, uns immer zu fragen, warum wir das Smartphone gerade aus der Tasche ziehen. Langweilen wir uns, wenn wir allein in der Bahn sitzen oder auf den Partner warten, der gerade kurz auf die Toilette verschwunden ist? Wollen wir unser E-Book weiterlesen oder wollen wir unsere Unrast mit ziellosem Scrollen betäuben? Beides ist legitim und völlig o. k. – aber manche Ablenkung stresst uns oder raubt unsere Aufmerksamkeit, die wir doch eigentlich unseren vier Herdplatten widmen wollen.

6) Muße wertschätzen

Wenn wir sagen, wir seien zu beschäftigt, um dies oder das zu tun, dann wissen alle gleich: Wir sind wichtig. Sie wissen, dass im Büro ohne uns einfach nichts läuft. Es zeigt, dass wir zu viel zu tun haben. Vielleicht auch, dass uns das Delegieren schwerfällt. Oder wir zu schlecht bezahlt werden, um uns unser Leben leisten zu können. Oder wir zu viel wollen, um weniger arbeiten zu können. Wir feiern die ständige Überlastung. Stolz trägt manch einer ein „Ich habe keine Zeit“-Schild für alle sichtbar auf der Stirn.

Blake Snow nimmt an, dass wir uns dadurch davor drücken wollen, wichtige oder schwere Entscheidungen zu treffen. Wir sind zu beschäftigt, um uns Gedanken über unser Leben zu machen.[422] Dass das wirklich so sein könnte, sahen schon die antiken Philosophen. Sie hielten Muße für notwendig für das Glück. Denn ohne Muße können wir unser Leben, unsere Ziele und Entscheidungen nicht hinterfragen oder nachjustieren.[423] Wenn wir glücklich werden wollen, sollten wir die Muße feiern – und nicht stolz darauf sein, dass wir uns abrackern.

7) Die Zeit genießen

Schätzungen nehmen an, dass wir drei Wochen pro Jahr mit dem Scrollen, Posten und Lesen von E-Mails und Social Media verbringen. Die Zeit, die wir uns sonst durch Facebook oder Snapchat scrollen, die wir mit einem YouTube-Video nach dem anderen oder mit der Website unseres Lieblingswirtschaftsmagazins verbringen, wird durch die digitale Verschlankungskur wieder frei – frei für anderes, für Neues oder auch für Altes, das von der digitalen Faszination verdrängt wurde.

8) Zwischentöne erkennen

Klar, digitale Medien sind ein enormer Stressfaktor. Sie können uns das Leben aber auch ungemein erleichtern. Vielleicht gibt es Apps, die uns das Leben vereinfachen. Für mich sind einige von ihnen kleine Lebensretter: Sie helfen mir, den Überblick über meine zahlreichen Projekte zu behalten. Statt eines Wusts aus einzelnen Notizbüchern, Haftnotizen und mit Kugelschreiber auf den Handrücken gekritzelten Erinnerungen nutze ich seit einiger Zeit meine digitalen Helferlein. Durch die Synchronisation über das Internet kann ich von allen Geräten, mit denen ich arbeite, auf meine Notizen zugreifen. So bekommt jeder Auftraggeber seine Texte, Websites und Projektpläne zur besprochenen Zeit – und ich muss nicht alles im Kopf behalten. Das sorgt auf beiden Seiten für eine entspannte Zusammenarbeit. Während das Internet einer klaren Code-Sprache folgt, können wir uns ein paar Zwischentöne gönnen. Völlige Technikfeindlichkeit muss nicht die Antwort auf den digitalen Stress sein. Wenn wir uns bewusst machen, was uns stresst und was uns hilft, können wir die Digitalisierung für uns perfekt nutzen.

9) Ausnahmen zulassen

Vor Tausenden von Jahren hatte der Philosoph Platon Angst vor Büchern, weil sie Menschen verdummen würden. Wer mit einer solchen Engstirnigkeit auch an digitale Medien herangeht, bleibt womöglich für immer ein Höhlenmensch. Digitale Angebote unter Generalverdacht zu stellen, wird der Sache nicht gerecht. Wir müssen einfach nur unseren Weg finden. Wer gern lernt, der hat durch das Internet längst die Möglichkeit, an Universitäten wie der UC Berkeley Scheine zu machen – während man bequem in Buxtehude in der Badewanne sitzt.

Auch sind wir längst nicht mehr auf den wirren Mix an Programmen des Fernsehens angewiesen: Mediatheken und Streaming-Dienste eröffnen uns eine ganz neue Welt der Unterhaltung und des Wissens. Ob wir eine Doku aus der Arte-Mediathek schauen oder uns drei Stunden von RTL II zudröhnen lassen, ist auch eine Frage der TV-Vorlieben und des persönlichen Zeitbudgets. Ob das digitale Angebot dabei zwingend schlechter sein muss als das eher altmodische, lineare Fernsehen, sei dahingestellt. Wer sich Ausnahmen erlaubt, wie ab und zu ein, zwei YouTube-Videos zu schauen, hält eine Digitaldiät leichter durch. Wie bei allem ist es eine Frage des Maßes. Wer dafür klare Regeln braucht, kann sich ein wöchentliches Budget setzen. Ein solches Kontingent sollte weniger Wunschvorstellung als vielmehr ein realistisches Ziel sein. So ist das Ganze nicht überfordernd oder frustrierend, sondern umsetzbar – und bringt mehr Entspannung ins digitale Leben.

10) In die Entzugsklinik gehen

Wenn gar nichts mehr hilft, wenn man uns das Smartphone nur nach dem Tod unseren kalten Fingern entreißen kann, ist es Zeit für radikalere Schritte: Freunde gründlicherer Ansätze finden immer mehr Anbieter, die sie beim kontrollierten Digital-Entgiften unter die Fittiche nehmen. Unter fachkundiger Anleitung lernen Internet-Junkies, wie sie ihr Leben auch analog bewältigen können. Wann die Entspannung dabei einsetzt, hängt davon ab, wie sehr wir uns schon ins Internet verstrickt haben.

Glück jenseits des Internets

Umfragen zeigen, dass sich 95 Prozent der Befragten besser fühlten, nachdem sie ihre internetfähigen Geräte für einige Zeit abgeschaltet und stattdessen mehr Zeit im Freien verbracht hatten. Sie gaben an, weniger traurig, gestresst und ängstlich zu sein.[424] Digital Detox hat ihnen die Ruhe zurück- und ihr Leben wieder mehr in Balance gebracht. Wir können den Laptop auch mal ganz herunterfahren, den Fernseher vom Stand-by-Modus befreien und das Smartphone zu Hause lassen, wenn wir unsere Kumpel besuchen gehen.

Die Vorteile des digitalen Minimalismus, also eines generell bewussteren Umgangs mit digitalen Medien und damit nicht nur einer kurzen, begrenzten Zeit ohne technischen Schnickschnack, können glücklicher machen. Digital Detox führt zu mehr Achtsamkeit und weniger Ängsten. Wir nehmen unsere Umwelt viel bewusster und intensiver wahr. Gemeinsam mit der digitalen Überlastung schubsen wir die Pleonexia aus unserer Tasche – und machen wieder Platz für einen bewussten Umgang mit unserer Zeit und unserer Aufmerksamkeit. Und wir kommen unserem Offline-Glück ein Stückchen näher.

Kapitel 6

Konsumgelassenheit

Konsumgelassenheit? Immer schön gelassen bleiben!

Für kleine Kinder ist die Welt ein einziges Abenteuer. Überall wollen neue Geräusche und Gerüche, Geschmäcke und Gefühle erforscht werden. Wenn wir selbst noch Neulinge in Sachen Leben sind, wissen wir noch nicht, worauf es uns später mal ankommen wird. Uns begeistert einfach alles. Wie schmeckt das wohl? Und wo wird der grüne Matsch wohl landen, wenn ich ihn aus meinen kleinen Händchen schleudere? Wir sind noch Lichtjahre davon entfernt, geschenkten Gäulen in die Mäuler zu schauen – denn wir spielen lieber mit dem Geschenkpapier. Denn auch das schmeckt neu. Und wie das knistert ... Doch irgendwann zwischen damals und heute kam der Tag, an dem sich alles änderte: Unsere Welt wurde größer. Zu groß, um allein mit Brei, frischen Windeln und warmen Worten gefüllt zu werden. Sie ist mit uns gewachsen – und mit uns auch der Wunsch nachzusehen, was sich unter dem Geschenkpapier verbirgt. Mühsam versuchen wir das Leben aus Geschenkpapier und Klebeband hervorzufummeln. Statt des letzten Puzzleteils, das uns fehlt, um endlich vollständig zu sein, entblättern wir Parfümflakons, Kuscheltiere oder Spielekonsolen.

Auch der Konsum ist mit uns erwachsen geworden. Wir sparen unser Taschengeld nicht mehr für Comichefte und sorgfältig zusammengestellte gemischte Tüten vom Kiosk. Ein erwachsenes Leben verlangt nach erwachsenen Gütern: Autos, Spülmaschinen, ein Grundstück im Grünen. Für den Ökonomen Ernst Friedrich Schumacher zeigt sich darin eine kollektive Unrast: Wir alle, unsere gesamte Gesellschaft strebe nach mehr Wohlstand, und dies im Glauben, dass sich alles andere ganz von allein daraus ergeben werde.[425] Geld gilt vielen als allmächtig, sogar als mächtig genug, immaterielle Güter zu kaufen. Und sollte das mal nicht funktionieren, dann kaufen wir etwas anderes, um unsere Bedürfnisse zu stillen.[426]

Diesen Ansatz versucht einer der grauen Herren von der Zeitsparkasse auch in dem Kinderbuch *Momo* von Michael Ende in die Köpfe der Menschen zu pflanzen: „‚Also Momo – nun höre mir einmal gut zu!‘ begann er schließlich. ‚[...] worauf es im Leben ankommt, ist, dass man es zu etwas bringt, dass man was wird, dass man was hat. Wer es weiter bringt, wer mehr wird und mehr hat als die anderen, dem fällt alles übrige ganz von selbst zu: Freundschaft, Liebe, Ehre und so weiter.'"[427] Beim Lesen beschleicht uns das Gefühl, dass sich Ende hier weniger an Kinder als an die das Buch vorlesenden Eltern richtet. Denn Kinder haben solche Gedanken nicht von Geburt an – auch sie wachsen mit uns. Die grauen Herren versuchen uns die Zeitverschwendung auszutreiben. Wir sollen uns weniger mit Banalitäten aufhalten, sollen weniger mit unseren Freunden Geschichten erfinden, sondern mehr arbeiten, produktiv sein. Weniger leben, dafür mehr konsumieren. Momo macht da nicht mit. Mit seiner wuschelköpfigen Hauptfigur macht Ende Werbung für ein bewusstes Leben, das sich um anderes als Arbeit, Geld und Zeitsparen dreht.

Doch momentan regieren die grauen Herren unsere Welt. In unserer Konsumgesellschaft ist der Glaube grundlegend, dass unser Glück davon abhängt, möglichst gut mit Konsumgütern ausgestattet zu sein.[428] Wir versprechen uns Glück von dem, was wir uns ins Leben kaufen.[429] Wissenschaftler bezweifeln jedoch, dass uns materielle Dinge wirklich glücklich machen können. Vielmehr hänge es von einer „Kompetenz ab, die man Lebenskunst nennen kann."[430] Lebenskünstler lassen sich nicht von äußeren Umständen runterziehen. Sie machen das Beste aus jeder Situation. Außerdem wissen sie, was sie wirklich brauchen und was sie in Wirklichkeit nur wollen. Hinter ihren Käufen steht selten ein unbändiger Drang. Sie müssen nicht, sie wollen etwas kaufen. Lebenskünstler konsumieren mit Gelassenheit.

Konsumgelassenheit bedeutet nicht, nicht zu konsumieren. Es bedeutet, mit Gelassenheit bewusst zu kaufen und zu verbrauchen. Konsumgelassenheit entsteht, wenn wir unseren tatsächlichen Bedarf realistisch einschätzen und uns nicht blindlings von unrealistischen Werbeversprechen oder sozialen Medien zum steten Konsum verleiten lassen. Wenn wir lernen, die Freude realistisch einzuschätzen, die uns das gekaufte Teil bringen wird, entspannt sich unser Konsumdrang. Dadurch lernen wir, zufrieden mit dem zu sein, was wir haben. So kehrt etwas mehr Ruhe in unser sonst so rastloses modernes Leben ein.

Arbeiten bis zum Umfallen

Alles fängt mit einer einfachen Erkenntnis an: Wenn wir etwas kaufen wollen, Kaugummis, Miete oder einen Ferrari, brauchen wir Geld. Und solange das nicht an den

Bäumen wächst, müssen wir dafür arbeiten. So ist unsere Wirtschaft aufgebaut. Doch was ist Arbeit eigentlich? Fangen wir ganz vorne an. In der Antike unterscheiden Philosophen wie Aristoteles zwischen zwei Arten des Handelns: Praxis und Poiesis.

Poiesis

Poiesis ist ein Handeln, dessen Ziel außerhalb der eigentlichen Handlung liegt und eher dafür da ist, etwas hervorzubringen.[431] Heute würden wir Poiesis wohl mit Herstellen übersetzen. Bei der Poiesis ist die eigentliche Handlung egal oder sogar lästig, allein ihr Ergebnis zählt.[432] Bestes Beispiel: die Steuererklärung. Sie macht kaum jemandem Spaß. Eine Strafe zu zahlen oder auf eine Rückzahlung zu verzichten, macht allerdings noch weniger Spaß. Poiesis beschreibt Handlungen, die wir oft als „Augen zu und durch"-Momente erleben.

Praxis

Auf der anderen Seite gibt es Handlungen, die wir einfach um ihrer selbst willen machen. Philosophen und Psychologen nennen es eine intrinsische Motivation,[433] wenn der Wert und das Ziel einer Handlung in ihr selbst liegen.[434] Wenn wir Fußball gucken oder ein Instrument spielen, dann machen wir das meist, weil wir einfach nur Freude daran haben.

Mischformen

Natürlich gibt es neben Praxis und Poiesis auch Mischformen: Wenn ich etwa einen Kuchen backe, dann kann mir das Zusammenrühren von Eiern, Mehl, Fett und Zucker durchaus Spaß machen. Nicht zuletzt, weil ich dann immer wieder probieren kann. Doch das eigentliche Ziel ist es, einen Kuchen aus dem Ofen zu zaubern, um ihn an Freunde oder Kollegen zu verfüttern.

Diese Unterscheidung ist auf der Suche nach dem Glück zentral: Schon Aristoteles kommt zu dem Schluss, dass Dinge, die wir tun müssen, aber eigentlich nicht tun wollen, uns nicht glücklich machen.[435] Und hier kommt das Problem: Etwas, womit viele von uns 40 Stunden oder mehr in der Woche verbringen, steht womöglich unserem Glück im Weg: die Arbeit.

Nur recht wenige Menschen werden von sich behaupten, dass sie ihren Beruf um seiner selbst willen ausüben. Mal ehrlich: Wenn wir plötzlich richtig viel Geld gewinnen würden, würden wir noch denselben Job machen?

Arbeiten bis zum Umfallen

Um der Antwort auf diese Frage näherzukommen, werfen wir einen Blick nach Japan. Im Land von Sushi, Hello Kitty und Kirschblüten zeichnet sich seit Jahren ein beunruhigender Trend mit wohlklingendem Namen ab: *Karoshi*. Der Tod durch zu viel Arbeit. In Japan gibt es keine feste Grenze für Überstunden. Die 40-Stunden-Woche ist zwar offizieller Standard, doch kaum einer hält sich daran. Wenn Menschen vor Überarbeitung zusammenbrechen oder sterben oder sich umbringen, dann spricht man hinter vorgehaltener Hand von *Karoshi*.

Das Arbeiten bis zum Umfallen ist tief in der japanischen Kultur verwurzelt: Harte Arbeit gilt als Zeichen der Ehre und der Loyalität gegenüber dem Beruf, dem Arbeitgeber und den Kollegen. Wenn die Obergrenzen weder kontrolliert noch effektiv durchgesetzt werden, dann kämpfen sich die Arbeitnehmer bis zur völligen Erschöpfung durch ihre Aufgaben. Was auf dieser Kultur gedeiht, erntet die Wirtschaft. Und die Menschen bleiben ausgelaugt auf der Strecke.

Politik und Wirtschaft diskutieren über eine Obergrenze von 100 Überstunden pro Monat, also maximal 23 Stunden pro Woche mehr. Maximal zwei durchschnittliche Arbeitstage pro Woche mehr. Kurz: Japanische Arbeitnehmer sollen maximal die ganze Woche arbeiten. Mehr soll es dann doch nicht sein. Im Gespräch war eine Grenze von 45 Überstunden, durchsetzen konnte sich dieser Vorschlag allerdings nicht. Obwohl es gute Gründe dafür gibt: Ärzte nehmen an, dass schon bei 80 Überstunden im Monat eine deutliche Gefahr für *Karoshi* besteht. Zugleich ist Japan das einzige Industrieland, in dem die Gehälter seit Jahrzehnten kontinuierlich sinken.

40-Stunden-Woche

Doch auch auf der anderen Seite der Erde sorgt die Arbeitszeit für Gesprächsstoff. Tatsächlich erscheint die 40-Stunden-Woche bei genauerer Betrachtung recht willkürlich: Warum sind es nicht 23, 51 oder 5 Stunden? Durch unseren biologischen Tagesrhythmus lässt sich die Festlegung jedenfalls nicht erklären. Studien zeigen, dass zwischen 8 und 17 Uhr, also in der Zeit, in der die meisten Menschen in Mitteleuropa arbeiten, die Leistung keineswegs konstant ist. Häufig ist es sogar so: Bis zu einem gewissen Punkt steigt die Produktivität mit der Zahl der gearbeiteten Stunden – danach sitzen wir nur noch vor dem Bildschirm und driften gedanklich in die Ferne. Forscher empfehlen daher, die Arbeitszeit zugunsten der Produktivität zu reduzieren.[436]

Auf dem Höhepunkt der Industrialisierung bündelten sich der Unmut und die Überlastung der Arbeiter in den Gewerkschaften. Den Leuten war es zu viel. Die Gewerkschaften setzten schließlich gegen die zähneknirschenden Industriellen durch, dass die Wochenarbeitszeit sank. Erst geschah dies nur um ein paar Stunden. Nach dem Zweiten Weltkrieg lag die Wochenarbeitszeit bei 48 Stunden, das heißt acht Stunden am Tag bei sechs Tagen in der Woche. Aus heutiger Sicht ist kaum vorstellbar, dass das schon die reduzierte Version einer Arbeitswoche war. Während des Wirtschaftswunders in den 1950ern stieg der Lohn. Auch hier waren es wieder die Gewerkschaften, die eine Veränderung herbeiführten. 1955 forderte der Deutsche Gewerkschaftsbund zum Tag der Arbeit erstmals die 40-Stunden-Woche.[437] Der Kampf für die 5-Tage-Woche dauerte aber noch einige Jahre. Meine Großeltern erzählten noch von der Kampagne, die unter dem Motto „Samstags gehört Vati mir" lief.[438] Einige Branchen setzten bereits in den 1960er-Jahre die kürzere Woche durch, flächendeckend kam die 40-Stunden-Woche erst Mitte der 1980er. In den 1990ern wurde im Westen in der Metallindustrie auf 35 Stunden in der Woche umgestellt, in anderen Bereichen waren es 38,5. Als die Wirtschaft wieder stärker anzog, kehrten viele Arbeitgeber zur 40-Stunden-Woche zurück. Heute gilt in Bayern die 42-Stunden- und in Nordrhein-Westfalen die 41-Stunden-Woche als Obergrenze.

Laut Deutschem Gewerkschaftsbund sind diese Grenzen allerdings nicht immer bindend. Fast die Hälfte der Menschen im bevölkerungsreichsten Bundesland, Nordrhein-Westfalen, sagt von sich selbst, dass sie regelmäßig Überstunden macht. Jeder Fünfte macht das nur für Ruhm und Ehre – denn Lohn bekommen diese 20 Prozent für ihre Überstunden keinen. 25 Prozent der Arbeitnehmer arbeiten häufig auch an den Wochenenden.[439]

Natürlich ist das, was Menschen über sich selbst bei Befragungen sagen, vielleicht auch etwas geschönt. Oft wollen sie sich selbst in einem bestimmten Licht sehen und darstellen. Genauso wie fast jeder von sich selbst behauptet, viel mehr im Haushalt zu tun als die bessere Hälfte, mit der man sich den Mülleimer teilt. Dass das so nicht stimmen kann, ergibt sich schon, wenn man beide Rechnungen einander gegenüberstellt: Sie gehen nicht auf. Möglicherweise ist es so auch mit den Überstunden: Wir wollen fleißig erscheinen, und manch einer gefällt sich in der Rolle des Arbeitstiers. Doch zwischen erfolgreichem Bürohengst und ausgebranntem Ausgebeuteten gibt es unzählige Graustufen.

Stress, Disstress, Eustress

Das größte Problem an zu vielen Überstunden ist das Gefühl, einfach nicht fertig zu werden. Die Aufgaben rollen wie ein Tsunami über uns hinweg und wir rudern wild umher, um nicht darin unterzugehen. Diesem Phänomen auf der Spur erfand der österreichisch-kanadische Biochemiker und Mediziner Hans Selye 1936 einen Begriff, der für viele von uns untrennbar zur Arbeit gehört: Stress. Er leitete ihn von den englischen Wörtern *distress* (Sorge, Kummer) und *stress* (Druck, Anspannung) ab.[440] Psychologen haben für Stress bis heute zahlreiche Definitionen hervorgebracht. Eine davon definiert ihn als physische, mentale oder emotionale Belastung oder Anstrengung.[441] Stress entsteht also, wenn die Anforderungen unsere Ressourcen übersteigen.[442] Damit ist Stress das Gegenteil von Nachhaltigkeit.

Für die Menschen in der Steinzeit entschied Stress über Leben und Tod: Sprang ein Säbelzahntiger aus dem Gebüsch, schüttete das Steinzeitmenschengehirn Adrenalin und Cortisol aus. Diese beiden Hormone sorgen für eine blitzschnelle Entscheidung zwischen Flucht oder Kampf. Während diese Reaktion uns Menschen bis heute erhalten geblieben ist, hat sich die Welt um uns herum gewaltig verändert. Heute braucht es keine wilden Tiere, um uns zu stressen. In unseren modernen Leben müssen wir so viele Rollen erfüllen. Wir wollen super im Job sein, ein guter Partner, gut gekleidet, immer für unsere Freunde und den Nachwuchs da und am besten auch noch sportlich. Einer Studie einer großen deutschen Krankenkasse zufolge stresst uns diese Dauerüberlastung. Der Druck komme weniger von außen als von innen: 43 Prozent der Deutschen fühlen sich durch ihre eigenen Ansprüche an sich selbst gestresst. Das Einzige, was sie noch mehr stresst, ist ihre Arbeit.[443] Wenn Großes in kurzer Zeit entstehen soll, macht uns das unrichtig und rastlos. Und gelegentlich raubt es uns sogar den Schlaf. Wenn wir dem Zeitdruck nur mit Überstunden in den Griff bekommen können, erhöht das den Stress zusätzlich. Vor allem der Zeitdruck macht Menschen unglücklich.[444] Auch wenn wir uns abrackern und alle Aufgaben pünktlich erfüllen: Glücklich macht uns das nicht. Denn je mehr unsere Freizeit zusammenschrumpft, desto unglücklicher fühlen wir uns.[445]

Drahtseilakt zwischen Absturz und Leben

Wir alle wollen geliebt werden. In der Steinzeit wären wir ohne unsere Mitmenschenherde vermutlich nicht besonders weit gekommen. Auch heute noch fühlen wir uns am wohlsten, wenn unsere Mitmenschen uns wohlgesonnen sind. Das gilt auch für Menschen, mit denen wir im Berufsleben zu tun haben. Hat der Chef hingegen Mühe, Respekt und Wertschätzung auszudrücken, gleichzeitig aber gar kein Problem mit Kritik, verunsichert uns das. Der Steinzeitmensch in unserem Kopf schaltet auf Alarm. Und in unserem modernen Ich wächst die Unzufriedenheit. 32 Prozent der Deutschen finden ihren Job „schlecht", unabhängig von Branche und Hierarchieebene.[446] Manche der Befragten gaben als Grund dafür an, dass sie einen unangemessen niedrigen Lohn für ihre Arbeit erhalten.[447] Glück kann bei den meisten Menschen erst entstehen, wenn sie nicht mehr ums blanke Überleben kämpfen müssen. Wenn die Grundversorgung gesichert ist, wenn für Essen, sauberes Trinkwasser und akzeptable sanitäre Anlagen gesorgt ist, kann sich das Glück allmählich entwickeln.[448] Alles was on top kommt, sorgt erst mal für mehr Glück.[449]

Werfen wir einen Blick in psychologische Studien, merken wir rasch: Wir Menschen können echte Schweinebacken sein. Denn uns interessiert es kaum, ob die gesamte Gesellschaft zu mehr Wohlstand gelangt. Wir schauen in der Regel erst auf uns.[450] Dabei sichert unser Einkommen nicht nur unseren Unterhalt, wir nehmen es oft auch als Zeichen der Wertschätzung unserer Arbeit, als Siegesprämie und Statussymbol wahr. Da ein Statussymbol aber nur einen Wert hat, wenn andere es als solches erkennen und uns die entsprechende Bewunderung zuteilwerden lassen, verlangt es nach einem Vergleich mit anderen.[451] Diesen Vergleich wollen wir immer gewinnen – entscheiden ihn aber selten wirklich für uns. Deshalb wächst mit unserem Gehalt nicht zwingend auch unser Glück.[452] Glück bedeutet aus dieser Perspektive nicht, *viel* zu haben, sondern *mehr*. Wir wollen nicht reich sein, sondern reicher. Nicht glücklich, sondern glücklicher.

Der Soziologe und Philosoph Zygmunt Bauman vermutet, dass die besten Lebensbedingungen kaum etwas wert sind, wenn wir uns gegenüber anderen im Nachteil fühlen – gegenüber den Kollegen, den Verwandten, vielleicht sogar gegenüber vergangenen Generationen.[453] Und damit kommen wir wieder bei der Pleonexia an: In der Antike galt Pleonexia als unfaires Mehr-haben-Wollen, unfair, weil wir billigend in Kauf nehmen, dass

andere weniger haben. Aristoteles vermutete, dass es uns gar nicht um den luxuriösen Lebensstil selbst geht, sondern vielmehr um die Bewunderung der anderen.[454] Damit wird das Geldverdienen wichtiger als die eigentliche Arbeit. Geld ist so kein Tauschmittel mehr für anderes, sondern nur noch eine Messlatte für ein vermeintlich gelungenes Leben.[455] Damit verflüchtigt sich der Sinn aus der Arbeit.

Sinnsuche und Putzhandschuhe

Wie sinnvoll wir unsere Arbeit finden, hängt auch immer von unserem Blickwinkel ab. Schauen wir uns folgenden Fall an:

„Zwei Reinigungskräfte arbeiten zusammen in derselben Putzkolonne im selben Krankenhaus. In der Pause stehen sie vor dem Krankenhaus, in dicken Wintermänteln, sodass niemand sieht, dass sie die Overalls der Reinigungsfirma tragen. Ein junger Arzt stellt sich zu ihnen und fragt, was sie so im Krankenhaus zu tun hätten. Eine der beiden antwortet sofort: „Also ich mache hier den Dreck weg“, und kramt verlegen in ihrer Handtasche. Als sich der junge Mann zur anderen Frau dreht, sagt diese: „Ich sorge hier für die Hygiene. Sie wissen ja, wie wichtig das im Krankenhaus ist.“

Während die erste Reinigungskraft ihren Job einfach nur macht und ihn eher lästig findet, sieht die andere einen Sinn darin. Eine tiefere Bedeutung, die ihr neben dem Lohn einen Grund für ihre Arbeit gibt.

Doch selbst wer sein Hobby zum Beruf gemacht hat, wird niemals nur des Arbeitens wegen arbeiten. Denn egal wie gern wir etwas tun, durch Geld verlagert sich die Motivation: Statt etwas zu tun, weil wir es tun wollen, tun wir es, um Geld zu bekommen.[456] Der Sinn rutscht unbemerkt aus der Handlung heraus und schleicht sich auf unser Konto. Korrumpierungseffekt nennen Motivationspsychologen es, wenn unsere Freude an etwas nicht mehr der eigentliche Antrieb ist und der Spaß von einer anderen, oft viel stärkeren Motivationsquelle verdrängt wird: vom Geld. Das Problem daran ist so alt wie das Geld selbst – es macht uns einfach nicht glücklich.[457] Echtes Glück empfinden wir nur bei Dingen, die wir um ihrer selbst willen machen.[458] Arbeit kann uns nur glücklich machen, wenn wir unsere Talente und Fähigkeiten in die Arbeit einfließen lassen dürfen.[459]

Work-Life-Balance

Mit dem Wort Work-Life-Balance beschreiben Arbeits- und Organisationspsychologen das Gleichgewicht zwischen Arbeit und Freizeit.[460] Damit ist aber kein starres Eins-zu-eins-Verhältnis gemeint, sondern „vielmehr eine verhältnismäßige

Ausgewogenheit der verschiedenen Lebensbereiche – wobei sich der Schwerpunkt über die Jahre verschieben kann. Daher muss man auch nicht überall exakt gleich viel Zeit investieren."[461] Die Work-Life-Balance ist die Mitte zwischen Untätigkeit und Überlastung. Das richtige Maß von Arbeit und Freizeit ist sehr individuell,[462] da wir alle unterschiedlich auf Stress reagieren und unterschiedliche Fähigkeiten mitbringen. Wer abends einfach nur mit der Liebsten die Füße hochlegen oder sich im Spa erholen kann, der kommt ausgeruhter zur Arbeit als die alleinerziehende Mutter, die nach getaner Arbeit noch den Haushalt schmeißt, bei den Hausaufgaben hilft und mit der besten Freundin über Beziehungsprobleme diskutiert.

Die feine Balance zwischen Ruhe und Anspannung muss sich bei Anhängern eines neuen Trends erst noch einspielen: Beim Work-Life-Blending vermischen sich Arbeit und Freizeit ohne sichtbare Grenzen. Der Arbeitnehmer kann arbeiten, wann und wo er will, kann nebenher Wäsche waschen oder einen Angehörigen pflegen oder mitten am Nachmittag eine lange Pause für einen Spaziergang machen. Im Gegenzug sind Telefon und E-Mail ständige Begleiter. Durch dieses Prinzip arbeiten wir im Rhythmus unserer natürlichen Leistungsfähigkeit. Wenn wir morgens erst mal Zeit brauchen, damit unser Hirn in die Gänge kommt, können wir die frühen Stunden für Erledigungen nutzen und einfach am Abend oder in der Nacht ein paar Stunden dranhängen. Viele Arbeitnehmer nehmen sich auch ohne eine entsprechende Regelung Arbeit für die Abendstunden oder das Wochenende mit nach Hause. Fast die Hälfte der für eine Trendstudie befragten deutschen Arbeitnehmer beantworten E-Mails auch nach ihrem offiziellen Dienstschluss.[463] Das Work-Life-Blending könnte das Ende des klassischen 9-bis-17-Uhr-Arbeitstages sein. Fast 70 Prozent der Befragten befürchten jedoch, dass beim Work-Life-Blending vor allem das Privatleben im Mixer landet.[464]

Die größte Gefahr für die Balance zwischen Arbeit und Freizeit ist es, wenn wir die Arbeit überbewerten.[465] Wenn wir längere Zeit zu wenig Freizeit haben, kann uns das krank machen.[466] Dann beginnen die Sätze mit „Ich muss …" und selten mit „Ich will …". Spätestens dann sollten wir uns fragen: Warum das alles? Wer seinen Job nur erfüllt, weil er sich dazu gezwungen fühlt, weil er die Miete, die Klassenfahrt und die neuen Winterjacken der Kinder bezahlen muss, der gerät schnell in die Sachzwangfalle: Dann erleben wir uns ferngesteuert und fremdbestimmt. Und da liegt das Problem: Wenn das Ziel der Arbeit nur das Geldverdienen ist, dann verstricken wir uns 40 Stunden plus x pro Woche in reine Poiesis, in Handlungen, die wir eigentlich gar nicht machen wollen und deren Sinn völlig außerhalb der eigentlichen Arbeit liegt. Dafür sind 40 Stunden pro Woche einfach zu lang.

Wer glücklich werden will, sollte mit dem Gedanken Frieden schließen, dass wir nun mal arbeiten müssen. Woran wir jedoch durchaus etwas ändern können, ist, wie viel wir arbeiten wollen. Und diese Frage ist eng damit verbunden, wie viel Geld wir zu benötigen glauben. Studien zeigen immer wieder, dass, ist ein grundlegendes Niveau der Bedarfsdeckung erreicht, ein steigendes Einkommen keinen oder nur einen geringen Einfluss auf unser Glück hat.[467] Viele Dinge erscheinen uns außerdem viel weniger attraktiv, wenn wir wissen, was wir dafür tun oder opfern müssten.[468] Schon der römische Philosoph Seneca riet dazu, nur Dinge und Ziele zu wollen, für die wir bereit sind, die nötigen Schritte zu gehen und die entsprechenden Opfer zu bringen.[469] Wenn ich für das palastähnliche Haus einen Job annehmen muss, den ich nicht mag und in dem ich so lange arbeiten müsste, dass ich ohnehin kaum Zeit in meinem Palast verbringen könnte, sollte ich diesen Wunsch noch einmal überdenken. Vielleicht reichen dann auch ein kleineres Heim und die Stelle, die zwar schlechter bezahlt ist, uns aber wirklich interessiert.

Wenn es uns wichtig ist, dass es unseren Kindern an nichts Materiellem fehlt, dann muss ein sehr gut bezahlter und sicherer Job her. Dann haben wir unser Ziel und unsere Priorität festgelegt und können entsprechend handeln. Wenn wir uns aber in unserem Job selbst verwirklichen möchten, sollten wir einen anderen Weg einschlagen. Wichtig ist also nur, dass wir uns ab und zu bewusst machen, warum wir die Dinge so machen, wie wir sie machen, und gegebenenfalls ein Finetuning vornehmen.

Chronos, Chaos und der wahre Wohlstand

Arbeit schafft Identität. Wir fühlen uns gebraucht, wertvoll. Vielleicht können wir uns in unserem Job verwirklichen und mit Menschen arbeiten, die wir auch nach getanem Tagwerk noch mögen. Der eigentliche Grund, warum wir arbeiten, ist und bleibt allerdings der Lohn. Wenn uns die Pleonexia ständig dazu antreibt, etwas Neues zu kaufen, müssen wir dafür auch das nötige Kleingeld haben. Das liegt in der Natur des Konsums. Und so arbeiten wir, was das Zeug hält, um uns leisten zu können, was wir zu brauchen glauben. Was wir dabei oft vergessen: Wir verkaufen dabei nicht nur unser Talent, unsere Ideen und unsere Arbeitskraft, sondern auch unsere Lebenszeit. Und gerade die scheint gefühlt immer knapper zu werden.

Wir leben in einer Zeit, in der Städte niemals schlafen. In der Tageslärm unaufhörlich an unser Ohr geschwemmt wird wie eine Flut aus Motorengeräuschen, Kassenpiepen und Tastaturklappern. Unsere Welt ist ständig beschäftigt und will ständig beschäftigt sein. Und so piepst und hupt und blinkt es um uns und in uns, von morgens, wenn unsere noch müden Augen sich aus dem noch warmen Bett tief in den Facebook-Stream oder den Mail-Eingang wühlen, bis abends, wenn wir noch ein paar Folgen der Lieblingsserie schauen oder müde durch Instagram scrollen, bis unsere Augen, ganz voll von neuen Bildern, zufallen. Wenn wir schneller schlafen könnten, vielleicht würden wir es tun. Denn was viele von uns heute am meisten wollen, ist Zeit.

Filme werden viel schneller geschnitten – alle paar Sekunden eine neue Einstellung, eine neue Perspektive. Filme aus den 1960ern oder 70ern erscheinen uns heute teils unendlich langsam. Schwimmer tauchen mit Hightechanzügen schneller durchs Wasser, Daten rasen in Sekundenbruchteilen zu Satelliten und von da um die ganze Welt. Und sogar Fußgänger laufen immer schneller: Forscher haben sich überall auf der Welt in Fußgängerzonen und auf Bürgersteige gesetzt, mit Maßband und Stoppuhr, und die vorbeirauschenden Menschen beobachtet. Was sie dabei festgestellt haben: Unser Leben wird immer schneller. Um 10 Prozent hat sich die durchschnittliche Schrittgeschwindigkeit in den Fußgängerzonen der Welt seit 1994 beschleunigt. In Singapur sprinten die Menschen sogar um 30 Prozent schneller Richtung Zukunft, in der chinesischen Stadt Guangzhou um 20 Prozent.[470] Es scheint, als wollten wir noch mehr Leben, noch mehr Erledigungen in dieselben 24 Stunden quetschen, die den Menschen 1994 zur Verfügung standen.

Übergenug Leben

„Wir leben aus dem Vollen, als gäbe es übergenug von diesem seltsamen Stoff Leben, als könnte er nie zu Ende gehen", schrieb die Schriftstellerin Christa Wolf in *Der geteilte Himmel.* Wir haben aber nicht übergenug davon. Eben das ist es, was unser Leben so kostbar macht: Unsere Zeit ist begrenzt. Aber was ist dieser seltsame Stoff, aus dem unser Leben zu bestehen scheint? Vermutlich denken viele von uns bei Zeit als Allererstes an Dinge, an denen wir die Zeit ablesen können, an Uhren oder den Startbildschirm unseres Smartphones. Wikipedia bringt den Begriff unmittelbar mit der Physik in Verbindung. Im deutschen Sprachraum scheint Zeit etwas Mathematisches und objektiv Messbares zu sein. In der griechischen Antike füllten die Menschen die Zeit mit mehr Leben. Damals war die Zeit personifiziert. Gleich drei Wesen waren nötig, um Zeit überhaupt begreifen und in Worte fassen zu können: Chronos, Kairos und Aion.

Wie es sich für einen richtigen Gott gehört, ist *Chronos* aus dem Chaos entstanden. Er hat die lineare, die objektiv messbare Zeit überhaupt erst erschaffen. Vor ihm war alles gleichzeitig, alles schon vorbei, alles noch Zukunft. Nach ihm wurden die ersten Apparaturen zur Zeitmessung auch Chronometer genannt.

Kairos war zwar der jüngste Sohn des Zeus, doch sein Haarwuchs war eher der eines älteren Herrn denn der eines Gottes: Wollte man den vorbeirennenden Kairos aufhalten, indem man ihn an den Haaren festhielt, musste man schnell sein – denn sobald er vorbeigelaufen war, kehrte er den Umherstehenden nur noch seinen kahlen Hinterkopf zu. Deshalb sagen wir bis heute „Die Gelegenheit beim Schopfe packen". Kairos steht für den günstigen Augenblick und den perfekten Zeitpunkt. Wenn jemand diesen Zeitpunkt immer wieder verpasst und große Schwierigkeiten hat, Entscheidungen zu treffen, sprechen Psychologen auch von Kairophobie.

Heute ist *Aion* wohl eher als Name für ein koreanisches Computerspiel bekannt. In der Antike verkörperte Aion zwei verschiedene Formen der Zeit: zum einen die heilige, die unendliche Zeit, die Ewigkeit, und zum anderen einen in sich begrenzten Zeitraum, wie die Lebenszeit eines Menschen, eine Generation oder einen Entwicklungszyklus, manchmal auch ein ganzes Zeitalter. Damit steht Aion für den Zusammenhang von Ereignissen. Er stellt die Verbindung zwischen der Vielzahl von Zufällen und Entscheidungen her und formt sie zu einem in sich geschlossenen Ganzen. Manch einer, der besonders schlau klingen will, sagt deshalb statt „seit langer Zeit", dass etwas „seit Äonen" so und so gemacht werde.

Wenn wir heute von Zeit sprechen, meinen wir meist Chronos – und vergessen Kairos und Aion. Wenn wir gestresst sind, dann ist uns Kairos entwischt. Und genau so arbeiten wir auch: Wir warten nicht auf den perfekten Moment, auf den Geistesblitz, um mit der Arbeit loszulegen. Wir sitzen von 9 bis 17 Uhr unsere Zeit ab. Egal wie produktiv oder unproduktiv wir in dieser Zeit sind. Während wir unseren Blick starr auf Chronos richten, darauf, wie die Zeit vergeht, sehen wir meist nur aus dem Augenwinkel, dass wir nur ein einziges Aion, nur ein Leben haben. Denn es ist nur scheinbar so, als hätten wir übergenug davon. Auch und gerade bei unserer Lebenszeit sollten wir das rechte Maß finden: die Mitte zwischen dem Nötigen und dem Schönen.

Krieg für den Frieden, Arbeit für Muße

Der Antike verdanken wir viele reizvolle Ideen zu den großen Fragen des Lebens: zur Zeit, zum Sinn – und zum Glück. Wenn es ums Glück geht, waren die antiken Philosophen oft geteilter Meinung. Aber in einem Punkt schienen sie sich überraschend einig: Wir brauchen Zeit, um glücklich zu sein. Wir brauchen Muße, um genauer zu sein, Zeit, in der wir einfach nur unseren Gedanken nachhängen, in der wir ordnen, was so in unserem Kopf herumschwirrt. Wer sich den ganzen Tag nur abhetzen muss, dem fehlt die Zeit, das Schöne wahrzunehmen. Wer 16 Stunden in der Fabrik Schnallen zusammenstanzt, dem fehlt die Muße für tiefschürfende Gedanken. Wenn sich am Feierabend der Rücken über das Tagwerk beschwert, hat die Muße kaum eine Chance. Es erscheint fast schon ungerecht, dass sich das Glück lieber bei denen niederlässt, die sich gerade entspannen, und dass es nicht denen zur Seite steht, die sich abrackern. Damit alle Menschen etwas Muße erleben können, hat Platon einen idealen Staat ersonnen, in dem den Einwohnern ein hohes Maß an Muße möglich ist.[471] Bei Platon wird die Muße zum Politikum.

Solche aus heutiger Sicht revolutionäre Ideen sind der Grund, warum ich die antike Philosophie heute für aktueller denn je halte. Denn: Warum eigentlich nicht? Warum sollte eine Gesellschaft nur auf Wirtschaftswachstum aufbauen und unsere Lebenszeit zu einer Ware auf den Märkten der Welt machen? Warum sollten wir nicht den Aion in unserer Mitte begrüßen, uns der Endlichkeit unserer Zeit bewusst werden und das Beste aus unserer Lebenszeit machen?

Auch Aristoteles nahm an, dass wir Muße für unser Glück brauchen.[472] Ohne Muße fehle uns die Zeit, unsere eigenen Ziele und Werte zu finden und sie regelmäßig neu zu überdenken. Stattdessen verbringen wir unser Leben kopflos: „Wir opfern unsere Muße, um Muße zu haben, und wir führen Krieg, um in Frieden zu leben."[473] Aristoteles führt uns dabei den Widersinn vor Augen. Wir machen Überstunden, um uns den Luxusurlaub leisten zu können. Für Aristoteles ist das völlig absurd. Gut zweitausend Jahre später bringt der Philosoph und Nobelpreisträger für Literatur Albert Camus das darin wohnende Problem auf den Punkt: „Ich bin sicher, (…) dass man ohne Geld nicht glücklich sein kann. (…) Nur braucht es, um glücklich zu sein, Zeit. Sehr viel Zeit. Und in fast allen Fällen bringen wir unser Leben damit hin, Geld zu verdienen, während man Geld haben müsste, um Zeit für sich zu gewinnen. (…) Reich sein oder werden bedeutet Zeit haben, um glücklich zu sein (…)."[474] Glück ohne Muße scheint gestern wie heute fast unmöglich. In unserer High-Speed-Gesellschaft die Bremse zu ziehen, könnte das neue Statussymbol werden – für das wir nicht einmal einen Parkplatz brauchen.

Entschleunigung und Zeitwohlstand

1979 schenkte uns ein Ratgeber für glückliche Singles[475] einen Begriff, an dem wir auf der Suche nach mehr Ruhe bestimmt früher oder später vorbeikommen:

Entschleunigung. Mitte der 90er griff das Wuppertal-Institut für Klima, Umwelt, Energie die Idee auf und forderte eine „Entschleunigung der Wirtschaftskreisläufe". Neben der Partnersuche und den Wirtschaftssystemen können wir aber auch unser Leben entschleunigen. Das scheint sogar immer mehr Arbeitgebern einzuleuchten. Denn nicht nur die Zeiten ändern sich, sondern manchmal auch die Menschen: Wenn wertvolle Mitarbeiter langsam sich zu langweilen beginnen und sich heimlich nach einer neuen Herausforderung umgucken, bekommt eine aufmerksame Chefin Muffensausen. Vor allem Mitarbeiter, die schon lange dabei sind, die karrieretechnisch schon alles erreicht haben, brauchen heute einen neuen Kick. Die Kinder sind aus dem Haus, das Haus ist abbezahlt. Manchen Arbeitnehmer kann der Boss nicht mehr mit Geld allein locken. Alles ist gesättigt. Fast alles: Vielleicht würde dem Gelangweilten ja etwas mehr Zeit guttun? Und vielleicht die Gebühr für den Bootsführerschein als Bonus obendrauf? Nach einem Wochenende auf dem Meer kommt der Mitarbeiter sicher wieder lieber ins Büro. Um ihre Mitarbeiter nicht vom Leben abzuhalten, ermöglichen verantwortungsvolle Arbeitgeber ihren Beschäftigten Sabbatjahre, Homeoffice und großzügig ausgestaltete Elternzeitmodelle. Diese Modelle sind auch für das Unternehmen sehr sinnvoll: Zufriedene Mitarbeiter machen einen besseren Job, stehlen weniger Krempel aus dem Büro und sind seltener krank.[476] Wer sich flexibel zeigt, der kann sich über zufriedene Mitarbeiter freuen.

Der wahre Wohlstand unserer Zeit besteht längst nicht mehr in Yachten, Limousinen und Palästen aus Glas und Stein. Der neue Luxus ist der Herrscher über Chronos, Kairos und Aion: Zeitwohlstand ist der Reichtum einer neuen Generation. Wenn unser Statussymbol nicht mehr unsere Einfahrt zuparken muss, haben wir freie Fahrt: Mehr Freizeit ist mehr freie Zeit, um uns, unsere Fähigkeiten und Interessen zu entfalten. Auch wenn manch einer das bereits während seiner Arbeitszeit tun kann, tauscht die Mehrheit weiterhin Lebenszeit und Arbeitskraft gegen Geld. Wenn wir anfangen, den Preis für unsere künftigen Käufe nicht in Geld, sondern in Zeit aufzuwiegen, bekommen sie einen ganz anderen Wert: 240 Stunden zwischen Legosteinen und Plüschtieren tauschen wir gegen die schicke Sitzgarnitur aus Leder und poliertem Edelstahl. Gegen 240 Stunden, die wir im Büro sitzen, 240 Stunden, in denen wir hoffentlich etwas tun, das uns erfüllt – aber eben auch 240 Stunden, in denen wir funktionieren und abliefern müssen. Wenn wir uns also dafür entscheiden, die Ledergarnitur zu kaufen, dann verzichten wir freiwillig und dennoch meist unbewusst darauf, diese Zeit zu Hause zu genießen.

Wir können Zeit nicht auf ein Sparkonto einzahlen. Zeit ist der einzige Reichtum, der sich vermehrt, wenn wir verschwenderisch aus dem Vollen schöpfen. Wenn wir sie nutzen, um einem Ehrenamt nachzugehen oder anderen einen Gefallen zu tun, unseren ersten Roman zu schreiben oder die Welt zu umsegeln, die Kindheit unseres Nachwuchses zu genießen – oder uns einfach nur auszuruhen. Die nächste Arbeitsphase kommt bestimmt.

Damit Arbeitnehmer sich selbst diesen Freiraum schaffen können, haben Angestellte ein Recht auf Teilzeit. Wer länger als sechs Monate im Unternehmen ist, darf laut § 8 Abs. 1 TzBfG auf sein Recht pochen, sofern der Arbeitgeber mehr als 15 Arbeitnehmer hat (Auszubildende nicht mitgerechnet). Wie der Arbeitgeber das so findet und ob er einen befristeten Vertrag nach der durchgesetzten Reduktion noch verlängert, steht auf einem anderen Blatt.[477] Während wir nicht wissen, ob wir, auch nachdem wir auf unser Recht bestanden haben, noch einen Job haben, ist eines klar: Weniger zu arbeiten macht uns glücklicher. Die Vier-Tage-Woche macht Menschen zufriedener und zudem zu besseren Team-Playern.[478] Vielleicht ist das neue Ideal der Arbeit bald nicht mehr Pünktlichkeit und der feste Wille, so lange zu arbeiten, bis wir ausgelaugt und urlaubsreif sind, sondern durchgehend frisch und kreativ und zufrieden zu sein. Zeit könnte schon bald der neue Luxus sein.

Schluss mit frustig: Ich kauf nix mehr!

In einem pastellfarbenen Rüschenkleidchen sitzt sie wie eine schicke junge Dame auf den Steinstufen, ebenso elegant wie einsam. Ihre großen Kulleraugen starren in die Ferne. Bis Momo sie dort entdeckt. Mit einer quäkenden Stimme ruft sie Momo entgegen: „Hallo. Ich bin Bibigirl, die perfekte Puppe." Momo erschrickt. Eine solche Puppe hat sie noch nie gesehen. Eine, die spricht und dabei sogar den Mund bewegt. „Ich gehöre dir. Alle beneiden dich um mich", verkündet die Puppe mit ihrer Roboterstimme. „Ich glaub nicht, dass du mir gehörst", entgegnet Momo skeptisch. Sie findet die Puppe mehr als seltsam. Bibigirl wiederholt ihren Satz wie ein Mantra. Nicht besonders sympathisch, denkt Momo. So ganz allein will Momo sie trotzdem nicht auf den Treppenstufen zurücklassen und nimmt Bibigirl mit nach Hause. Dort legte die Puppe los: „Ich will mehr Sachen", quäkt sie. Momo, die selbst nicht viel besitzt, bietet ihr eine Muschel an, die sie am Meer gefunden und mit nach Hause genommen hatte. Doch die Puppe hat keinen Sinn für schöne

Muscheln. „Ich möchte noch mehr Sachen haben." Sie interessiert sich für Pelzmäntel aus echtem Nerz, seidene Schlafröcke oder einen neuen Tennisdress für das nächste Spiel. Zumindest eine kurze Weile. Dann will sie wieder etwas anderes, etwas Neues – oder einfach nur mehr. Irgendwann ist sich Bibigirl trotz all ihrer Sachen selbst nicht mehr genug – und braucht Bubiboy, um vollständig zu sein.

Momo, Bibigirl und der perfekte Kleiderschrank

Aber auch Bubiboy hat Bedürfnisse. Er will Kleidung, ein Auto, vielleicht ein eigenes Pony. Wie ein Tornado wirbeln Kleider, Spielzeug und Kleinkram aus dem Kofferraum des grauen Herrn auf Momo zu und begraben das Mädchen unter einer schillernden Schicht bunter Plastiksachen. Die grauen Herren von der Zeitsparkasse waren es auch, die Bibigirl in der Nähe von Momos Wohnung ausgesetzt hatten. Da sie von der Zeit und der Lebensfreude der Menschen leben, ist Momo ihnen im Weg: Das Mädchen öffnet den Bürgern der Stadt die Augen für die wirklich schönen und wertvollen Dinge im Leben. Und dazu gehören weder Geld noch Arbeit. Die grauen Herren hatten gehofft, dass die Puppe die Gier in Momos Herz verpflanzen würde. Dann wäre Momo schnell von jedem neuen Spielzeug gelangweilt und würde nach Nachschub lechzen. Nachschub, der ebenfalls bald schal werden würde.

Aber die nach eigenen Aussagen perfekte Puppe wirkt auf Momo so ganz und gar nicht wie die perfekte Spielkameradin. Ihr ständiges Gequengel und Genörgel machen es Momo schwer, die Puppe gern zu haben.[479] Mit Bibigirl erschafft Michael Ende in seinem Kinderbuch *Momo* ein Spielzeug, das zum Tyrannen im Kinderzimmer werden könnte, indem es, den Verstand betäubend, nach immer mehr Zubehör schreit. Die wuschelköpfige Figur Momo, die viele Kinder der 80er und 90er noch aus der Romanverfilmung vor Augen haben, macht jedenfalls klar: Eine Puppe, die immer mehr will und ständig nur dasselbe faselt, macht irgendwie keinen Spaß.

Die grauen Herren im Kinderzimmer

Auch jenseits der Welt der Kindergeschichten flüstern uns ganz reale Bibigirls immer wieder ins Unterbewusstsein: „Ich möchte noch mehr Sachen haben" – bis wir es selbst glauben. Vor allem über Social-Media-Plattformen wie YouTube oder Instagram verführen sie uns dazu, zu Anhängern schnell verblühender Wünsche und Moden zu werden. Eine der erfolgreichsten YouTuberinnen im deutschsprachigen Raum hat sich selbst einen sehr passenden Namen gegeben: Bibi. Über fünf

Millionen Menschen folgen dem Videokanal der Kölnerin und erfahren dort, wie sie selbst echte Bibigirls werden können: In ihren Videos geht es um die Neuheiten im Körperpflegeregal, um Schminktipps – und um das, was sie im Klamotten-Discounter ergattert hat. Fast alles, was sie gerade eingekauft hat, hält sie direkt beim Auspacken aus dem Einkaufsbeutel in die Kamera. Haul nennt sich das: Einkaufen, um es frisch aus der Einkaufstüte in die Kamera zu halten. Hauls ermuntern dazu, sich schön zu machen. Oder sich hässlich und unmodisch zu fühlen. Das geht natürlich nicht nur mit Kleidung, sondern auch mit Drogerieprodukten, Kosmetik oder Nahrungsmitteln. Eben mit allem, was die Zuschauer für vergleichsweise kleines Geld nachkaufen können, um sich endlich vollständig ausgerüstet zu fühlen.

Unter ihre Schmink- und Modetipps mengt Bibi zunehmend auch Infos aus ihrem Privatleben oder Parodien über Menschen, die ihr im Alltag so begegnen. Dieser Mix macht ihren Kanal „BibisBeautyPalace“ (Bibis Schönheitspalast) so beliebt, dass er zu den fünf meistabonnierten deutschsprachigen YouTube-Kanälen gehört – und sie reich macht. Ihr Geld verdient Bibi vor allem durch Sponsoring und als Markenbotschafterin, durch Werbung, Provisionen und mit ihrer eigenen Kosmetikmarke. Das bringt ihr Schätzungen zufolge 100.000 Euro ein – monatlich.[480]

Sicher ist es eine beachtliche Leistung, dass sie schon als Teenager einen derart erfolgreichen Kanal auf die Beine gestellt hat. Ebenso sollten wir aber auch beachten, wie sie ihren Ruhm nutzt: Immer wieder kritisieren Medienmacher und Konsumskeptiker ihr Geschäftsmodell. Sie prangern an, dass Bibi ihre Videos mit versteckter Werbung spickt und so vor allem Minderjährigen eine wenig subtile Werbekeule über die noch unkritischen Köpfe zieht. Mit dieser Masche steht Bibi nicht allein da. Influencer-Marketing nennt es sich, wenn beliebte Social-Media-Stars ihren Ruhm für Werbezwecke nutzen.[481] Die Konzerne, die grauen Herren unserer Zeit, setzen die Bibigirls des Internetzeitalters auf unsere Momos und Momeriche an, um sie zu nahezu willenlosen Sklaven der Mode und des Konsums zu machen. Mit Erfolg.

Wegwerfen statt Waschen

Unser Konsum hat sich rasant beschleunigt. In einer Umfrage der Umweltschutzorganisation Greenpeace geben 61 Prozent der deutschen Social-Media-Nutzer zu, gleich mehrere Kleidungsstücke im Schrank liegen zu haben, die sie noch nie getragen haben. Unter den Instagram-Abstinenzlern ist die Zahl mit 33 Prozent nur etwa halb so hoch.[482] Und dennoch: Wir lassen uns verführen, Dinge gerade lange genug zu wollen, um sie zur Kasse zu tragen und zu bezahlen. Kurz nach dem Kauf verfliegt die Liebe zu dem neuen Top oder dem stylishen Paar Turnschuhe: Von ihren insgesamt 5,2 Milliarden Kleidungsstücken tragen die Deutschen 40 Prozent sehr selten oder nie. Vieles rangieren sie, kaum gekauft, schon wieder aus: 18 Prozent der Kleidungsstücke tragen sie nur zweimal, und jeder Achte trägt seine Schuhe kürzer als ein Jahr. Neue Absätze bekommt nahezu kein Paar mehr verpasst.

Was wir erst so dringend besitzen wollten, verdrängen wir schnell in die hinterste Ecke unseres Kleiderschranks und unseres Bewusstseins, um Platz zu machen für neue Wünsche, die wir uns aus dem Internet direkt in unser Gehirn herunterladen. So füllt ein ewiger Kreislauf unsere Schubladen und leert gleichermaßen unser Konto.

Neben den Bibigirls und Bubiboys aus dem Internet beschleunigt ein Trend in der Textilindustrie das Überquellen unserer Kleiderschränke: Günstige Anbieter ahmen teure Designerstücke nach und produzieren sie billig und in Massen, nur eben mit einer deutlich geringeren Qualität. Fast Fashion nennen Kritiker das, was die YouTube-Bibis und ihre Anhänger in den Shopping-Tempeln in ihre Papiertaschen stopfen. Klamotten, die vermutlich länger produziert als getragen werden. Hergestellt zu Dumpingpreisen und unter Arbeitsbedingungen, die wir am liebsten einfach nur verdrängen wollen. Weit weg an einen fernen Ort, in unser Unterbewusstsein – oder nach Bangladesch. Das ist dort, wo Fabrikgebäude unter dem Druck des Marktes einstürzen und das Leben der Arbeiter kaum mehr wert zu sein scheint als die T-Shirts und Jeans, die sie produzieren.

Schmutziger Stoff für schnellen Kick

Fast Fashion ermöglicht es auch jungen oder finanziell weniger gut gestellten Menschen, sich in vermeintlichen Luxus zu hüllen und stets der neuesten Mode zu folgen. Durch die preisgünstige Mode haben sie das Gefühl, mithalten zu können. Durchschnittlich 60 neue Kleidungsstücke kauft sich ein Deutscher jedes Jahr.[483] Bezahlen wollen wir dafür aber nur wenig: Nicht einmal 5 Prozent unseres Haushaltseinkommens geben wir für Bekleidung und Schuhe aus. Vor 15 Jahren war der Anteil am Einkommen noch doppelt so hoch. Wie Fast Food ist Fast Fashion schnell gekauft und schnell vergessen. Die Kleidung ist nicht auf Langlebigkeit ausgelegt, nicht darauf, die neue Lieblingsjacke zu sein, die uns die nächsten zehn Jahre vor Wind und Wetter schützt, bis sie eher aus Löchern als aus Stoff besteht. Bei Fast Fashion geht es ums Mithalten in einem Wettrennen um Stil, Beliebtheit und Ansehen.

Doch das Tempo der Gegner ist rasant. Wir haben nicht mehr nur zwei Saisons, also warmer Regen und kalter Regen. Medien, Magazine, Klassenkameraden und Dating-Plattformen wollen uns weismachen, dass wir uns für 52 Mini-Saisons im Jahr rüsten sollten. Sobald ein neuer Trend auf dem Markt ist, sollen wir in den Laden ziehen und uns umstylen. Und wenn wir nicht wissen, was wir für unser neues, modernes Ich so brauchen, helfen die freundlichen Jungs und Mädchen von YouTube und Instagram gern weiter. Schnell muss es gehen, sonst ist der Trend schon wieder vorbei und unser Style schon wieder Vergangenheit. So kommt das Fast in die Fashion. Der schnelle Imbiss, für den wir nicht lange anstehen müssen. Aber wie nach dem großen Burger-Menü sind wir auch nach einer Portion Fast Fashion schnell wieder hungrig. Je mehr wir kaufen, desto weniger haben wir anzuziehen.

So fräst sich das Mehr-haben-Wollen durch unseren Kleiderschrank und macht aus neuer Kleidung unattraktive, langweilige Altkleider. Das Gefühl, dass die neue Bluse nicht mehr neu genug ist, unsere Persönlichkeit nicht mehr richtig rüberbringt, dass unser Teint damit fahl wirkt, macht den nächsten Einkauf fast unumgänglich.

Verfall hinter der Hochglanzfassade

Analog zum ebenso fettreichen wie nährstoffarmen Junk Food könnten wir auch von Junk Fashion sprechen: Kleidung geschaffen für den Müll. Die übervollen Papiertüten, die manche Teenager durch die Fußgängerzonen schleppen, riechen nach nichts Gutem: nach Plastik, Chemikalien und Stoffen, mit denen man besser nicht ohne Schutzkleidung in Berührung kommen sollte. Junk Fashion: geschaffen aus Müll, der mit flüchtigen Chemikalien aus Taschen und Pullis hervormüffelt. Immer wieder finden unabhängige Forschungseinrichtungen giftige und krebserregende Stoffe in günstigen Textilen, Schuhen und Accessoires. Greenpeace untersucht seit Jahren stichprobenhaft Textilen auf ihre Umweltfreundlichkeit. Zuletzt interessierte sich die Organisation unter anderem für per- und polyfluorierte Chemikalien (PFC), die Leinen, Baumwolle und andere Stoffe wasserdicht machen. So praktisch diese Eigenschaft auch sein mag: Tierversuche lassen vermuten, dass PFCs Krebs erregen und unfruchtbar machen können. Was dagegen optimistisch stimmt: Greenpeace findet immer seltener alarmierende Mengen giftiger Stoffe in unserer Kleidung.[484]

Was die Verbraucher entwarnt, bleibt für die Hersteller leider meist trotzdem ein Problem. Denn die Näher, Färber und Weber in Asien kommen dennoch damit in Berührung. Oft landen die giftigen Abwässer aus der Textilindustrie kaum oder gar nicht gefiltert in den Flüssen und in der Umwelt. Dort machen es sich die PFCs so richtig gemütlich, im Trinkwasser, im Gemüse und in den Tieren, wo sie lange Zeit ein Gesundheitsrisiko bleiben. Auch die Verkäufer in Europa, die die schmutzige Ware tagtäglich anfassen müssen, nehmen Chemikalien durch die Haut auf. Sie zahlen den Preis für die billigen Produkte. Davon hören und sehen wir auf den zurechtretuschierten Social-Media-Kanälen aber nur sehr selten.

Dabei befürworten viele Fast-Fashion-Träger eigentlich eine nachhaltige Lebensweise. So sagen 94 Prozent der Deutschen von sich, dass ihnen Umweltschutz sehr wichtig oder wichtig sei.[485] Forscher glauben, dass wir einen starken Wunsch haben, uns ständig zu verändern. Diese innere Dynamik möchten wir durch unsere Kleidung nach außen tragen. Der Wunsch nach Identität und Selbstdarstellung schubst unsere ökologischen Ideale lässig aus dem Einkaufskorb. Für viele soll Kleidung eher stylisch als nachhaltig sein. Deshalb ziehen viele Befragte es vor, ihren Müll zu trennen, vegane Kosmetik zu benutzten oder ab und zu im Bioladen einzukaufen. Öko sein: ja; öko aussehen: nein.[486]

Kauf dich glücklich

Wie leicht sich der Gedanke an die Umwelt und die Produktionsbedingungen mit einer flauschigen Lage Wollpullover zudecken lässt, hat die Autorin und Umweltschützerin Nunu Kaller selbst erlebt: Sie engagiert sich zwar schon ihr halbes Leben für den Naturschutz, fährt lieber mit dem Rad als mit dem Auto und setzt auf Essen aus dem Bioladen. Doch ihr Kleiderschrank blieb vor ihrem ökologischen Gewissen lange fest verschlossen. „Beim Thema Kleidung habe ich das alles komplett ausgeblendet. Da waren mir die Optik und der Wunsch nach Befriedigung wichtiger", berichtet Kaller. „Im Nachhinein verstehe ich mich da selbst nicht mehr. In der konventionellen Textilproduktion läuft fürchterlich viel falsch: Auf den Baumwollfeldern werden entsetzlich viele von den Pestiziden eingesetzt, und die furchtbaren Arbeitsbedingungen in vielen Ländern sind ja auch hinlänglich bekannt." Dennoch landete lange Zeit immer wieder Fast Fashion in ihren Einkaufstaschen. Mehrmals im Monat zog sie durch die Läden auf der Jagd nach Schnäppchen und dem Lieblingsteil. Shopping wurde unbemerkt zu ihrem Hobby – und zu einem Allheilmittel: Etwas ist besonders gut gelaufen? Kaller belohnte sich mit einer Shopping-Tour. Etwas Trauriges oder Nerviges ist passiert? Das Trostpflaster landete in der Einkaufstüte. Endorphine und Adrenalin durchfluteten ihr Gehirn.

Wissenschaftliche Studien deuten in die Richtung, dass Shoppen tatsächlich gegen Traurigkeit hilft. Die Forscher begründen das damit, dass wir in manchen Lebenssituationen das Gefühl haben, die Kontrolle über die Situation oder gleich unser ganzes Leben zu verlieren. Durch Einkaufen fühlen wir uns wieder als Herren der Lage. Einfach nur zu bummeln, ohne etwas mit nach Hause zu nehmen, hat keinen vergleichbaren Effekt.[487] In anderen Studien zeigte sich Shopping dagegen als stressig für die Probanden oder verstärkte den Stress, den sie ohnehin schon hatten. Das gilt vor allem für Menschen, denen materielle Dinge besonders wichtig sind.[488] Bei diesen Menschen fanden die Wissenschaftler Stress, Ängste und Lebensprobleme, die sie durch das Shoppen ausgleichen wollten. Insgesamt waren diese Menschen eher unglücklich, weil sie nicht an ihren Problemen arbeiteten, sondern die Symptome für kurze Zeit durch das Shoppen betäubten.

Kalter Entzug nach dem Rausch

In der Welt der Wissenschaft gehen die Meinungen auseinander. Für Nunu Kaller verfehlte die Droge aus der Boutique dagegen nur selten ihre Wirkung. „Es war ein Rausch“, erzählt sie. „Doch der Kick, dass ich etwas Neues hatte, war meist schon vorbei, wenn ich mit dem Sackerl in der Hand die Wohnungstür aufgeschlossen hatte.“ Der Inhalt des Kleiderschranks wuchs und wuchs. Irgendwann beschlich sie das Gefühl, dass es zu viel sein könnte. Als der Textilberg kritische Ausmaße erreicht hatte, entsorgte sie die Verpackung der neuen Stücke heimlich und versteckte neue Käufe erst einmal für einige Zeit. „Dann habe ich einfach behauptet: Das habe ich schon ganz lang“, sagt Kaller. Doch wo sich das Vertuschen einschleicht, da ist die Selbsterkenntnis längst zu Hause.

Genau wie bei jeder Sucht wurde der Kick irgendwann schwächer und die Dosis höher. Dann kam der große Kater – und Kaller entschied sich für einen radikalen Schritt: den kalten Entzug. Doch zuerst musste ein Überblick her: „Ich hatte nämlich nicht nur viel Zeug, ich bin auch eine große Chaotin.“ Sie warf all ihre Socken, Hosen und Pullover auf ihr Doppelbett. Ein riesiger Hügel türmte sich auf. Kaller zählte: 33 Röcke, 34 Jacken und Mäntel, 30 Jeans. Die T-Shirts stopfte sie ungezählt zurück in die Schublade – es waren einfach zu viele.

Ihre Freundinnen fanden die üppige Schrankfüllung gar nicht so ungewöhnlich. Sie selbst hatten über hundert T-Shirts im Schrank. Jede. Jeder Dritte in Deutschland besitzt mehr als 200 Kleidungsstücke. Strümpfe und Unterwäsche nicht mitgerechnet.[489] Aber Kaller hatte genug. Zu viel sogar. Also mistete sie aus: Alles, was sie nicht mehr mochte oder was abgetragen war, flog raus. Ein veritabler Teil des Inhalts eines 1,5 Meter langen, deckenhohen Kleiderschranks verschwand in vier riesigen Säcken. Und immer noch blieb ihr genug zum Anziehen. Und genug zu spenden, zu verschenken und weiterzugeben.

Ich kauf nix mehr

Nach dem Sturm auf den Kleiderschrank kam die absolute Ruhe: „Ich bin ein Ganz-oder-gar-nicht-Mensch", sagt Kaller. Deshalb verordnete sie sich nicht einfach nur eine Shopping-Diät – sie setzte sich auf Null-Shopping-Diät: Sie nahm sich vor, ein Jahr lang keine neue Kleidung zu kaufen. Für manch einen mag das banal klingen. Aber haben wir nicht alle etwas, wovon wir einfach nicht genug bekommen können? Für den einen sind es Bücher, für den anderen Spielzeug für die Kinder, Comics oder elektronische Spielereien, Lippenstifte, Sportkleidung oder DVDs. Wir alle haben eine Shopping-Leiche im Keller. Dem wollte Kaller für sich ein Ende setzen. „Ich wollte mir selbst etwas beweisen", erklärt sie. „Außerdem musste mein Ansatz radikal sein, sonst hätte ich permanent eine Ausrede gefunden, warum ich doch etwas kaufen sollte. Zum Beispiel für verschiedene Anlässe. Es fallen einem die blödesten Gründe ein, wenn man sich von etwas überzeugen möchte." Ein Jahr lang keine Klamotten hieß also auch: Ein Jahr lang keine Ausnahmen.

Ihren Selbstversuch dokumentierte Kaller in einem Blog. Täglich berichtete sie von ihren Fortschritten und mentalen Rückfällen. Mit dem Blog wollte sie sich etwas Selbstdisziplin bei ihren Lesern ausleihen: „Ich wusste so genau, dass ich mich blamiere, wenn ich es nicht schaffe." Also schrieb sie sich den Konsum aus der Seele. Ihre Achillesferse wollte dagegen in braune Stiefel gehüllt werden. In ihrem Blog beschrieb sie, wie sie wie ein kleines Kind quengelte, damit sie sich endlich die hellbraunen Fußschmeichler kaufte. Aber sie blieb standhaft. Wenn sie wirklich etwas Neues brauchte, tauschte sie es, machte es selbst – oder verzichtete einfach darauf. „Ich habe schnell gemerkt, dass es ein sehr befreiendes Gefühl ist, die Option, etwas zu kaufen, nicht mehr zu haben."

Nach dem Ausmisten hatte Kaller endlich wieder einen Überblick. „Für mich war der Selbstversuch eine echte Auszeit. Der Gedanke, ich hätte nichts zum Anziehen, den gab es einfach nicht mehr. Ich wusste genau, dass ich nur die Sachen aus meinem Schrank habe, die ich miteinander kombinieren kann – nicht mehr und nicht weniger. Das war wahnsinnig entspannend." Mit dem, was ihr blieb, wollte sie nun auskommen. „Ich musste richtig überlegen, wie ich mir ein Outfit zusammenstellen wollte. Dadurch bin ich wahnsinnig kreativ geworden." Sie fing an zu nähen und lernte Stricken – beides nach eigenen Aussagen zwar nur mit mäßigem Erfolg, aber mit dem guten Gefühl, etwas selbst gemacht zu haben. „Wenn ich für den selbst gestrickten Pullover Komplimente bekommen habe, war ich schon auch stolz. Das macht einen einfach glücklich", sagt Kaller. Seither kommt bei ihr das Glück nicht mehr aus dem Geldbeutel.

Neue Freiheit

Shopping ist für Kaller ein Werkzeug, mit dem sich die Wirtschaft immer weiter selbst befeuern möchte. „Aber ich habe mir gesagt, ich mache da nicht mehr mit. Das ist für mich Selbstbestimmung, die ich so gar nicht kannte. Mich von diesem Druck zu befreien, ist definitiv etwas Gutes." Heute macht ihr Shopping wieder Spaß, mehr sogar als früher. „Ich bin kein radikaler Öko geworden und habe immer noch Spaß an Mode", sagt sie nach ihrem Experiment. Ihr Einkaufsverhalten hat sich dennoch sehr verändert. Sie achtet mehr darauf, dass ihre Kleidung bio und fair produziert wurde. „Bei Hosen ist das allerdings noch schwierig, weil ich sehr groß bin und Größe 44 trage. Die einzigen Hosen in Bioqualität, die mir gefallen, sind für mich nicht bezahlbar." Manchmal entscheidet dann eben doch der Preis. Entweder spart sie dann, um in ein gutes Teil zu investieren. Oder sie findet andere Wege: Regelmäßig schmeißt sie Tauschpartys, bei denen jeder Gast Ausrangiertes mitbringt und gegen die gebrauchte Kleidung der anderen Gäste tauschen kann. „Dadurch kommt eine größere Rotation in den Kleiderschrank", sagt Kaller. „So kommt ab und zu doch mal was Neues rein." Und irgendwann verlassen diese Stücke den Schrank auch wieder. Zum Beispiel über Facebook: Dort hat sie eine Gruppe gegründet, über die Menschen in ihrer Region miteinander Kleidung tauschen können.

Blusen und Kleider mit anderen Menschen zu tauschen, macht sie glücklich. Im Secondhandladen fühlt sich Kaller wie eine Schatzsucherin, und nicht selten birgt sie ein Kleinod aus Jeans oder Leder. Erst wenn sie es weder ertauschen, gebraucht kaufen oder selbst machen kann, kauft sich Kaller etwas Neues. Aus dem Sweatshop kommt das dann aber nicht mehr. „Es ist durchaus möglich, anders zu konsumieren. Es gibt Alternativen zur Fast Fashion, man muss sie nur suchen", fasst Kaller ihre neue Mode-Philosophie zusammen. „Jetzt konsumiere ich kritischer und bewusster. Bevor ich etwas kaufe, recherchiere ich, wo das Zeug herkommt, und ich frage mich, ob ich es wirklich brauche und ob es überhaupt zu mir passt. Daran habe ich mittlerweile sehr viel Spaß."

Nachdem sie das Jahr unbeschadet überstanden hatte, kaufte sie sich dann doch die braunen Stiefel. Weil sie sie wirklich wollte und vielleicht auch, um sich für das

Durchhalten zu belohnen – aber nicht, weil sie im Angebot waren oder weil ihr langweilig war. Sicher vor einem Rückfall fühlt sich Kaller dennoch nicht: „Es ist wie bei Alkoholikern: Wer einmal shoppingsüchtig war, der bleibt das auch. Ich habe immer noch meine Anfälle, wo ich denke, ich würde gern shoppen gehen. Manchmal schleiche ich mich dann in die Läden mit den Bio-Fair-Trade-Klamotten und schwächle etwas. Dann weiß ich, dass ich wieder etwas strenger mit mir sein muss", gibt Kaller zu.

Die Ruhe nach dem Sturm

Durch ihren Selbstversuch hat Kaller erkannt, warum sie so gern Kleidung gekauft hat: Seit ihrer Jugend empfand sie einen enormen gesellschaftlichen Druck. Wie fast alle jungen Mädchen und Frauen versuchte sie, den Schönheitsidealen der Medien gerecht zu werden – und hatte das Gefühl, daran zu scheitern. „Mein Selbstwert schrumpelte zusammen wie eine Rosine", erklärt Kaller. „Ich habe mich immer zu dick und zu unförmig gefühlt. Mode war da ein Mittel, um mich darzustellen und mich selbst zu schützen. Und das hat die Werbung für Fast Fashion nur noch schlimmer gemacht." Die Werbung versprach ihr, dass sie sich besser, schöner, dass sie sich perfekt oder erfolgreich fühlen würde, wenn sie den neuen Pulli endlich am Bügel hängen hätte. Kaller findet es bedenklich, dass unsere Gesellschaft Frauen den Eindruck vermittle, keine anderen Eigenschaften zu brauchen, als hübsch und mental möglichst stromlinienförmig zu sein. Die Werbung tue ein Übriges, damit wir unsere Sommersprossen bleichen und Fettpölsterchen wegquetschen wollen. Dieses System versucht Kaller zu durchbrechen.

Ihre Shopping-Diät machte Kaller mit Anfang 30, also in einem Alter, in dem sie ihr Konsumverhalten bewusst und kritisch hinterfragen konnte. Teenager müssen das erst noch lernen. „Wir werden immer stärker zu einer Kultur der Bilder und es wächst durch die Social Media eine stark narzisstische Generation heran", sagt sie. Selbstdarstellung und Konsumwahn gehen für sie Hand in Hand. Das Problem dabei: Lehrer und Eltern sind mit den Social Media und dem modernen Marketing kaum vertraut. Technisch können sie vom Nachwuchs noch einiges lernen. Momentan werden junge Menschen von Lehrern und Eltern ausgebildet und aufgezogen, die sie auf die Bilderflut und den sozialen Druck der Medien kaum vorbereiten können. Solange die Ausbildung und die Erziehung nur wenig Anregung zum Sinnieren über Glück und die eigenen Lebensziele geben, werden sich Kinder und Jugendliche an dem orientieren, was sie von den Medien vorgesetzt bekommen. Dann werden sie sich weiterhin in Fast Fashion wickeln und ihre Fettpölsterchen in die Richtung quetschen, wo die aktuelle Mode sie am liebsten sieht.

Als Mitarbeiterin einer Marketingagentur war Kaller früher selbst Teil dieses Systems. Heute arbeitet sie als Konsumentensprecherin bei Greenpeace in Österreich. „Wir sollten uns alle endlich mal entspannen, wenn es um Konsum geht“, sagt sie nach ihrem Shopping-Boykott. Sie hat das für sich geschafft. Für sie hängt ihr Glück nicht mehr an einem Kleiderbügel. „Glück ist für mich Gesundheit, dass alles stimmig ist und ich völlig geerdet und mit mir im Reinen bin.“ Das kann ihr kein Kleid der Welt geben, egal wie schön es ist.

Weniger wollen: Wenn der Weihnachtsmann arbeitslos wird

Vor einigen Jahren schrieb ich für eine lokale Tageszeitung eine Reihe von Reportagen über das Glück. Ich besuchte Menschen im Gefängnis und in der Obdachlosenunterkunft, Arme und Reiche, Juden und Moslems und sprach mit ihnen über ihre Idee vom guten Leben. Dabei traf ich in einer buddhistischen Gemeinde auf einen drahtigen Mann mit grauem Haar und einem reichen Schatz an Anekdoten. Wir setzten uns im Schneidersitz auf den mit Tatamimatten ausgelegten Fußboden und ich begann ihn auszufragen. Statt mit mir einen ausgedehnten Spaziergang durch die Theorie zu machen, erzählte er mir von einem buddhistischen Mönch, dem er begegnet sei. Als der Mönch am überfüllten Bahnhof in Bangkok in der Schalterhalle auf der großen Anzeigetafel nach der Abfahrtzeit seines Zugs suchte, entriss ihm ein junger Mann mit einem Ruck seinen Koffer. Mit diesem verschwanden die paar Teile, die er für kältere Gefilde bei sich trug, im Gewühl der Menschen. Sofort nahm der in die Jahre gekommene Mönch in wehendem orangefarbenem Gewand die Verfolgung auf. Doch er wollte den Täter nicht etwa stellen und seine spärlichen Habseligkeiten wieder an sich nehmen. Während er mit platschenden Sandalen schallend durch die Bahnhofshalle rannte, riss er immer wieder den linken Arm in die Luft, als wolle er dem Dieb winken, und rief: „Ich schenk ihn dir, kein Problem. Es ist ein Geschenk!“ So wurde der Dieb zum Beschenkten – ohne es zu wissen.

Als ich diese Geschichte hörte, musste ich schmunzeln. Wo ich groß geworden bin, gilt Besitz als Verlängerung unseres Selbst. Manch einer lässt sich lieber seine Frau als sein Auto stehlen. Mein Interviewpartner wartete höflich, bis meine Mundwinkel sich wieder eingekriegt hatten, und fuhr dann fort. Er erklärte mir, dass diese Geschichte das Glück der Buddhisten auf den Punkt bringe. Denn ihnen gehe es vor allem darum, Leid, *duddkha*, zu vermeiden. Statt sich an seine Habe zu klammern, ließ der Mönch den Koffer einfach los und verwandelte den gewaltsamen Verlust in eine gute Tat. Er musste nicht traurig oder wütend sein, sich nicht mit schlechten Gedanken aufhalten. Stattdessen konnte er sich für den Beschenkten freuen. Und für sich, weil er eine edle Tat getan und alle Dinge, die ihm sein Armutsgelübde übrig gelassen hatte, an jemanden abgegeben hatte, der es offenbar dringender brauchte als er. So rettete er auch den Dieb davor, sich metaphysische Minuspunkte einzuhandeln. Denn einen Mönch zu beklauen kommt in keiner Religion gut an. Indem der Mönch sich gegen schlechte und für gute Gedanken entschied, gewann das ursprüngliche Verbrechen an Schönheit und schuf irdisches Glück statt ewigem Leid.

In der Theorie klingt das ganz bezaubernd. Aber wir sind keine Mönche. Wir haben nicht den ganzen Tag Zeit, uns selbst den Kopf zurechtzurücken und eine solche innere Haltung zu trainieren. Oder haben wir schon mal jemandem dafür gedankt, dass er uns den Parkplatz vor der Nase weggeschnappt hat und es uns so ermöglicht, ein paar Schritte mehr zu machen und so der herannahenden Fettleibigkeit zu entrinnen? Vermutlich nicht. Und wann war das letzte Mal, dass wir uns aus ganzem Herzen gefreut haben, einen Ohrring verloren zu haben, weil wir nun endlich mehr Überblick im Schmuckkästchen haben? Bis wir uns mit einem freundlichen Lächeln und guten Wünschen den Koffer klauen lassen, müssen wir wohl noch einige Zeit an unserer Einstellung schrauben. Was muss also passieren, damit wir gern etwas loslassen?

Das Problem liegt nicht nur daran, dass wir glauben, all diese Dinge zu brauchen. Es liegt auch daran, dass unsere Wirtschaft uns glauben macht, dass ein gutes Leben Dinge braucht, um vollständig zu sein. Wir lernen, mehr haben zu wollen, und nicht, weniger haben zu wollen. Wir lernen zu teilen, nicht aber abzugeben. Dinge machen unser Leben jedoch nicht nur leichter. Wir müssen erkennen, dass Dinge Stress verursachen, wenn wir sie haben wollen, wenn wir uns um sie kümmern müssen und wenn sie uns gestohlen werden. Unsere Beziehung zu Dingen ist kompliziert.

Jogger, die Ampeln umarmen

Ideen wie die, dass eine Tasse besser sein könnte als eine andere, weil sie zum Hochzeitsgeschirr gehört, machen die Sache so kompliziert. So gibt es Tassen, aus denen wir jeden Tag trinken, und solche, die zu gut sind für den Kaffeebesuch der tollpatschigen Nachbarin. Es ist ein schmaler Grat zwischen der Wertschätzung für etwas, was uns jeden Tag einen großen Nutzen bringt, und dem Überhöhen einer Idee. Der Wert der Tasse, aus der wir jeden Tag einen Liter Tee schlürfen, ist tatsächlich viel höher als der Wert einer Tasse, die teuer war und deshalb nie benutzt wird. Der Wert und der Preis einer Sache sind selten identisch.

Es kann immer mal sein, dass etwas das ambitionierte Spülgutstapeln nicht überlebt oder jemand vor dem ersten Kaffee am Morgen zu schwach ist, die Tasse zu halten. Wenn ein Teil eines Service zerbricht, ist das ganze Ensemble in Gefahr. Wenn im Schrank dagegen nur Einzelstücke auf ihren Einsatz warten, die uns nach und nach beim Einkaufen über den Weg gelaufen sind, ist der Verlust nicht ganz so schlimm. Der bunte Mix an Tellern und Tassen sorgt für Abwechslung unter der Stulle und bringt Entspannung für den Stullenesser. Gebrauchsgegenstände dürfen gebraucht werden. Dann darf die dreijährige Nichte auch aus Versehen das gesamte Service mit einem kraftvollen Zug am Tischtuch unter Klirren in einen bunt gemusterten Scherbenhaufen verwandeln – ohne dass ein Nervenzusammenbruch in greifbare Nähe rückt.

Schon der weise Jedi-Meister Yoda aus dem Star-Wars-Universum riet seinem Schüler Anakin Skywalker: „Der Tod ein natürlicher Bestandteil des Lebens ist. Frohlocke und jauchze für diejenigen in deiner Nähe, welche zur Macht übergehen. Betrauern tue nicht, vermissen tue nicht. Enge Bindung führt zur Eifersucht. Der Schatten der Raffgier das ist." – „Was muss ich tun, Meister Yoda?" – „Dich darin üben du musst loszulassen. Alle Dinge, von denen du fürchtest, sie zu verlieren." Mit seiner durchgerüttelten Grammatik spricht Yoda eine stoische Grundüberzeugung gelassen aus. Er überträgt diesen Ansatz nicht nur auf Dinge, sondern auf einfach alles. Er mahnt den jungen Anakin, auch Menschen loszulassen, an die er sein Herz gehängt hat. Denn Liebe erschafft dieselben Sorgen wie Dinge, an die wir uns hängen: Wir kümmern uns um den Menschen, wollen, dass es ihm gut geht, und sind in ständiger Angst, dass er aus unserem Leben verschwinden könnte. Das Glück der Liebe kann die Angst und die Sorgen nicht aufwiegen. Und das soll sie auch gar nicht. Denn derart starke Gefühle verwirren den Geist.

Für diese Erkenntnis mussten wir allerdings nicht bis 2005 warten, als der Film *Die Rache der Sith* in die Kinos kam. Die Jedi sind nichts weiter als die Stoiker eines Fantasieuniversums. Schon Epiktet schrieb: „Sage nie von einem Ding: ich habe es verloren; sondern: ich habe es zurückgegeben. Dein Kind ist gestorben;

– es ist zurückgegeben worden. Dein Landgut wurde dir genommen. – Nun also auch dieses ist nur zurückgegeben worden. – ‚Aber der es dir genommen hat, ist ein Schurke.' – Was geht es aber dich an, durch wen es dir derjenige wieder abgefordert hat, der es dir gab? – So lange er es aber dir überlässt, behandle es als fremdes Gut, so wie die Reisenden die Herberge."[490] Ein echter Stoa-Jedi würde, wie der buddhistische Mönch aus der Geschichte, den Koffer einfach hergeben.

Wir sind keine Jedi und auch keine Stoiker. Wir tragen weder kleine grüne Aliens auf unserem Rücken durch die Sümpfe noch wandern wir den ganzen Tag in Sandalen grübelnd durch Säulenhallen. Und dennoch können wir etwas aus ihrer Philosophie für unser meist eher unsumpfiges Leben lernen. Warum Meister Yoda und die Stoiker uns davon überzeugen wollen, dass wir das Loslassen lernen, hat einen überzeugenden Grund: Wer loslassen kann, ist unabhängig und frei. Diese Freiheit ist der Kern der stoischen Ruhe, die wir noch heute manchem attestieren. Egal was passiert, Stoiker bleiben gelassen. Denn es hängt nichts davon ab. Und wenn uns jemand den Koffer klaut? Dann ist er eben weg. Es ist alles eine Frage des Blickwinkels. Das sehen wir allein schon, wenn zwei Menschen miteinander durch die Stadt joggen. Für den einen ist die rote Ampel, die ihren Lauf unterbricht, ein nerviges Hindernis, für den anderen die willkommene Verschnaufpause. Es ist nicht die Ampel, die gut oder schlecht ist. Wer frei ist, kann lernen, jede Ampel zu umarmen.

Der aufgeblasene Kollege mit dem SUV

Zugegeben: Die stoische Ruhe entsteht im Kopf und nicht im Herzen. Wer Mühe hat, seine Emotionen in manchen Situationen einzufangen, für den ist der Weg zur Ruhe über den Kopf sehr holprig. Und dennoch ist die radikale Freiheit der Philosophen logisch wasserdicht. „Denn du willst, das das, was nicht in deiner Gewalt ist, in deiner Gewalt sei, und dass das, was dir nicht angehört, dein eigen sei (…), wenn du willst, dass dein Weib und deine Kinder und deine Freunde immer leben sollen, so bist du töricht",[491] erklärt Epiktet. Das mag hart klingen, aber wir wissen alle, dass er recht hat. „Wer nun frei sein will, soll weder etwas wünschen noch etwas meiden von dem, was in anderer Menschen Macht steht, sonst muss er ihnen notwendigerweise untertan sein",[492] erklärt Epiktet weiter. Wenn wir uns wünschen, auch so einen schnittigen SUV wie der aufgeblasene Kollege zu bekommen, ohne etwas dafür tun zu wollen, ist dieser Wunsch nicht besonders weise. Er ist sogar dumm. Ich kann mir noch so sehr wünschen, 15 Zentimeter größer zu sein, in diesem Leben werde ich wohl keinen Wachstumsschub mehr bekommen.

Auf solche Dinge haben wir keinen Einfluss. Uns trotzdem in solche Wünsche zu verbeißen, bringt uns nichts – außer anhaltend schlechter Laune.

Wenn wir allen Dingen, die wir im Laufe unseres Lebens zusammensammeln, eine enorme Bedeutung zuschreiben, wird es bald anstrengend. Denn während eine Familie vor hundert Jahren, kurz vor dem Ersten Weltkrieg, gerade mal 180 Dinge ihr Eigen nannte, scharen wir heute etwa 10.000 Dinge um uns.[493] Tendenz steigend. Je mehr wir haben, desto mehr wollen wir. Als seien Dinge Rudeltiere. Auch der römische Dichter Horaz war der Meinung, dass mit dem Geld auch die Gier wächst.[494] Die letzten hundert Jahre haben uns Wohlstand und einen Haufen Sachen gebracht. Aber trotz eines stetig steigenden Lebensstandards in den westlichen Ländern hat sich das Glück auf einem recht konstanten Niveau eingependelt.[495] Denn was uns während des Shoppens oft entgeht: Offenbar werden wir den Punkt, an dem wir endlich alles haben, nie erreichen.

Je näher wir uns an diesen Punkt herankaufen wollen, desto weiter rückt er von uns weg. Wenn es aussichtslos erscheint, diesen Punkt zu erreichen, dann könnten wir stattdessen versuchen, den Prozess umzukehren: Statt mehr und mehr zu kaufen, könnten wir versuchen, weniger und weniger zu wollen. Statt uns an unseren Koffer zu klammern, könnten wir mit den Sandalen an unseren Füßen zufrieden sein. Denn ob uns etwas fehlt, ist höchst subjektiv. Wenn wir satt sind, eine Ausbildung genießen dürfen und ein Dach über dem Kopf haben, haben wir schon einiges. Und meistens haben wir sogar noch mehr. Wenn uns die nächste Generation unserer bevorzugten Spielekonsole fehlt, ist das kein objektiver Mangel. Vielleicht wäre unser Leben dann nicht so lebenswert, aber es wäre lebbar. Was wir wirklich zu brauchen glauben, entscheiden wir ganz allein. Statt das 10.001. Ding einzukaufen, können wir einfach beschließen, dass wir nun tatsächlich alles haben.

Seit Beginn des neuen Jahrtausends feiern Konsumgelassene in Europa am letzten Freitag im November den Kauf-nix-Tag, einen Tag später ziehen Gleichgesinnte in Amerika mit dem Buy-Nothing-Day nach. Dafür haben sie dasselbe Datum gewählt, an dem Menschen überall auf der Welt zur Feier des Black Friday sich zu Schleuderpreisen ins Koma shoppen. In den USA, wo die Menschen lieber auf eine Krankenkasse als auf ihre Schusswaffe verzichten, werden an diesem Tag regelmäßig Menschen im Kampf um die begehrte Ware krankenhausreif geprügelt, mit Messern attackiert oder angeschossen. So bezahlten in den letzten Jahren über ein Dutzend Amerikaner ihre Schnäppchenfreude mit dem Leben. Während der Kaufrausch für manche im Krankenhaus oder im Grab endet, kaufen andere einfach mal nichts ein. Das klingt an und für sich nicht kompliziert, wären da nicht die verlockenden Preise. Und Weihnachten steht vor der Tür. Da könnten wir unseren Liebsten, oder uns, doch auch einfach mal etwas gönnen. Warum denn nicht? So automatisiert sich unser Kaufverhalten. Wir lernen, dass es Tage gibt, an denen wir einfach einkaufen müssen. So, wie wir vor Weihnachten einkaufen müssen. Denn wer will schon ohne Geschenke dastehen?

Schon bei den Kleinsten sind manche Tage mit Wünschen und neuen Dingen verbunden. Kaum ein Kind freut sich auf Weihnachten nur wegen der leckeren Kekse. Und manche Eltern kaufen Geschenke, als hinge das Lebensglück ihrer Sprösslinge davon ab, was sie an Heiligabend aus dem bunten Papier wickeln. Der Soziologe Rolf Haubl hält fest, dass wir heute nicht mehr ums Überleben kämpfen – heute geht es vielmehr um die „Gestaltung des Lebens mit Hilfe von Gütern, für die keine Notwendigkeit, dafür aber die Freiheit der Wahl besteht. (…) Die Notwendigkeit physischer Existenzsicherung wird von der Notwendigkeit sozialdistinktiver Existenzsicherung“[496] abgelöst. Es geht nicht um Lebenserhaltung, sondern um Lebensstil. Dabei sei auf die zeitgenössische Deutung von Lebensstil hingewiesen, die mit der antiken Lebenskunst nur vom Klang her verwandt ist. Im Lebensstil zeigt sich weniger die „Befriedigung von Bedürfnissen, die das Leben für den Menschen komfortabler gestalten, sondern der Drang, persönliche Eitelkeiten zu befriedigen.“[497] Es geht um Abgrenzung und Individualisierung – und das auch durch Konsumgüter. Die gesellschaftliche Position ist unter anderem durch das Einkommen, das Vermögen und den Konsum definiert.[498] Nun stellt sich die Frage, wer zuerst da war: die Konsumsucht oder die Werbung? Sicher ist jedenfalls, dass der Mensch sich bereits in der Antike zum Konsum verleitet sah – und dass dies bis heute eine ungeahnte Eigendynamik entwickelt hat.

Kaufen als Lifestyle – ganz ohne Glück

Aus dem steten Wunsch nach mehr quillt eine schier unstillbare Unruhe. Während immer noch viele Menschen prekär beschäftigt sind und sich für ein nüchternes Auskommen abstrampeln müssen, verfügen wir heute durchschnittlich über deutlich mehr materielle Güter als noch die Generation unserer Großeltern. Die Menschen in den Jahren des Wirtschaftswunders und jene der Babyboomer-Generation wollten sich aus der Erinnerung an die mageren Jahre herauskaufen. Heute ist hier ein Mentalitätswandel zu erkennen, denn statt auf materielle Statussymbole wie Häuser oder Autos setzen viele Menschen auf Erlebnisse und andere Werte. Durch die weiter voranschreitende Urbanisierung werden Autos eher zu einer

Last, für die man nur mit größter Mühe einen Parkplatz findet, und das schicke Rennrad zum wahren Statussymbol. Ebenso sind für viele der absolvierte Marathon und die Rucksacktour durch Südostasien ein Zeichen, dass man vorne dabei ist. Die Werte verschieben sich, das Prinzip bleibt jedoch dasselbe. Die Idee des Minimalismus gibt demgegenüber Halt in einer Welt des Wertepluralismus – und setzt ein Gegengewicht zum unbedachten, gehaltlosen Konsum. Der Minimalismus sättigt die leeren Mägen einer konsumhungrigen Gesellschaft. Doch er füttert nicht mit Autos, Reisen oder Rennrädern – er lässt die Pleonexia verstummen, heilt von der Sucht nach mehr und hungert den Hunger aus.

Glück braucht keine Gehaltserhöhung, keine Geschenke zum Geburtstag oder zu Weihnachten. Glück ist selbstgenügsam.[499] Aristoteles schrieb über die Glückseligkeit, dass sie „das Wünschenswerteste ist, ohne dass irgendetwas anderes addiert werden könnte. Wenn nämlich eine Addition möglich wäre, so würde sie offenbar noch wünschbarer, wenn auch noch das kleinste Gut dazukäme. Denn das Dazutreten würde dann einen Zuschuss an Gutem bedeuten, und es ist immer das größere Gut das wünschbarere."[500] Trotz aller Unterschiede waren sich die Philosophen in der Antike in diesem Punkt einig: Glück und Pleonexia – das passt irgendwie nicht zusammen. „Die Stoa vertritt dagegen eine radikale Position", schreibt Epiktet. „Denn es ist besser, Hungers zu sterben, sofern man ohne Kummer und Furcht ist, als im Überfluss ohne Seelenruhe zu leben."[501] Und Seneca schob nach: „Ein Mensch soll von den äußeren Dingen nicht bestochen und nicht überwältigt werden können; er sehe nur auf sich selbst", auf den „Gestalter seines Lebens."[502]

Der Schlüssel zu Glück und Gelassenheit liegt in uns selbst. Auch die *Bhagavad Gita*, die Lehre des Hinduismus, erklärt: „Doch wer an seinem Selbst sich freut, an seinem eignen Selbst vergnügt, für den bleibt hier nichts mehr zu tun, weil ihm sein eignes Selbst genügt. Nicht kümmert solchen Weisen noch, was da getan, was nicht getan; vom Einfluss aller andern frei, verfolgt er seines Lebens Plan. (…) Der Mensch erreicht das höchste Glück."[503] Was uns diese Tausende Jahre alte Schrift sagen will, ist: Wir brauchen keine neue Spielekonsole, wenn wir uns selbst genug sind. Wer in sich ruht, hat die Pleonexia überwunden. Unser Glück hängt dann nicht mehr davon ab, ob wir bestimmte Dinge haben oder nicht haben, sondern allein von uns und wie wir über die Welt denken und fühlen. Wer sich übrigens lieber auf Statistiken als auf antike Weisheiten verlässt, kommt zu einem ähnlichen Ergebnis: Immer wieder zeigen große wissenschaftliche Studien, bei denen die Forscher das Einkommen, die Lage der Wirtschaft und das Wohlbefinden der Menschen über viele Jahre hinweg abfragen, dass unser Glück nicht von Dingen abzuhängen scheint. Sobald unsere tägliche Existenz gesichert ist, wir die Miete bezahlen können und ausreichend zu essen haben, wenn wir uns vielleicht ab und zu noch einen Kinobesuch oder einen Urlaub leisten können, sind wir am glücklichsten. Wird die Wohnung größer, das Essen exquisiter und werden die Urlaube luxuriöser, steigen nur noch unsere Ansprüche, aber nicht unser Glück.

Dennoch leidet mancher daran, dass das Geld nicht für dieses oder jenes ausreicht. Es scheint naheliegend, die Welt dafür zu verfluchen, dass wir uns nur so wenig gönnen können. Wir fühlen uns als Opfer der Umstände und um den verdienten Luxus betrogen. Wer jedoch in stoischer Ruhe vom Werbekarussell absteigt und die bunten Farben und schrillen Rufe einfach als unbeteiligter Beobachter an sich vorbeiziehen lässt, gewinnt auch Abstand zum Sog der Warenwelt und der Wünsche. Wenn wir uns von unserem Konsumdrang nicht mehr beherrschen lassen, sind wir selbst wieder der Boss.

Bye-bye, Santa Baby

Wer schon einmal einem Kleinkind etwas geschenkt hat, der weiß, dass die knisternde und raschelnde Verpackung zu Beginn des Lebens oft viel spannender ist als der bunte Inhalt. Was der Weihnachtsmann gebracht hat, ist egal, Hauptsache die Packung stimmt. Doch mit den Jahren wird der Inhalt immer interessanter und die Verpackung fliegt schnell in die Ecke. Dinge und deren Wert werden uns mit jedem Jahr wichtiger. Bis wir erwachsen sind. Bis wir uns zwischen Gier und Gelassenheit entscheiden müssen. Aber längst nicht jede Wirtschaft versucht, uns zu unterwerfen. In der Antike entstanden verschiedene Ideen, wie eine Wirtschaft auch ohne Neid und ständiges Abrackern funktionieren kann. Aristoteles glaubte zwar, dass wir für ein ruhiges Leben ohne existenzielle Ängste Geld brauchen. Um glücklich zu werden, brauchen wir noch etwas mehr Geld, damit wir Gutes tun und großzügig sein können. Sich mit finanziellen Mitteln um andere zu kümmern, war für Aristoteles ein kleiner Baustein des Glücks. Dass wir uns 70 Stunden die Woche im Büro abstrampeln, um uns überteuerte Luxusgüter in unser Highclass-Eigenheim zu stellen, davon war nie die Rede. Im Gegenteil: Aristoteles glaubte, dass viele seiner Mitmenschen einem kaufmännischen Leben (*chrêmatistou bios*) anhingen, das nur auf die Vermehrung des Besitzes und des Ansehens ausgerichtet war. Aristoteles fand, dass dieses Leben, „etwas Gewaltsames an sich“[504] habe. Diese Menschen opferten alles in ihrem Leben der Arbeit, dem Ruhm und dem Geld. Für etwas anderes bleibe weder Zeit noch Raum – auch nicht für das Glück. „(O)ffensichtlich ist der Reichtum nicht das gesuchte Gute. Denn er ist nur als Mittel zu anderen Zwecken zu gebrauchen.“[505]

Wenn wir zum Monatsletzten, wenn es frisches Geld vom Arbeitgeber gibt, am glücklichsten sind und das Glück dann den Monat über stetig abnimmt, läuft etwas falsch. Wenn wir uns durch die Woche schleppen, Stunde um Stunde zwischen Aktendeckeln, Besprechungsräumen und Mausklicks verbringen und erst am Wochenende aufblühen, leben wir mit angezogener Handbremse. Doch auch ungelebtes Leben geht zu Ende. Und wenige haben auf ihrem Sterbebett bedauert, zu wenig gearbeitet zu haben.

Suffizienz und Konsumgelassenheit

Frei von Wünschen und Bedürfnissen zu sein, das ist das große Ziel. Dass aber Bedürfnislosigkeit nicht gleich Bedürfnislosigkeit ist, darauf weist die Philosophin Marianne Groenemeyer hin. Sie unterscheidet zwei Formen: Bei der einen haben wir keine Bedürfnisse, weil sie alle erfüllt wurden. Diesen Zustand erreichen zu wollen, sei das „Kernstück einer Ökonomie der Fülle“.[506] Eine solche Bedürfnislosigkeit hält jedoch selten lange an. Uns fällt schon bald etwas ein, was wir gern hätten. Die andere Variante ist eine Bedürfnislosigkeit als „Grundhaltung gegenüber der Diktatur der Bedürftigkeit“: Sie besteht darin, dass wir keine Bedürfnisse mehr haben, weil wir mit dem zufrieden sind, was wir haben.[507] Suffizienz nennt sich die passende Theorie dazu. Das Wort stammt vom Lateinischen *sufficere* ab, das so viel wie „ausreichen“ bedeutet. Suffizienz gilt als „rechtes Maß“, nämlich „so viel zu haben, wie es die eignen Bedürfnisse erfordern – und dabei nicht nur materielle Bedürfnisse im Blick zu haben.“[508]

Die Theorie der Suffizienz basiert auf der Annahme, dass das Leben in der heutigen Gesellschaft zu schnell, zu entfremdet, zu unpersönlich und zu überladen mit Dingen ist.[509] Würde unsere Wirtschaft statt auf Wachstum auf Suffizienz setzen, würde sie sehr schnell sehr viel nachhaltiger werden. Oft tritt der Gedanke der Suffizienz mit Ideen wie Entschleunigung oder Entrümpelung auf, noch viel häufiger jedoch im Zusammenhang mit „Entkommerzialisierung“.[510] Denn wer genug hat, der braucht nichts mehr. Suffizienz ist kein Weniger, sondern ein Genug. Sie kauft im selben Supermarkt wie die Konsumgelassenheit. Und beide gehen mit leichten Tüten wieder raus. Doch anders als die Suffizienz, die die Wirtschaftsordnung neu sortieren möchte, beginnt die Konsumgelassenheit zwischen unseren eigenen Trennhölzchen an der Kasse. Glück ist Gift für ein Wirtschaftssystem, das auf blindes Wachstum aus ist. Denn wer glücklich ist, ist zufrieden mit dem, was er hat, was er kann und was er ist – und muss sich nichts dazukaufen.

Manchmal will ein Ding ein anderes. Meist fängt es ganz harmlos an, etwa mit dem Wunsch, wieder etwas fitter zu werden. Wir schlüpfen in eine bequeme Hose und ein luftiges T-Shirt, schnüren die Laufschuhe und los geht's. Doch schon nach den ersten paar Laufkilometern quengeln unsere Gelenke nach Schuhen mit einer bequemen Dämpfung. Und wo wir schon mal im Laden stehen, können wir ja auch eine atmungsaktive Hose einpacken. Zu der Hose gesellt sich bald ein T-Shirt. In kurzer Zeit noch ein T-Shirt, vielleicht ein paar scheuerreduzierende Socken. Oder eine Faszienrolle, um den Muskelkater aus den geschundenen Beinen zu kneten? Und warum nicht mit einer GPS-Uhr den sportlichen Fortschritt überwachen? Startgebühren für Wettkämpfe, Gels und Bücher über Fitness, Sportmedizin, die richtige Technik oder Ernährung nagen bald schon an unserem Konto. Plötzlich entspinnt sich vor uns ein ganzes Universum an Möglichkeiten, uns sportlicher zu kaufen. So verwandelt sich ein scheinbar genügsamer Sport, ehe wir es uns versehen, in ein schwarzes Loch: Je mehr Materie wir hineinwerfen, desto hungriger wird es. Und ebenso wie unser Kosmos stellt uns auch der Konsum vor die Frage: Ist er wirklich unendlich – und wie weit kann er sich noch ausdehnen?

Glück, Sinn und Sprengstoff

Mit etwas ähnlich Unendlichem und Komplexem wie unserem Universum beschäftigt sich auch Gerald Hüther. Der Neurologe erforscht das Gehirn und seine Chemie – und das, was beide in ihrer Zusammenarbeit hervorbringen. In seinen Büchern und Vorträgen erklärt er unter anderem, dass wir uns in ein Gesellschaftssystem verstrickt haben, das unserem Gehirn eigentlich gar nicht gerecht wird. Er nimmt an, dass viele von uns mit materiellen Besitztümern ihre innere Leere auffüllen wollen. Dabei geben ihnen die Werbung, Realityshows und Social Media zahlreiche Tipps, was genau sie dem klaffenden Nichts in den Rachen werfen sollten. Dieser Mechanismus hält Hüther zufolge unsere Wirtschaft kraftvoll und lebendig.[511] Die Hersteller produzieren Dinge, die Marketingprofis in so verführerische Bilder und Worte kleiden, dass die Kunden sich damit ein neues Ich erkaufen wollen: ein besseres Ich, ein vollständigeres, vielleicht sogar ein glücklicheres.

Für unser Gehirn ist es natürlich bequem, die medial vorgeformten Lösungen für die unter der Oberfläche vor sich hin schwelende Sinnkrise einfach von anderen oder von Hochglanzplakaten und LED-Bildschirmen abzukupfern. So spart es sich die Energie, die das Selbstdenken verschlingen würde. Dadurch dreht sich der Strudel der Pleonexia, der ewige Kreislauf von Wollen, Kaufen, Vergessen und durch Neues Ersetzen unendlich weiter. Solange die Menschen nicht wissen, wo sie mit sich hinwollen, gehen der Wirtschaft genügend bereitwillige Kunden ins Netz. Der Konsum bietet den metaphysisch Obdachlosen für kurze Zeit ein luxuriöses Zuhause. Doch ihm sind nur zahlende Gäste willkommen. Wer nicht kauft, muss sich eine neue Bleibe und einen neuen Sinn suchen.

Würde sich die Idee der Konsumgelassenheit still und heimlich ausbreiten, würden Glück und Konsum in unseren Köpfen endlich nicht mehr Händchen halten. Vielmehr würden wir ganz praktisch, von der Basis und nicht vom Kopf her, endlich damit beginnen, unser Wirtschaftssystem mit seinen offensichtlich problematischen Seiten und Auswirkungen umzubauen. Wenn wir die Pyramide anders denken würden, wenn wir Glück oder Gemeinschaft als ihr Fundament setzen würden, dann könnten sich einige wenige immer noch abrackern, um sich das Geld an der Spitze zu greifen. Unten aber wäre die breite Masse einfach glücklich.

Das neue Ich

Damit Werbung und Wirtschaft funktionieren, müssen möglichst viele Menschen die Sinnfrage allein den Philosophen, Esoterikern und Spinnern überlassen. Dann können Marketing und Konsum ihnen heimlich Ideen einpflanzen – und ihnen einflüstern, sie könnten durch Konsumgüter ein anderer, vielleicht sogar besserer Mensch werden. Genau das nutze die Wirtschaft aus. Die Werbung gaukle den Menschen vor, dass sie mit einem bestimmten Produkt zu der Person würden, die sie gern sein möchten. Und dieses Wunschbild stamme natürlich aus derselben Quelle: aus den Medien, von Werbeplakaten, Hochglanzmagazinen und bis zur Unkenntlichkeit zurechtretuschierten Instagram-Fotos.[512]

Die einen bauen sich aus den medial vermittelten Bildern ein nahezu unerreichbares und mit jeder Mode phoenixartig wechselndes Idealbild ihrer selbst. Dabei bleiben sie letzten Endes immer etwas vage. Sicher ist allein, dass ihr Selbst nach Bewunderung lechzt, nach der Anerkennung der anderen. Andere überlegen sich auf eigene Faust, wie und wer sie gern sein möchten. Doch ganz gleich, woher unser Wunsch-Ich kommt: Wir wollen im Einklang mit dem leben, wer wir gern sein möchten, so Hüther.[513] Da das Gehirn grundsätzlich Energie sparen will, freut es sich, wenn wir gemäß unserer Idee handeln. Wenn diese Idee sich allerdings aus einer anderen Quelle als der Werbung und den Konsumversprechen speist, wenn

Menschen sich wirklich erst einmal überlegen, was der Sinn ihres Lebens sein soll, entspringt daraus eine große Gefahr für unser aktuelles Wirtschaftssystem: „Der Lebenssinn ist Sprengstoff für unsere Gesellschaft: Wenn Leute wissen, wofür sie leben, lassen sie sich nicht mehr einreden, was sie wollen", glaubt Hüther.[514]

Starke Muskeln, wacher Verstand

„Leute, die wissen, wofür sie leben, wollen gar nicht bedeutsam sein", erklärt Hüther.[515] Sie ziehen ihren Sinn und ihren Selbstwert – wie das Wort erahnen lässt – aus sich selbst und aus der Übereinstimmung zwischen ihrem Idealbild und ihrem tatsächlichen Ich. In dieser Einschätzung folgt Hüther einem Gedanken, der knapp 2.500 Jahre alt ist: Der Philosoph Aristoteles riet davon ab, das Glück auf Ruhm und Ehre aufzubauen. Wer auf Anerkennung setze, mache sein Glück von anderen abhängig. Damit gehöre das Glück eher unseren Bewunderern als uns selbst. Das aber ist Aristoteles viel zu unsicher. Mit Sorge sieht er schon in der antiken Bevölkerung den Trend, den Ruhm zum Lebensziel zu wählen.[516] Er setzt auf ein Glück, das vor allem von innen kommt.

Sein Lehrer Platon sah das ganz ähnlich: Für ihn war es eine Hauptaufgabe des Menschen, seine Seele immer schön in Ordnung zu halten: „(S)chämst du dich nicht, für Geld zwar zu sorgen (…) und für Ruhm und Ehre, für Einsicht aber und Wahrheit und für deine Seele, daß sie sich aufs beste befinde, sorgst du nicht (…)."[517] Im Grunde möchte er damit sagen, dass wir durchaus Karriere machen und reich werden können – aber glücklich machen die materiellen Dinge nicht. Einige Jahrhunderte später warnt auch der Stoiker Seneca davor, nach Neidern zu suchen.[518] Ständig mehr haben und genießen zu wollen, ist ihm zufolge Gift für die Seele und das Glück. Denn sowohl Neid als auch das Gefühl, dass es nie genug ist, machen rastlos und unglücklich.[519]

Sind Bewunderung, Geld und schnelle Autos erst einmal aussortiert, muss jeder für sich selbst herausfinden, worin das Glück und der Sinn des Lebens liegen. Seneca scheint schon vor 2.000 Jahren geahnt zu haben, dass wir die Sinnsuche nur zu bereitwillig an andere abgeben. Von Mainstream-Moden und mediengemachten Idealbildern sollten wir uns seiner Theorie nach fernhalten: „(B)ei unserer Reise täuscht gerade am meisten der Weg, der viel begangen wird."[520] Hier sind sich Seneca und Hüther über die Jahrtausende hinweg einig: Unser Verstand erschlafft wie ein schwächlicher Muskel, wenn wir ihn nicht benutzen.[521] Die Ideen anderer nur nachzuahmen, verschafft Wirtschaftsbossen sicher den nächsten Sportwagen, doch an unser Ziel führt es uns nicht. Vorgefertigte und unreflektierte Meinungen führen uns nicht zum Glück. Das Glück liegt für Seneca unter anderem darin, sich mit sich selbst zu befreunden.[522] Wer sich selbst o. k. findet und der ist, der er sein möchte, ist glücklich – auch ohne Porsche und Luxusvilla.

JOMO – Die Freude, etwas zu verpassen

Die Welt verändert sich. Als Kinder wehrten wir uns noch mit Händen und Füßen, wenn Mama oder Papa uns gegen unseren Willen ins Bett stecken wollten. Wir wollten dem Tag noch ein paar Extrastunden zwischen Legosteinen und merkwürdig benannten Plüschtieren abluchsen. Heute freuen wir uns manchmal schon ab dem Mittagessen darauf, uns abends endlich wieder ins Bett kuscheln zu dürfen – für unser fünfjähriges Ich eine völlig abwegige Geisteshaltung. Auch unsere Verzückung über das Klimpern von Kleingeld in der Hosentasche hat sich in den letzten Jahrzehnten unseres Lebens grundlegend geändert: Einen Schatz von zwei Euro investierten wir früher in sorgsam ausgewählte Weingummis vom Kiosk. Erst war der Bauch voll Aufregung und Vorfreude auf die süßen Kostbarkeiten, danach war er voller Zucker und Zufriedenheit. Heute investieren wir dieses kleine Vermögen in einen Becher Kaffee auf dem Weg zum nächsten Termin – und schlucken unsere Begeisterung über den Einkauf zusammen mit dem bitteren Getränk im Vorbeigehen hinunter. Der Wert von Zeit und Geld verändert sich im Laufe unseres Lebens grundlegend, und mit ihnen unsere Wertschätzung für die Dinge, mit denen wir unsere Zeit verbringen.

Während wir als Kinder die Wahl zwischen gemischten Tüten mit und ohne Lakritze hatten, werden wir heute mit zig verschiedenen Optionen bombardiert: Sportlicher Zweisitzer oder Familienkutsche? Party oder Pyjama? Star Trek oder Schwarzwaldklinik? Bei jeder Entscheidung piken uns all die anderen Optionen, auf die wir nun verzichten müssen, direkt in unser Gewissen. Dabei schummelt uns die Pleonexia die Angst unter, dass wir in jeder Sekunde etwas verpassen – etwas, was viel besser ist als das, was wir gerade tun. Die Angst etwas zu verpassen, FOMO, drängt sich in jede freie Minute wie Spinat in unsere Zahnzwischenräume, bis wir uns nicht mehr trauen, zu lächeln: Man könnte ja FOMO zwischen unseren Zähnen baumeln sehen. Man könnte entdecken, dass wir die falsche Wahl getroffen haben, dass wir gerade etwas Besseres verpassen. Heimlich versuchen wir, die lästigen Fetzen aus den Zwischenräumen zu fummeln. Doch die FOMO setzt sich hartnäckig fest.

Um uns nicht zu früh auf eine Möglichkeit festzulegen, halten wir unsere Freunde hin, klicken oft auf „interessiert" bei Veranstaltungen, die wir nie besuchen werden. Und am Ende sagen wir alles ab. Wir bleiben unverbindlich, halten uns alle Optionen offen. Ein Urlaub ohne WLAN auf dem Zimmer oder ein Arbeitstag ohne Smartphone in der Tasche machen uns nervös – wir könnten ja den Kontakt zu Freunden, Kollegen, der Familie verlieren. Statt der ständigen Erreichbarkeit haben wir die Angst im Gepäck, zur richtigen Zeit am falschen Ort zu sein.

Hurra, ich verpasse was!

Oft lassen wir uns davon leiten, was andere von uns erwarten könnten. Ob entfernte Bekannte uns auf ihrer Party als menschliches Füllmaterial haben wollen oder wir den wohlhabenden Freunden beim Umzug helfen sollen, obwohl sie sich ohne Probleme Möbelpacker leisten könnten – wenn wir erst einmal aufhören, auf andere zu hören, und stattdessen mehr in uns selbst hineinhorchen, merken wir: Wir müssen gar nicht alles erleben, was geht. Wir müssen nicht beim Firmenlauf mitrennen, wenn wir gar nicht gern joggen. Wir müssen auch nicht zu einem Helene-Fischer-Konzert gehen, wenn wir eigentlich auf Heavy Metal stehen. Niemand zwingt uns außer wir selbst. Oder vielleicht doch das schlechte Gewissen einem Freund gegenüber? Die alles entscheidende Frage ist: Wer ist wichtiger für unsere Entscheidung – wir oder die anderen? Wollen wir aus Pflichtgefühl handeln oder aus Überzeugung?

In letzter Zeit mehren sich die Stimmen derer, die den Zwang der zahllosen Optionen bewusst abschütteln. Statt von der Angst, etwas zu verpassen, sprechen sie von der Freude, etwas zu verpassen: *Joy of missing out.* JOMO ist die entspannte Gegenspielerin der FOMO. Serienabend statt durchzechter Partynacht. Ein Buch in der Wanne statt des Festivals in Barcelona. JOMO entspringt der Freude, bewusst mit der eigenen Zeit umzugehen.

JOMO heißt auch, anderen Grenzen zu setzen. Ihnen aufzuzeigen, dass nur wir allein über unsere Zeit entscheiden, dass wir uns nicht unter Druck setzen lassen. Wir werden vom Treibholz zum Kapitän in unserem eigenen Leben – im Beruf und in der Freizeit. JOMO nimmt uns in die Verantwortung, selbst zu entscheiden, und gibt uns die Freiheit, nur zu tun, was wir wirklich wollen.

Und endlich können wir uns entspannen, wenn wir es denn wollen. Psychohygiene nennen Psychologen es, wenn wir uns um uns selbst kümmern: Wenn wir uns vom schlechten Gewissen verabschieden, vom Pflichtgefühl, von der Angst, andere vielleicht zu enttäuschen. Wenn wir auf eine Party verzichten, weil wir eigentlich keine Lust haben, über eine Stunde mit der S-Bahn durch die Nacht nach Hause zu fahren. Es ist die Kunst, die eigene Psyche gesund zu halten. Wer für sich sorgt, trifft Entscheidungen bewusster und wählt die Option, die sich besser anfühlt. JOMO ist die Königsdisziplin der Psychohygiene: Wir entscheiden uns nicht nur für die Alternative, die uns am besten erscheint – wir genießen darüber hinaus die Entscheidung selbst. Wer JOMO erlebt, hat die Pleonexia aus seiner Freizeit vertrieben. Spätestens seit den Beatles wissen wir, dass wir uns keine Liebe kaufen können. Glück aber vielleicht schon, immerhin fanden Wissenschaftler heraus, dass es uns glücklich macht, wenn wir uns etwas ganz Bestimmtes kaufen: Zeit.[523] Insofern scheint es sinnvoller zu sein, keinen nutzlosen Plunder zu kaufen, sondern jemand anderen dafür zu bezahlen, die Wohnung zu putzen oder das Haus anzustreichen. Menschen, die uns unliebsame Arbeiten abnehmen, sparen uns wertvolle Zeit. Diese Zeit können wir mit Dingen verbringen, die uns wirklich Freude machen.

In 7 Schritten zu mehr JOMO

Bei JOMO geht es darum, mit dem einverstanden zu sein, was wir haben, und damit, wer wir sind. Diesen Gedanken zu verinnerlichen braucht Zeit und Übung. FOMO bekommen wir vom Leben geschenkt – JOMO müssen wir lernen und uns erarbeiten.

1) Prioritäten setzen

Was ist uns im Leben wirklich wichtig? Unsere Hobbys? Unsere Freunde? Die Familie? Geld? Ausschlafen? Wenn die Prioritäten sich noch etwas verstecken, lassen sie sich mit speziellen Achtsamkeitskalendern etwas leichter hervorlocken. Die kostengünstigere Methode: Mit einem einfachen Zettel und einem Stift lässt sich eine simple Liste zusammenschreiben. Schon zehn Schlagwörter genügen für mehr Übersicht. Wer seine Prioritäten kennt, dem fällt es leichter, Entscheidungen zu treffen, die auch dauerhaft zufrieden machen.

2) Zeit bewusst einteilen

Wenn nicht gerade die Zeit umgestellt wird oder etwas anderes Außergewöhnliches passiert, hat jeder Tag 24 Stunden. Davon schlafen wir idealerweise etwa ein Drittel, ein anderes Drittel verbringen wir auf der Arbeit. Es bleiben im Schnitt acht Stunden, über die wir mehr oder weniger frei verfügen können. Wollen wir sie mit Pendeln zu einem Job verbringen, der zwar gut bezahlt, aber eher freudlos ist? Wollen wir sie mit Sport und Freunden verbringen? Wer sich sein Zeitbudget vor Augen führt, lernt, es gewinnbringend zu investieren.

3) Abschalten

Unsere elektronischen Begleiter erleichtern unser Leben in vielen Situationen. Aber manchmal fressen sie heimlich unsere Zeit auf. So etwa mit Apps, die uns gedankenlos herumscrollen lassen und die uns einreden, dass wir gerade etwas verpassen. Statt der Nervosität die Tür zu öffnen, entscheiden wir uns doch einfach dafür, die Offline-Zeiten zu genießen. Egal ob im Urlaub oder in einem Meeting, manchmal fordern andere Dinge unsere Aufmerksamkeit – und wir können Smartphone und Laptop für einige Momente beruhigt zur Seite legen.

Freunde fester Regeln können sich ein festes tägliches Limit setzen. Etwa eine Stunde pro Tag das Smartphone oder den Mail-Client komplett abschalten. Manchem hilft es auch, eine App damit zu beauftragen, Facebook oder andere unter Ablenkverdacht stehende Webseiten zu blockieren. Der Profi nutzt die internetfreie Zeit, um Freunden und Verwandten die volle Aufmerksamkeit zu schenken, einen Spaziergang im Freien zu machen oder sich an der Staffelei auszutoben.

4) Nein sagen lernen

Um abschalten zu lernen, müssen wir den inneren Miesepeter lieben lernen. Glück ernährt sich nicht nur von einem bedingungslosen Ja zum Leben – sondern auch von vielen kleinen Neins: Es ist o. k., Nein zu Dingen zu sagen, bei denen wir kein gutes Gefühl haben. Nein zu Partys, für die wir zu müde sind. Zu Jobangeboten, für die wir drei Stunden unseres Tages in Bus und Bahn hin- und herpendeln müssten. Nein zu Aktivitäten, auf die wir eigentlich gar keine Lust haben. Und das ganz ohne schlechtes Gewissen, denn wir werden nicht gleich zum Griesgram oder Spielverderber, nur weil wir auch mal Nein sagen. Ein gelegentliches, kraftvolles Nein ist der Schlüssel zur Psychohygiene und zu einem selbstbestimmteren und erfüllteren Leben.

5) Balzverhalten überdenken

Auch in die Balz schleicht sich FOMO ein: Dating-Apps und die einfache digitale Kommunikation erleichtern es, andere kennenzulernen und mit Menschen auf der ganzen Welt in Kontakt zu bleiben. Vor allem für schüchterne Menschen sind Dating-Seiten eine enorme Hilfe bei der Partnersuche. Die Hemmschwelle, sich einen digitalen Korb abzuholen, ist deutlich niedriger, als ihn den Rest des

Abends mit sich durch die Disko schleppen zu müssen. Doch diese Unbeschwertheit bringt auch einen Nachteil mit sich: Die digitalen Medien führen uns eine vermeintlich niemals enden wollende Zahl möglicher Seelenverwandter vor. Zwar ist die Partnerwahl für die meisten Menschen deutlich komplexer, als sich eine Marmelade im Supermarkt auszusuchen. Dennoch vermuten Wissenschaftler, dass durch die vereinfachten Wege, Menschen kennenzulernen, und damit durch die größere Verfügbarkeit potenzieller Beziehungen die Zufriedenheit mit der aktuellen Partnerin oder dem aktuellen Partner sinkt.

Wenn wir ständig denken, dass woanders jemand auf uns wartet, der noch perfekter zu uns passt, taumeln wir unversehens ins Reich der Fantasie. Denn niemand ist perfekt. Zumindest nicht, nachdem der Hormonrausch dem Alltag gewichen ist. Damit unsere Liebe nicht – wie Glühbirnen oder Schlaghosen – der geplanten Obsoleszenz anheimfällt, sollten wir wieder mehr Liebe in unseren Alltag bringen. Wir sollten uns auf das Gute in unserem Gegenüber konzentrieren, vielleicht sogar kleine Macken lieben lernen oder sie zumindest charmant finden. Liebe ist JOMO und JOMO ist Liebe. Sie gleicht alles aus, was wir eventuell verpassen.

6) Erst denken, dann handeln

JOMO liefert uns eine kleine Handbremse: Sie nimmt die Geschwindigkeit aus unseren Entscheidungen. Statt Freunde, Kollegen und Verwandte immer hinzuhalten und alle Optionen bis zur letzten Sekunde offenzuhalten, nehmen wir uns einen Moment, um gezielt nachzudenken: Was will ich wirklich? Womit werde ich mich am wohlsten fühlen? Was passt zu meinen Prioritäten und meinem aktuellen Befinden? Wenn wir nachdenken, statt spontan erst einmal zuzusagen, um dann kurz davor doch wieder abzuspringen, können andere besser planen – und wir können uns auf das freuen, was wir uns fest vornehmen.

7) Genießen

Einen großen Schritt Richtung JOMO machen wir, wenn wir Entscheidungen treffen – und dazu stehen. Wenn wir sie umarmen wie die weiche Decke, die wir uns beim gemütlichen Fernsehabend zu Hause über die Füße legen. Wirklich bequem sitzen wir nie zwischen den Stühlen. Erst wenn sich unser Gesäß in voller Breite auf unserer Entscheidung niederlässt, können wir uns wirklich wohlfühlen.

JOMO besteht mindestens genauso viel darin, loszulassen, was wir nicht wollen, wie darin, uns über das zu freuen, wofür wir uns entschieden haben. Gönnen wir uns ab und zu einen kurzen Moment, in dem wir uns bewusst machen, dass wir gerade genau das tun, was wir tun wollen. Aus freien Stücken. Und das auch noch gern.

Wo die Zufriedenheit beginnt

JOMO und Minimalismus sind gute Freunde. Minimalismus ist die Kunst des Loslassens, die Kunst, gelassen zu konsumieren und nur Dinge ins Leben zu holen, die uns wirklich glücklich machen. In der antiken indischen Philosophie gilt das Nicht-Anhaften, die *aparigraha*, als Schlüssel zum Glück und zur Erleuchtung. Wer Aparigraha praktiziert, lässt das Flüchtige freiwillig los, lässt es verfliegen – weil es einfach nicht wichtig ist. Aparigraha ist eine Form der geistigen Freiheit – und die Urururgroßmutter der JOMO.

Der Wunsch, immer etwas Neues zu erleben und uns ständig weiterzuentwickeln, wurde uns bereits in die Wiege gelegt. Er macht uns neugierig auf das Leben. Doch zwischen Lebenslust und Lebensfrust, zwischen Vorwärts und FOMO verläuft ein schmaler Grat. Trends treiben uns an, nach der perfekten Ernährung, dem optimalen Work-out, dem besten Outfit zu suchen. Aber wir müssen uns nach Zumba und CrossFit nicht auch noch für Lagree anmelden. Wir müssen nicht jeder Lifestyle-Mode hinterherlaufen, erst vegan leben, dann nur noch Steinzeitnahrung zerkauen – alles auf der steten Suche nach der besten Version unserer selbst. Vielleicht ist die beste Version von uns selbst gar nicht der durchtrainierte, am rohen Steak kauende Muskeladonis oder die Chiapudding in sich reinglibbernde Beautygöttin. Sondern einfach nur wir – in glücklich.

JOMO heißt, mit dem einverstanden zu sein, was wir haben, was wir sind und was wir machen. Auch mit dem, was wir womöglich früher einmal verpasst haben, und mit dem, was wir noch verpassen werden. Wenn wir Entscheidungen mit voller Absicht treffen, dann gibt es selten etwas zu bereuen. Wir haben schließlich unsere Gründe, sei es dafür, ein Studium abzubrechen, den Abend allein zu Hause zu verbringen, in ein fremdes Land zu ziehen oder uns in jemanden zu verlieben. Das ist fast schon Glück. Wenn wir verstrichene Optionen wie einen Luftballon einfach ziehen lassen, beginnt das mentale Ausmisten. Wir können gesteckte Ziele über Bord werfen, uns vergangene Fehler verzeihen und uns auf die Zukunft freuen, eine Zukunft, in der wir vieles verpassen werden – und uns über noch viel mehr freuen können.

Achtsamkeit und Dankbarkeit, in Wenigkeit, Amen

Das Rauschen der Wellen füllt die Ohren bis zum Rand. Das Licht glitzert wie kleine Perlen auf dem seichten Auf und Ab. Unendlich weit spannt sich der Horizont. Die Augen voller Sonne. Salzig verfängt sich der Wind in den Haaren, bis sie ganz schwer auf die Stirn fallen. Die Wangen gerötet vom Wind, die Zehenspitzen sinken in den feuchten Sand, als pulsiere das Leben in der Tiefe noch etwas lauter. Und dann stehen wir an der Küste und atmen tief ein, bis auch die hinterste Ecke mit frischer, klarer Luft gefüllt ist – als gäbe es gerade nichts anderes auf der Welt als die Wellen und unseren Atem, die im selben Tempo an unsere Ufer pochen.

Es gibt Momente im Leben, in denen wir es schaffen, einfach nur da zu sein. Wir und das Hier und das Jetzt. Achtsamkeit nennt es sich, wenn wir dem Augenblick unsere ganze Aufmerksamkeit schenken. Die Idee, das Leben bewusst in seiner ganzen Fülle wahrzunehmen, stammt ursprünglich aus dem Buddhismus. Nach der buddhistischen Lehre richtet sich die Achtsamkeit auf vier Bereiche:

- Körper: Wo befinde ich mich und was nehme ich mit dem Körper wahr?
- Gefühle: Was empfinde ich gerade? Welche Gefühle tummeln sich in meinem Kopf und wie bewerte ich sie?
- Geist: In welchem Zustand befindet sich mein Geist? Bin ich aufmerksam oder abgelenkt, konzentriert oder verwirrt?
- Geistesobjekte: Was nehme ich momentan wahr? Sind es Gedanken, Gefühle oder äußere Dinge?[524]

Wie ein unbeteiligter Beobachter nehmen wir wahr, was gerade in, mit und um uns passiert. Wir bewerten es nicht. Wir denken nicht an das, was gestern war oder was morgen sein könnte. Während es bei der Konzentration darum geht, den Blickwinkel einzuschränken und gezielt auf etwas zu fokussieren, stellt die Achtsamkeit den Blick weit und richtet ihn auf das große Ganze. Achtsamkeit ist neugierig auf die Welt und die Fülle aller Eindrücke: auf das Fühlen, Schmecken, Riechen, Hören. Wacher, klarer und offener kann unser Geist kaum sein als im Zustand der Achtsamkeit. Wir sind voll da.

Den Affen hüpfen lassen

Durch Achtsamkeit kommen wir aus dem Autopilot-Modus heraus, durch den wir manchmal wie ferngesteuert durch unseren Alltag taumeln. Habe ich den Herd ausgemacht? Die Wohnung abgeschlossen? Und wie bin ich überhaupt hierhingekommen? Wenn wir ohne Achtsamkeit unterwegs sind, leben wir vor uns hin, ohne wirklich zu leben. Wir funktionieren, viel mehr aber auch nicht. Als würde die Welt an uns abprallen und nicht bis in unser Bewusstsein vordringen. In diesem Zustand haben Grübeleien und schlechte Ideen leichtes Spiel, sich heimlich zwischen unsere Gedanken zu drängen.[525] Mit Achtsamkeit können wir den Sog der negativen Gedanken überwinden. Eine Methode ist es, unserem Geist jeden Morgen für einige Minuten freien Lauf zu lassen. Als würden wir ihn entfesseln und frei wüten lassen, damit er sich endlich beruhigen kann. Dafür lassen wir das Gewusel von unsortierten Einfällen, den nicht abreißen wollenden Strom aus Ideen und Gefühlen, die sich selten einig sind, durch unser Bewusstsein fließen. Sie werden nicht unterdrückt oder bewertet. Wir schauen unserem Verstand dabei zu, wie er von einem Gedanken zum nächsten hüpft, ganz so, wie sich ein Affe von Ast zu Ast schwingt.

Wenn uns dabei nun ein Ast besonders brüchig vorkommt, wird er zu unserem Forschungsobjekt für den anstehenden Tag. Wir nehmen ihn mit, drehen und wenden ihn und betrachten ihn von allen Seiten. Wer sich in Achtsamkeit übt, der blickt nicht nur auf die schönen Dinge, sondern erforscht auch, wie sich das Leid in die Seele schummelt. Wo kommt es her? Warum beißt es sich fest? Ist es vielleicht für etwas gut? Denn alles hat mindestens zwei Seiten – auch unsere Empfindungen und Gedanken. Manchmal müssen wir nur etwas genauer hinsehen, bis wir das Gute darin entdecken.

Das Gesicht zur Sonne drehen

Der Psychologe und Verhaltenstherapeut Albert Ellis soll einmal gesagt haben, dass die beste Zeit unseres Lebens anbricht, sobald wir einsehen, dass unsere Probleme uns gehören. Denn dann können wir aufhören, andere für unser Unglück verantwortlich zu machen – und unser Leben endlich selbst in die Hand nehmen.[526] Wenn wir akzeptieren, dass wir allein die Verantwortung für uns und unser Leben tragen, müssen wir auch auf niemanden warten, der uns auf magische Weise das Glück in den Schoß wirft. Denn das Leben will uns nichts tun – weder etwas Gutes noch etwas Schlechtes. Wir sind weder Hans im Glück noch Pechmarie. Das Schicksal und der Zufall interessieren sich gar nicht für uns. Sie bevorzugen niemanden und benachteiligen keinen. Wenn wir das einsehen, dann ist nicht mehr die Welt, unsere lieblose Kinderstube oder unser Mathelehrer aus der achten Klasse für unser heutiges Leid verantwortlich. Wir allein haben es in der Hand. Und wir können uns jetzt und sofort selbst auf den Weg machen.

Dafür müssen wir gar nicht weit gehen. Genau genommen können wir sogar gemütlich sitzen bleiben – und in unserem eigenen Kopf anfangen. Das Glück fühlt sich in einem aufgeräumten Oberstübchen immer noch am wohlsten. Bringen wir also etwas Ordnung in unsere Gedanken. Denn schon im Talmud heißt es: „Achte auf Deine Gedanken, denn sie werden Worte. Achte auf Deine Worte, denn sie werden Handlungen. Achte auf Deine Handlungen, denn sie werden Gewohnheiten. Achte auf Deine Gewohnheiten, denn sie werden Dein Charakter. Achte auf Deinen Charakter, denn er wird Dein Schicksal." Unsere Gedanken sind das mächtigste Instrument, das wir haben. Sie entscheiden über Glück und Unglück.

Achtsam zu sein ist, als würden wir Inventur in unserem Kopf betreiben. Wir schauen, was so da ist, was bleiben kann und was weg kann. Dabei fällt auf, dass unsere negativen Überzeugungen das Kind der Liebe unserer schlechten Erfahrungen und unserer Ängste sind. Mit ihnen sabotieren wir uns selbst. Wir nehmen sie als Ausreden dafür, uns nichts trauen zu müssen. Und oft genug bestätigen wir damit unser Gefühl, nichts auf die Reihe zu bekommen. Wir haben Angst, endlich Auto fahren zu lernen, weil wir Angst haben, wir könnten jemanden anfahren. Zwar kommen wir alle auch als Fußgänger oder Radfahrer gut durchs Leben. Doch wenn unsere Angst uns von etwas abhält, was wir eigentlich gern tun möchten, dann wird es Zeit, die Angst zu überwinden.

Das geht am besten dadurch, dass wir es einfach machen und feststellen, dass unsere Ängste meist völlig übertrieben sind. Denn die wenigsten Menschen nieten direkt bei ihrer ersten Fahrstunde jemanden um. Wir können es genauso machen wie mit dem Clown, den manches Kind unter seinem Bett vermutet: mutig sein, nachsehen, feststellen, dass sich unter dem Bett nur Wollmäuse tummeln, niesen – und beruhigt einschlafen. Natürlich verschwinden langjährig gehegte Gruselclowns nicht von heute auf morgen aus unserem Kopf. Wenn wir uns aber in Achtsamkeit üben, lassen wir uns von der Angst nicht mehr so leicht überrumpeln. Achtsam gewinnen wir etwas mehr Abstand zu unseren Gedanken. Wir gehen an ihnen vorbei wie an Bildern in einem Museum. Und was uns gefällt, können wir uns gern auch etwas länger ansehen. Wie die Sonnenblumen können wir uns immer zur Sonnenseite drehen. Durch Achtsamkeit können wir häufiger auf das Positive in unserem Leben schauen – und nehmen es dadurch stärker in unserem Alltag wahr.

Sogar das Essen von etwas Einfachem wie einem Happen Obst oder einem Stückchen Schokolade kann durch Achtsamkeit zu einem echten Erlebnis werden: Erst schauen wir uns den schmackhafte Bissen in unserer Hand an, bis wir ihn in- und auswendig kennen. Als Nächstes riechen wir daran. Was für Aromen kriechen uns in die Nase? Nachdem die Düfte unseren Appetit befeuert haben, verschwinden Schoki oder Früchte im wässrig gemachten Mund. Mit der Zunge erforschen wir jeden Winkel des Leckerbissens. Dann endlich dürfen die Geschmacksknospen ans Werk gehen: Während die Schokolade langsam auf der Zunge zergeht, breiten sich die Schichten des schokoladigen Geschmacks auf unserem Gaumen aus. Wer achtsam isst, der lernt zu genießen. Auch beim Einkaufen, sogar bei unseren Wünschen und Bedürfnissen kann die Achtsamkeit uns auf die Sonnenseite geleiten. Wir wollen ein neues Smartphone haben? Betrachten wir den Gedanken in aller Ruhe, ohne direkt blindlings in den nächsten Handyshop zu rennen, so fragen wir uns bald: Ist unser Smartphone kaputt? Oder wollen wir nur ein neues Gerät haben, weil die nächste Generation hübscher ist, besser ist oder die Mitschüler neidisch macht? Achtsame Menschen erforschen ihre Wünsche – und lernen so die hilfreichen von den schädlichen zu unterscheiden.

Als wäre jeder Tag Weihnachten

Dankbarkeit ist ein wichtiger Bestandteil der Achtsamkeit. Denn wenn wir nicht achtsam oder dankbar sind, verfliegt jeder Zauber schneller, als uns lieb ist. Da sich Freude und Hochgefühle schnell verflüchtigen, sehnen wir uns bald schon nach Neuem, manchmal sogar nach großen Veränderungen. Dankbarkeit bringt Ruhe in den Kreislauf aus Wollen, Haben, Langweilen und erneut Wollen. Wenn wir für etwas dankbar sind, hält die Freude darüber länger an: Stellen wir uns vor, wir wollten den Mount Everest bezwingen. Monatelang planen wir unsere Reise, kaufen uns das perfekte Schuhwerk, buchen einen Flug, suchen die ideale Route. Dann stampfen wir durch das Gebirge, sind überwältigt von der Aussicht und davon, dass unsere Beine uns bis dorthin getragen haben. Doch sobald wir wieder im Tal sind, zerfällt alles zu bloßer Erinnerung. Der lang gehegte Traum verliert am Fuß des Berges an heißer Leidenschaft – und an Bedeutung. Wenn wir achtsam sind, halten wir inne. Durch die Achtsamkeit können wir dankbar für unsere Erlebnisse und Erfolge sein. Achtsamkeit schafft Dankbarkeit und Dankbarkeit, lässt uns achtsam für das Gute in unserem Leben werden. Wir erkennen den wahren Wert und können ihn tiefer genießen. Nichts ist selbstverständlich. Alles ist ein Geschenk, auch wenn es längt unser eigen ist. Wir leben intensiver, aus dem Vollen. Uns fällt das Gute eher in den Blick als das Schlechte. Unsere Gedanken schwirren nicht mehr in die Zukunft, zu Neuem, zu dem, was wir uns wünschen. Und wir bereuen nichts, was wir verpasst haben. Wir sind dankbar für das, was wir hier und jetzt haben und was wir sind.

Auf diese Weise baut die Dankbarkeit einen unsichtbaren Schutzschild um uns auf. Er schützt uns vor negativen Gedanken wie Neid, Reue, Missgunst – gegen Emotionen, die so hart und stur sind, dass sie unser Glück zermahlen wie grobe Mühlsteine. So kann Dankbarkeit Stress reduzieren; sie kann sogar depressive Episoden verkürzen und seltener auftreten lassen.[527] Wir können nicht gleichzeitig dankbar und neidisch sein. Dankbarkeit kann uns dabei helfen, in uns selbst zu ruhen. Durch Dankbarkeit erkennen wir schließlich, dass wir oft mehr haben, als wir brauchen.

Wenn sogar jemand, dessen Name „der Neuerworbene" bedeutet, der selbst wie eine Ware gekauft und benutzt wurde, glücklich und dankbar sein kann, dann können wir das auch. Der stoische Philosoph Epiktet galt seinen Zeitgenossen als einer der glücklichsten Menschen unter der Sonne, obwohl er ein mittelloser freigelassener Sklave war, der von seinem ehemaligen Herrn so schwer misshandelt worden war, dass er den Rest seines Lebens mit einer Behinderung lebte.[528] Nach einer antiken Überlieferung führte er ein so ärmliches Leben, dass er seine Haustür nicht verriegeln musste, weil man ihm ohnehin nichts hätte stehlen können, und dennoch war er dankbar für all das, was ihm das Leben geschenkt hatte. Warum können wir das nicht auch? Weil uns das neuste iPad fehlt? Oder weil wir das Glück vor lauter Zeug nicht mehr sehen können? Statt nicht genug zu kriegen von Dingen, von Erfolg, Ruhm, Liebe, statt uns von Neid zerfressen und von Enttäuschung zermürben zu lassen, könnten wir dankbar sein. Dankbar für all das, was wir schon haben. Und das ist viel.

Mit einem einfachen Trick können wir mehr Achtsamkeit und Dankbarkeit in jeden unserer Tage bringen. Dafür müssen wir uns nur jeden Tag selbst ein Geschenk machen. Als wäre Weihnachten. Das kann ein neues Hemd vom Herrenausstatter sein, das uns lange begleiten wird, es kann ein Nickerchen im Bürostuhl sein oder eine Tasse heißer, schwarzer Kaffee. Wir müssen nicht nach dem richtigen Geschenk suchen – es wird uns von ganz allein finden. Indem wir jeden Tag selbst Weihnachtsmann für uns spielen, lernen wir, die großen und kleinen Geschenke, die wir uns jeden Tag machen, bewusst wahrzunehmen. Wir lernen sie noch mehr zu schätzen und genießen sie intensiv. Wir danken uns selbst dafür, wie nett wir zu uns sind. Und wer noch eine Schippe mehr möchte, der kann andere gleich mitbeschenken – und ihnen einen Kaffee spendieren. Denn Teilen macht uns glücklich.[529]

Wenn wir jeden Tag aufschreiben, wofür wir dankbar sind, sammeln wir nicht nur viele schöne Gedanken, die uns an schlechten Tagen wieder ein Lächeln ins Gesicht zaubern, sondern es bringt uns dazu, auch im Alltag öfter das Gute zu sehen. Auch wenn wir anderen von Herzen für etwas danken, macht uns das glücklich.[530] Achtsamkeit und Dankbarkeit sind zwei wesentliche Stützen unseres Glücks. Sie zeigen uns, wie schön und wie reich unser Leben ist – und dass wir nichts kaufen müssen, um es aufzuwerten. Glück ist gelassen und selbstgenügsam.

Der Tod und die perfekte Welle

Achtsamkeit und Dankbarkeit sind gute Freunde. Wer sein Leben dann und wann von außen betrachtet, der sieht schnell, dass es einiges zu bieten hat, das es lebenswert macht. Als ich an einem Tag im November in El Salvador war, lernte ich eine mir bislang unbekannte Form der Dankbarkeit kennen. Für einen Tag erstrahlt die Welt in einem Meer aus Krepppapier. Alles bunt, alles voller Leben: die Städte, ihre Bewohner, ihre Toten. Auf den Friedhöfen der Stadt treffen sich die Menschen. Über ihnen schweben Papierdrachen und Banner mit faltendurchfurchten Gesichtern und niedlichen Kindern – die Gesichter der Toten. Am *Dia de los muertos*, dem Tag der Toten, feiern die Menschen in Mittelamerika ihre Verstorbenen. Während derselbe Tag im November bei uns Allerheiligen heißt und meist mit ausgiebigem Unkrautzupfen begangen wird, ist der Tag der Toten eine echte Party. Eine Familie, die mich zur Feier eingeladen hatte, trauerte um ihre vor einigen Monaten verstorbene Großmutter. Ihr Grab markierte eine große, rosa getünchte Betonkiste, in der ihr Leichnam lag. Und auf dem Grab? Da hockte die Familie und reichte Pupusas, mit Tomatensoße und Käse gefüllte Maistortillas – und Fotos der geliebten Oma. Sie schwelgte in lustigen Anekdoten und Erinnerungen an das gute Essen, das die Großmutter immer gezaubert hatte. Überall um uns herum feierten die Menschen, picknickten auf den Gräbern. Ihre Trauer über den Verlust wurde für einen Tag durch die Dankbarkeit für die schöne gemeinsame Zeit ersetzt. Freude statt Tränen.

Auch Epikur vertrat einen ähnlichen Ansatz: „Das Unglück muss man heilen durch die freudige Erinnerung an das Verlorene und durch die Erkenntnis, dass es nicht möglich ist, das Geschehene ungeschehen zu machen."[531] Wenn wir danach leben, dann feiern wir jeden Tag auf den Gräbern, dann sind wir dankbar für die guten Zeiten und die schlechten Zeiten, für alles, was uns passiert und unser Leben reicher gemacht hat. Aus diesem Grund mahnt Epikur zur Achtsamkeit: „Du aber bist nicht Herr des morgigen Tages und verschiebst immerzu das Erfreuende. Das Leben geht mit Aufschieben, und jeder von uns stirbt, ohne Muße gefunden zu haben."[532] Wir wissen nicht, wie lange wir haben, bevor andere auf unserem Grab gefüllte Tortillas essen oder auf den Knien rutschend trockene Blättchen aus den Bodendeckern zupfen. Bis dahin sollten wir unser Leben so intensiv wie möglich erfahren. Und dankbar sein für alles, was uns begegnet. Statt stundenlang auf dem Surfbrett zu sitzen und verzweifelt auf die perfekte Welle zu warten, können wir auch einfach genießen, wie unsere Beine ins Wasser baumeln, wie die Sonne auf dem Meer glitzert und wie die ruhige See uns sanft auf dem Board auf und ab wiegt. Darin besteht das wahre Glück.

Anmerkungen

1 Friedell, Egon: *Kulturgeschichte Griechenlands.* Deutscher Taschenbuch Verlag, München 2009, S. 231.

2 Vgl. Scheidel, Walter: The Cambridge Economic History of the Greco-Roman World. Cambridge University Press, Cambridge 2007, S. 45 und Sargent, Rachel L.: The size of slave population at Athens during fifth and fourth centuries before Christ, Greenwood Press, Westport, 1924, S. 114.

3 Vgl. Tanzer, Ulrike: Fortuna, Idylle, Augenblick – Aspekte des Glücks in der Literatur. Könighausen & Neumann, Würzburg 2011, S. 69 f.

4 Vgl. Irmscher, Johannes: Lexikon der Antike. Heyne, München 1994, S. 567.

5 Vgl. Tanzer: Fortuna, Idylle, Augenblick, S. 69 f.

6 Vgl. Laertius, Diogenes: Von dem Leben und den Meinungen berühmter Philosophen. Marix, Wiesbaden 2008, S. 105.

7 Vgl. ebd.

8 Ebd. S. 248.

9 Vgl. ebd., S. 242 f. und S. 251.

10 Vgl. Horn, Christoph: Philosophie der Antike. Von den Vorsokratikern bis Augustinus. Beck, München 2013, S. 68.

11 Vgl. ebd.

12 Vgl. Laertius, Leben und Meinungen berühmter Philosophen, S. 242.

13 Vgl. Effe, Bernd (Hrsg.): Hellenismus. Reclam, Stuttgart 1985, S. 234.

14 Vgl. ebd.

15 Ebd. sowie Laertius, Leben und Meinungen berühmter Philosophen, S. 248.

16 Laertius, Leben und Meinungen berühmter Philosophen, S. 260.

17 Ebd.

18 Vgl. ebd., S. 106.

19 Vgl. ebd., S. 107.

20 Vgl. ebd., S. 106.

21 Vgl. ebd., S. 108.

22 Vgl. ebd., S. 106.

23 Vgl. ebd., S. 106 f.

24 Vgl. ebd., S. 106 f.

25 Laertius: Leben und Meinungen berühmter Philosophen, S. 107 ff.

26 Vgl. Bendixen, Peter: Zivilisationswende – Technischer Fortschritt und Wohlstand unter Stress. Springer VS, Wiesbaden 2012, S. 314.

27 Vgl. Laertius: Leben und Meinungen berühmter Philosophen, S. 100.

28 Ebd., S. 101.

29 Ebd., S. 104 f.

30 Vgl. Finance, Joseph de: An Ethical Inquiry. Editrice Pontificia Università Gregoriana, Rom 1991, S. 121.
31 Vgl. Horn: Philosophie der Antike, S. 67.
32 Vgl. Laertius: Leben und Meinungen berühmter Philosophen, S. 101.
33 Vgl. Horn: Philosophie der Antike, S. 66 f.
34 Vgl. Feldman, Fred: Pleasure and the Good Life – Concerning the Nature, Varieties, and Plausibility of Hedonism. Clarendon, Oxford 2006, S. 30 f.
35 Vgl. Epikur: Von der Überwindung der Furcht. Deutscher Taschenbuch-Verlag, München 1986, S. 104.
36 Vgl. ebd., S. 60.
37 Ebd., S. 59.
38 Vgl. Epikur: Briefe, Sprüche, Werkfragmente. Hrsg. v. Hans-Wolfgang Krautz, Reclam, Stuttgart 2010, S. 123 f., 53.
39 Vgl. Epikur: Briefe, Sprüche, Werkfragmente, S. 5.
40 Vgl. Höffe, Otfried: Aristoteles. Beck, München 2006, S. 216.
41 Vgl. ebd., S. 131.
42 Vgl. Aristoteles: Die Nikomachische Ethik. Deutscher Taschenbuch-Verlag, München 2006, S. 108 f.
43 Vgl. Höffe, Otfried: Aristoteles-Lexikon. Kröner, Stuttgart 2005, S. 534 ff.
44 Vgl. Hossenfelder, Malte: Antike Glückslehren. Quellen zur hellenistischen Ethik in deutscher Übersetzung. Kröner, Stuttgart 2013, S. 118.
45 Vgl. Epiktet: Handbüchlein der Ethik. Reclam, Stuttgart 2001, S. 5.
46 Vgl. McFerrin, Bobby: Don't worry, be happy, in: Simple Pleasures, EMI-Manhattan 1987.
47 Seneca: Vom glückseligen Leben und andere Schriften. Jaerisch. Peter (Hrsg.), Philipp Reclam, Stuttgart 2011, S. 32.
48 Ebd.
49 Epiktet: Handbüchlein der Ethik, S. 18.
50 Vgl. ebd., S. 17.
51 Vgl. Hossenfelder: Antike Glückslehren, S. 118.
52 Vgl. ebd.
53 Vgl. ebd.
54 https://www.scientificamerican.com/article/why-does-time-seem-to-speed-up-with-age/, abgerufen am 30.11.2018.
55 Vgl. Meyer, Vanessa et al.: Experience, cortisol reactivity, and the coordination of emotional responses to skydiving, in: Frontiers in Human Neuroscience, 9 (138), März 2015.
56 Vgl. Graef, Ronald/Csikszentmihalyi, Mihaly/McManama Gianinno, Susan: Measuring intrinsic motivation in everyday life, in: Leisure Studies, 2, 1983, S. 155–168.
57 Vgl. Schumacher, Jörg/Klaiberg, Antje/Brähler, Elmar: Diagnostische Verfahren zu Lebensqualität und Wohlbefinden. Hogrefe, Göttingen/Bern/Toronto/Seattle 2003, S. 147.
58 Vgl. Rojas, Mariano et al.: Contentment and Affect in the Estimation of Happiness, in: Social Indicators Research, 110 (2), Januar 2013, S. 415–431.

59 Vgl. Diener, Ed et al.: The Satisfaction with Life Scale, in: Journal of Personality Assessment, 49, 1985, S. 71–75.

60 Vgl. Schumacher/Klaiberg/Brähler: Diagnostische Verfahren zu Lebensqualität und Wohlbefinden, S. 306.

61 Vgl. ebd.

62 Vgl. Ellis, Albert: A Guide to Personal Happiness. Wilshire, Chatsworth (CA) 1982, S. 20.

63 Vgl. ebd., S. 22.

64 Vgl. ebd., S. 23.

65 Ebd., S. 61.

66 Vgl. Tafet, Gustavo et al.: Correlation between cortisol level and serotonin uptake in patients with chronic stress and depression, in: Cognitive, Affective, & Behavioral Neuroscience, 4, Dezember 2001, S. 388–393.

67 Vgl. Westover, Arthur et al.: A cross-national relationship between sugar consumption and major depression?, in: Depression and Anxiety, 16 (3), Oktober 2002, S. 118–120.

68 Vgl. Goodwin, Guy et al.: Depression and associated physical diseases and symptoms, in: Dialogues in clinical neuroscience, 8 (2), Juni 2006, S. 259–265.

69 Vgl. Meyer-Lindenberg, Andreas: Big City Blues, in: Scientific American Mind, 14, Februar 2013, S. 58–61.

70 Vgl. Vaillant, George/Mukamal, Kenneth: Successful Aging, in: American Journal of Psychiatry, 158, 2001, S. 839–847, hier S. 839.

71 The Harvard Gazette: Good genes are nice, but joy is better, online: https://news.harvard.edu/gazette/story/2017/04/over-nearly-80-years-harvard-study-has-been-showing-how-to-live-a-healthy-and-happy-life/, abgerufen am 30.11.2018.

72 Vgl. Kahneman, Daniel et al.: High income improves evaluation of life but not emotional well-being, in: PNAS, 107 (38), September 2010, S. 16489–16493.

73 Vgl. Bundesministerium für Gesundheit: Depression, online: https://www.bundesgesundheitsministerium.de/themen/praevention/gesundheitsgefahren/depression.html, abgerufen am 30.11.2018.

74 Vgl. Ärzte Zeitung: Depressionen werden Volkskrankheit Nummer eins, online: https://www.aerztezeitung.de/politik_gesellschaft/article/650287/depressionen-volkskrankheit-nummer-eins.html, abgerufen am 30.11.2018.

75 Suicide & Crisis Center of Norther Texas: Teen Suicide Facts, online: https://www.sccenter.org/programs-and-services/for-teens/teen-suicide-facts/, abgerufen am 10.1.2019.

76 Kamphausen, Georg: Recht auf Glück. Pragmatisches Glücksstreben und heroische Glücksverachtung?, in: Bellebaum, Alfred (Hrsg.): Glück und Zufriedenheit. Ein Symposium. Westdeutscher Verlag, Opladen 1992, S. 86–101, hier S. 92.

77 Vgl. Pratt, Laura et al.: Antidepressant Use in Persons Aged 12 and Over: United States, 2005–2008. NCHS Data Brief, 76, Oktober 2011, S. 1–8.

78 Vgl. Addicition Center: Antidepressant, Addiction and Abuse, online: https://www.addictioncenter.com/stimulants/antidepressants/, abgerufen am 30.11.2018.

79 Vgl. MacDougall, Robert: Drugs & Media: New Perspectives on Communication, Consumption, and Consciousness. Continuum International Publishing Group, New York 2012, S. 181.

80 Ebd., S. 184.

81 Vgl. Dworkin, Richard: Artificial happiness. The dark side of the new happy class. Carrol & Graf, New York 2006, S. 21 ff.

82 Vgl. Komplexe Abhängigkeiten machen psychisch krank – BptK-Studie zu psychischen Belastungen in der modernen Arbeitswelt. Pressekonferenz der Bundespsychotherapeutenkammer am 23. März 2010.

83 Vgl. Aristotle: Complete Works of Aristotle. Bd. 2: The Revised Oxford Translation. Princeton University Book Press, Princeton 1995, S. 1305: Mechanics 851 b 1–14.

84 Vgl. WHOQOL – Measuring Quality of Life. Division of Mental Health and Prevention of Substance Abuse. World Health Organization. The WHOQOL-Group, 1997, S. 1.

85 Vgl. Hallers, Melanie et al.: Perceived Control in the Lives of Older Adults: The Influence of Langer and Rodin's Work on Gerontological Theory, Policy, and Practice, in: The Gerontologist, 54 (1), Februar 2014, S. 67–74.

86 Vgl. Gecas, Viktor: The Social Psychology of Self-Efficacy, in: Annual Review of Sociology, 15, 1989, S. 291–316, hier S. 292.

87 Vgl. Maddux, James E.: Self-Efficacy: The Power of Believing You Can, in: Synder, C. R./Lopez, S. J. (Hrsg.): Handbook of positive psychology. Oxford University Press, New York 2002, S. 277–287.

88 Vgl. Schnabel, Ulrich: Muße. Vom Glück des Nichtstuns. Pantheon, München 2012, S. 57.

89 Vgl. Seneca: Über das glückliche Leben, S. 261.

90 Vgl. McKnight, Patrick et al.: Purpose in Life as a System That Creates and Sustains Health and Well-Being: An Integrative, Testable Theory, in: Review of General Psychology, 13 (3), 2009, S. 242–251.

91 Ebd.

92 Epiktet: Handbüchlein der Ethik, S. 19 f.

93 Vgl. Whillans, Ashley et al.: Buying time promotes happiness, in: PNAS, 114, August 2017, S. 8523–8527.

94 Vgl. Burton, Chad et al.: The health benefits of writing about intensely positive experiences, in: Journal of Research in Personality, 38, 2004, S. 150–163.

95 Vgl. Lyubomirsky, S. et al.: Becoming Happier Takes Both a Will and a Proper Way: An Experimental Longitudinal Intervention to Boost Well-Being, in: Emotion, 11 (2), April 2011, S. 391–402.

96 Vgl. u. a. Nabkasorn, Chanudda et al: Effects of physical exercise on depression, neuroendocrine stress hormones and physiological fitness in adolescent females with depressive symptoms, in: European Journal of Public Health, 16, 2005, S. 179–184.

97 Vgl. Park, Soyoung et al.: A neural link between generosity and happiness, in: Nature Communications, 8, Juli 2017, S. 15964.

98 Vgl. Buchanan, Kathryn et al.: Acts of Kindness and Acts of Novelty Affect Life Satisfaction, in: Journal of Social Psychology, 150, 2010, S. 235–237.

99 Vgl. Pressman, Sarah et al.: It's good to do good and receive good: The impact of a 'pay it forward' style kindness intervention on giver and receiver well-being, in: The Journal of Positive Psychology, 2015, S. 293–302.

100 Vgl. Höffe, Otfried: Aristoteles-Lexikon. Kröner, Stuttgart 2005, S. 465.
101 Vgl. Seuntjens, Terri G.: The psychology of greed. Ridderprint, 2016, S. 10.
102 Vgl. Seuntjens: Psychology of greed, S. 10.
103 Vgl. Aristoteles: Nikomachische Ethik, S. 204.
104 Vgl. Höffe: Aristoteles-Lexikon, S. 465.
105 Vgl. Aristoteles: Nikomachische Ethik, S. 204.
106 Vgl. Seuntjens: Psychology of greed, S. 10.
107 Vgl. Aristoteles: Nikomachische Ethik, S 204, En v2, 1129b1–3 ff.
108 Vgl. Delling, Gerhard, Art. πλεονεξία, in: Theologisches Wörterbuch zum Neuen Testament, Bd. 6, Kohlhammer, Stuttgart/Berlin/Köln 1990, S. 266 ff.
109 Vgl. Friedell, Egon: Kulturgeschichte Griechenlands. Deutscher Taschenbuch-Verlag, München 2009, S. 210.
110 Vgl. Macpherson, Crawford: Die politische Theorie des Besitzindividualismus. Von Hobbes bis Locke. Frankfurt am Main 1967, S. 58 f.
111 Vgl. Smith, Adam: Über den Wohlstand der Nationen. Eine Untersuchung über seine Natur und seine Ursachen, Beck, München 1974, u. a. S. 371.
112 Vgl. Bauman, Zygmunt: Wir Lebenskünstler. Suhrkamp, Berlin 2010, S. 43 f.
113 Vgl. ebd., S. 43.
114 Vgl. Bauman: Wir Lebenskünstler, S. 53 f.
115 Vgl. ebd., S. 41 f.
116 Vgl. Diener, Ed/Oishi, Shigehiro: Money and Happiness: Income and Subjective Well-being across Nations, in: Diener, Ed/Eunkook, M. Suh: Culture and Subjective Well-being, MIT Press, Cambridge 2000, S. 185–218.
117 Vgl. Bauman: Wir Lebenskünstler, S. 48 f.
118 Vgl. ebd., S. 52 f.
119 Vgl. McCracken, Grant: Culture and Consumption. New Approaches to the Symbolic Character of Consumer Goods and Activities. Indiana University Press, Bloomington/Indianapolis 1988, S. 118–129.
120 Vgl. Diderot: Gründe, meinem alten Hausrock nachzutrauern. Über die Frauen. Zwei Essays. Friedenauer Presse, Berlin 1991.
121 Vgl. Friedell: Kulturgeschichte Griechenlands, S. 210; hier auch zum Folgenden.
122 Vgl. Aristoteles: Nikomachische Ethik, S. 204.
123 Epiktet: Handbüchlein der Ethik, S. 40 f.
124 Schnabel: Muße, S. 57.
125 Vgl. Olds, James et al.: Positive reinforcement produced by electrical stimulation of the septal area and other regions of rat brain, in: Journal of Comparative and Physiological Psychology, 47, 1954, S. 419–427.
126 Vgl. Olds, James: Pleasure centers in the brain, in: Scientific America, 195, 1956, S. 105–116.
127 Vgl. Esch Tobias: Die Neurobiologie des Glücks – Wie Positive Psychologie die Medizin verändert. Georg Thieme, Stuttgart/New York 2012, S. 35.

128 Vgl. ebd., S. 36.
129 Epikur: Von der Überwindung der Furcht, S. 17: Vorwort des Übersetzers.
130 Vgl. Esch: Neurobiologie des Glücks, S. 35.
131 Vgl. Aristoteles: Nikomachische Ethik, S. 109.
132 Vgl. Hoch, Tobias et al.: Manganese-Enhanced Magnetic Resonance Imaging for Mapping of Whole Brain Activity Patterns Associated with the Intake of Snack Food in Ad Libitum Fed Rats, in: PLOS One, 8, Februar 2013, S. 2f.
133 Vgl. ebd., S. 4ff.
134 Vgl. ebd., S. 8.
135 Vgl. ebd., S. 1.
136 Vgl. ebd.
137 Vgl. u.a. Avena, Nicole et al.: Evidence for sugar addiction: Behavioral and neurochemical effects of intermittent, excessive sugar intake, in: Neuroscience and Biobehavioral Reviews, 32, 2008, S. 20–39 und Benton, David: The plausibility of sugar addiction and its role in obesity and eating disorders, in: Clinical Nutrition, 29, 2010, S. 288–303.
138 https://www.nytimes.com/2013/02/24/magazine/the-extraordinary-science-of-junk-food.html, abgerufen am 30.11.2018.
139 Hoch, Tobias et al.: Manganese-Enhanced Magnetic Resonance Imaging for Mapping of Whole Brain Activity Patterns Associated with the Intake of Snack Food in Ad Libitum Fed Rats. In: PLOS, Februar 2013, online: doi.org/10.1371/journal.pone.0055354, abgerufen am 10.1.2019.
140 Vgl. Hoch et al.: Manganese-Enhanced Magnetic Resonance Imaging, S. 2.
141 Vgl. Laertius: Leben und Meinungen berühmter Philosophen, S. 385f.
142 Vgl. ebd., S. 385.
143 Vgl. ebd., S. 101.
144 Vgl. ebd., S. 385f.
145 Vgl. Adler, Michael/Schaffner, Fenton: Fatty Liver Hepatitis and Cirrhosis in Obese Patients, in: The American Journal of Medicine, 67, 1979, S. 811–816.
146 Epikur: Von der Überwindung der Furcht., S. 106.
147 Ebd., S. 111.
148 Vgl. Picca, Anna et al.: Does eating less make you live longer and better? An update on calorie restriction, in: Clinical Interventions in Aging, 12, 2017, S. 1887–1902 und https://edition.cnn.com/2018/06/08/health/japan-longevity-centenarians-aging-population/index.html, abgerufen am 30.11.2018.
149 Vgl. Pollan, Michael: Food Rules: An Eater's Manual. Penguin Books, New York 2009, S. 46.
150 Turner, J. Scott: The tinkerer's accomplice: how design emerges from life itself. Harvard University Press, Cambridge 2007, S. 184f.
151 Frey, Bruno et al.: Glück – Die Sicht der Ökonomie. Rüegger, Zürich 2010, S. 49.
152 Vgl. Layard, Richard: Happiness – Lessons from a New Science. Penguin Books, London 2005, S. 35 und Heinrich, Christian: Glück ist nicht wichtig, in: Zeit Wissen, Juni/Juli 2010, Zeitverlag Gerd Bucerius, Hamburg 2010, S. 84.

153 Vgl. Aristoteles: Nikomachische Ethik, S. 333 und 115.

154 Ebd., S. 109 f.

155 Vgl. Seligman, Martin: Authentic Happiness: Using the New Positive Psychology to Realize Your Potential for Lasting Fulfillment. Simon & Schuster, New York 2002, S. 49.

156 Vgl. ebd.

157 Vgl. Diener, Ed et al.: Beyond the Hedonic Treadmill: Revising the Adaptation Theory of Well-Being, in: Diener, Ed (Hrsg.): The Science of Well-Being: The Collected Works of Ed Diener. Springer, Heidelberg/London/New York 2009, S. 305–314, hier S. 306.

158 Vgl. ebd.

159 Vgl. Brickman, Philip et al.: Hedonic relativism and planning the good society, in: Adaptation level theory: A symposium. Academic Press, New York 1971, S. 287–302.

160 Vgl. Kahneman, Daniel: Experienced utility and objective happiness: A moment-based approach, in: The Psychology of Economic Decisions. Volume I: Rationality and Well-being. Oxford University Press, New York 2003, S. 187–208, hier S. 200.

161 Vgl. Diener et al.: Beyond the Hedonic Treadmill.

162 Vgl. ebd., S. 305 f.

163 Vgl. ebd, S. 306 ff.

164 Vgl. ebd, S. 305 ff.

165 Vgl. Seligman: Authentic Happiness, S. 49.

166 Benjamin, Walter: Allegorien kultureller Erfahrung, Reclam, Leipzig 1984, S. 83.

167 Vgl. Seligman: Authentic Happiness, S. 49.

168 Vgl. ebd.

169 Vgl. Margraf, Jürgen (Hrsg.): Lehrbuch der Verhaltenstherapie – Grundlagen, Diagnostik Verfahren, Rahmenbedingungen. Springer, Berlin/Heidelberg 2000, S. 170.

170 Vgl. ebd.

171 Vgl. ebd.

172 Plath, Sylvia: Die Glasglocke. Suhrkamp, Berlin 2015, S. 85.

173 Vgl. Schwartz, Barry: The paradox of choice. Why more is less. Harper Collins, New York 2006.

174 Vgl. Milyavskaya, Marina et al.: Fear of missing out: prevalence, dynamics, and consequences of experiencing FOMO, in: Motivation and Emotion, 42 (5), Oktober 2018, S. 725–737.

175 Vgl. ebd.

176 Vgl. Pontes, Halley M. et al: Beyond "Facebook Addiction": The Role of Cognitive-Related Factors and Psychiatric Distress in Social Networking Site Addiction, in: Cyberpsychology, Behavior, and Social Networking, 21 (4), April 2018, S. 240–247.

177 Vgl. Darwin, Charles: Die Abstammung des Menschen. Fischer, Frankfurt am Main 2009, S. 134 ff.

178 Vgl. Umberson, Debra: Social Relationships and Health: A Flashpoint for Health Policy, in: Journal of Health and Social Behaviour, 51, 2010, S. 54–66.

179 Vgl. Milyavskaya et al.: Fear of missing out.

180 Ebd.

181 Vgl. Weir, Walter: Another look at subliminal "facts", in: Advertising Age, 5. Oktober 1984, S. 46.

182 Vgl. Loftus, E./Klinger M.: Is the unconscious smart or dumb?, in: American Psychologist, 47, 1992, S. 761–765.

183 Vgl. Karremans, Johan et al: Beyond Vicary's fantasies: The impact of subliminal priming and brand choice, in: Journal of Experimental Social Psychology, 42 (6), 2006, S. 792–798.

184 Vgl. Cooper, Joel et al.: Subliminal motivation: A story revisited, in: Journal of Applied Social Psychology, 32 (11), 2002, S. 2213–2227.

185 Vgl. Greenwald, Anthony et al.: Double-blind tests of subliminal self-help audiotapes, in: American Psychological Society, 2 (2), 1991, S. 119–122.

186 Vgl. Schorn, Robert: Nichtbewusste Beeinflussung von Konsumenten, Working Papers, AK-Wien, Wien 2010.

187 Vgl. Razran, Gregory: Conditioned response changes in rating and appraising socio-political slogans, in: Psychological Bulletin, 37, 1940, S. 481.

188 Vgl. Holbrook, Morris et al.: Assessing the Role of Emotions as Mediators of Consumer Responses to Advertising, in: Journal of Consumer Research, 14 (3), Dezember 1987, S. 404–420.

189 Vgl. Walsh, Kieron: Marketing and Public Sector Management, in: European Journal of Marketing, 28 (3), 1999, S. 63–71.

190 Vgl. Turnbull, Peter et al: Customer Confusion: The Mobile Phone Market, in: Journal of Marketing Management, 16, 2000, S. 143–163.

191 Vgl. Deutsche Unternehmerbörse: Kleiner ist feiner: Händler straffen ihre Sortimente, online: https://www.dub.de/newsinhalte/handel/kleiner-ist-feiner-haendler-straffen-ihre-sortimente/, abgerufen am 30.11.2018.

192 Vgl. Broniarczyk, Susan: Product Assortment and Consumer Psychology, in: Handbook of Consumer Psychology, Lawrence Erlbaum, New York 2008, S. 755–779.

193 Vgl. Deutsche Unternehmerbörse: Kleiner ist feiner: Händler straffen ihre Sortimente, online: https://www.dub.de/newsinhalte/handel/kleiner-ist-feiner-haendler-straffen-ihre-sortimente/, abgerufen am 30.11.2018.

194 Vgl. ebd.

195 Vgl. ebd.

196 Vgl. ebd.

197 Vgl. Duden.de: Konsumismus. Rechtschreibung, Bedeutung, Definition, online: https://www.duden.de/rechtschreibung/Konsumismus, abgerufen am 30.11.2018.

198 Vgl. Veblen, Thorstein: Theory of the leisure class. Eingeleitet von Robert Lekachman. Penguin Books, New York 1994.

199 Bauman: Wir Lebenskünstler, S. 51.

200 Vgl. Aristoteles: Nikomachische Ethik, S. 120.

201 Vgl. Easterlin, Richard A.: Will raising the incomes of all increase the happiness of all?, in: Journal of Economic Behavior and Organization, 27, 1995, S. 35–47, hier S. 36.

202 Vgl. Easterlin, Richard et al.: The happiness-income paradox revisited, in: Proceedings of the National Academy of Sciences, 107 (52), 2010, S. 22463–22468.

203 Vgl. Graham, Carol: Happiness and Health: Lessons – And Questions – For Public Policy, in: Health Affairs, 27 (1), 2008, S. 72–87.

204 Vgl. Easterlin: Will raising the incomes of all increase the happiness of all?, S. 36.

205 Vgl. Layard: Happiness – Lessons from a New Science, S. 46.

206 Zitiert nach Krüger, Gerhard: Epikur und die Stoa über das Glück, Müller, Heidelberg 1998, S. 26.

207 Vgl. Skidelsky, Robert/Skidelsky, Edward: Wie viel ist genug? Vom Wachstum zu einer Ökonomie des guten Lebens. Kunstmann, München 2013, S. 148.

208 Ebd.

209 Ebd.

210 Vgl. ebd.

211 Ebd., S. 170.

212 Vgl. Zeit Online: Jemens Krieg und Deutschlands Beitrag, online: https://www.zeit.de/2018/29/waffenexporte-bundesregierung-jemen-krieg, abgerufen am 30.11.2018.

213 Vgl. Deutsche Welle: UNICEF-Chefin nach Jemen-Besuch: Alle zehn Minuten stirbt ein Kind, online: https://www.dw.com/de/unicef-chefin-nach-jemen-besuch-alle-zehn-minuten-stirbt-ein-kind/a-44544118, abgerufen am 30.11.2018.

214 Vgl. Skidelsky/Skidelsky: Wie viel ist genug?, S. 142.

215 Vgl. ebd., S. 143.

216 Seneca: Über das glückliche Leben, in: Die Philosophie der Stoa – Ausgewählte Texte. Reclam, Stuttgart 2009, S. 267.

217 Vgl. ebd., 1, 1–8,6; 16,1–3.

218 Vgl. Hossenfelder: Rolle des Glücksbegriffs, S. 179.

219 Epikur: Von der Überwindung der Furcht, S. 111.

220 Vgl. Neitzke, Ernst: Vorwort des Übersetzers, in: Epiktet: Handbüchlein der Ethik, S. 14.

221 Zitiert nach ebd.

222 Vgl. Hofmann, Wilhelm et al.: Everyday temptations: An experience sampling study of desire, conflict, and self-control, in: Journal of Personality and Social Psychology, 102, 2012, S. 1318–1335.

223 Vgl. Epiktet: Handbüchlein der Ethik, S. 18.

224 Vgl. u. a. London, Bernard: Ending the Depression Through Planned Obsolescence. University of Wisconsin, 1932.

225 Vgl. Drosdowski, Günther (Hrsg.): Duden „Etymologie“: Herkunftswörterbuch der deutschen Sprache. Dudenverlag, Mannheim/Wien/Zürich 1989, S. 464.

226 Vgl. Aristoteles: Nikomachische Ethik, S. 109.

227 Vgl. Ikea Unternehmensblog: Das auflagenstärkste Buch der Welt, online: Fakten https://ikea-unternehmensblog.de/article/2017/fakten-ikea-katalog-2018, abgerufen am 30.10.2018.

228 Vgl. Bunzeck, Nico et al.: Absolute Coding of Stimulus Novelty in the Human Substantia Nigra/VTA, in: Neuron, 51 (3), 2006, S. 369–379.

229 Vgl. Rehfeld, Kathrin et al.: Dancing or Fitness Sport? The Effects of Two Training Programs on Hippocampal Plasticity and Balance Abilities in Healthy Seniors, in: Frontiers in Human Neuroscience, Juni 2017, online: https://www.ncbi.nlm.nih.gov/pmc/articles/PMC5475381/, abgerufen am 30.11.2018.

230 Dunkley, David et al.: Self-critical perfectionism and depressive and anxious symptoms over 4 years: The mediating role of daily stress reactivity. In: Journal of Counseling Psychology, 62 (4) 2015, S. 703–717.

231 King's College London: Perfectionism, Online: https://www.kcl.ac.uk/campuslife/services/counselling/concerns/study/perfectionism.aspx, abgerufen am 17.1.2019.

232 Kenrick, Douglas et al.: Effects of Physical Attractiveness on Affect and Perceptual Judgments: When Social Comparison Overrides Social Reinforcement. In; Personality and Social Psychology Bulletin, 19 (2), 1993, S. 195–199.

233 Vgl. Allfacebook: Offizielle Nutzerzahlen. Facebook in Deutschland, online: https://allfacebook.de/zahlen_fakten/offiziell-facebook-nutzerzahlen-deutschland, abgerufen am 9.1.2019.

234 Vgl. Brandwatch: Facebook in Zahlen: 47 interessante Statistiken, online: https://www.brandwatch.com/de/blog/facebook-statistiken/, abgerufen am 9.1.2019.

235 Vgl. Psychology Today: Facebook Depression, online: https://www.psychologytoday.com/us/blog/21st-century-aging/201308/facebook-depression, abgerufen am 9.1.2019.

236 Vgl. Jordan, Alexander et al.: Misery has more company than people think: underestimating the prevalence of others' negative emotions. In: Journal of Personality and Social Psychology,1 (37) 2011, S. 120–135.

237 Focus.de: Sprüche, Freunde und Feinde im Leben von Marcel Reich-Ranicki, In: https://www.focus.de/kultur/vermischtes/marcel-reich-ranicki-sprueche-freunde-und-feinde-im-leben-von-marcel-reich-ranicki_aid_1105104.html, abgerufen am 10.1.2019.

238 Aristoteles: Nikomachische Ethik, S. 109.

239 Vgl. Steenhuis, Ingrid et al.: Small, medium, large or supersize: trends in food portion sizes in The Netherlands, in: Public Health Nutrition, 13 (6), 2010, S. 852–857.

240 Vgl. Psychology Today: 7 Reasons We Can't Turn Down Fast Food, online: https://www.psychologytoday.com/us/blog/you-illuminated/201108/7-reasons-we-cant-turn-down-fast-food, abgerufen am 30.11.2018.

241 Vgl. McDonald's: Do you have some kind of sugar coating on the fries, online: https://yourquestions.mcdonalds.ca/answer/-do-you-have-some-kind-of-sugar-coating-on-the-fries/, abgerufen am 30.11.2018.

242 Vgl. Avena et al.: Evidence for sugar addiction.

243 Vgl. Westover et al.: A cross-national relationship?

244 Vgl. Scott, Rick: The Pain of Paying and Tightwaddism: New Insights and Open Questions, in: The Interdisciplinary Science of Consumption, MIT Press, 2013.

245 Vgl. Psychology Today: Why using coupons is bad for your wallet, online: https://www.psychologytoday.com/us/blog/the-science-behind-behavior/201508/why-using-coupons-is-bad-your-wallet, abgerufen am 30.11.2018.

246 Vgl. ebd.

247 Vgl. Business Wire: Coupons.com and Claremont Graduate University Study Reveals Coupons Make You Happier and More Relaxed, online: https://www.businesswire.com/news/home/20121119005572/en/Coupons.com-Claremont-Graduate-University-Study-Reveals-Coupons, abgerufen am 30.11.2018.

248 Vgl. Coca-Cola Deutschland: Wer ist dieser Mann?, online: https://www.coca-cola-deutschland.de/wer-ist-dieser-mann-die-wahrheit-ueber-santa-claus, abgerufen am 30.11.2018.

249 Vgl. https://www.einzelhandel.de/weihnachten/4558-ausgaben-fuer-geschenke-steigen-erneut, abgerufen am 30.11.2018.

250 Vgl. Huffingston Post: These Gifts Are Scientifically Proven To Bring Real Happiness, online: https://www.huffpost.com/entry/meaningful-holiday-gift-ideas_n_5845d83ee4b02f60b0246e87, abgerufen am 30.11.2018.

251 Williams, Tannis MacBeth: The Impact of Television: a Natural Experiment Involving Three Communities. In: Contemporary Sociology, 1987, 16 (4), S. 553–554.

252 Vgl. McKinley, Marcia et al.: Emotional and behavioral predictors of preschool peer ratings, in: Child Development, 61 (4), August 1990, S. 1145–1152.

253 Vgl. Fuhrmann, Manfred: Dichtungstheorien der Antike. Aristoteles – Horaz – ‚Longin'. Eine Einführung. 2. Aufl., Artemis & Winkler, Darmstadt 1992, S. 89–110.

254 Vgl. The Atlantic: When, Exactly Does Watching a Lot of Netflix Become a 'Binge'?, online: https://www.theatlantic.com/entertainment/archive/2014/02/when-exactly-does-watching-a-lot-of-netflix-become-a-binge/283844/, abgerufen am 30.11.2018.

255 Vgl. Cision PR News: Netflix Declares Binge Watching is the New Normal, online: http://www.prnewswire.com/news-releases/netflix-declares-binge-watching-is-the-new-normal-235713431.html, abgerufen 30.11.2018.

256 Vgl. Basterra-Gortari, Francisco Javier: Television Viewing, Computer Use, Time Driving and All-Cause Mortality: The SUN Cohort, in: Journal of the American Heart Association, 3 (3), Juni 2014.

257 Vgl. Owen, Neville: Too Much Sitting: The Population-Health Science of Sedentary Behavior, in: Exercise and Sport Sciences Reviews, 38 (3), Juli 2010, S. 105–113.

258 Vgl. Freene, Nicole: Assessing the 'active couch potato' phenomenon in cardiac rehabilitation: rationale and study protocol, in: BMC Health Services Research, 16 (75), 2016.

259 Vgl. Köcher, Renate et al.: Glücksatlas Deutschland 2011 – Erste Glücksstudie von Deutsche Post. Knaus, München 2011, S. 42.

260 Vgl. Veenhoven, Ruut: Cross-national differences in happiness: Cultural measurement bias or effect of culture?, in: International Journal of Wellbeing, 2 (4), 2012, S. 333–353, hier S. 346.

261 Vgl. ebd.

262 Vgl. ebd.

263 Vgl. Ahuvia, Aaron: Individualism/Collectivism and cultures of happiness: A theoretical conjecture on the relationship between consumption, culture and subjective well-being at the national level, in: Journal of Happiness Studies, 3 (1), 2002, S. 23–36, hier S. 26.

264 Veenhoven: Cross-national differences in happiness, S. 342.

265 Vgl. Argyle, Michael/Martin, Maryanne: The psychological causes of happiness, in: Strack, Fritz/Argyle, Michael/Schwarz, Norbert (Hrsg.): Subjective Well-Being. An Interdisciplinary perspective. Pergamon, Oxford 1991, S. 77–100, S. 79.

266 Vgl. ebd.

267 Köcher: Glücksatlas Deutschland 2011, S. 42.

268 Vgl. Hadjar, Andreas: Meritokratie als Legitimationsprinzip: Die Entwicklung der Akzeptanz sozialer Ungleichheit im Zuge der Bildungsexpansion. VS Verlag für Sozialwissenschaften, Wiesbaden 2008, S. 44ff.

269 Vgl. ebd.

270 Vgl. ebd., S. 46.

271 Seneca, Über das glückliche Leben, S. 262.

272 Ebd., S. 261.

273 Vgl. Krueger, Joachim I.: Social Judgment and Decision Making. Psychology Press, New York 2012, S. 51.

274 Vgl. Carlowitz, Hans Carl von: Sylvicultura oeconomica. Braun, Leipzig 1732, S. 105.

275 Vgl. Volkert, Wilhelm: Adel bis Zunft. Ein Lexikon des Mittelalters. Beck, München 1991, S. 49.

276 Vgl. Blanqui, Adolph: Geschichte der politischen Oekonomie in Europa, von dem Alterthume an bis auf unsere Tage, nebst einer kritischen Bibliographie der Hauptwerke über die politische Oekonomie, Groos, Karlsruhe 1841, S. 105f.

277 Vgl. Komplexe Abhängigkeiten machen psychisch krank – BptK-Studie zu psychischen Belastungen in der modernen Arbeitswelt. Pressekonferenz der Bundespsychotherapeutenkammer am 23. März 2010.

278 Vgl. Meadows, Donella H./Meadows, Denns L./Randers, Jørgen/Behrens, William W.: The Limits to Growth. A Report for The Club of Romes' Project on the Predicament of Mankind. Universe Books, New York 1972, S. 176ff.

279 Vgl. ebd, S. 179ff.

280 Vgl. Rockström, Johan et al.: Planetary boundaries: Exploring the safe operating space for humanity, in: Ecology and Society, online: https://www.ecologyandsociety.org/vol14/iss2/art32/, abgerufen am 30.11.2018.

281 Vgl. Ebd.

282 Vgl. Ebd.

283 Vgl. Jokinen, Sami et al.: A 1500-year multiproxy record of coastal hypoxia from the northern Baltic Sea indicates unprecedented deoxygenation over the 20th century. In: Biogeosciences 2018, Ausgabe 15, S. 3975–4001.

284 Vgl. Jokinen, Sami et al.: A 1500-year multiproxy record of coastal hypoxia from the northern Baltic Sea indicates unprecedented deoxygenation over the 20th century. In: Biogeosciences,

15, 2018, S. 3975–4001 und The Guardian: Baltic Sea oxygen levels at '1,500-year low due to human activity', online: https://www.theguardian.com/environment/2018/jul/05/baltic-sea-oxygen-levels-at-1500-year-low-due-to-human-activity, abgerufen am 30.11.2018.

285 Vgl. Mora, Camilo et al.: How Many Species Are There on Earth and in the Ocean? PLOS Biology, August 2011, online: https://doi.org/10.1371/journal.pbio.1001127, abgerufen am 30.11.2018.

286 Vgl. BUND RVSO: Artensterben 11/2018 – Ursachen & Fakten: Menschengemachte Artenausrottung, online: http://www.bund-rvso.de/artensterben-ursachen-fakten-mensch.html, abgerufen am 30.11.2018.

287 Vgl. Johnson, Christopher: Determinants of loss of mammal species during the Late Quaternary 'megafauna' extinctions: life history and ecology, but not body size, in: Proceedings of the Royal Society of London, 2002, S. 2221–2227.

288 IFL Science: Populations Of Pacific Bluefin Tuna Have Crashed By 97 Percent, online: https://www.iflscience.com/plants-and-animals/population-pacific-bluefin-tuna-has-crashed-97/, abgerufen am 10.1.2019.

289 Vgl. Umweltbundesamt: Was ist Bodenversiegelung? https://www.umweltbundesamt.de/daten/flaeche-boden-land-oekosysteme/boden/bodenversiegelung#textpart-1, abgerufen am 30.11.2018.

290 Steffen, Will et al.: Planetary boundaries: Guiding human development on a changing planet, in: Science, 347 (6223), Februar 2015, online: http://science.sciencemag.org/content/347/6223/1259855, abgerufen am 30.11.2018.

291 Vgl. NZZ: Macht Demokratie glücklich?, online: https://www.nzz.ch/feuilleton/macht-demokratie-gluecklich-1.18042453, abgerufen am 30.11.2018.

292 Vgl. Dudal et al.: Agricultural Land Use in Space and Time. In: Walman et al.: Land Transformation in Agriculture, John Wiley & SonsLtd, 1987, S. 9 ff.

293 Vgl. https://www.berlin-institut.org/fileadmin/user_upload/Vielfalt_statt_Gleichwertigkeit/Vielfalt_statt_Gleichwertigkeit_online.pdf, abgerufen am 30.11.2018.

294 Vgl. ebd.

295 Vgl. ebd.

296 Vgl. ebd.

297 Vgl. Umweltbundesamt: Düngemittel, online: https://www.umweltbundesamt.de/themen/boden-landwirtschaft/umweltbelastungen-der-landwirtschaft/duengemittel, abgerufen am 30.11.2018.

298 Ebd.

299 Vgl. Bundesministerium für Ernährung und Landwirtschaft: Minderung von Stickstoff-Emissionen aus der Landwirtschaft, online: https://literatur.thuenen.de/digbib_extern/dn054531.pdf, abgerufen am 30.11.2018.

300 Vgl. Füßler, Claudia: Wenn die Gülle sauer wird. Bekommen Schwein und Rind das falsche Futter, wird ihr Darm zum Nährboden gefährlicher Keime, online: https://www.zeit.de/2011/24/Weg-der-Guelle, abgerufen am 30.11.2018.

301 Vgl. Umweltbundesamt: Uran in Boden und Wasser, online: https://www.umweltbundesamt.de/sites/default/files/medien/461/publikationen/4336.pdf, abgerufen am 30.11.2018.

302 Vgl. James, Clive: ISAAA Brief 51-2015: Executive Summary. ISAAA, 2015, online: https://www.isaaa.org/resources/publications/briefs/51/download/isaaa-brief-51-2015.pdf, abgerufen am 30.11.2018.

303 Vgl. Ärzte Blatt: Vietnam – Die stollen Opfer von Agent Orange https://www.aerzteblatt.de/archiv/63574/Vietnam-Die-stillen-Opfer-von-Agent-Orange und Welt: Agent Orange: Bis heute eine tödliche Waffe, online: https://www.welt.de/vermischtes/article139913254/Agent-Orange-Bis-heute-eine-toedliche-Waffe.html, abgerufen am 30.11.2018.

304 Vgl. Bait Bali, Yassine et al.: Behavioral and immunohistochemical study of the effects of subchronic and chronic exposure to glyphosate in mice, in: Frontiers in Behavioral Neuroscience, 11, 2017, S. 146ff.

305 Vgl. Eco Watch: Do tampons contain Glyphosate?, online: https://www.ecowatch.com/do-tampons-contain-glyphosate-1882112780.html, abgerufen am 30.11.2018.

306 Vgl. Verzeñassi, Damián: Tribunal Monsanto. Memo No. 20, online: https://en.monsanto-tribunal.org/upload/asset_cache/1055610408.pdf?rnd=q5dwPW, abgerufen am 10.1.2019.

307 Vgl. Aristoteles: Nikomachische Ethik, S. 204.

308 Vgl. The National Academies Press: Genetically engineered Crops, online: https://www.nap.edu/catalog/23395/genetically-engineered-crops-experiences-and-prospects, abgerufen am 30.11.2018.

309 Vgl. Science Nordic: Happy farmer, happy cow, online: http://sciencenordic.com/happy-farmer-happy-cow, abgerufen am 30.11.2018.

310 Vgl. The Guardian: Eating junk food raises risk of despression, online: https://www.theguardian.com/society/2018/sep/26/eating-junk-food-raises-risk-of-depression-says-multi-country-study, abgerufen am 30.11.2018.

311 Vgl. Orman, Pinar: Understanding the Biophilia Hypothesis through a Comparative Analysis of Residential Typologies in Phoenix, São Paulo, and Tokyo, online: https://repository.asu.edu/attachments/192534/content/Orman_asu_0010N_17359.pdf, abgerufen am 30.11.2018.

312 Vgl. Faber Taylor, Andrea et al: Could Exposure to Everyday Green Spaces Help Treat ADHD? Evidence from Children's Play Settings, in: Applied Psychology Health and Well-Being, 3 (3), August 2011, S. 281–303.

313 Vgl. FAO: Building a common vision for sustainable food and agriculture, online: http://www.fao.org/3/a-i3940e.pdf FAO 2014, abgerufen am 30.11.2018.

314 Vgl. WWF: Klimawandel auf dem Teller: https://www.wwf.de/fileadmin/fm-wwf/Publikationen-PDF/Klimawandel_auf_dem_Teller.pdf, https://www.ifeu.de/landwirtschaft/pdf/IFEU-MBW_Fleisch_Bericht_2013-final.pdf und http://www.spiegel.de/wissenschaft/natur/klimabilanz-ein-kilo-fleisch-verursacht-36-kilogramm-kohlendioxid-a-495414.html, abgerufen am 30.11.2018.

315 Vgl. SWR: 80 Prozent weniger Fleisch, online: https://www.swr.de/odysso/80-prozent-weniger-fleisch/-/id=1046894/did=12881746/nid=1046894/lvqlcy/index.html, abgerufen am 30.11.2018.

316 Vgl. Yong-Guan, Zhu et al.: Diverse and abundant antibiotic resistance genes in Chinese swine farms, in: PNAS, 10 (9), Februar 2013, S. 3435–3440.

317 Vgl. Grantham, James P./Henneberg, Maciej: The Estrogen Hypothesis of Obesity, in: Plos, June 10, 2014, online: https://journals.plos.org/plosone/article?id=10.1371/journal.pone.0099776, abgerufen am 30.11.2018.

318 Vgl. DGE: Vollwertig essen und trinken nach den 10 Regeln der DGE, online: https://www.dge.de/ernaehrungspraxis/vollwertige-ernaehrung/10-regeln-der-dge/, abgerufen am 30.11.2018.

319 Vgl. http://www.parmesan-parmigiano.de/herstellung-von-parmesan/, abgerufen am 30.11.2018.

320 Vgl. https://de.statista.com/infografik/7404/wo-die-deutschen-zu-mittag-essen/, abgerufen am 30.11.2018.

321 Focus: Henssler liest Deutschen Leviten: „Holen teuerste Küchen und schleichen zu Aldi", https://www.focus.de/kultur/kino_tv/tv-koch-ueber-essenskultur-henssler-liest-deutschen-leviten-holen-teuersten-kuechen-und-schleichen-zu-aldi_id_5439299.html, abgerufen am 10.1.2019.

322 Vgl. Statista: Ausgaben für Nahrungsmittel in Deutschland seit 1900, online: https://de.statista.com/statistik/daten/studie/75719/umfrage/ausgaben-fuer-nahrungsmittel-in-deutschland-seit-1900/, abgerufen am 30.11.2018.

323 Vgl. Techniker Krankenkasse: Wie Essverhalten sich entwickelt, online: https://www.tk.de/techniker/gesund-leben/ernaehrung/essen-und-wissen/wie-essverhalten-sich-entwickelt-2004820, abgerufen am 30.11.2018.

324 Vgl. u. a. Wahl, Deborah et al: Healthy food choices are happy food choices: Evidence from a real life sample using smartphone based assessments, in: Scientific Reports, 7, 2017, Artikel 17069, online: https://www.nature.com/articles/s41598-017-17262-9, abgerufen am 30.11.2018.

325 Vgl. European Comission: Strategie 2011, online: https://ec.europa.eu/transport/themes/strategies/2011_white_paper_en, abgerufen am 30.11.2018.

326 Vgl. Umweltbundesamt: Die Stadt für Morgen, online: https://www.umweltbundesamt.de/themen/verkehr-laerm/nachhaltige-mobilitaet/die-stadt-fuer-morgen-die-vision, abgerufen am 30.11.2018.

327 Vgl. Bundesministerium für Verkehr und digitale Infrastruktur: Verkehrsminister stellt sich vor Diesel-Fahrer, online: https://www.bmvi.de/SharedDocs/DE/RedenUndInterviews/2018/Verkehr/scheuer-interview-funke-mediengruppe-03042018.html, abgerufen am 30.11.2018.

328 Vgl. Tagesschau: Drei Millionen Tote jährlich durch schlechte Luft, online: https://www.tagesschau.de/ausland/luft-101.html, abgerufen am 30.11.2018.

329 BUND: Kommentar: Luftqualität 2017 – Keine Entwarnung bei Stickstoffdioxid, online: https://www.bund.net/aktuelles/detail-aktuelles/news/kommentar-luftqualitaet-2017-keine-entwarnung-bei-stickstoffdioxid/, abgerufen am 30.11.2018.

330 Vgl. Halonen, Jaana I. et al.: Road traffic noise is associated with increased cardiovascular morbidity and mortality and all-cause mortality in London, in: European Heart Journal, 36 (39), Oktober 2015, S. 2653–2661.

331 Vgl. Gidlöf-Gunnarsson, Anita: Noise and well-being in urban residential environments: The potential role of perceived availability to nearby green areas, in: Landscape and Urban Planning, 83 (2–3), November 2007, S. 115–126 und Ouis, Djamel: Annoyance from road traffic noise: A Review, in: Journal of Environmental Psychology, 21 (1), März 2010, S. 101–120.

332 Vgl. Universität Duisburg-Essen: CAR, online: https://www.uni-due.de/car/, abgerufen am 30.11.2018.

333 Vgl. Ruhr-Universität Bochum: Projektteam Testentwicklung, online: www.testentwicklung.de/fahr, abgerufen am 30.11.2018.

334 Vgl. Aristoteles: Nikomachische Ethik, S. 109 f.

335 Vgl. Friedell: Kulturgeschichte Griechenlands, S. 54.

336 Vgl. Brajša-Žganec, Andreja/Ivanović, Danijela/Lipovčan, Ljiljana Kaliterna: Personality Traits and Social Desirability as Predictors of Subjective Well-Being, in: Psihologijske Teme, 20, 2011, S. 261–276, hier S. 262.

337 Vgl. The Wall Street Journal: We know why we ware always late, online: https://www.wsj.com/articles/we-know-why-youre-always-late-1422900180, abgerufen am 30.11.2018.

338 Vgl. T-Online: Exklusive Studie: Für viele lohnt sich ein Auto nicht, online: https://www.t-online.de/auto/technik/id_83848630/auto-gegen-bus-und-bahn-was-sie-mehr-kostet.html, abgerufen am 30.11.2018.

339 Vgl. Die Presse: Schienenverkehr ist Feinstaub-Mühle, online: https://diepresse.com/home/panorama/welt/317909/Schienenverkehr-ist-FeinstaubMuehle, abgerufen am 30.11.2018.

340 Vgl. Deutschlandfunk: Unternehmen aus NRW: Die Technik, die Diesel sauber machen soll, online: https://www.deutschlandfunk.de/unternehmen-aus-nrw-die-technik-die-den-diesel-sauber.1197.de.html?dram:article_id=395384, abgerufen am 30.11.2018.

341 Statistisches Bundesamt, https://www.destatis.de/DE/PresseService/Presse/Pressekonferenzen/2018/verkehrsunfaelle_2017/Pressebroschuere_unfallentwicklung.pdf?__blob=publicationFile, abgerufen am 10.1.2019.

342 Vgl. European Comission: Cyclists inhale high levels of traffic pollution, online: http://ec.europa.eu/environment/integration/research/newsalert/pdf/204na6_en.pdf, abgerufen am 30.11.2018.

343 Vgl. Olsson, Lars et al.: Happiness and Satisfaction with Work Commute, in: Social Indicators Research, 111 (1), März 2013, S. 255–263.

344 Vgl. Bundesinstitut für Bau-, Stadt- und Raumforschung: Immer mehr Menschen pendeln zur Arbeit, online: https://www.bbsr.bund.de/BBSR/DE/Home/Topthemen/2017-pendeln.html, abgerufen am 30.11.2018.

345 Vgl. Martin, Adam et al.: Does active commuting improve psychological wellbeing? Longitudinal evidence from eighteen waves of the British Household Panel Survey, in: Preventive Medicine, 69, Dezember 2014, S. 296–303.

346 Vgl. u. a. Maddux, William W. et al.: Expanding Opportunities by Opening Your Mind: Multicultural Engagement Predicts Job Market Success Through Longitudinal Increases in Integrative Complexity, in: Social Psychological and Personality Science, 5 (5), July 2014, S. 608–615.

347 Vgl. Kumar, Amit et al.: Waiting for Merlot: Anticipatory Consumption of Experiential and Material Purchases, in: Psychological Science, 2014, online: https://journals.sagepub.com/doi/abs/10.1177/0956797614546556, abgerufen am 30.11.2018.

348 Vgl. Umweltbundesamt: Umwelttipps für den Alltag, online: https://www.umweltbundesamt.de/umwelttipps-fuer-den-alltag/mobilitaet/flugreisen#textpart-2, abgerufen am 30.11.2018.

349 Vgl. NABU: Luftschadstoffemission, online: https://www.nabu.de/downloads/TabelleVergleichKreuzfahrtschiff_Pkw.pdf, abgerufen am 30.11.2018.

350 Vgl. Lear, Scott A. et al.: The effect of physical activity on mortality and cardiovascular disease in 130 000 people from 17 high-income, middle-income, and low-income countries: the PURE study, in: The Lancet, 390, Dezember 2017, Artikel 10113, S. 2643–2654.

351 Vgl. Adamsson, Mathias A. et al.: Seasonal Variation in Bright Daylight Exposure, Mood and Behavior among a Group of Office Workers in Sweden, in: Journal of Circadian Rhythms, 2018, online: https://www.jcircadianrhythms.com/articles/10.5334/jcr.153/, abgerufen am 30.11.2018.

352 Vgl. Nisbet, Elizabeth K. et al.: Happiness is in our Nature: Exploring Nature Relatedness as a Contributor to Subjective Well-Being, in: Journal of Happiness Studies, 12 (2), 2011, S. 303–322.

353 Vgl. Lebreton et al: Evidence that the Great Pacific Garbage Patch is rapidly accumulating plastic. In: Scientific Reports, 2018, Ausgabe 8, Artikel 4666.

354 Vgl. Berliner Zeitung: Entsorgungspolitik: Alles derselbe Müll, online: https://www.berliner-zeitung.de/berlin/entsorgungspolitik-alles-derselbe-muell-3810452, abgerufen am 30.11.2018.

355 Vgl. Jambeck, Jenna et al.: Plastic waste inputs from land into the ocean, in: Science, 347, 2015, S. 768–771.

356 Vgl. Deutschlandfunk: Umweltverschmutzung: Mikroplastik ist im Meer nicht zu fassen, online: https://www.deutschlandfunk.de/umweltverschmutzung-mikroplastik-ist-im-meer-nicht-zu-fassen.694.de.html?dram:article_id=341373, abgerufen am 30.11.2018.

357 Vgl. Schmidt, Christian et al.: Export of Plastic Debris by Rivers into the Sea, in: Environmental Science and Technology, 51 (21), 2017, S. 12246–12253.

358 Vgl. Zeit Online: Die Weltmüllkippe schließt, online: https://www.zeit.de/wirtschaft/2018-01/muellexporte-china-plastikmuell-recycling, abgerufen am 30.11.2018.

359 Vgl. Statista: Anteil getrennt gesammelter Wertstoffe, online: https://de.statista.com/infografik/1805/anteil-getrennt-gesammelter-werkstoffe-an-den-haushaltsabfaellen/, abgerufen am 30.11.2018.

360 Vgl. Witt, Olga: Ein Leben ohne Müll. Mein Weg mit Zero Waste, Tectum, Baden-Baden, 2017.

361 Vgl. Eco Setter: Boras: Die Null-Müll-Stadt, online: https://ecosetter.com/boras-die-null-muell-stadt-in-schweden/, abgerufen am 30.11.2018.

362 Vgl. Lally, Phillippa et al.: How are habits formed: Modelling habit formation in the real world, in: European Journal of Social Psychology, 2010, S. 998–1009.

363 Vgl. Rudda, Melanie et al.: Getting the most out of giving: Concretely framing a prosocial goal maximizes happiness, in: Journal of Experimental Social Psychology, 54, September 2014, S. 11–24.

364 Nachhaltigkeitspreis: Partner, online: https://www.nachhaltigkeitspreis.de/partner/, abgerufen am 5.12.2018 – Stand 18.1.2019: Inzwischen wurde der Hinweis von der Seite genommen. Die Google-Suche führt dennoch weiterhin zu der Seite, die die vor Ort auf den Stellwänden präsentierten Sponsoren genannt hat.

365 Wirtschaftswoche: Wasserknappheit bedroht 600 Millionen Menschen, online: https://www.wiwo.de/technologie/green/indien-wasserkrise-bedroht-600-millionen-menschen/22695898.html, abgerufen am 18.1.2019.

366 Vgl. Maddux: Self-Efficacy, S. 10.

367 Vgl. Bandura, Albert: Self-Efficacy – The Exercise of Control. W. H. Freeman and Company, New York 1997, S. 2.

368 Vgl. ebd., S. 7.

369 Vgl. Maddux: Self-Efficacy, S. 11.

370 Vgl. ebd.

371 Vgl. Durkheim, Èmile: Der Selbstmord. Luchterhand Verlag, Neuwied und Berlin 1973, S. 318 Anmerkung 29.

372 Vgl. Bandura: Self-Efficacy, S. 7.

373 Vgl. Epiktet: Handbüchlein der Ethik, S. 5.

374 Vgl. ebd., S. 17–18.

375 Vgl. ebd., S. 14.

376 Vgl. ebd., S. 17.

377 Vgl. ebd.

378 Vgl. Maddux: Self-Efficacy, S. 10ff.

379 Vgl. Butcher, James N./Mineka, Susan/Hooley, Jill M.: Klinische Psychologie. 13., aktualisierte Auflage, Pearson Studium, München 2009, S. 408.

380 Vgl. Picca et al.: Does eating less make you live longer and better? und https://edition.cnn.com/2018/06/08/health/japan-longevity-centenarians-aging-population/index.html, abgerufen am 30.11.2018.

381 Vgl. Schwartz: Paradox of choice, S. 9.

382 Rau, Sabine: Nestlé gräbt Vittel das Wasser ab, https://www.tagesschau.de/ausland/vittel-nestle-101.html, abgerufen am 10.1.2019.

383 Laska, Reinhard: Frontal 21 -- Das Geschäft mit dem Durst, online: https://www.zdf.de/politik/frontal-21/das-geschaeft-mit-dem-durst-100.html, abgerufen am 10.1.2018.

384 Greenpeace: Gier nach Palmöl – Gift für Artenvielfalt und Klima, online: Vgl. https://www.greenpeace.de/sites/www.greenpeace.de/files/publications/greenpeace-kurzinfo-palmoel-artenvielfalt-a01243.pdf, abgerufen am 30.11.2018.

385 Vgl. Svanes, Øistein et al.: Cleaning at home and at work in relation to lung function decline and airway obstruction, in: American Journal of Respiratory and Critical Care Medicine, 197 (9), Mai 2018, S. 1157–1163.

386 Vgl. Dhand, Arti: The dharma of ethics, the ethics of dharma: Quizzing the ideals of Hinduism, in: Journal of Religious Ethics, 30 (3), 2002, S. 347–372.

387 Vgl. Van Bodegraven, Joel: How Anticipatory Design Will Challenge our relationship with technology, in: Designing the User Experience of Machine Learning Systems, Technical Report, S. 436.

388 Vgl. Simon, H. A.: Rational choice and the structure of the environment, in: Psychological Review, 63 (2), 1956, S. 129–138.

389 Vgl. Yang, Mu-Li/Chiou, W. B.: Looking online for the best romantic partner reduces decision quality: The moderating role of choice-making strategies, in: Cyberpsychology, Behavior, and Social Networking, 13 (2), 2010, S. 207–210.

390 Vgl. Schwartz: Paradox of Choice.

391 Vgl. Thoreau, Henry David: Walden. Ein Leben mit der Natur. Deutscher Taschenbuch-Verlag, München 1999, S. 100f.

392 Vgl. Meyer-Lindenberg: Big City Blues.

393 Vgl. Vartanian, Lenny R. et al.: Clutter, Chaos, and Overconsumption: The Role of Mind-Set in Stressful and Chaotic Food Environments, in: Environment and Behavior, Januar 2016, online: https://journals.sagepub.com/doi/abs/10.1177/0013916516628178?journalCode=eaba, abgerufen am 30.11.2018.

394 Vgl. Deater-Deckard, K. et al.: Conduct problems, IQ, and household chaos: a longitudinal multi-informant study, in: Journal of Child Psychology and Psychiatry, 50 (10), Oktober 2009, online: https://onlinelibrary.wiley.com/doi/abs/10.1111/j.1469-7610.2009.02108.x, abgerufen am 30.11.2018.

395 Vgl. Umweltbundesamt: Abfälle im Haushalt, online: https://www.umweltbundesamt.de/sites/default/files/medien/378/publikationen/uba_abfall_web.pdf, abgerufen am 30.11.2018.

396 Ave-Lallemant, Eberhard: Polis und Kosmos: Perspektiven einer Philosophie des Politischen und einer Philosophischen Kosmologie, Königshausen & Neumann, 2008, S. 168.

397 Vgl. Greater Good Science Center: Being kind makes kids happy, online: https://greatergood.berkeley.edu/article/item/being_kind_makes_kids_happy, abgerufen am 30.11.2018.

398 Ebd.

399 Fagan, Chelsea: Minimalism Is Just Another Boring Product Wealthy People Can Buy, in: The Financial Diet, March 2, 2017, online: https://thefinancialdiet.com/minimalism-just-another-boring-product-wealthy-people-can-buy/, abgerufen am 30.11.2018 (eigene Übersetzung).

400 Ebd. (eigene Übersetzung).

401 Ebd. (eigene Übersetzung).

402 Vgl. Epikur: Von der Überwindung der Furcht, S. 106.

403 Vgl. Aristoteles: Nikomachische Ethik, S. 139.

404 Vgl. Flashar, Helmut (Hrsg.): Grundriß der Geschichte der Philosophie: Ältere Akademie, Aristoteles, Preipatos. Schwabe, Basel 2004, S. 311.

405 Vgl. Aristoteles: Rhetorik. Reclam, Stuttgart 1996, S. 25.

406 Vgl. Aristoteles: Nikomachische Ethik, S. 139.

407 Vgl. https://de.france.fr/de/paris/artikel/die-nationalbibliothek-frankreichs-bnf, abgerufen am 30.11.2018.

408 Vgl. Arte Pressemappe: Immer vernetzt: Wenn das Gehirn überfordert ist. Dokumentation von Laurence Serfaty. Arte France, Zed und Inserem Frankreich, 2016.

409 Vgl. ebd.

410 Vgl. Wirtschaftswoche: Fear of missing out, online: https://www.wiwo.de/erfolg/fear-of-missing-out-woher-diese.../20020716.html, abgerufen am 30.11.2018.

411 Vgl. BSA: Big Data und was es damit auf sich hat, online: https://data.bsa.org/wp-content/uploads/2015/11/BSADataStudy_de.pdf, abgerufen am 30.11.2018.

412 Vgl. Verband privater Medien: Deutsche verbingen 9 Stunden pro Tag mit audiovisuellen Medien, online: https://www.vau.net/pressemitteilungen/content/mediennutzung-2017-deutsche-verbringen-9-stunden-pro-tag-audiovisuellen, abgerufen am 30.11.2018.

413 Vgl. Sinus-Institut: Smartphones sind den Deutschen wichtiger als Autos, online: https://www.sinus-institut.de/veroeffentlichungen/meldungen/detail/news/studie-smartphones-sind-den-deutschen-wichtiger-als-autos/news-a/show/news-c/NewsItem/, abgerufen am 30.11.2018.

414 Vgl. Ayyagari, R./Grover, V./Purvis, R.: Technostress: Technological antecedents and implications, in: MIS Quarterly, 35, 2011, S. 831–858.

415 Vgl. Oxford Dictionary: Digital Detox, online: https://en.oxforddictionaries.com/definition/digital_detox, abgerufen am 30.11.2018.

416 Vgl. Harvard University: Using these lights at night may harm your health, online: https://www.health.harvard.edu/healthbeat/using-these-lights-at-night-may-harm-your-health, abgerufen am 30.11.2018.

417 Vgl. The Telegraph: Switch off – It's time for your digital detox, online: https://www.telegraph.co.uk/technology/10540261/screen-time-ipad-tablet-digital-detox-difital-addiction.html, abgerufen am 30.11.2018.

418 Vgl. Sauer, Vera et al.: The phantom in my pocket: Determinants of phantom phone sensations, in: Mobile Media & Communication, 3 (3), September 2015, S. 293–316.

419 Vgl. Berridge, Kent et al.: What is the role of dopamine in reward: hedonic impact, reward learning, or incentive salience?, in: Brain Research Reviews, 28, 1998, S. 309–369.

420 Vgl. Psycology Today: 5 ways to do a digital detox, online: https://www.psychologytoday.com/us/blog/click-here-happiness/201801/5-ways-do-digital-detox, abgerufen am 30.11.2018.

421 Ebd.

422 Ebd.

423 Vgl. Aristoteles: Nikomachische Ethik, S. 346.

424 Vgl. Taking charge: How does nature impact your wellbeing, online: https://www.takingcharge.csh.umn.edu/enhance-your-wellbeing/environment/nature-and-us/how-does-nature-impact-our-wellbeing, abgerufen am 30.11.2018.

425 Vgl. Schumacher, Ernst Friedrich: Small is Beautiful. A Study of Economics as if People Mattered. Vintage Books, London 2011, S. 248.

426 Vgl. ebd.

427 Ende, Michael: Momo, Thienemanns Verlag, Stuttgart 1973, Siebtes Kapitel.

428 Haubl, Rolf: Wahres Glück im Waren-Glück?, in: Aus Politik und Zeitgeschichte, 32–33/2009: Konsumkultur. Bonn 2009, S. 3–8, hier S. 3.

429 Vgl. ebd., S. 4 f.

430 Ebd., S. 5.

431 Höffe: Aristoteles-Lexikon, S. 469 ff.

432 Ebd.

433 Vgl. ebd., S. 488f.

434 Ebd., S. 576f.

435 Vgl. ebd., S. 469 ff.

436 Vgl. Pencavel, John: The Productivity of Working Hours, online: http://ftp.iza.org/dp8129.pdf, abgerufen am 30.11.2018.

437 Vgl. Spiegel Online: 40-Stunden-Woche: Die Zeit ist reif, online: http://www.spiegel.de/spiegel/print/d-31970058.html, abgerufen am 30.11.2018.

438 Vgl. DGB: Soziale Marktwirtschaft und Mitbestimmung, online: https://www.dgb.de/uber-uns/bewegte-zeiten/60-jahre-dgb/1949-1958/soziale-marktwirtschaft-und-mitbestimmung, abgerufen am 30.11.2018.

439 Vgl. Futh, Sascha Kristin: Der DGB entdeckt die Kampagne. Der Kampf um den arbeitsfreien Samstag, in: Arbeit – Bewegung – Geschichte. Zeitschrift für historische Studien, 2/2016, S. 97–112; Schneider, Michael: Der Kampf um die Arbeitszeitverkürzung von der Industrialisierung bis zur Gegenwart, in: Gewerkschaftliche Monatshefte, 35, 1984, S. 77–89, S. 78.

440 Vgl. Drosdowski: Duden „Etymologie", S. 719.

441 Vgl. Hamermesh, Daniel S./Lee, Jungmin: Stressed Out on Four Continents: Time Crunch or Yuppie Kvetch? Diskussionspapier des Institute for the Study of Labor (IZA) in Bonn, Oktober 2005, S. 2.

442 Vgl. Schiffrin, Holly et al.: Stressed and Happy? Investigating the Relationship Between Happiness and Perceived Stress, in: Journal of Happiness Studies, 11, 2010, S. 33–39.

443 Vgl. TK Stressstudie 2016, online: bhttps://www.tk.de/centaurus/servlet/contentblob/916666/Datei/91818/TK-Pressemappe-TK-Stressstudie-2016.pdf, abgerufen am 30.11.2018.

444 Vgl. Hamermesh/Lee: Stressed Out on Four Continents, S. 2.

445 Vgl. ebd., S. 14.

446 Vgl. Meyer-Timpe, Ulrike: Der Wert der Arbeit, in: Zeit Wissen, Ausgabe Juni/Juli 2010, Zeitverlag Gerd Bucerius, Hamburg 2010, S. 88.

447 Vgl. Meyer-Timpe: Der Wert der Arbeit, S. 88.

448 Vgl. Diener/Oishi: Money and Happiness, S. 209 und Richert, Robert: Eudaimonistische Wirtschaftstheorie – Ein Referenzsystem ökonomischer Zielsetzung. Peter Lang, Frankfurt a. M./Berlin 1996, S. 93.

449 Vgl. Diener/Oishi: Money and Happiness, S. 209.

450 Vgl. Powdthavee, Nattavudh: How Much Does Money Really Matter? Estimating the Causal Effects of Income on Happiness. Department of Economics & Related Studies, University of New York, January 2009, S. 3.

451 Vgl. Diener/Oishi: Money and Happiness, S. 194.

452 Vgl. Boyce, Christopher et al.: Money and Happiness: Rank of Income, Not Income, Affects Life Satisfaction. Department of Psychology, University of Warwick, S. 4.

453 Vgl. Bauman: Wir Lebenskünstler, S. 74.

454 Vgl. Aristoteles: Nikomachische Ethik, S. 110: 1096 a ff. und Höffe: Aristoteles, S. 131.

455 Vgl. Aristoteles: Politik. Reclam, Stuttgart 2010, S. 320f.

456 Vgl. Deci, Edward et al.: A meta-analytic review of experiments examining the effects of extrinsic rewards on intrinsic motivation, in: Psychological Bulletin, 125, 1999, S. 627–668, hier S. 668.

457 Vgl. Diener/Oishi: Money and Happiness, S. 194.

458 Vgl. u. a. Graef/Csikszentmihalyi/McManama Gianinno: Measuring intrinsic motivation in everyday life.

459 Vgl. Seligman, Martin E. P.: Der Glücksfaktor – Warum Optimisten länger leben. Bastei Lübbe, Köln 2010, S. 264.

460 Vgl. Ouulicz-Kozaryn, Adam: Europeans Work to Live and Americans Live to Work (Who is Happy to Work More: Americans or Europeans?), in: Journal of Happiness Studies, 12, 2011, S. 225–243.

461 Vgl. Münchhausen, Marco von: Leben im Gleichgewicht, in: Gehirn & Geist – Trainer 1/2008. Spektrumverlag, Heidelberg 2008, S. 4.

462 Vgl. Mauthner, Fritz: Wörterbuch der Philosophie. Felix Meiner, Leipzig 1923, Bd. 1, S. 53f.

463 Vgl. Karrierebibel: Work-Life-Blending: Fluch oder Segen?, online: https://karrierebibel.de/work-life-blending/, abgerufen am 30.11.2018.

464 Vgl. Von Rundstedt: Work-Life-Blending: Die Mehrheit der Deutschen bewertet die Verschmelzung von Arbeit und Freizeit noch kritisch, online: https://newsroom.rundstedt.de/pressemitteilungen/work-life-blending-die-mehrheit-der-deutschen-bewertet-die-verschmeldzung-von-arbeit-und-freizeit-noch-kritisch/, abgerufen am 30.11.2018.

465 Vgl. Münchhausen: Leben im Gleichgewicht, S. 4.

466 Vgl. Meyer-Timpe: Der Wert der Arbeit, S. 90f.

467 Beispielsweise steigt das Wohlbefinden kaum bis gar nicht, wenn der materielle Wohlstand über einen gewissen Punkt hinauswächst, da die menschlichen Bedürfnisse trotz wachsenden Wohlstandes nicht besser erfüllt werden. Vgl. Diener/Oishi: Money and Happiness, S. 194ff.

468 Vgl. ebd., S. 194ff., 215.

469 Vgl. Epiktet: Handbüchlein der Ethik, S. 31f.

470 Vgl. British Council: International Experiment proves: Pace of Life is speeding up by 10%, online: http://www.richardwiseman.com/resources/Pace%20of%20LifePR.pdf, abgerufen am 30.11.2018.

471 Vgl. Trampedach, Kai: Platon, die Akademie und die zeitgenössische Politik. Franz Steiner, Stuttgart 1994, S. 247.

472 Vgl. Aristoteles: Nikomachische Ethik, S. 346.

473 Vgl. ebd.

474 Vgl. Camus, Albert: Der glückliche Tod. Rowohlt, Reinbek bei Hamburg 2010, S. 48f.

475 Vgl. Scheidt, Jürgen vom: Singles. Alleinsein als Chance des Lebens. Heyne, München 1979, S. 98.

476 Vgl. Bundespsychotherapeutenkammer: Komplexe Abhängigkeiten machen psychisch krank – BPtK-Studie zu psychischen Belastungen in der modernen Arbeitswelt, online: https://www.bptk.de/uploads/media/20100518_psychische_erkrankungen_in_der_arbeitswelt.pdf, abgerufen am 30.11.2018.

477 Vgl. Bundesministerium für Arbeit und Soziales: Teilzeit – Alles war recht ist, online: https://www.bmas.de/SharedDocs/Downloads/DE/PDF-Publikationen/a263-teilzeit-alles-was-recht-ist.pdf?__blob=publicationFile, abgerufen am 30.11.2018.

478 Vgl. 4 day week: Research, online: https://www.4dayweek.co.nz/research, abgerufen am 30.11.2018.

479 Michael Ende: Momo.

480 Vgl. Manager Magazin: Bibi: So verdient Deutschlands Youtube-Star rund 110.000 Euro monatlich, online: http://www.manager-magazin.de/unternehmen/personalien/bibi-so-verdient-deutschlands-youtube-star-rund-110-000-euro-monatlich-a-1141648.html, abgerufen am 30.11.2018.

481 Vgl Neo Magazin Royal: Eier aus Stahl: Max Giesinger und die deutsche Industriemusik, online: https://www.youtube.com/watch?v=nFfu2xDJyVs, abgerufen am 30.11.2018.

482 Vgl. Greenpeace: Selbstreflexion Modekonsum, online: https://www.greenpeace.de/sites/www.greenpeace.de/files/publications/20170309_greenpeace_nuggets_umfrage_selbstreflektion_mode.pdf, abgerufen am 30.11.2018.

483 Vgl. SZ Magazin: Im Kaufrausch, online: https://sz-magazin.sueddeutsche.de/gesellschaft-leben/im-kaufrausch-82809, abgerufen am 30.11.2018.

484 Vgl. Greenpeace: Selbstreflexion Modekonsum, online: https://www.greenpeace.de/sites/www.greenpeace.de/files/publications/20170309_greenpeace_nuggets_umfrage_selbstreflektion_mode.pdf, abgerufen am 30.11.2018.

485 Vgl. Statista: Zustimmung zu Aussagen zum Thema Umweltschutz, online: https://de.statista.com/statistik/daten/studie/154280/umfrage/zustimmung-zu-aussagen-zum-thema-umweltschutz/, abgerufen am 30.11.2018.

486 Vgl. Joy, Annamma et al.: Fast Fashion, Sustainability, and the Ethical Appeal of Luxury Brands, in: Fashion Theory, 16, 2012, S. 273–295.

487 Vgl. Scott, Rick: The Benefits of Retail Therapy: Making Purchase Decisions Reduces Residual Sadness, in: Journal of Consumer Psychology, 24 (3), Juli 2014, S. 373–380.

488 Vgl. Huffingtion Post: Shopping to conquer stress, online: https://www.huffingtonpost.com/2013/09/25/shopping-stress-materialistic-self-esteem_n_3990007.html und New Dream: High price materialism, online: https://www.newdream.org/resources/high-price-of-materialism, abgerufen am 30.11.2018.

489 Vgl. Greenpeace: Selbstreflexion Modekonsum, online: https://www.greenpeace.de/files/publications/20151123_greenpeace_modekonsum_flyer.pdf, abgerufen am 30.11.2018.

490 Epiktet: Handbüchlein der Ethik, S. 22.

491 Ebd., S. 23 f.

492 Ebd.

493 Vgl. Süddeutsche Zeitung: Moderne Sammelwut: Wenn Besitz zur Last wird, online: https://www.sueddeutsche.de/leben/moderne-sammelwut-wenn-besitz-zur-last-wird-1.1089089, abgerufen am 30.11.2018.

494 Vgl. McMahon, Darrin: Happiness: A History. Grove Press, New York 2006, S. 70.

495 Vgl. Layard: Happiness – Lessons from a New Science, S. 35 und Heinrich: Glück ist nicht wichtig.

496 Vgl. Haubl: Wahres Glück im Waren-Glück?, S. 3.

497 Richert: Eudaimonistische Wirtschaftstheorie, S. 225.

498 Ebd.

499 Vgl. Aristoteles: Nikomachische Ethik, S. 115: 1097 b 7.

500 Ebd., S. 115: 1097 b 15–20.

501 Epiktet: Handbüchlein der Ethik, S. 23.

502 Seneca: Über das glückliche Leben, S. 269.

503 Vgl. Vedata Yoga: Das Selbst ist unberührt, online: https://vedanta-yoga.de/bhagavad-gita-verse-3-17-19-das-selbst-ist-unberuehrt/, abgerufen am 30.11.2018.

504 Vgl. Aristoteles: Nikomachische Ethik, S. 110.

505 Ebd.

506 Vgl. Groenemeyer, Marianne: Die Macht der Bedürfnisse. Reflexionen über ein Phantom. Rowohlt, Reinbek bei Hamburg 1988, S. 131.

507 Vgl. ebd.

508 Vgl. Schneidewind, Uwe/Zahrnt, Angelika: Damit das gute Leben einfacher wird. Perspektiven einer Suffizienzpolitik. Oekom, München 2013, S. 13.

509 Vgl. ebd., S. 13.

510 Vgl. Sachs, Wolfgang: Die vier E's: Merkposten für einen maßvollen Wirtschaftsstil, in: Politische Ökologie, 33, 1993, S. 69–72.

511 Vgl. Scherff, Victoria, Hirnforscher Gerald Hüther: „Das Leben besteht nicht darin, sich irgendwelche Konsumbedürfnisse zu erfüllen", online: https://utopia.de/gerald-huether-hirnforscher-das-leben-besteht-nicht-darin-sich-irgendwelche-konsumbeduerfnisse-zu-erfuellen-51507/, abgerufen am 10.1.2019.

512 Lehrich, Jens: Bewusstsein schafft Lebenssinn – Der Hirnforscher Prof. Dr. Gerhald Hürther im Gespräch mit Jens Lehrich, https://www.youtube.com/watch?v=_DLc_wBsSaQ, abgerufen am 10.1.2019.

513 Ebd.

514 Ebd.

515 Ebd.

516 Vgl. Aristoteles: Nikomachische Ethik, S. 109 f.

517 Vgl. Platon: Apologie, In: Sämtliche Werke. Band 1. Rowohlt, Reinbeck bei Hamburg 1994, S. 28.

518 Seneca: Über das glückliche Leben, S. 263.

519 Seneca: Vom glückseligen Leben und andere Schriften. Reclam, Stuttgart 2015, S. 35 und 263 f.

520 Ebd., S. 261.

521 Ebd., S. 262.

522 Seneca: Über das glückliche Leben, S. 263.

523 Whillans et al.: Buying time promotes happiness.

524 Vgl. Thich Nhat Hanh: Umarme deine Wut. Sutra der vier Verankerungen der Achtsamkeit. Theseus, Zürich/München 1992.

525 Vgl. Brantley, Jeffrey: Calming Your Anxious Mind: How Mindfulness and Compassion Can Free You from Anxiety, Fear, and Panic. New Harbinger Publications, Oakland 2007.

526 Psychology Today: On an Albert Ellis Quote. How much free will do we really have? Online: https://www.psychologytoday.com/us/blog/how-do-life/201608/albert-ellis-quote, abgerufen am 10.1.2019.

527 Vgl. Wood, Alex et al.: The role of gratitude in the development of social support, stress, and depression: Two longitudinal studies, in: Journal of Research in Personality, 42, 2008, S. 854–871.

528 Vgl. Neitzke: Vorwort des Übersetzers, in: Epiktet: Handbüchlein der Ethik, S. 14.

529 Vgl. Harvard Gazette: Money spent on others can buy happiness, online: https://news.harvard.edu/gazette/story/2008/04/money-spent-on-others-can-buy-happiness/, abgerufen am 30.11.2018.

530 Vgl. Polak, Emily L./McCullough, Michael E.: Is Gratitude an Alternative to Materialism?, in: Journal of Happiness Studies, 7, 2006, S. 343–360, hier S. 352.

531 Epikur: Von der Überwindung der Furcht, S. 111.

532 Ebd., S. 106 f.

Ist öko immer gut?

Was Welt und Klima wirklich hilft

Von Ann-Kristin Mull (Hrsg.)
184 S. • Klappenbroschur • 2017

Print 18,95 €
E-Book 14,99 €

ISBN 978-3-8288-3844-4
ePDF 978-3-8288-6628-7

Ist öko immer gut? Wenn ich Hilfsorganisationen Geld spende, unterstütze ich dann vielleicht eine korrupte Regierung? Wenn wir nur noch »Made in Germany« kaufen, verlieren dann Menschen in Indien ihre Lebensgrundlage? Wenn ich Wasser spare, gehen dadurch Rohre kaputt?

Dieses Buch bietet Antworten – all denen, die die Welt ein Stück besser machen wollen, aber Zweifel haben, was wirklich gut ist. Beiträge von 16 internationalen Experten und konkrete Anwendungstipps, gestalterisch aufbereitet zu einem Buch, das man leicht und gern liest.

Tectum Sachbuch

Die Herausgeberin Ann-Kristin Mull ist Grafikdesignerin und lebt und arbeitet in Nürnberg. Für das Buch recherchierte sie zwei Jahre lang.